中国文博名家画传

罗哲文

晨舟 著

应县佛宫寺释迦塔　辽

目 录

前　言

罗哲文，中国文博界一个尽人皆知的名字。他以其从业六十五年，亲历新中国文物保护事业全过程的不平凡业绩，得到同行的敬重，成为中国古代建筑保护与维修事业的领军人物，被誉为德高望重的"文物守护神"。

公元 1924 年，罗哲文出生于四川宜宾，经历了 20 世纪上半叶中华民族的悲欢离合。公元 1940 年，他高中肄业时因一次偶然的求职而改变了一生的命运。罗哲文在众多求职者中被刚迁到他家乡附近李庄的中国营造学社录用，有幸拜著名古建专家梁思成、林徽因夫妇为师，从此迈入中国古代建筑神圣殿堂的门槛，并奠定了一生事业的基础。抗日战争胜利后，罗哲文跟随中国营造学社复员回到北平，在梁思成提议创办的国立清华大学营建系担任系主任助理，在处理日常行政事务之余有机会身处宁静的清华园继续学习与深造。

新中国成立以后，罗哲文被调到中央人民政府文化部文物事业管理局任业务秘书，负责全国古代建筑保护管理和调查研究工作。他在文博界老前辈郑振铎、王冶秋局长的信任和提携下，逐步成长为得才兼备、统筹各方、年富力强的古建专家。罗哲文的人生与事业可谓一帆风顺。尽管他在"文化大革命"中受到一些冲击，在人生征途上稍受挫折与磨难，但却很快被解脱出来，在当时的特定环境中为周恩来总理谋篇布局的"文物外交"尽心尽力。

公元 1978 年，以党的十一届三中全会为标志，中国进入改革与开放的新时代。年过半百的罗哲文明显地感到事业的舞台更宽，担任的职务更多，身上的责任更大，浑身的劲头更足。自上世纪 80 年代以来，他光荣地加入了中国共产党，先后担任国家文物局文物处副处长、文物档案资料室主任、中国文物研究所所长等职，曾经是中国人民政治协商会议全国委员会六、七、八届委员和六届全国政协文化组副组长，还担任过国际古迹遗址理事会（ICOMOS）中国委员会副主席，现为教授级高级工程师、国家文物局古建筑专家组组长、中国文物学会名誉会长和专家委员会主任、中国长城学会名誉会长、中国紫禁城学会名誉会长。

半个多世纪以来，罗哲文踏遍神州，出访海外，考察了数以万计的文物古迹，尤其是古代建筑遗存。他在调查研究之余，先后撰写了一系列多方面、多角度探索中国古代建筑的学术论文和专著，真可谓著作等身、成果丰硕！罗哲文除了自身的学术考察与研究，更为重要的是作为全国古代建筑保护与维修事业的组织者，在万里长城、西藏布达拉宫、青海塔尔寺、山西太原晋祠和朔州崇福寺等数百处国宝级古代建筑重大维修项目中，或亲自设计，或主持方案评审，或参加竣工验收，始终精力充沛地活跃在全国各地的古建维修工地，在中央与地方、行政与学术之间构建起良性互动的桥梁。面对时代变迁和文物保护事业遇到的一个又一个难关，罗哲文总能够高瞻远瞩，顺应潮流，因势利导，变被动为主动，化不利为有利。从对单座地面固定文物的保护与维修到对这些文物整体布局与周围环境的关注，从对一组地面文物遗存的有效保护到全国一百零三座历史文化名城的逐批评定，从两千三百五十一处全国重点文物保护单位的分批审定到三十多处中国境内的世界文化与自然遗产的申报成功，罗哲文以坚定的步伐和执著的追求，亲历亲为，与文博界同仁共同奋斗，使中国文物保护事业的广度与深度获得了史无前例的拓展。几十年来，无论风云如何变幻，他对祖国的文物事业始终饱含无私奉献的热忱之情，在学问方面已为一代大师，在事业方面无愧"国宝栋梁"，在做人方面堪称后辈楷模。

五台南禅寺大殿　唐

一　早年往事

（公元 1924～1940 年）

> "年幼 3 岁已启蒙，
> 　艰难求学展才华。"
> ——摘自笔者札记

　　罗哲文的青少年时代是在旧中国军阀混战和日寇入侵的动荡岁月中度过的。他出生在四川南部山青水秀的历史文化名城宜宾。这座紧邻滇、黔的巴蜀边城，位于岷江与金沙江的汇合处，三面环水，背靠翠屏山，倚山扼江，形势险秀，为长江上游的港口重镇。它往西，沿长江溯源而上，可达风景秀丽的乐山、峨眉山以及地广人稀的甘孜、阿坝藏区；它向东，从长江顺流而下，可到泸州、重庆等繁华之邑；它朝北，经陆路可达自贡、内江、资阳和蜀地的中心城市成都；它到南，顺陆路可通云贵高原和西南边陲。如此发达而便捷的水路与陆路交通，使其在历史的演变中十分自然地成为商贾云集、物产富饶的兵家必争之地（图一）。

　　据罗哲文回忆，他的祖辈并非土生土长的四川人，而是清初"湖广填四川"的大规模移民时，沿长江迁徙而来的客家人。入蜀以后，罗氏家族逐渐在宜宾西北、紧靠乐山的边远山区安居下来，繁衍生息，世代以农耕为业。公元 1890 年（清光绪十六年），当他的父亲罗树培（曾用名为罗明德）出生时，罗家的生活已十分拮据。罗树培从小到大，只上过时间不长的私塾，没有读过太多的书，年龄稍长便跟着大人在家务农。如果不是清末席卷全川的轰轰烈烈的"保路"风潮，他将同常人一样在乡间田野默默无闻地终其一生。可是，历史的车轮正好驶进了风云翻滚的公元 20 世纪初叶。此时，晚清王朝已经处于风雨飘摇之中。西方列强通过公元 1840 年的第一次鸦片战争敲开古老中国的大门以后，经过第二次

一 宜宾，罗哲文的家乡。此地位于岷江与金沙江的汇合处，倚山
  扼江，交通便利，历史悠久，文化底蕴丰富，为长江上游的港
  口重镇。

鸦片战争、中法战争、中日甲午战争和八国联军的入侵，迫使清王
朝签定了《南京条约》、《北京条约》、《马关条约》和《辛丑条
约》等一系列不平等的条约。西方殖民者索取巨额赔款，强占中
国领土，瓜分势力范围，进而发展到掠夺物产资源和争抢修建各地
铁路的权力……面对深重的民族灾难和清王朝的腐败无能，在贫穷
和痛苦中挣扎的广大民众日益觉醒。他们揭竿起义，奋起反抗，规
模不等的农民起义此起彼伏。许多仁人志士开始探索救国救民的道
路。资产阶级的改良与革命风潮已从星星之火变成了燎原之势。尽
管巴蜀位于华夏腹地，四面环山，交通不便，信息闭塞，民风淳
朴，对外侮内患的时代巨变反应较为迟钝，普通百姓一直想保守
"天府之国"长期蕴育出来的那份闲适和宁静，但是这块"世外桃
源"最后也没有幸免于列强瓜分的魔爪。清朝末年，苟延残喘的

满清统治者为了挽救摇摇欲坠的政权，与西方列强勾结，利用"铁路国有化"的名义，将已由民办的川汉、粤汉铁路强行收归"国有"，同时又将其筑路权出卖给英、法、德、美四国银行团。公元1911年（清宣统三年）5月，广东、湖南、湖北和四川民众为反对清朝政府的卖国行径，掀起了声势浩大的保路运动（史称"铁路风潮"），组成了由数十万人参加的"保路同志会"。其间，四川民众的反应尤为激烈。清廷急忙下令镇压。就在这年9月7日，四川总督赵尔丰屠杀和平请愿的民众，造成血案，激起四川民众的更大愤怒。同盟会会员乘机组织同志军在各县发动武装起义，把保路运动推向高潮，成为同年10月10日推翻满清王朝的辛亥武昌起义的前奏。为铭刻四川民众在辛亥革命中的历史性贡献，在成都人民公园内至今仍耸立着一座建于公元1913年、通高31米、方形砖石结构的"辛亥秋保路死事纪念碑"。

当时年约21岁的罗树培，正好血气方刚，年轻力壮。他与千千万万的四川民众一样，在日趋没落的清王朝的统治下，过着日益贫困的生活，终日在租来的田地上劳作，却欠地主的租子而无力偿还。面对在巴蜀各地风起云涌的保路风潮和随之而起的同志军武装起义，活不下去的罗树培心一横，跑去参加了保路同志会，有意无意地成了改朝换代的参与者。辛亥革命以后，尽管清朝覆灭，成立了中华民国，北洋政府却没有使社会安定下来。各地军阀割据，连年战争不断，使下层民众难有正常的生计。为了生存，年轻的罗树培走上了当兵吃粮的求生之路。由于他为人豪爽，能够吃苦，善于动脑子，故而练得一手好枪法。据说，他能双手持枪，站在一个山头上，打灭另一个山头上灯盏内放置的香火，在军中享有"隔山打香火"的美誉。也许正是凭着一身好功夫，他的军旅生涯起初还算一帆风顺。他从普通士兵，一直做到班长、排长、连长。约在公元1918年前后，罗树培所在的部队被收编到驻守泸州的朱德统辖的滇军混成旅（当时称靖国第二军第十三旅），并当上了营长。这对一个出身贫寒的农村青年来讲，真可谓平步青云，亦有了衣锦还乡的脸面。

二　罗哲文的母亲杨氏（公元 1900～1991 年）

公元 1920 年，对已经从军九年的罗营长而言，刚好是他的而立之年，也是他人生转折的一个关口。他娶了宜宾城内一位开小杂货铺的杨老板的女儿。杨氏比罗树培小 10 岁，生于世纪之交的公元 1900 年（图二）。杨家是儿女众多的大家庭，杨氏就有七八个兄弟姐妹。他们原来居住在宜宾到乐山的必经之地犍为南边的乡间小镇真溪场，后来才把小买卖做到了宜宾城内。全家人主要凭着缫丝这门手艺吃饭。他们从乡间购买蚕茧，然后把蚕丝剥取下来，最后制成丝卷来销售。有时，家里人也把蚕丝编织成当地人喜欢抱裹在头上的那种很长的丝质头巾来卖。也许是刚刚成家的缘故，也许是已经厌倦了军旅生活，罗营长这年冬天没有跟随顾品珍、朱德率领的靖国军回师云南去讨伐唐继尧。滇军开走后，罗树培利用已有的社会关系在宜宾城的衙门内找了一个差事，过上了儿女情长的小日子。

　　时间一晃，三四年便过去了。罗树培夫妇在宜宾城内的林家巷首先生了一个女儿，紧接着便于公元 1924 年生下了一个眉清目秀的儿子，取名罗子富，后更名为罗哲文。小家庭的建立，一对儿女的先后出生，加上社会动荡与政局不稳，使得文化不高、在军阀政府里不算得志的罗树培开始萌生了归隐乡间、农耕为生的想法。公元 1926 年，他利用多年的积蓄，在距宜宾西北约二百华里的柳家镇附近买了十余亩田地。这块土地具体分布在距小镇有六七华里的余家坳。他们举家从宜宾城内搬到了这个已经靠近乐山的最边远的山村，开始了相对封闭的农耕生活。此时，罗哲文刚好两岁，还不太记事。罗哲文的父母主要在自己的土地上干农活，也养牛、养猪和养鸡。农闲时，有着从军经历、并在衙门内当过差的罗树培还时常在镇上的茶馆里给人主持公道和判辨是非，颇具威望，深得乡亲们的信任。他在经历人生沉浮后，最终选择了解甲归田。总结其从军务政的经验教训，罗树培有一点是十分清楚的。这就是他出身贫寒，读书太少，文化不高，故而在军旅和仕途上都很难有更大的作为。为此，他对自己的幼子寄予厚望，愿意让他早上学堂，多读一些书，以便长大后能够走出闭塞的山区，有一番更大的天地。

　　正是在这种家庭环境下，罗哲文尽管从小长在山区农村，却没有干过太多的农活。他刚满 3 岁便启蒙读书，在村里上私塾。当时的教书先生主要就是让孩子们背书、临帖，内容无非是百家姓、三字经、增广贤文、四书五经一类的传统读本和颜真卿、柳公权、欧阳询等名家的书法，管教极为严格。这使得罗哲文在古文、书法方面练就了坚实的"童子功"。5 岁那年，他比一般孩子更早地进入了村里的"新式学堂"，接受新旧课程兼备的小学教育。应该说十余年前开始的新文化运动已经波及和缓慢地影响到这座川南的小山村。这使得罗哲文有可能接受到前辈们无法接受的白话文、新诗和近代科学文化知识的熏陶。他在学堂里上了自然、地理、珠算、音乐、美术等在私塾里完全没有的全新课程，同时也继续修习古文和古典诗词。课余时间，年少的罗哲文除了帮助大人们干些力所能及的杂活，就是在山青水秀的田野嬉戏，下河里游泳，上山采野果，有时也在茂密青翠的竹林里与小伙伴们一道编织陀螺、竹扇和那种借助双手旋转可以飞上半空的竹蜻蜓……小小年纪，便显示出勤于动手、喜好手工的特点。在相对封闭而落后的川南山区，在当时那种兵荒马乱的岁月里，罗哲文既上过传统的私塾，也上过传播近代科学文化知识的"新式学堂"，在柳家镇余家坳也算得上初识文墨的"小秀才"了。

公元1935年，已经年逾10岁的罗哲文怀着父母的期望，为了进一步求学，离开了偏僻的柳家镇余家坳，重新回到了他出生的宜宾县城。由于从宜宾回父母家要走两百多华里的崎岖山路，来回一趟，路途遥远而艰难，年少的罗哲文只好住到了在城内做生意的舅舅家，专心复习应试。这年夏天，他顺利考入了兴办在宜宾城内滇南会馆的立达中学，开始了他的初中时光。在当时的社会环境下，能考得上又读得起初中的孩子可谓凤毛麟角，更何况罗哲文还是来自边远的山区小学。这应该归功于他的家庭开明和自身的刻苦努力所致。在罗哲文就读的这所中学，所开课程仍然是中西合璧，注重古文。他非常珍视来之不易的学习机会，住在学校里，废寝忘食地用心读书，用以报效父母的养育之母，以便长大后有所作为。

时事难料，好景不长。公元1937年，就在罗哲文读初中的第三个年头，已经侵占了我国东北的日本侵略者，又将铁蹄踏向了华北，通过挑起北平宛平城外的"卢沟桥事变"，发动了全面的侵华战争。尽管罗哲文生长的城市宜宾位于西南腹地，但战火硝烟已使中国大地无法再有平静的校园和安稳的书桌。不时传来的空袭警报、前方逃难而来的众多民众和辗转千里后迁徙而来的机关、科研院所及学校……这一切使正在读中学的罗哲文非常真切地感受到了战争正在临近，感受到了战争的残酷，同时也看到了平常在校园内很难看到的来自四面八方的一些东西。据他回忆道：当年北平故宫博物院为躲避战火南迁的文物珍宝，其中的一部分就曾经辗转万里，在严密的看守下运输到宜宾城内的立达中学存放过一段时间，随后才运到了乐山安顿下来。这应该是罗哲文第一次亲自体会到国宝的重要性，也是如此真实地感受到了中华文明绵延不绝的强大的生命力。回过头来看，罗哲文与文物古建近七十年的不解之缘，应发端于此。

公元 1938 年，在抗日战争的艰苦环境里，罗哲文执著求学，又如愿以偿地考上了母校的高中。不过，此时的校名已更改为外江中学，校址也迁到了宜宾城内的柏树溪。从他一生的发展来看，正是出于对读书的喜爱和对古今中外文化知识的渴求，在严父慈母的督促与关爱下，从山村私塾，到乡间小学，再到县城中学，年仅 16 岁时便完成了高中学业，为未来的发展奠定了坚实的文化基础。概而言之，这位蜀中学子没有止步于山间乡野，没有在兵荒马乱的岁月随波逐流，凭着青春与执著，埋头苦读，厚积薄发，正等待着在自己的人生征途上扬帆起航。是的，人生的命运看似变幻莫测，难以琢磨，实际上是在自己的日常行为中自觉与不自觉地被锁定的。天道酬勤，因果如此。尽管笼罩着战争阴影，尽管前途难卜，但被幸运之神光顾的永远是耕耘者。这无疑是一条颠扑不破的真理。罗哲文未来的命运正好验证了这条真理。

二　考入营造学社

（公元 1940～1946 年）

> "梁刘弟子今元老,
> 　学社科班种子根。"
>
> ——摘自郑孝燮《恭贺哲文兄八旬大寿》

李庄,地处偏僻的四川南部,位于长江上游的宜宾与南溪之间,距离宜宾城东约15公里,再往东到重庆有200多公里。上世纪30~40年代,它有"九宫十八庙"和大小街巷十八条,只是属于南溪县的紧靠长江边的一个乡间小镇。由于抗日战争的特殊环境,这里聚集了中央研究院历史语言研究所与体质人类研究所、中央博物院筹备处、中国营造学社、同济大学等著名的科研机构和高等学府,故而被誉为堪与重庆、成都、昆明并列的大后方四大文化中心之一。在战火纷飞、兵荒马乱的动荡岁月里,有这样一处山青水秀、学术氛围非常浓厚的"世外桃源"是极为难得的(图三)。

罗哲文,这位在宜宾土生土长、中学时代就面临民族危机的蜀中学子,应该说是不幸的。但是,人生的祸福又是如此的难以预料。不幸中的万幸出现在公元1940年冬天。此时,为躲避战火而从北平辗转迁来的中国营造学社,在宜宾的一家报纸上刊登了招考练习生的广告。这给他提供了在和平环境里就是做梦也难以企及的改变一生的历史性机遇。年仅16岁而刚好高中肄业的罗哲文,出于求职、谋生与兴趣的综合考虑,有意无意地抓住了改变自身命运的"幸运之手",在众多求职者中脱颖而出,成为中国营造学社在当地录取的惟一的应聘者。

说到罗哲文的"幸运",就不能不谈到中国营造学社的来龙去脉。中国营造学社的创办人是朱启钤先生。朱启钤,号桂辛,民国初年曾任交通总长及内务总长(图四)。他政务虽忙,对中国传统

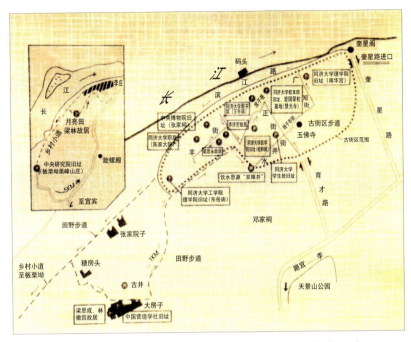

三　抗日战争时期聚集在李庄镇的学术与文化机构示意图

文化却十分重视，有提倡与建树之功。正是在他的主张与筹划下，公元1915年在北京故宫武英殿成立了我国最早的艺术博物馆——古物陈列所。公元1919年，他在南京江南图书馆发现了久已失传的《营造法式》丁氏钞本。为研究这本当时无人能解的"天书"，他特意于公元1929年出资在北平中山公园创办了中国第一个专门研究古代建筑的机构——中国营造学社。他广揽贤才，聘请有志研究古代建筑的梁思成（图五）、刘敦桢（图六）分别主持该社法式组和文献组的工作。中国营造学社成立后，在平、津、晋、冀、鲁、豫等古代建筑相对集中的地区进行了大量卓有成效的勘查、测量、绘图和研究工作。这些成果集中体现在该社创办的《中国营造学社汇刊》上面。正是在梁思成、刘敦桢先生的身体力行下，中国营造学社以现代科学方法与现代科学技术对我国博大精深的古代建筑进行整理和研究，并且对如何正确保护与维修提出建议和方案设计，奠定了中国古代建筑史研究的基础。中国营造学社的工作

四　朱启钤（公元 1872 ~ 1964 年）

五　梁思成（公元 1901 ~ 1972 年）

六 刘敦桢（公元 1897～1968 年）

七 中国营造学社在李庄的旧址（公元 1940～1946 年）

方法就是重点从古代建筑实物的勘查与测绘着手,并参考历史文献、碑刻记载,尤其重视对民间流传、工匠经验的收集与访问。就是靠着这些卓有成效的努力,把历史上一贯被视为"工匠者流"而不入"士大夫"阶层的建筑行业提高到一门学科的位置,把古建筑提高到与金石、书画同等重要的文化地位上。公元1937年,抗日战争全面爆发以后,中国营造学社从北平南迁,在武汉、长沙、昆明等地辗转迁徙。公元1940年冬天,中国营造学社才在李庄西面约1公里的上坝月亮田一处民宅内安顿下来(图七),对外招聘人员,开始进行研究工作。高中刚好肄业的罗哲文,就是在这样的背景下,应聘进入中国营造学社的。

说来也巧,当时主持应聘考试的就是后来成为新中国著名建筑学家的刘致平先生。他是梁思成从清华大学毕业,到美国宾夕法尼亚大学建筑系学成归来,在东北大学创办中国第一个建筑系时所教的得意弟子。后来,他跟随梁思成先生进入中国营造学社,南迁时又到了李庄。他可谓当时学社里少有的"科班"出身的研究人员,也是梁思成先生的得力助手。刘致平在面试时问了罗哲文很多事情,详细而耐心地询问了他从小学到中学的学习情况与个人爱好,并向他介绍了中国营造学社的宗旨和今后主要从事的古代建筑测量、绘图、记录和研究工作。当听到罗哲文从小就喜欢手工,乐于编织一些竹制的"小玩意儿"时,非常满意。后来,他还特意让罗哲文画图,写了写字。刘致平先生发现这位来自本地的后生学子颇为聪慧,长得眉目清秀,写得一手好的毛笔字,绘画基础不错,古文根底扎实,特别突出的是动手能力较强。这些素质和能力对这位年轻人未来从事古代建筑的测量、绘图和进一步的研究工作大有益处。为此,刘致平在众多的应聘者中间慧眼独具,经梁思成先生同意,特别录取了这位才16岁的本地高中生,为中国营造学社挑选了一株根深叶茂的好苗子。从中国营造学社当时在李庄供职的人员来看,除了梁思成、林徽因夫妇和刘敦桢先生,下面就是刘致平、陈明达、莫宗江、罗哲文等年轻人,过了两三年还来了卢绳、叶仲玑、王世襄等人。按照学历和专业来分析,又可分为大学与高

八　中国营造学社在李庄的工作室，梁思成（后者）正在指导莫
　　宗江（前者）绘图。罗哲文就是在这样的环境里逐步成长起
　　来的。

中毕业两档，学建筑专业与非建筑专业两类。其中一些大学毕业
生，尤其是学建筑的大学生，都没有能够在条件艰苦、收入微薄的
中国营造学社留下来，纷纷离去。只有东北大学建筑系毕业的刘致
平留了下来。另外，就是莫宗江、罗哲文这样的高中生较为安心，
从学徒（当时在营造学社内称为研究生）做起，一步一个脚印，
后来都成了中国营造学社以及新中国古代建筑保护与研究领域内的
栋梁之材（图八）。

　　近些年，当有人问罗哲文选择中国营造学社的动机时，他极为
真诚而质朴地回忆道："从我当年进入营造学社学习建筑学到现在，
按一般老百姓的话，可以说我和建筑学有缘份，或者说这是一个从

偶然到必然的过程。说偶然，是因为抗战时期，营造学社迁到了我的老家四川宜宾，要是当时它迁到别的地方去了，我这辈子可能也就不会做这个工作了。说必然，是因为我从小就喜欢做手工，我在上小学、中学时都做了很多手工，我还很喜欢工艺、画画什么的。我小时候家里很穷，但当时在抗战时期，上学特别是上大学不用交学费，所以我中学毕业时报考了好几个地方，有大学也有其他的研究机构。几个地方都考上了，其中还包括同济大学，但是我最终去了营造学社。一个重要原因是当时在营造学社学习不光不交学费，还可以领一份工资。另一方面，在我报考的时候，营造学社的人就明确告诉了我以后在这儿学习要做的都是哪些事情，碰巧那些事情我都非常感兴趣，比如要调查测绘古建筑，要画画，要讲艺术性。我觉得这些挺有意思，所以就没有再考虑别的学校，进了营造学社。"

罗哲文考入中国营造学社以后，先是为刘敦桢先生抄写《西南古建筑调查报告》的文稿，同时练习着为报告画一些插图。刘先生那种治学严谨、一丝不苟的精神给了罗哲文深刻的启示与教育。他还教给罗哲文查考历史资料的方法，使其对古建筑的历史文献有了初步的了解。半年多以后，刘敦桢先生的报告文稿和插图基本完成了。这时候，林徽因见这位从本地招来的年轻人对古建筑有悟性，在测量与绘图方面有培养前途，故而提出把他调到梁思成先生手下来培养。根据中国营造学社让新人拜师的习惯，梁思成先生不久还特别把罗哲文收为弟子。平常，罗哲文主要是为梁思成先生的研究文章绘图和整理资料，帮助干些杂事。跟着老师们做古建筑测绘时，罗哲文就给老师拿皮尺，跑距离，然后逐步协助老师画图。从平面图，到剖面图，再到立面图，他都学着画。当时的学习，首先是从画图开始的。从绘图的技术到削铅笔、擦橡皮等细小环节，梁先生都耐心地向他传授。这使罗哲文从入门开始，就受到了规范的启蒙训练和严谨治学态度的熏陶。当然，罗哲文从老师那里获益更多的是关于建筑艺术的启迪。梁先生多次和他谈线条的艺术性问题："你别看画图都是由一条条粗细不同的线条所组成的，但线条组织起来就是艺术，特别是建筑图纸，比工程机械图纸要求的艺术性更高。不仅是花纹装饰的图纸有艺术性，就是结构图纸也有艺术性。比如斗栱、屋檐的层次、断面和轮廓，都要用粗细不同的线条来表示，线条的交结也不能生硬死板，要恰到好处。"随后，他又在梁先生的指导下学习写记录和报告。正是梁先生把罗哲文领入了一个广阔的艺术殿堂，使他开始着迷于古建筑的研究。尽管林徽因已经得了在当时被视为不治之症的肺结核病，卧床不起，仍然十分关心罗哲文的培养。她告诉罗哲文："致平协助梁先生做的《中国建筑设计参考图集》（其中有台基、斗栱、栏干等10册）有图有文字，图文双解，容易懂。你可以边学边画。梁先生事情多，他是梁先生的得力助手，你要向他请教，向他学。"她又说："宗江和你一样，从小到学社。他的图画得很好。他正在帮梁先生画建筑史的图，你要向他好好学画图。"她还拿出梁思成先生所著《清式营造则例》一书给我，说这是学习中国建筑的入门之书。此书是梁先生根据清工部工程做法和其他专书资料，并采访请教了许多老工匠后整理出来的。许多名词术语费了很大的功夫才弄清楚。最后，林徽因勉励罗哲文说："莫宗江、陈明达进学社时比你还小，现在已经可以独立进行调查研究工作了。你只要认真学习，一定会赶上他们的。"梁思成、林徽因夫妇的启蒙授教，特别是在测量、绘图、记录和古建基础知识方面的循循善诱，对刚刚迈入中国古代建筑门槛的罗哲文来说，无疑是如沐春风，如饮甘露，找到了安身立命的基石。

　　熟悉了中国营造学社的基本情况后，罗哲文便用年轻人特有的热情，忘我地投入到这项既陌生而又新鲜的事业之中。不管事情大小，无论份内份外，他都倾其全力，边干边学。就以在抗战时期恢复出版的《中国营造学社汇刊》为例，可见学社同仁们身处逆境而奋斗不息的精神风貌。众所周知，中国营造学社主办的《中国营造学社汇刊》是当时国内外惟一专门刊登中国古代建筑调查研究成果的重要学术刊物。自从其出版以来，在中外学术界的影响与日俱增。不幸的是，此刊在抗日战争全面爆发后被迫停刊了。中国营造学社迁到李庄以后，时局转入相持阶段，紧张的生活稍为趋

缓。如何推动学社战时的学术研究，梁思成先生首先想到了通过
"复刊"来解决这一时期古代建筑调查与研究成果的发表问题。为
此，学社同仁在林徽因的具体主持下，克服了缺乏资金与材料等许
多困难，自己编辑，自己抄写，自己在石印药纸上绘图，自己印刷
装订，终于使《中国营造学社汇刊》第七卷第一、二期与读者见
面了。虽然是土纸手绘石印，但散发着墨香的刊物印装质量甚美，
其中发表的文章更是很有价值。例如，梁思成的《记五台山佛光
寺的建筑》和《中国建筑之两部文法课本》、林徽因的《现代住宅
设计参考》、刘致平的《四川民居、清真寺调查报告》和《云南一
颗印民居》、莫宗江的《宜宾旧州坝宋营和宋塔》以及王世襄翻译
美国友人费慰梅的《山东嘉祥武梁祠汉画像石》等文章都在当时
的古建筑研究领域产生了极大的反响。罗哲文尽管当时还只是一位
年轻的测绘，仍然竭尽所能地为这两期"特殊年代"所出的刊物
抄写了不少文章，绘制了许多插图（图九）。特别值得一提的是，

九　面对抗日战争的艰苦环境，为使民族精神的载体——中华文化
　　薪火相传，营造学社的同仁在李庄用土纸手绘石印了精美的
　　《中国营造学社汇刊》第七卷第一、二期。

一〇　旋螺殿位于李庄镇南 3 公里的石牛山上，始建于明万历二十
　　　四年（公元 1596 年），清代有过修缮。此殿呈八角形，通
　　　高 25 米，全部建筑未用一根铁钉，殿内藻井状如旋螺，颇
　　　具特色。

公元1942年，罗哲文进入中国营造学社已近两年。此时，从中央大学建筑系毕业的卢绳刚好来到了学社。他除了为中央博物院筹备处绘制清工部工程做法的模型图，也需要进行野外古建筑的实测工作。于是，林徽因便安排罗哲文与卢绳两人去测绘李庄附近的一座明代建筑旋螺殿（图一〇）。这是罗哲文初步学到古代建筑基础知识后所进行的第一次古建实测习作。此项成果后来由卢绳撰文和罗哲文绘图，发表在《中国营造学社汇刊》第七卷第二期。

尽管处在抗日战争的艰苦环境里，学习和工作所必需的一些基本条件都不具备，但是在营造学社这个团结友爱、目标明确的学术团体内，与许多在和平环境里只能通过报刊与书籍才能读到其名字与作品的专家学者、文化名人朝夕相处，耳濡目染，潜移默化，罗哲文仍然感到非常温暖与充实。当时的营造学社人员不多，又位于乡间。从上坝刘家民宅旁边的一条小路往里，到山脚下，再从左侧的一个小门进去便是一座小院。院内有一棵大樟树和几株芭蕉，迎面则是住房和办公室的入口。梁思成夫妇就住在办公室入口的右侧，罗哲文、卢绳、叶仲玑、王世襄等住在办公室的左侧。刘致平一家人和莫宗江则住在另一座院子里。中间有厨房、饭厅。院子里还有一棵大桂圆树。据说，梁思成先生就是在这棵树上拴了一根竹竿，并每天带头爬竹竿。为的是练好功夫，在野外测绘古代建筑时可以登房上屋。就是这片简陋的房舍，成了罗哲文心中的"大学"。他除了如饥似渴地学习古建知识与技巧，还利用业余时间学习英语和古典诗词，练习书法、绘画和摄影，有时还为学社的同仁们做木工、修风扇、摆弄钟表。他的谦逊、热情与心灵手巧，使其结识了许多老前辈和年轻的朋友。他就在日常的生活中，向刘致平、莫宗江、陈明达、卢绳、叶仲玑和王世襄学习到了不少东西。这里特别要提及的是罗哲文的恩师林徽因。她除了把罗哲文安排了给梁思成当弟子，还特别关心罗哲文的业余生活与学习。她出身书香世家，是公元20世纪20年代北京城内有名的才女（图一一）。"五四"新文化运动以后，白话文、新诗盛行。她在当时的诗坛就颇有一些名气。林徽因不仅新诗著名，而且古典诗文也很有造诣。

—— 林徽因
（公元 1904
~1955 年）

作为海外归来的洋学生，她的英语非常好。罗哲文常听到林徽因与傅斯年、陶孟如、李济等人用英语畅谈。她总能用流利的英语，语惊四座，独领风骚。当时，营造学社的工作人员中像罗哲文这样的年轻人居多。她总是鼓励他们要学习英语和文学艺术。尽管当时她已经有病在身，仍然主动教年轻人英语，抽出时间为罗哲文和莫宗江讲过英语课。虽然时间不太长，时断时续，也算是给罗哲文在知识领域内打开了一扇新的窗口。除此之外，林徽因知道刚从中央大学建筑系毕业来学社的卢绳古典诗词很好，就特意让他为罗哲文等人讲古典诗词。在当时的学社内，学习古诗词蔚然成风，就连梁思成夫妇都尊称卢绳为"卢老师"。罗哲文学英语只是开了头，但学习古诗词却入了迷。他自幼喜爱古诗文，来到学社后有了这样一个学习的"小环境"，自然是乐此不疲。他虚心向卢绳请教，还买了很多有关古典诗词的书籍来自学，勤练多写，从而打下了坚实的基础。随后的岁月里，罗哲文从兴趣爱好，到考证古建，再到记录经历，养成了"以诗为证"，"吟诗留史"的良好习惯，留下了一批展示他奋斗历程和反映新中国文博界壮丽画卷的词真意切的优秀诗词。

作为梁思成的弟子和助手，罗哲文平常的工作主要是帮梁先生的论著绘制插图和整理相关的资料，并兼管一些杂务小事，对外联络时跑一跑腿。李庄时期，梁思成在田野勘查与测绘方面主要是对雅安等地的汉代石阙进行勘测。其重点的研究项目是注释和研究宋代李诫的《营造法式》。尽管他经常为了学社的生存而去重庆要经费和处理其他公务，研究工作继继续续，但却一直在进行着。注释与研究《营造法式》一书的"大木作"一章就是在李庄完成的。另外，梁思成还完成了山西五台唐代佛光寺的考察研究报告，并把这座现存时代最早的木构建筑的珍贵资料翻译成英文，介绍到了国外。正是围绕着梁思成先生的这些勘查与研究项目，罗哲文尽心尽力，绘制了不少《营造法式》的墨线图样和古代建筑的实测图。其间，罗哲文还协助梁思成的得力助手刘致平勘查与测绘了李庄民居。在李庄近六年的时间里，罗哲文有幸多次跟随梁思成先生外出办公差，值得一提的有两件事情。其一，协调营造学社与中央博物院筹备处在李庄的合作关系。由于中国营造学社是一个私立的学术团体，经济来源没有保证。为了寻求一个"铁饭碗"，也就是政府的编制，经梁先生同中央博物院筹备处主任李济商议，在该院成立了一个"中国建筑史料编纂委员会"。营造学社的全体成员都编入了这个委员会之内。这在当时特定的环境里，算是有了比较可靠的经济来源。正是由于两家机构有这样一层特殊的关系，罗哲文才经常替梁先生到位于李庄镇上张家祠的筹备处去联系工作，并结识了一批后来相当有名的专家学者，其中有李济、王振铎、曾昭燏、谭旦炯、李霖灿、和才、赵青芳、索予明和高人俊等人。其二，在极端保密的情况下，在军用地图上标注敌占区和日本本土上不可移动的重要的文物古迹。公元 1944 年的夏天，世界反法西斯战争转入反攻阶段，日本侵略军已经全线崩溃。盟军准备对中国大陆广大面积的敌占区和日本本土进行轰炸，以便消灭日军的防御体系，为战略大反攻铺平道路。为了保护这些地区珍贵的地面文物，罗哲文跟随梁先生乘船来到重庆，进行了一个多月的绘图工作。具体来说就是在五万分之一的军用地图上标出盟军轰炸时需要特别保护的地面文物。当时，他们两人分别住在上清寺中央研究院的两座小楼里。梁先生根据多年对中国古代建筑的调查与研究，再加上对日本古建筑的了解，用铅笔先在地图上画出来大致的位置。罗哲文则用圆规与三角板等仪器和绘图墨水把铅笔所画的位置描绘清楚。最后，由梁先生把绘制完毕的地图交给盟军总部。其中梁先生还特别向盟军提出要保护日本古都奈良和京都的建议。由于是军事需要，出于保密要求，当时连罗哲文也不知道标注地图的真正意图。据罗哲文后来回忆："我虽然没有详细研究内容，但大体知道是日本占领区地图，标的是古城、古镇和古建筑文物的位置。还有一些不是中国的地图，我没有仔细去辨识，但有两处我是知道的，就是日本的京都和奈良。因为我一进营造学社，就读过刘敦桢先生写的关于奈良法隆寺、玉蟲橱子的文章。然而日本正在和我们打仗，为什么要画在日本地图上呢？当时我没有多问，因为我觉察到是不宜知道的。"四十余年后，罗哲文到日本奈良参加一个国际学术讨论会时，日本的专家学者才重新提起这件事。大家分析了第二次世界大战中一个奇怪的现象，即战争后期东京、大阪被盟军轰炸成一片焦土，而京都、奈良却免遭轰炸，其中许多珍贵的古建文物，尤其是二十余座唐代建筑风格的木构建筑得以保存。起初，许多研究者以为是美国学者的建议，但是美国学术界否认了这件事。后来，北京大学考古学系的宿白教授谈到了公元 1947 年梁思成亲口对他说过的事情经过，证明了这项建议确实是梁思成提出的。由于日本学者知道罗哲文当时正在做梁先生的助手，所以都来向他证实这件事。此时的罗哲文才恍然大悟，想起了公元 1944 年夏天跟随梁先生去重庆做的那件极端保密的事情，想起了在军用地图上标出来的那些圈圈点点……日本报纸据此把梁思成称之为"日本古都的恩人"。罗哲文也为有幸协助梁先生做这件事情感到无比自豪。

公元 1945 年 8 月，日本侵略者终于投降了。喜讯传到大后方，传到偏僻的李庄，当地民众，尤其是大学、科研院所的教授员工们三天三夜不眠，打着火把游行。人们欢天喜地，载歌载舞，尽情表达经历艰难困苦后的胜利喜悦。罗哲文身处欢乐的人流里，用诗表达了李庄闻日本鬼子投降时的情景："争传鬼子终投降，震耳欢声动八荒。火炬游行宵达旦，耕夫学子喜若狂。"（图一二）抗战初期，被迫流亡内迁到四川的所有机构都在准备迁回原地，中国营造学社也要迁回北平。在学社同仁中间，原来从北平迁来的人员，除了刘敦桢、陈明达已经在前两三年离开李庄到了重庆、成都任职，后来进入营造学社的卢绳、王世襄也都是在正规复员之列。剩下一部分在四川招考、招聘的专业和服务人员，却面临随机关复员或就地辞退的选择。正当来自宜宾当地的罗哲文心情忐忑不安，不忍舍去五年多以来学会的古建基础知识与技能，不忍离开这个充满学术研究氛围和团结友爱的"大家庭"式的集体时，有一天，林徽因突然叫罗哲文到她那里去，说学社已经决定带罗哲文这个四川本地人一同复员去北平。她传达了梁思成先生的安排，要罗哲文和刘致平、莫宗江一起押运学社的图书资料，随中央研究院、中央博物院的图书资料、仪器设备等先到南京，再转道去北平。林徽因告诉罗哲文说："梁先生已先期到重庆去安排复员工作和筹办清华大学建筑系的事情了。我和我的母亲也要先走。你们押运图书资料不能空运，只能乘船水运。"她还再三叮嘱道："你们三人中致平有家小，你和宗江年轻，不仅要照顾图书资料，还要照顾一下他们一家。"罗哲文和刘致平、莫宗江三人留守在李庄，处理营造学社的善后事宜。他们十分谨慎地将学社的图书资料、测绘图纸、照片底片和各类文稿等一一点清，然后包装打箱。随后，他们又在热切地期待中等了半年多，一直到了公元 1946 年夏天才获得机会，与中央研究院、中央博物院一道，顺长江东下，前往重庆、南京……

面对渐渐远去的巴山蜀水，他想到五年以前刚到李庄时还是一

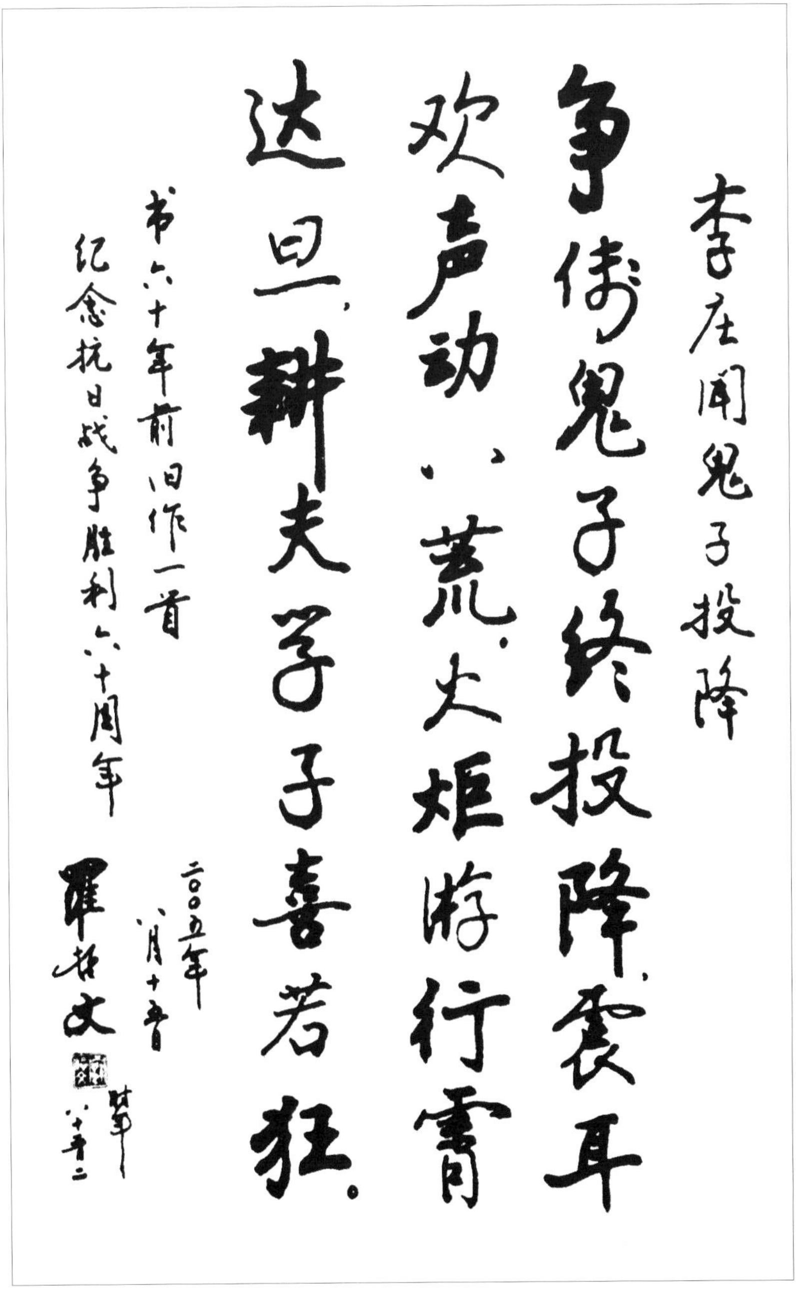

李庄闻鬼子投降

争传鬼子终投降，震耳欢声动、荒、火炬游行霄达旦，耕夫子喜若狂。

书六十年前旧作一首
纪念抗日战争胜利六十周年
二〇〇五年八月十五日
罗哲文

一二　公元 2005 年，罗哲文挥毫题书的六十年前的旧作七绝《李庄闻鬼子投降》。

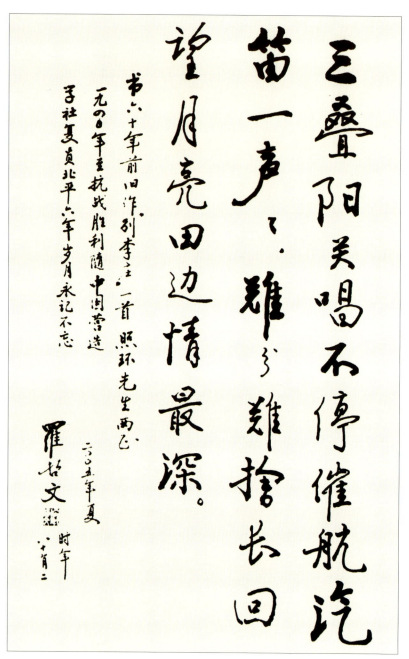

三叠阳关唱不停催航汽

笛一声～雞～难捨长回

望月亮田边情最深。

书六十年前旧作别李主一首照环光生两正

一九○日年至抗战胜利随中国营造

辛社夏贞北平六年岁月永记不忘

罗哲文　时年
二○○五年夏　八酉二

一三　公元 2005 年，罗哲文手书近六十年前的旧作七绝《别李
庄》，借以怀念年轻时在李庄六年的时光。

名高中生，五年过后自己已经迈入中国古代建筑学术研究的神圣殿堂，扬起了未来事业的风帆，真是感慨万千，心潮澎湃，不禁从脑海里涌出离别的诗句："三叠阳关唱不停，催航汽笛一声声。难分难舍长回望，月亮田边情最深。"（图一三）几十年过去了。公元1992年，罗哲文曾经有过一次重访宜宾李庄的宝贵机会。他满怀深情地写了一篇题目为《忆中国营造学社在李庄》的文章，开篇即赋诗一首："几回清梦绕李庄，江水滔滔万里长。五十余年今又是，旧情旧景细思量。"他非常肯定地说："回顾五十多年的历程，我的学识基础还是在李庄打下的。"后来，罗哲文在接受媒体记者采访时还一再强调地说：他在李庄时"最大的收获是掌握了基本技术，能够测绘、能够画图了。这是研究古建筑最基本的要求。第二是学会了如何写记录性文章。我们在对古建筑进行测绘之后，还要把它描绘出来，用文字叙述、记录一个古建筑"。毫无疑问，考入营造学社是罗哲文人生命运的转折点，来到李庄则为罗哲文提供了施展才华与抱负的前景广阔的人生舞台！

公元1946年夏、秋之交，罗哲文一行押运学社的资料与仪器顺江而下，经过重庆，到达南京。因为中国营造学社在李庄时曾经编制在中央博物院筹备处，承蒙中央博物院同仁们的关怀，罗哲文他们在南京小住了数月。后来，因为中国营造学社已属于清华大学的编制，故而需要找到清华大学复员的队伍，于是他们前往上海，在那里又住了几个月。其间，罗哲文等人专程拜望了此时寓居上海的中国营造学社的创始人朱启钤社长。后来，还是由老社长通过朱光沐想办法，使罗哲文他们搭乘海轮，踏上了通往北方的征途。罗哲文一行从上海乘船出发，经过五天五夜的风浪，顺利抵达天津港口，然后转乘火车，最终到达了古都北平。此时此刻已是公元1946年底了。罗哲文来到了期盼已久的学社老家，不辱使命，顺利完成了押运任务，尤为兴奋！正是在北平，罗哲文有了人生与事业的进一步升华。这恰好印证了四川人的一句老话："不出夔门，不知天下事啊！"

五台南禅寺大殿内景　唐

三 在清华的岁月

（公元 1946～1950 年）

"学承泰斗成高足，

业守精勤享盛名。"

——摘自彭卿云《喜贺罗公八十大寿并从业六十二年》

　　中国营造学社复员北平，全体工作人员（其中也包括罗哲文）都转入了国立清华大学营建系。清华大学的前身是公元 1911 年由清政府用美国人返还的部分"庚子赔款"设立的留美预备学校。因为这座学校设在北京西北郊明代李伟始建的清华园故址而被命名为清华学堂。推翻清朝的"辛亥革命"后，清华学堂更名为清华学校。由于清华学堂最初的办学宗旨，使校园具有鲜明的欧美建筑风格。公元 1911 年竣工的新校门就是仿意大利文艺复兴时期的券柱式大门。校内一院为德国古典式大楼，二院则为前附木柱廊行列式平房。公元 1914 年兴建的图书馆、科学馆、体育馆和大礼堂均采用当时美国流行的校园建筑风格。经过公元 1919 年"五四"运动前后所倡导的科学与民主精神的洗礼，在振兴中华必先改良教育的呼唤声中，公元 1924 年秋，清华学校决定成立大学部和开始筹建清华国学研究院。当时著名的国学大师王国维、梁启超、李元任、陈寅恪先生都在该校任教，真可谓群贤毕至，为学界之盛。梁启超先生来校之初便在《清华周刊》第 350 期上撰文指出："吾希望清华最少以下三种学问之独立自任：一、自然科学——尤注重者生物与矿物学，二、工学，三、史学与考古学。"这基本概括了清华大学后来的办学方向。公元 1928 年，南京国民政府正式将清华学校命名为国立清华大学。公元 1929 年 6 月，清华国学研究院与留学预备部同时结束，国立清华大学成为文、理、工科兼备的综合性大学。此间，国立清华大学又进行了大规模营建。新兴的建筑与学校早期建筑的风格一致，采用了美国近代折衷式的校园建筑风格。其特点是砖混结构，外形对称，比例端庄，立面三段式划分，利用清水砖墙面砌出线脚。到公元 1937 年抗日战争全面爆发之前，欧化而典雅的清华校园已初具规模。这在当时国内的大学中是独具一格的。八年抗战时期，国立清华大学南迁昆明，成为西南联合大学的一部分。公元 1946 年，国立清华大学迁回北平，时任校长为梅贻琦先生。这所名校在经过战火洗礼后重返清华园内再度复兴。

　　正是在这个节骨眼上，梁启超之子梁思成向母校的梅贻琦校长写了一封信，建议在国立清华大学这所以理工科著名的大学里设立营建系（图一四）。这个建议恰好符合正在复兴的国立清华大学的

一四　梁思成先生写给国立清华大学校长梅贻琦的一封信，其中建议在母校设立营建系。

发展大计，于是立即被校方采纳，并迅速于公元1946年秋天开始招收新生。随后不久，梁思成、林徽因夫妇又对自己长期供职、古建测绘与研究成果卓著、当时经费难以为继的中国营造学社情深难舍。他们又主动提出由国立的清华大学与私立的中国营造学社合办中国建筑研究所，原营造学社的人员都归入这个研究所，也可吸收营建系的师生参加，继续从事中国古代建筑的野外测绘与研究工作。为此，梁思成陪同营造学社的朱启钤社长与清华大学的梅贻琦校长商谈，双方一拍即合。随后便在清华大学营建系合署办公，一个机构，两块牌子，人员编制都在营建系。正是在这样的背景下，公元1946年冬天押运营造学社图文资料来到北平的罗哲文，十分自然地到了宁静而美丽的清华园（图一五），开始了他青春时代的一段非常美好的时光……

刚进国立清华大学时，22岁的罗哲文正式编制在营建系办公室，具体担任系主任的助理，也就是负责系里的行政事务。当时的系主任是梁思成先生。据罗哲文回忆："思成先生研究古建筑，不是为研究而研究，也不单是为了保存'国粹'，而是要弘扬它，发展它。用今天的话来说，就是要创作有中国特色的现代建筑，也就是他曾说过的'中而新'。他深知这是一个十分艰巨的工作，绝非他和少数几个人所能。因此他非常关注人才培养问题，觉得像中国这样有如此丰富的文化内涵的建筑遗产，只靠少数人来调查研究，发掘整理，是很难完成的。这就是他抗战后决定回北平创办清华大学建筑系，当时叫营建系的原因。这是他的一个重大决策。"罗哲文还谈到了另一个更加现实的原因："据我所知，一是因八年流亡的经验，没有固定的国家编制很难安心。加上八年抗战，日本侵略者的劫掠，财力已空，学社已难以为继了。"中国营造学社并入国立清华大学，既可使学社开创的古建研究事业发展壮大，后继有人，也可使学社人员的生活和研究经费有基本的保证。关于为何在创办之初取名"营建系"而不是"建筑系"？作为梁思成助理的罗哲文曾有过心领神会地考证："中国古代汉语中并无'建筑'一词。它是近代从日本语中引入的。英语中的Architecture一词来自

一五　公元1947年，罗哲文在国立清华大学西院宿舍前，音容笑
　　　貌中洋溢着青春的朝气。

拉丁语的 Architectra，我们可称之为建筑学，是一门关于研究建筑
技术与艺术知识的学问。而在中国古代汉语中，把修建房屋以及其
他一切土木工程统称之为'营造'或'营建'。这里的'营'字，
又有经营、筹划的意思，较之'建筑'二字范围更深广。在三千
年前的《周礼·冬官》所说的'匠人营国'中的'营'，就是规
划都城之意。我在中国营造学社和清华大学营建系时期，曾经多次

听到过思成先生谈'营'这个字的深远意义。他要把建筑系或建筑学系这一名称进行改革推广，不是偶然的，是经过深思熟虑，有他的深意的。"

　　应该说，罗哲文的人生际遇是不错的。抗日战争结束后，国共两党和谈破裂，内战又起，战火重燃。此时此刻，他却到了北平，进了清华园，有了一个相对安定的学习环境（图一六）。初来不久的一天，罗哲文去看望师母林徽因的时候，自然谈起了古建筑学习、调查和研究的事情。林徽因主动向罗哲文说："你在学社五六年学到了不少东西，古建筑可算有了初步知识，但范围还是很窄。建筑是一门综合的科学，涉及艺术和文化的内容，知识必须广泛。你现在来到清华，有很好的条件。清华的名教授很多，你可以去听他们的课。过去宗江、明达他们没有这个条件，你是幸运者。"罗

一六　罗哲文刚进清华园时，担任营建系主任梁思成先生的助理，
　　　负责系里的行政事务，同时还挤出时间去听课和阅读专业书
　　　籍。

哲文听完后非常高兴，学习兴趣油然而生。可是他转念一想，系里办公室的事不少，自己还要为刘致平先生的建筑构造课程绘教材图，不知系里是否同意让他边工作边学习，心里有些踌躇……林徽因看出了罗哲文的为难之处，马上答应给营建系的吴柳生打一个招呼，帮他疏通一下。果然灵验，两天后吴柳生就来找罗哲文，说梁夫人向他谈了这件事，他非常支持。他还专门找来了李毓俊先生在系办公室帮助工作。这给罗哲文创造了很好的学习条件。罗哲文在完成本职工作的前提下，除了听营建系所开的课，还听了吴柳生先生在土木系所讲的木结构以及其他教授所讲的测量学、工程力学等课程。受师母林徽因的启蒙与教诲，罗哲文还特别留意外语的学习。他在清华工作期间，先后选了英、俄、德、法、日五门外语，其中对曹靖华先生讲的俄语下功夫最大。建国之初，罗哲文就是利用自己的俄语基础，从《苏联城市建设问题》杂志翻译出对《城市计划与道路交通》一书的评介和一系列保护苏联历史建筑与纪念物的法规，展示出他在清华大学的学习成果。

清华园的宁静，使罗哲文能在古代建筑学的园地内埋头耕耘；清华园的浪漫，则使罗哲文收获了异乡学子梦寐以求的爱情。公元1946年底，初来北方的罗哲文病了。看病时，他有幸结识了校医务室比自己小3岁的杨静华小姐。两人很快有了好感。罗哲文则在异乡找到了知音。杨静华公元1927年出生，成长在一个做体育器材（如网球拍等）的家庭，热情开朗，向往光明。抗日战争胜利后，她受在北平"军事调查处执行部"工作的舅舅（中共党员、解放军营级干部）的影响，参加了反内战、争民主的学生进步活动，并在公元1946年参加了中国共产党，为党组织做些联络与送信的工作。杨静华身上散发的青春与热情，对好学而敏锐的罗哲文来说无疑是一种感召，是一种向上的力量。两人互相激励，成为追求民主与光明的新青年。公元1947年2月，国共两党的停战谈判彻底破裂，内战加剧，中共驻北平"军事调查处执行部"的人员撤回延安。杨静华因舅舅的离去而一度失去了与党的联系，但她与罗哲文对党的信念没有改变。此后发生的一件事情颇具传奇色彩。

事情的经过是杨静华的舅舅撤退时曾经把两把手枪埋在北平城内住宅的地下。风声越来越紧。罗哲文怕被国民党军统特务搜出来，就独自回到当时戒备森严的城内，把双枪挖了出来，然后泰然自若地带着双枪，骑着单车，巧妙地通过了傅作义部队把守的城门，顺利地回到了西北郊的清华大学，并把双枪妥善地保管起来。当时，罗哲文的勇敢无疑是来自于一种信念，来自于对恋人的忠诚。全国解放后，杨静华的舅舅回到北京，罗哲文把双枪完璧归赵，并在随后开展的肃反运动中有过专门的说明。可是，就是这两把手枪的来龙去脉，却使罗哲文在二十余年后因为把交枪证明弄丢了，被人从档案里翻出来，还受到一个荒唐而可笑的罪名的牵连。这是后话，此处暂且不表。

有了事业与爱情的罗哲文，在清华园内的生活是充实的（图一七）。时局的变化，没有使他担忧，而是令他向往（图一八）。

一七　生长于南方的罗哲文，很少见到皑皑的白雪。面对宁静的校园，他的心中有着昂扬向上的情怀。

一八 公元 1948 年，罗哲文显得更加成熟而稳重。他的胸前戴着
清华大学的校徽，上衣兜里挂着一只钢笔。

公元 1948 年秋季的一天，林徽因特意把罗哲文叫去，对他说："现在和谈破裂，内战已起，要出去到外地考察测绘甚为困难。你能不能想办法到北平附近的地方去看看。"她还语重心长地嘱咐道："过去学社在北平距长城很近，但总认为随时都可以去，殊不知一隔就是十多年了。长城是古建筑中很重要的一项，不能不去调查测绘一下，工作量相当大。你年轻，先去打个头阵，探一下路，有可能再叫致平、宗江他们去。"接受了恩师的嘱托，罗哲文立即查找资料和地图，决定先去八达岭和古北口两处。其理由是这两处均为长城重要关隘，而且距北平也不远。当时，解放军正准备从东北入

一九　公元 1948 年，罗哲文第一次寻访八达岭长城时留下的十分
　　　珍贵的"老照片"。

关南下，这两处刚好是国共两军的对峙之地。大战在即，不过还没有接上火。罗哲文选择了一个天高云淡的日子，带上简单的日用品和一台旧的照相机，便只身前往渴望已久的长城。处于特定的战争环境，通往这两处的交通道路崎岖难行。罗哲文坐车、骑驴和步行交替使用，花费了好几天的时间，才算完成了对这两处长城遗址的"初探"。值得庆幸的是，穿行于两军前沿阵地之间的罗哲文并未遇到什么阻拦。也许是双方都在做打仗的准备，无暇它顾。这是罗哲文首次到达长城。极目远望，如巨龙般飞驰于群山之间的万里长城，使罗哲文年轻的心灵受到了波澜壮阔般的震撼。朝霞夕照之间，古老长城所呈现的那种苍凉、雄伟、壮丽而又使人感到关山难越的动人景色，令罗哲文久久难以忘怀……由于当时长城一带地处荒凉，人烟稀少，加上战事吃紧，罗哲文不敢久留，拍了一些照片后就赶快返回了。尽管罗哲文对长城的第一次寻访，没有达到实地测绘的目的，但是他在当时所拍的古北口、八达岭的照片，随着岁月的流逝则已经变成十分珍贵的反映长城当时风貌的"老照片"（图一九）。北平解放前夕，罗哲文骑着毛驴对长城的这次"初探"，可谓他后来与长城结下不解之缘的一个起点。

公元 1948 年冬，中国人民解放军从东北大举南下，逼近北平。梁思成先生毅然拒绝了国民党派飞机接他到台湾的邀请，在清华园内等待解放军的到来（图二〇）。受梁思成夫妇与恋人杨静华的影响，一直向往光明的罗哲文也急切地盼望着这一历史性时刻的到来（图二一）。公元 1948 年 11 月，解放军迅速包围了北平城，地处西北郊的清华大学提前解放了。令罗哲文感到惊奇的是，解放军没有进入清华大学，连旁边的燕京大学、颐和园也都没有进入。事后才知道党中央、毛主席对保护北平的文教机关和文物古迹已专门作了指示。为了确保北平城内故宫、天坛、北海、雍和宫、国子监等重要的古建筑不遭炮击，围城的解放军还特别通过清华大学地下党的同志找到了梁思成先生。从未和共产党打过交道的梁思成对此可以说是喜出望外。他连夜和妻子林徽因用红色的铅笔在一幅军用地图上把北平城内重要的古建筑准确地圈点出来，并立即交到了解放

二〇 公元 1948 年圣诞节，营建系师生在系馆合影。后排居中坐者为梁思成先生，左侧站立第一人为罗哲文。

二一 罗哲文（左一）与营建系的部分同学在一起，正等待光明的到来……

军的手中。罗哲文这期间一直跟随梁思成先生，辅助恩师完成了对北平古建筑的保护工作，为保护古都尽到了一份心力。公元1949年1月31日，北平和平解放了，千年古都免遭战火。为了让挥师南下的解放大军注意保护各地重要的古建文物，中共中央又特地派人请梁思成先生主持编写一份全国的重要古建筑目录，以便尽快发到军中，在对敌作战时尽可能地加以保护。梁思成先生非常愉快地接受了这项任务，立即组织中国建筑研究所和清华大学营建系的部分教师及研究人员开始工作。其中有林徽因、刘致平、莫宗江、朱畅中、胡允敬、汪国瑜等人。罗哲文是主要的参加者之一，并且负责刻写钢版蜡纸和油印。由于事情紧急，大家不分白天、黑夜，连续奋战。这本十六开、厚达一百多页、包括全国二十多个省市重要古建筑的目录，从查阅资料、分析研究、分别等级、分项说明，到刻印和装订，仅仅用了一个多月的时间就完成了。公元1949年3月，一本封面署名为国立清华大学、私立中国营造学社合设建筑研究所编的《全国重要建筑文物简目》出版了，并且立即送到了有

二二　公元1949年3月，由罗哲文负责刻印的《全国重要建筑文物简目》一书出版，非常及时地配合了解放军南下解放全中国的进军行动。

关部门。这本书虽然内容简明扼要，却浓缩了中国营造学社多年的研究成果。把它发到解放军各级指挥人员的手中，不仅在解放全国广大地区时有保护古建文物的重大意义，而且对解放初期开展古建文物的调查、保护、研究工作也起了积极的作用。罗哲文有幸参加到这项功德无量的工作中，直到晚年还津津乐道，引为自豪（图二二）。

"解放区的天是明朗的天，解放区的人民好喜欢……"生活在和平解放后的北平，风华正茂的罗哲文好像浑身都有使不完的劲（图二三）。当时，为了迎接新中国的诞生，报上刊登了国旗、国徽图案征选启事。清华大学营建系的全体同仁在梁思成、林徽因的带领下，都积极踊跃地参加了投稿竞选。林徽因还特别嘱托赋有美术才能的罗哲文要精心准备，拿出最好的方案。罗哲文当时对国旗、国徽都投了稿，国旗图案的设计还得了第二名。他的图案是五星红旗，旗上一个大星，追随有四个小星，意思是中国共产党带领全国人民前进。这个方案在评选中几乎当选，只是因为有的评委提出还是围绕共产党好，才最终选了现在的国旗设计方案。国徽的设计比较复杂，投稿的图案很多，最后选择了清华大学与中央工艺美术学院两家的方案，并确定由清华大学来综合修改后完成。主持这项工作的是梁思成、林徽因，参加的有高庄、李宗津、莫宗江、朱畅中、胡允敬、汪国瑜等人。罗哲文也参加其中，做了一些描绘的工作。据罗哲文回忆道："我印象最深的是徽因师把我们找去亲自教了如何绘画五星、天安门、稻麦穗、齿轮等的技法，特别是五星如何画得又快又准的方案。可惜最后国徽通过后，他们二人（指梁思成夫妇）都卧病床上，未能参加集体照。"（图二四）

公元 1949 年 10 月 1 日，毛泽东主席在庄严的天安门城楼上宣布中华人民共和国成立。中国人民从此站起来了！北平重新更名为北京，成为新中国的首都。面对百废待兴而又迫切需要加速建设的北京城，如何保持其古老而美丽的风貌，又使其走向现代化，符合其作为全国政治、文化中心的地位，这个难题刻不容缓地摆在了所有关心北京未来发展的人们面前。对北京情有独钟的梁思成先生，

二三 公元 1949 年冬，罗哲文（右一）与清华大学营建系的师生
    在山西大同煤矿合影。

二四 为迎接新中国的诞生，罗哲文（前排左一）与营建系的师
    生一道，有幸参加了国徽、国旗的征稿活动。

二五　梁思成先生在北平和平解放后，从公元 1949 年起担
　　　任北平都市计划委员会副主任和北京市建设委员会
　　　副主任，从公元 1953 年起任中国建筑学会副理事
　　　长，公元 1955 年当选为中国科学院技术科学部学部
　　　委员，公元 1959 年加入中国共产党。

凭借他的良知和学识，作出了被后来历史证明是高瞻远瞩的回答
（图二五）。罗哲文作为梁思成先生的助理，亲历了新都方案构思、
形成的全过程，从当时到后来都表示出由衷的钦佩与赞赏之情。梁
思成的设想是想把北京这座世界罕有的古城全部保护下来。这一想
法在他主持编著《全国重要建筑文物简目》一书时已有反映。他
深思熟虑地构思了一个在西郊建"新北京"的方案，并多次向中
央领导提出。公元 1950 年，罗哲文曾给梁思成先生画过新北京的

简图，抄写过报告，所以梁先生的意图罗哲文是完全理解和赞同的。一些剩下的图纸副本和材料由罗哲文一直保存到"文化大革命"中才不幸丢失。梁先生当时对罗哲文说过北京城是中国古代城市规划的实物杰作。如果将包括城墙、城门、街巷、牌楼、宫殿、王府、坛庙、寺观和园林等完整地保护下来，这将是一个世界的奇迹。但是，如果在城内建设，新旧两者必然发生矛盾，古建筑就必然要受到破坏。因此，必须把中央机关各部和机关学校建在城外。这样才能两全其美。梁先生还特别提出过保存、利用城墙，并把它建成环城公园的方案，同时详细计算了拆除城墙的费用。这些意见发表在当时的《新观察》杂志上。令人遗憾的是，梁思成的真知灼见未被采纳，反而招致了一些非议，后来还被加上了"复古主义"的罪名。古老的北京在新的建设浪潮中不可避免地遭受了本来可以防止而又无法挽回的损失。这是历史的悲哀！作为新都方案见证与拥护者的罗哲文，每当谈及此事，总是扼腕痛惜，感慨良多……

二六　公元1950年夏天，罗哲文（后排左三）与营建系第一批四
　　　年制本科毕业生在清华大学工字厅前合影。

公元 1950 年底，罗哲文服从组织调配，离开清华大学，前往当时的中央人民政府文化部文物事业管理局报到。仔细追寻罗哲文的人生轨迹，他在清华的岁月具有昂扬向上的重要意义（图二六）。罗哲文在清华园内得到深造，在清华园内寻觅到了爱情，在清华园内迎接了解放，在清华园内目睹了新中国的诞生……总之，罗哲文在清华园内度过的时光，恰好可以用"火热的青春"与"甜蜜的爱情"来形容。伴着祖国翻天覆地的历史性转折，已经蓄势待发的罗哲文接受上级的召唤，义无反顾地奔赴到了文物保护与管理工作的第一线。

四 局里的年轻专家

（公元 1950 ~ 1966 年）

"踏遍山川搜国故，

倾将心血育门人。"

——摘自彭卿云《喜贺罗公八十大寿并从业六十二年》

　　新中国成立以后，面对旧中国留下的满目疮痍的烂摊子，真可谓百废待兴、百业待举。为开创崭新的文博事业，满足各项业务工作的需要，中央人民政府文化部文物事业管理局特地从各地调来了一批各具特长的专业干部。当时的文物局被誉为"专家云集"之地。除了局长为著名作家和文物专家郑振铎、副局长为党内的文化人王冶秋，各业务部门还聚集了裴文中、王振铎、张珩、罗福颐、徐邦达、傅忠谟、万斯年、谢元璐、陈明达等人。公元 1950 年底，年仅 27 岁的罗哲文被上级主管部门选中，从清华大学营建系调到文物局任业务秘书，专门从事全国古建筑保护与维修的管理工作，成为当时局里最年轻的古建筑专家（图二七）。

　　建国之初，全国范围的文物保护与维修工作还没有大规模展开，古建筑的维修主要集中在北京市。公元 1951 年，罗哲文到局里上任后主要是跑北京市的寺庙调查，并通过文化部所属的北京文物整理委员会设计与维修损毁严重的城门楼子（图二八）。为配合抗美援朝战争和激发爱国热情，在有关方面的配合下，罗哲文还成功筹办了《伟大祖国建筑展览》。这个展览在当时反响很大，许多同志看完展览后都说：我们祖国有这样勤劳勇敢的人民，历史上有这样高度发达的科学技术，是任何帝国主义不能征服的。

　　公元 1952 年，声势浩大的"三反"与"五反"运动结束，大规模的国民经济建设开始，全国范围的文物保护与维修工作随之展开。当时，全国各省市都纷纷提出古建筑的维修申请，要求中央支

二七 公元1953年冬天，文化部文物事业管理局的领导与部分同
志在北海团城办公地点合影。此图前排坐者右起第一人为罗
哲文，第二人为陈明达，第三人为张珩，第四人为郑振铎
（时任局长），第五人为谢元璐。后排站立者右起第三人为
徐邦达，第四人为谢振生，第五人为张金铭，第六人为罗福
颐，第八人为傅忠谟。如此阵容，真可谓群贤毕至、人才济
济。上述诸位同志后来都成为新中国文物事业的中坚力量与
著名专家。

二八   公元1953年拍摄的北京永定门城楼

持古建筑的维修技术力量和经费。面对如此热火朝天的局面，制订一个全面而长远的古建维修规划，并提出相应的预算，已成为刻不容缓的任务。罗哲文作为文物局具体经办古建筑维修事宜的业务干部，马不停蹄地开始了勘查、规划、落实经费、参与具体项目实施和专业培训等一系列繁重的工作（图二九）。当年下半年，文物局便组织了几个勘查组前往各地对古建筑进行重点和一般的勘查。其中包括以刘致平为主的赵州桥勘查组，以祁英涛为主的河北北部古建筑勘查组，以罗哲文为主的东北古建筑勘查和雁北古建筑勘查组。每个勘查组不仅对古建筑的价值和保存情况进行调查，而且还提出了维修方案。考察归来后，罗哲文与同组的杜仙洲和张正模一道共同撰写了《雁北古建筑的勘查》一文，并发表在《文物参考资料》1953 年第 3 期。其中开宗明义地谈道："这次勘查的目的，主要是协助察哈尔省文化事业管理局勘查设计重点修缮的大同善化寺普贤阁和朔县崇福寺两处工程，同时就便了解沿路所经过地区的一些古建筑的情况。"这应是罗哲文撰写的第一个重要的古建筑勘查报告，也是建国以后深入文物工作第一线收获的第一个重要的学术成果。这一年的早秋，根据时任中央人民政府政务院副总理兼文教委员会主任郭沫若的建议，遵照郑振铎局长的指示，罗哲文担负起修复长城以便向国内外开放的重任。他在十几位同志的配合下，广泛查阅了长城的各种图文资料，敏锐地认识到万里长城尽管分布

二九　建国之初，罗哲文调到文物局后草拟的历史建筑物修缮与管理方面的文件。

三〇　公元 1952 年维修前的居庸关

很广，但经过岁月沧桑还能够看出形体的约占十分之一，基本保存
完整的又仅占能够看出形体的十分之一。他果断地把距离京津地区
较近的山海关、居庸关、八达岭长城列为实地勘查的重点地段。经
过三个月异常艰苦的努力，罗哲文一行取得了翔实的第一手资料
（图三〇）。回到北京后，罗哲文几个昼夜没有合眼，很快拿出了
一份八达岭长城的维修规划，还特意绘制了一份维修草图。为慎重
起见，罗哲文直奔恩师梁思成家里，请梁先生审定这个维修规划。
当病中的梁思成看完这份图文翔实的报告后感到非常高兴，特别欣
慰地意识到从中国营造学社开始的古建筑保护事业终于有了年富力
强的组织者与实施者，重要古建筑的维修与保护即将从勘测的图纸

变成现实。梁先生当即在维修草图上做了审定签名，还专门在稿纸上写了几点维修意见。据罗哲文后来回忆，梁先生的意见有三点让他印象深刻：第一，古建筑维修要有古意，要"整旧如旧"。修长城不要全部换成新砖、新石，千万不要用水泥混凝土。有些残断的地方，不危及游人安全就不必全修了。"故垒斜阳"会更有味儿。第二，长城上休息座位的布置，要讲究自然与野趣，不要搞"排排座，吃果果"的布置。第三，提议千万不能在长城边上种高大的乔木，以免影响保护与观看。梁思成在维修长城上所发表的远见卓识，对罗哲文后来几十年的古建筑维修与保护工作都有着重要的指导意义。罗哲文在长城修复规划获得有关部门审定通过后，又因地制宜地组织了紧张的施工，仅用了一年多就使八达岭长城、居庸关云台、山海关"天下第一关"城楼恢复了昔日的雄姿（图三一、三二），使来北京的国内外游人能够重新登上这座举世闻名的宏伟建筑。新中国成立后对长城卓有成效的首次维修，不仅拉开了保护与维修万里长城的序幕，而且也吹响了在全国范围内进行大规模文物保护与维修的进军号。

那是一个充满了希望与激情的年代。罗哲文忘我地工作在古建筑保护与维修的第一线。他在公元 1952 年内相继参加了河北昌平居庸关云台与八达岭长城、辽西山海关"天下第一关"城楼、辽宁沈阳故宫大清门、吉林农安塔、山西朔县崇福寺、广州光孝寺等重要古建筑的维修考察和方案设计，另外还协助把河北赵州桥与隆兴寺、山西晋祠与善化寺也列入到近期的古建维修项目之中。为解决专业技术力量不足的问题，由中国科学院、文化部、北京大学从公元 1952 年开始，每年举办一次，共同举办了四期"考古工作人员训练班"，直到北京大学等设立的考古专业有了毕业生为止。这个训练班号称中国文博考古界的"黄埔军校"，其中培养的学员大多成为新中国文博与考古事业的领军人物。针对当时没有专门学校培养古建筑保护与维修的专业技术人员的现状，又特别在考古训练班开设了古建筑的课程。与此同时，北京文物整理委员会还举行了为期一年的古建筑培训班（图三三）。许多著名的专家学者，如梁

三一　公元 1952 年维修前的山海关"天下第一关"城楼

三二　公元 1953 年维修后的山海关"天下第一关"城楼

三三　公元 1953 年，古建筑培训班结业。此图第二排坐者是领导
　　　及教员，自左至右为罗哲文、余鸣谦、俞同奎、张珩、王冶
　　　秋（时任文物局副局长）、马衡（时任故宫博物院院长、北
　　　京文物整理委员会主任）、陈明达、祁英涛和杜仙洲。第一
　　　排坐地者是学员，自左至右为李全庆、杨玉柱、何凤兰、王
　　　珍、李竹君、孔祥珍、梁超、王汝惠和杨烈。后排站立者是
　　　部分教职员与学员。

思成、马衡先生等都曾在考古训练班和古建筑培训班任教。罗哲文作为文物局的专业干部，也参加了讲课的工作。由于他的讲稿内容代表了当时文物局对古建筑保护与维修工作的指导性意见，还特别请郑振铎局长和文物处副处长张珩同志做了修改审查。罗哲文的讲稿清楚地回答了古建筑保护的范围、责任和拆除、改建、修缮古建筑的审批条件以及有关程序（图三四）。其中明确指出："过去修缮庙宇，多只重视外表，而忽视了保存历史的真实性，把古代的特

三四　罗哲文拟定的古建筑使用办法草案

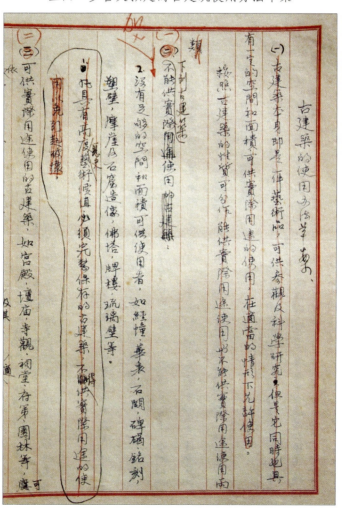

征都破坏了，如很有历史、艺术价值的正定隆兴寺塑壁等。我们今天修缮一座古建筑必须经过慎重的调查研究，再加以精密设计，尤其是有价值的建筑，绝对要保存原来的和每个时代的特征，并根据科学方法来处理。"兵马未动，粮草先行。在搭好全国古建筑保护与维修的巨大舞台，即将拉开帷幕之际，经费问题迫在眉睫。在刚建国的两三年内，北京市范围内的古建维修经费主要是从文化部的业务经费中拨付，没有设立固定的专款项目。大规模的古建维修工程上马以后，文化部的业务经费显然已经不能适应这些工程的巨额支出。郑振铎局长对此十分重视，特别指示具体经办古建维修的罗哲文尽快起草了一个报告，亲自写信给上级主管部门，还专门找了当时总理办公室主任齐燕铭同志，最后找到了周总理那里才使问题得到解决。周总理特批由财政部每年拨文物保护维修专款，专款专用，其中主要包括古建维修、考古发掘和重点文物收购等项内容。经罗哲文证实，当年的文物保护维修专款是一百二十亿元（相当于后来人民币的一百二十万元）。这在当时是一笔雪中送炭的巨额资金，有力地保障了大规模文物保护工作的正常进行。此专款一直相沿至今，当然款额已增加了几百倍。这项专款几十年来所发挥的巨大作用，对中国文博事业来讲是不言而喻的。

天高任鸟飞，海阔凭鱼跃。苦与累，对有着远大志向的罗哲文来说，算不了什么。他在自己年富力强的时候，获得了如此广阔的施展才华的舞台，心中充满的更多的是对新时代的感激和在新生活中品味出来的甜蜜。何况他的爱人杨静华经过在大连卫生专科学校生物专业三年的学习，已经于公元 1952 年顺利毕业，重新返回了北京。当时，为了解决罗哲文的后顾之忧，时任文物局副局长的王冶秋同志还亲自出马，找到了冯玉祥的夫人、时任卫生部长的李德全同志，协调解决杨静华的工作问题。王冶秋在抗日战争期间接受党的派遣，曾经担任过冯玉祥将军的秘书，与李德全女士是老相识。杨静华最终被顺利分配到位于北京天坛内的中国生物制品检定所工作，一直到退休。两人在京相聚并结婚，小家庭的日子与新生共和国一样，在随后的岁月里始终充满了阳光与欢乐（图三五）。

三五　公元1958年，罗哲文夫人杨静华带着儿子罗扬正在欢快地
　　　游玩。

　　就在罗哲文为自己钟爱的古建筑保护事业大显身手的时候，新
的矛盾与问题不可避免地摆在了他的面前。从公元1953年开始，
全国范围内的大规模的基本建设热火朝天地开展起来。首都的城市
建设日新月异，飞速发展。由于历史的局限，决策者未能采纳梁思
成先生提出的古城整体保护和另建新城的建议。北京明清古城内的
原有建筑与正在兴建的高楼大厦、宽阔街道逐渐产生了难以调和的
尖锐矛盾。新与旧，拆与留，如何兼顾？何去何从？中央和北京市
有关部门的领导、专家及各界人士众说纷纭。罗哲文身为文物局具
体经办古建筑事宜的业务干部，在保护与发展如此尖锐对立的形势
面前，自然也感到了难以名状的巨大的精神压力。经过冷静的思
考，他凭借勇气与良知作出了明确的判断：恩师梁思成、林徽因保
护北京古城的一系列真知灼见是正确而可行的。近些年，罗哲文还
撰文回忆了公元1953年8月20日由北京市政府出面召开的"关于
首都文物建筑保护问题座谈会"的情景。主持这次北京文物建筑
保护史上第一次重要会议的是副市长吴晗，中央和北京市的领导与

专家有郑振铎、马衡、朱欣陶、华南圭、朱兆雪、叶恭绰、林徽因等。罗哲文当时也在会上。他对林徽因提出的三点意见记忆犹新：首先是保护文物古建筑与新的城市建设和发展是统一的。保护旧的是为新建筑保存优良的传统。出现矛盾应首先考虑如何想办法保而不是首先考虑拆。如果把它拆掉了，一切都没有了。其次是保护文物建筑不只是宫殿、庙宇，还要重视民居住宅和其他各种类型建筑的保护，注意民间艺术的保护。再者就是古建筑文物的整体和环境保护问题。对北京城墙应全部保存，建立环城公园。天坛要对内外坛墙、建筑、古树整体保护。罗哲文对林徽因在当时特定环境下的诤言极为佩服。为具体弄清楚北京古建筑的家底，罗哲文身体力行，相继参加了城墙、牌楼的联合调查，力争为决策者提供实事求是的依据。令人遗憾的是，迫于刚刚翻身的人们建设新社会的热情以及由此形成的社会氛围，请古建筑为建设新首都让路的观点占了上风。北京古建筑保护的形势急转直下。建街道要笔直，开车要无阻拦。城墙决定拆除，横跨在大街上的牌楼、殿阁已在拆除之列（图三六）。与紫禁城角楼相媲美的大高殿习礼亭和牌坊被拆走，西长安街金代庆寿寺双塔被拆毁，最后竟轮到文化部文物局所在地的北海团城了。沧海横流，方显出英雄本色。年轻的罗哲文在当时的社会背景下，以其身份与地位都还不足以像梁思成、林徽因夫妇那样充当悲壮的英雄。但是，罗哲文的看法是鲜明的，同时也问心无愧而又力所能及地奔走呼吁，做了许多实际和具体的工作，使许多珍贵的古建筑得以保存。其中比较突出的事例有团城的保护、牌楼拆迁的调查以及在全国重要的古建筑上安装避雷针。

北海团城位于北京古城的中心部位，具体坐落在故宫西北侧北海与中南海之间，是北京城内古建筑最为集中而又最为优美的阜城门到朝阳门一线的中心点。团城堪称辽、金、元、明、清建都北京的重要见证。城内的布局、建筑和文物全国罕见（图三七），其中的辽金古树（图三八）、元代大玉瓮、精美的玉佛和假山亭子等价值连城。就是这样一座建筑瑰宝，为了开通内城东西街道，有人却在公元1953年底至1954年初提出将它拆掉，或是砍去一半。面对

三六　公元 1952 年拍摄的北京地安门

三七　北京北海团城城台中央清康熙二十九年（公元 1690 年）重
　　　建的承光殿

三八 公元1952年在北京北海团城拍摄的"探海侯"古松

这一情况，以梁思成、范文澜、翦伯赞为首的专家学者纷纷站出来，呼吁保护团城。身在团城而又负责古建筑保护的罗哲文自然不能袖手旁观。他利用自己与负责这项工作的北京市副市长吴晗曾经在清华大学同住一个院的熟人关系，写信力陈利弊得失。尽管当时文物局就在团城办公，又兼保管之职，由于种种原因，好像仍然不能阻止北京市执行拆砍团城的方案。公元1954年初的一天，郑振铎局长把罗哲文叫去，布置他赶快写一篇有关团城的文章，包括测绘图纸、文献资料和照片，其中要有古建筑、古树以及各类文物，越全越好。罗哲文埋头苦干，花费了两三个月的时间，总算完成了初稿，并尽快交给了郑振铎局长。当时，罗哲文体会领导的意图是为今后研究留下完整的资料，未曾想到郑振铎据此向周总理汇报了团城的情况。其间，罗哲文还几次到北京市都市规划委员会去找梁思成先生商量。梁思成心急如焚，把苏联专家都动员起来，呼吁保护团城。罗哲文曾经在团城上接待过梁思成与苏联专家两次，共同寻求解决的办法。最后到了不得已，梁思成只好去面见周总理，恳陈意见。文物局和梁思成先生等人的合力上书，引起了周总理的重视。此后不久，周总理果然亲自来到团城考察，最终下决心采取措施把团城保护下来。为便利东西向的交通，周总理决定将国务院所在地的中南海西北角的围墙向南移数十米，加宽原来的金鳌玉蝀桥，使其笔直的桥面变成了优美弯曲的"S"形，东西街道从南边绕过了团城。罗哲文为配合对团城的保护行动，还特意把郑振铎局长让他所写的文章交给《文物参考资料》杂志。随后不久，该杂志以十分突出的篇幅发表了此文。正是自下而上，又自上而下的协调努力，才使北海团城保存至今。亲历了这个曲折过程的罗哲文，在当时确实起到了提供历史依据和穿针引线的作用。

就在郑振铎、梁思成、罗哲文他们为团城的拆与留上下奔走之际，北京市政当局为了解决交通问题，又提出要拆除横跨在街道上的牌楼。面对城墙、牌楼这些北京古城的标志性建筑物危在旦夕的现实，以梁思成先生为代表的专家学者多次提出建议，积极主张保存这些不可再生的历史文物。梁思成曾经以阜城门至西四的城楼与

三九　公元 1953 年拍摄的北京西四帝王庙前"景德街"西侧牌
　　　楼。透过牌楼，向西望去，可见蓝天、白云衬托下的阜城门
　　　城楼的雄姿。

牌楼为例，描述了夕阳西下时透过西四帝王庙前跨街的"景德街"
东西两牌楼，观看晚霞映照的阜城门城楼的美妙景色，极为生动而
形象地揭示出古城的神韵所在以及保护这些标志性建筑的必要性
（图三九）。面对翻身作主后从人民群众身上迸发出来的改天换地
的建设热情，周总理和中央有关部门也无法阻止北京市为交通便利
而拓宽街道的努力，只好折衷选择了对牌楼实行搬迁到适当地点加
以保存的方案。为安慰梁思成先生，周总理还曾经借用唐代诗人李
商隐的诗句说道："'夕阳无限好，只是近黄昏。'请先生割爱吧！"
随后，周总理还特别作出两点指示：第一是要做好调查与资料保存
工作。第二是不要把这些有价值的文物毁掉，而是搬迁到另外的地
方去妥善保存。为此，文化部和北京市人民政府联合组成了调查组
来进行上述工作。文化部以郑振铎局长为代表，北京市人民政府则
以吴晗副市长为代表。具体工作的实施，郑振铎委托罗哲文来执

四〇 公元 1953 年拍摄的北京东长安街牌楼

四一 公元 1953 年拍摄的北京西四帝王庙前"景德街"东西两侧牌楼

四二　公元 1953 年拍摄的北京前门五牌楼

四三　公元 1952 年拍摄的北京故宫西北角楼对岸的大高殿习礼亭
　　　牌楼

行，吴晗则委托他的秘书闻立鹤来经办。另外，文化部与北京市还抽调了一些同志到调查组。调查的文物与图片资料最后归到闻立鹤同志处保管，罗哲文只保存了自己相机拍摄的有关牌楼的部分照片。令人遗憾的是，吴晗同志在"文化大革命"中含冤死去，闻立鹤同志也受牵连而死。这批珍贵的资料就在破"四旧"中被销毁了。另外，按周总理的指示要搬迁保存的牌楼，在后来极"左"思潮的影响下也未能完全搬迁到位。其中只有东西长安街上的牌楼迁到了陶然亭后重建了起来，可是在"文化大革命"中还是被到此游览的江青下令拆除了（图四〇）。另外的帝王庙"景德街"两牌楼（图四一）、东西四牌楼、前门五牌楼（图四二）、大高殿牌楼（图四三）、东西交民巷牌楼等均未重建，拆下的建筑构件也大都损坏了。北京古城的名片——独具特色的牌楼，就这样无情地消失在历史的岁月之中。尽管罗哲文曾经为此呼吁过，努力过，还是无力回天，于事无补。这也许就是历史的局限与宿命吧！

　　上世纪 50 年代初期，罗哲文除了为保护与抢救古建筑在具体的各项工作中竭尽全力，还特别注重文物理论、法规和珍贵文物的学习与研究。他利用自己在清华大学打下的俄语基础，编译和介绍了一系列当时国内文博界急需的苏联和其他社会主义国家的法令与法规。例如，他翻译了苏联文物法，还从莫斯科国立建设与建筑文学出版局公元 1952 年出版的拉契亚、多金娜的《建筑文物的保护》一书中节译出《苏联建筑文物的保护、研究和宣传普及问题》一文，并很快将它发表在《文物参考资料》1953 年第 10 期。随后不久，他又根据当时苏联的有关资料编译了《苏联建筑纪念物的保护》一文，发表在《文物参考资料》1955 年第 7 期。为满足国内正在展开的大规模文物保护工作的需要，他还参照苏联和其他国家文物保护的法令，结合我国的具体实际，撰写了《谈文物古迹的普查工作》一文，将具体而详细的普查方法公布在《文物参考资料》1956 年第 5 期。另外，他还针对在平常工作中遇到的重要古建筑进行了深入的考察与研究。河北赵州桥始建于隋代，是世界上现存最早而又保存最完整的空撞券式桥梁，新中国成立之初就被

四四　公元 1953 年，文物局邀请有关方面人员考察河北赵州桥时在
　　　县政府门前合影。此图第一排左起第二人为林是镇，第四人
　　　为当时的县长，第五人为张珩。第二排左起第一人为罗哲文。
　　　第三排左起第一人为何福照，第三人为余鸣谦。

列为重点维修项目。公元 1952 年，以清华大学刘致平先生为首对
该桥进行了勘查测量，并提出了维修意见。公元 1953 年，文物局
又派张珩同志组织各方面专家进行考察，提出了维修方案（图四
四）。为广泛征求社会各界意见，确保维修工作顺利进行，具体负
责古建维修的罗哲文又与陈滋德、余鸣谦两人合作完成了《赵州
大石桥石栏的发现及修复的初步意见》一文，借此将历次考察的
结果及各种修复方案发表在《文物参考资料》1956 年第 3 期，从
而为这座珍贵古桥的维修奠定了坚实的技术基础。公元 1954 年冬，

罗哲文趁到山西太原晋祠的机会，顺便对距离太原西南约20公里的龙山、蒙山几处北齐至唐宋的石窟和建筑物进行了考察。回京后，他很快将考察结果、测量图纸和相关照片综合整理，撰写了《太原龙山、蒙山的几处石窟和建筑》一文发表在《文物参考资料》1956年第4期。在如此繁重的日常管理工作与经常不断到各地出差的情况下，罗哲文能够笔耕不辍，如此频繁地翻译和撰写一系列图文并茂的文章发表在专业刊物上，对自己钟爱的事业忘我与执著的精神显而易见。

随着罗哲文在古建筑管理领域内工作经验的丰富和理论水平的提高，他的工作能力越来越得到领导和同志们的赞赏（图四五）。

四五　公元1955年冬天拍摄于北京明十三陵的长陵。此图左起第一人为朱欣陶，第二人为郑振铎，第三人为罗哲文。

郑振铎局长对罗哲文历来就非常信任，有关古建筑方面的许多业务工作都大胆而放心地交给他去办理。这为罗哲文的成长创造了十分有利的环境。前文所提的一些事例不再赘言，还有一件事情值得提及。公元1956年6月的一天，北京明十三陵的长陵棱恩殿被雷击着火。周总理闻讯后立即让文化部和北京市去检查。当时已担任文化部副部长的郑振铎立即约请北京市都市规划委员会副主任梁思成共同前往现场勘查。行前，郑振铎没有忘记带上罗哲文。到达目的地后，大家忐忑不安的心情才平静下来。全国惟一的一座楠木大殿外表依然如故。走进殿内仔细检查后，才发现一根后金柱的柱顶被雷击劈裂了一小部分，留有黑色烧焦的痕迹。幸好没有完全燃烧起来，不然后果难以设想！回京后，郑振铎立即让罗哲文以他们两人的名义，写了一份勘查情况报告上交国务院，其中着重强调了中国古代木结构建筑容易遭雷击着火的危险性。周总理很快就在这份报告上签了字，并决定以国务院的名义向全国发出通知，在重要的古代木结构建筑上面都要安装避雷针，从而避免了类似天灾的再度发生。王冶秋同志担任文物局副局长期间，就鼓励罗哲文学习与写作，推荐他的文章在《文物参考资料》等报刊上面发表。他后来担任局长时对罗哲文更是放手使用和非常信任。据罗哲文在《不尽的思念》一文（载于《回忆王冶秋》文物出版社1995年版）中写道："1957年，文物局第一次派出的文物专家出国考察团，仅有我和武伯纶同志两人。后来听武伯纶同志说，行前冶秋同志专门向他介绍了我的情况，对我作了表扬和赞许，说我是一个年轻有为的可靠的专业工作者。这次和他出国考察是可以信赖的。以后，许多重要的工作他都委托我去做，并在工作中对我进行帮助和培养。"当时，根据中捷文化合作协定，文物局的罗哲文和陕西省博物馆的武伯纶两人于公元1957年9月至11月，前往捷克斯洛伐克对文物及博物馆工作进行了为期八周的访问。这是建国以后文物局向外派出的第一个专业考察团。对罗哲文而言，既感到荣幸，也体会到了不辱使命的压力。他们在布拉格、贝尔诺、布拉底斯拉发、哥西侧等城市及其附近的乡镇参观了城堡与庄园二十处、山洞二处、城楼二处、大自然保护区一处、城墙与城楼四处、教堂一百余处及全部作为保护单位的城市数处,同时还参观访问了上述城市的三十六座博物馆、画廊及纪念馆。在捷克的考察访问期间,他们还与接待者举行了多次座谈会,交流了工作经验。他山之石可以攻玉。他们两人归国后,合作撰写了《记捷克斯洛伐克的文物保护工作》一文,很快发表在公元1958年第7期的《文物》杂志上面。就在罗哲文出国前夕,国内开展了轰轰烈烈的反右斗争,政治形势极为严峻。罗哲文作为一名从旧时代过来的专业干部,不仅没有因为建国初期在古建筑保护中敢于直言而受到冲击,反而被派遣出国考察,继续得到重用。这在当时的历史背景下是极为幸运的。究其缘由,这与文物局的小环境有关。当时的局长王冶秋顶住了被人指责为"右倾"的政治压力,没有在一百多人的单位内按比例划出三五个右派来。

上世纪50年代末至60年代初,由于天灾人祸,国民经济和人民生活处于暂时困难时期。全国大规模的古建筑保护与维修工程无力正常进行。罗哲文的业务重心转到了协助制定和贯彻全国文物保护管理暂行条例,审定全国第一批重点文物保护单位和指导全国各地文物部门做好"四有"(即保护范围、保护标志、保护人和科学档案)工作。公元1959年,罗哲文在总结建国以来地面文物遗存保护经验的基础上,在当年第11期《文物》上面发表了《关于发挥文物保护单位作用的几点意见》一文。其中指出:"十年来,我们修整了许多重要的革命纪念物和古代建筑,像瑞金、延安等都建成了革命纪念馆,敦煌、龙门、云冈等石窟得到了初步的整理修缮,隋代赵州大石桥也已全部修复完工。其他许多文物保护单位,根据损坏的情况和重要性,也都做了必要的整修。1956年,全国展开了一个历史上从未有过的文物普查工作,对从原始社会到最近的文物古迹进行了一次全面的清点。各省在这个基础上公布了第一批、第二批保护单位名单,为有计划、有步骤、有重点地保护文物古迹打下了基础。"此文还就保存历史原貌、文物古迹的导游与说明、整饰环境和便利参观等问题,阐述了如何发挥文物保护单位作

四六　上世纪 60 年代初，罗哲文在北京西南郊的卢沟桥考察。

用的具体意见。公元 1961 年 3 月 4 日，是中国文博界一个极为重要的日子。这一天，国务院发布的《文物保护管理暂行条例》和第一批共计一百八十处全国重点文物保护单位名单，堪称中国文物保护史上划时代的里程碑。罗哲文参加了我国第一部文物保护法规的制定，并根据苏联文物法和其他国家文物法起草了这个暂行条例的初稿。其中古建筑的保护与管理、七十七处古建筑及历史纪念建筑物的审定与罗哲文的工作更是密不可分。随后，罗哲文又亲自下到北京市卢沟桥与宛平县城的"四有"工作小组参加工作。据当年参加这个小组的吴梦麟先生回忆："文化部文物局还派来了一位精明干练、熟悉文物的业务行政管理干部参加并指导工作，那就是罗哲文先生。罗先生给我的印象是他和蔼可亲，平易近人，让我这个刚刚步入社会参加此项重要工作的年轻人紧张的心情顿时消失。

我们几个人不顾当时还处于粮食短缺的困难环境，天天奔波在从广安门至卢沟桥的公路上。当时罗公家中也处于人口多、粮票紧张的困境中，中午只好以难得的白薯包子和啤酒充饥。但他却为了搞清一个数据，拍摄一张照片而不辞辛苦。一次为照卢沟桥全景，中午饭都顾不上吃，终于照出了十一孔全景，成为迄今最美的卢沟桥美景照。这种忘我工作精神给我留下了深刻的印象，使我在刚踏上工作岗位之时就得到了一位好的导师。在他的指导下，我们终于数清了卢沟桥的大小狮子四百八十五个，改变了北京人'卢沟桥的狮子数不清'的说法。"（图四六）

这一时期，罗哲文还对一些珍贵文物进行了较为深入的研究与考证，展示了多方面的文物研究才能。公元 1959 年 6 月，文物出版社出版了《宋人画册》第十六集。罗哲文对其中有一幅天津市艺术博物馆藏的宋代龙舟图产生了极为浓厚的兴趣。他根据画面内容、形制、题款和有关文献记载，推断图中所绘是北宋京城汴梁金明池水戏"争标"的一个场面，并对照南宋绍兴年间孟元老所著《东京梦华录》的有关描述作了仔细考证。他认为"这张宋画除了在绘画艺术方面的价值，还有两方面的意义。一方面，它是研究我国宋代建筑和园林的绝好参考资料，使我们知道金明池的整个布局是四周红桃绿柳，中央建一岛屿，上建殿阁，以桥达于岸上。在两岸选择重点布置建筑，让另一部分特别幽静的处理手法，承袭汉唐的传统，对明清时期北海、颐和园的建筑布局也有一定的影响。个别建筑，像临水殿、大龙舟上的层楼，特别是水中圆殿的平面布局和立体结构的搭配，十分巧妙，在实物中还不多见。虹桥两端有华表，两旁的栏杆、望柱都是宋代的结构方式。桥南两个如阙门式的高台也是只见记载而无实物的例子，实甚罕见。另一方面，它表现了宋代帝王生活的一个场面。"（图四七）为此，他以《一幅宋代宫苑建筑写实画——金明池争标图》为题，将研究成果发表在公元 1960 年第 7 期的《文物》杂志上面。接下来，罗哲文又对山东历城孝里铺孝堂山的两间东汉石祠和室内保存的画像石作了草测、摄影和记录，认为这是我国现存于地面最早的一座保存有精美画像

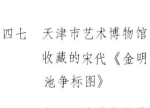

石的房屋建筑。他据此所写的《孝堂山郭氏墓石祠》一文发表在《文物》1961 年第 4、5 期合刊本。带着同样浓厚的兴趣，罗哲文还对中国历史博物馆所藏元代所绘的大幅立轴《运筏图》进行了翔实的考证。随后不久，他在《文物》1962 年第 10 期发表了《元代"运筏图"考》一文，其中指出"根据画中最主要的一个画题，十一孔石拱桥和两端的房舍、寺庙以及车马往来和运输木材的情况来看，很有可能是描写元大都西郊通往华北平原及南方的一个重要津梁——卢沟桥。果然如此，则这张画不仅对卢沟桥历史的研究有着重要的参考价值，而且也是描写北京景物现存最早的一幅写实画。"（图四八）

公元 1962 年以后，国民经济得到恢复和发展，各项事业步入正常运转的轨道，全国文博工作的局面也迅速改观。公元 1963 年 6 月，文化部文物事业管理局在陕西省西安市召开了全国文物保护单位的"四有"工作经验交流会，对未来几年的工作进行了谋篇布局。会后，王冶秋局长到甘肃省检查工作，罗哲文与南京博物院院长曾昭燏、陕西省博物馆馆长武伯纶去敦煌讲学。趁在兰州市休息两天的时间，他们一行去了天水麦积山石窟视察与参观（图四九）。本来计划停留一日，却因下雨路毁滞留了四天三夜。他们白天看石窟，晚上请王冶秋同志讲他自己传奇而曲折的革命经历。"麦积山夜话"使罗哲文深受教育，对这位革命老前辈、老上级有了更为深入的了解，真有"胜读十年书"的感慨。到了敦煌石窟以后，在敦煌文物研究所常书鸿所长的精心安排下，他们开展了紧张而充实的讲学与考察活动（图五〇、五一）。罗哲文第一次来到"丝绸之路"的要道雄关玉门关、阳关考察，怀古之情油然而生，当即题诗两首。他在《玉门关怀古》中写道："我来玉门下，览此古关垣。伫立生遐想，雄关几经年。"他在《阳关情思》中则深情地吟诵道："阳关旧迹了无垠，古董滩头沙浪新；惟有多情烽燧在，朝朝三叠诉离情。"随后，罗哲文对万里长城西端的临洮长城坡秦长城遗址、敦煌玉门关汉长城与烽燧遗址、酒泉嘉峪关明长城三处作了查访。回京后，罗哲文将有关资料整理成《临洮长城、

四九　公元 1963 年夏天，文物局局长王冶秋一行在甘肃天水麦积
　　　山石窟考察。此图右起第一人为罗哲文，第四人为王毅，第
　　　五人为王冶秋，第七人为曾昭燏，第十人为当时保管所所长
　　　张正荣。

五〇　公元 1963 年夏天，曾昭燏（右）、武伯纶（中）、罗哲文（左）在甘肃敦煌石窟前的戈壁沙滩上合影。

五一　公元 1963 年夏天，罗哲文在甘肃敦煌文物研究所讲学。

敦煌玉门关、酒泉嘉峪关勘查简记》一文发表在《文物》1964 年第 6 期，展示了他对长城研究的持久关注。公元 1964 年 7 月，罗哲文有机会再次到山西省五台山佛光寺，遇雨被阻于寺内数日，从而有时间对寺内的唐代木构大殿（即东大殿）进行了比较仔细的观察。他和当时在山西省文物工作委员会工作的孟繁兴同志一起，发现了唐、五代、金、明、清时期题记多处及唐代壁画一幅，为我国现存最早、面积最大的木构建筑提供了新的佐证。据此，他在公元 1965 年第 4 期《文物》杂志上面发表了《山西五台山佛光寺大殿发现唐、五代的题记和唐代壁画》一文。

　　应该说，从新中国成立到公元 1966 年"文化大革命"运动开始以前的十七年，罗哲文在文物局系统的工作可谓一帆风顺。郑振铎、王冶秋局长的培养与使用，梁思成、林徽因等古建筑学前辈的提携与指点，罗哲文自身的刻苦努力与不断进取，加上他平易近人、谦虚谨慎的性格，使他成熟而稳健地规避了一次次政治风浪的冲击，有所为，有所不为，始终活跃在全国古代建筑保护与维修的研究和管理岗位上，逐渐成长为新中国古建筑保护领域内的第一代专家型领军人物。

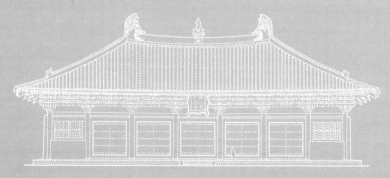
五台佛光寺东大殿　唐

五 放逐牛棚别有天

（公元 1966～1972 年）

> "放逐牛棚别有天，
> 　向阳湖里好耕田。"
> ——摘自罗哲文的七绝《漫卷诗书奏凯旋》

　　公元 1966 年 5 月 16 日，当时的中共中央文化大革命领导小组向全国发出通知，一场席卷全国的轰轰烈烈的文化大革命运动由此开始。由于这场运动是要在以"文化"为代表的上层建筑领域内进行一场"大革命"，所以在这场运动之初作为文化主管部门的中宣部、文化部就首当其冲，被革命造反派和红卫兵小将彻底砸烂了。当时，文化部文物局的同志已全部停止了工作，或参加运动，或接受批判。全国上下的许多文物古迹都被划在破"四旧"之列，处境岌岌可危。性格温和、处事稳健、待人亲切的罗哲文，没有能够躲过这场大革命的"洗礼"。到文物局后一帆风顺的工作经历和古建专家的资历，恰好使他与局里的走资派以及建国后十七年的所谓"黑线"挂上了钩。一场人生的磨难降临到了罗哲文的头上。

　　"文化大革命"刚刚开始时，罗哲文与广大干部、群众一样，怀着纯真的革命感情，积极投入到运动之中。可是，随着这场运动的深入，一个个为革命事业出生入死的元勋、功臣以及大批老同志相继被打倒，周围的干部、群众则因为加入不同的"革命"组织而互相攻击，陷入派系斗争的漩涡不能自拔……面对此情此景，罗哲文脑海里升起了百思不得其解的问号？尤其是对于跟随了十七年的文物局局长王冶秋同志，罗哲文更是充满了由衷的钦佩之情。他不禁想到公元 1963 年 6 月在麦积山石窟的三个漫漫长夜，想到从王冶秋的母亲如何逃荒被卖当丫环，被他父亲收房开始，到他如何参加革命，在安徽搞阜阳暴动；从他公元 1930 年在北平参加"飞行集会"，到被捕入狱而遭受酷刑；从他出狱后与党失去联系，到帮助鲁迅先生工作，后来在山西、河北、山东等地教书宣传革命；从他抗战期间担任冯玉祥将军的秘书，为党做地下军政情报工作，到与周恩来、董必武直接联系，保护了我党长江局的组织；从他解放战争中联系张克侠起义，在北平搞地下电台，到被叛徒出卖后跑到解放区等……像这样一位从小参加革命、多次出生入死的老同志，为什么会反党呢？为什么一定要把他往死里整呢？这实在是不对头！联系到其他许多老同志，有的甚至是定了案被打倒了的老同志，罗哲文也开始不相信他们就是"革命"的对象。正是抱着对"文化大革命"的怀疑态度，对老一辈革命家的钦佩与同情，罗哲文从内心深处自觉成为力保王冶秋等所谓"走资派"的保皇派。

罗哲文除了力保革命老前辈这些活生生的人，还不忘自己作为文物工作者的天职，在当时文物系统处于瘫痪的状态下，以普通群众的身份，为保护和抢救珍贵文物而奔走呼吁。其中比较突出的事例有保护北京建国门古观象台和保护甘肃永靖县的炳灵寺石窟。我国的天文科学有着悠久的历史和高度的科学成就，早在三千多年前的商代就开始有了丰富的文献记载。尽管在我国的古天文台（观星台、观象台、测景台等）遗迹尚多，但保存完整和保存有完整仪器而又有完整观测数据记录的仅有北京建国门古观象台一处。这不仅在国内就是在世界上也是独一无二的。就是这样一处极为重要的文物，在"文化大革命"中因修地铁的需要，有关建设部门要将其拆除，或者搬迁。尽管文物局在当时已经被砸烂了，但是罗哲文和局里几个搞专业工作的同志听到这一消息后，还是自发地行动起来。他们一致认为：这座有重要历史与科学价值的文物建筑绝不能拆毁，也不能搬迁。因为古观象台的位置十分重要，如果位置动了，对从这里观测到的多少年来的天文历史资料和天体变化的宝贵数据等都将造成巨大的损失。当时，罗哲文和谢辰生、崔兆忠、包世盛等同志一道，自带相机和测绘仪器，自购物品到古观象台去实地考察，并做了测绘、摄影和考查历史文献等工作。最后，罗哲文四人与北京天文馆的伊世同等人以"普通群众"的名义，写了一

五二   古观象台位于北京东城区建国门内立交桥西南角，始建于明正
        统七年（公元 1442 年），是明、清两代重要的天文观测点。

个关于保护北京古观象台的报告呈送给了周总理。虽然周总理日理
万机，又面临"文化大革命"的特殊环境，却对古观象台的保护
十分重视。他向有关部门和地铁施工方面的同志做了许多工作，最
后决定古观象台原地不动。地铁不仅要绕开观象台，还要拿出钱来
加固其基础。在周总理的亲自过问和罗哲文他们的不懈努力下，古
观象台这一文物瑰宝在那个破"四旧"的年代得以幸存，尤为可
贵（图五二）。甘肃永靖县的炳灵寺石窟，因为其中的第 169 窟有
西秦建弘元年（公元 420 年）的墨书题记而被学术界誉为现存有
准确纪年的最早石窟，其塑像与壁画也十分精美，被列为第一批全
国重点文物保护单位。"文化大革命"前夕，为兴建刘家峡水库，
中央和地方有关部门曾经讨论过如何保护炳灵寺石窟的问题。当
时，罗哲文、余鸣谦和水利部的专家去过水库工地，并与当地的同
志共同商定了筑坝拦水的保护方案。就在保护方案准备实施的时
候，轰轰烈烈的"文化大革命"开始了。罗哲文接到了当地造反
派从水库工地发来的传单，内容大意是炳灵寺为封建迷信的东西，

有牛鬼蛇神的塑像，国家不能花钱来保护它们，要求停止这项保护
工程。此时此刻，文物局的正常运转已经停止，领导正在接受批
判。作为亲历者的罗哲文不能眼睁睁地看到这座珍贵的石窟被水淹
掉，想来想去只好硬着头皮向周总理反映。他像保护古观象台那
样，又和其他一些同志一起向周总理写了一个关于仍按原方案保护
炳灵寺的报告。说实话，当时的罗哲文也没有什么把握。因为炳灵
寺毕竟与古观象台不一样，古观象台是科学文物，而炳灵寺是宗教
艺术。在横扫一切牛鬼蛇神的高潮中，周总理能够做出有关保护的
相应批示吗？事实证明，罗哲文的担心是多虑了，周总理毅然作出
了炳灵寺一定要保护好的决定，从而使这项保护工程得以按原计划
执行（图五三）。位卑未敢忘忧国。身处于"革命"洪流之中的罗

五三　刘家峡水库建成后，通过筑坝拦水，使甘肃永靖炳灵寺石窟
　　　得到完整保护。

哲文，始终没有忘记保护文物的神圣职责。

或许正是罗哲文在"文化大革命"运动中这种保人又保物的"保守"举动，激怒了某些具有极"左"思潮的人。他们将罗哲文与"文化大革命"前的所谓"十七年黑线"联系起来，力图把他这个"黑线人物"打倒。为捏造罪名，有些人到处搜集黑材料，甚至翻出罗哲文的档案，找到了他父亲的简历和他在建国初期"肃反"运动时对归还妻舅双枪的说明。由于他姓罗，又是四川人，那些想整他的人便展开想像，把他父亲"隔山打香火"的传说与他本人在北平解放前夕曾经拥有双枪的经历联系起来，硬是把他说成罗广斌的小说《红岩》中"双枪老太婆"的儿子。为何要把他这个真实的人与文学创作中的人物形象混为一谈呢？原来，"文化大革命"的旗手江青曾经说过"双枪老太婆是土匪"。如果罗哲文是"双枪老太婆"的儿子，自然也就成了"土匪"。如此驴唇不对马嘴的荒诞推理，如此荒唐的罪名，也只有在那个黑白颠倒的狂热年代才能有人相信。正是依据这些莫须有的罪名，对他实行"专政"的人还把他年迈的母亲从北京押回宜宾老家，以"双枪老太婆"的名义来管制。

公元 1969 年，"文化大革命"初期急风暴雨般的斗争似乎告一段落。知识青年到广阔天地的农村去，广大干部到"五七干校"去劳动锻炼，成为当时举国上下的潮流。文化部原有机构早已瘫痪和停止运作，文化部系统的干部群众大都去了湖北咸宁的"五七干校"。罗哲文此时已经被扣上"黑线人物"和"土匪"的罪名，到军宣队管制的"五七干校"去劳动改造已是"顺其自然"的事情。他在那里度过了三年炼狱般的难忘岁月。湖北省咸宁市位于京广铁路线上的武汉市与岳阳市之间，地处长江南岸的湖泊沼泽区域。当年，文化部的"五七干校"就设在长江南岸咸宁境内的泄洪湖边。这座干校的六千名"五七战士"改天换地，围湖造田，建起了红砖砌筑的单层住房和简陋的工棚、牛棚及厨房等，并将原名黄塘湖的湖区改名为向阳湖，形成了那个特定年代独有的一处景观。据考证，文化部咸宁"五七干校"在当时全国众多的"五七干校"中创造了许多项记录。它堪称全国人数最多、劳动场地最大的"五七干校"。尤其是它集中了如此多的文化人在一起共同劳动，如上世纪的文化名人冰心、萧乾、臧克家、张光年、李季、严文井、郭小川、冯牧等，还有文化艺术、图书出版、教育文博等方面的专家学者以及文化部系统的部长、司局长等。这种形式不仅空前，恐怕也要绝后了。罗哲文与文物局系统的王冶秋、李长路、吴仲超、沈从文、王振铎、单士元、傅振伦、冯先铭、王世襄、朱家溍等领导干部、专家学者及职工群众也都先后来到气候炎热的向阳湖畔，"有幸"成为这座声名显赫的"五七干校"的"光荣"学员。对于罗哲文来说，下放劳动并不可怕，可怕的是相继而来的莫须有的政治迫害。

　　罗哲文来到咸宁干校后不久，便被打成"五一六"（口语又称"五么六"）反革命分子。当时，干校内的许多同志，老、中、青都有，均被划成"五一六"反革命集团的成员，遭到隔离审查。文物局系统遭到审查的还有谢辰生、金枫、杜克等人。干校军宣队以为罗哲文比较老实，容易攻下，于是先拿他开刀，殊不知成了难题。当罗哲文得知所谓"五一六"反革命集团纯属捏造以后，还勇敢而机智地向他们开展了斗争。例如，把军宣队、外调人员交代为介绍人，把他们中间的人员也作为现行反革命分子来交代，因而

五四　公元 1970 年，罗哲文在湖北咸宁向阳湖畔耕田劳动。

在批斗罗哲文时引起哄堂大笑，弄得大家哭笑不得。由于罗哲文的"顽固不化"，实在难以攻下，干校的当权者只好把他与连队隔离开来，赶到湖中孤岛去放牛耕田（图五四）。在那个是非颠倒、真假莫辨的年代，流放孤岛的农耕生活，倒也使罗哲文暂时躲过了那些丧失理智之人的围攻，重新寻求到了心里的宁静，找到了自己的一片天地……

公元1972年的新年，干校负责人突然"开恩"，让两年多没有回过家的罗哲文返京探亲。当时，被戴上"五一六"反革命分子帽子而遭到严加管制的罗哲文还感到很纳闷，不敢相信这是真的。后来才知道周总理批准恢复《文物》月刊，经王冶秋同志推荐，国务院已下调令要罗哲文到《文物》月刊去工作，干校阻拦不住才让他探亲的。回到北京与家人团聚后，罗哲文费了很大的劲才打听到梁思成先生已经病重住进北京医院的消息。罗哲文再也顾不上在当时的社会环境下可能面临的后果，在离开北京回干校之前好不容易赶到医院，见到了梁思成先生。当时，梁先生刚输完液，看到罗哲文来了真是有说不出来的高兴。守在梁先生身边的老伴林洙见了罗哲文也高兴得几乎流泪。林洙说："他可想你们了。这几年没有人敢来看他的，你今天怎么敢来了？"罗哲文回答道："我的罪名虽多，但都不能成立。帽子虽多都快一风吹了。我不会连累先生的，我也不怕连累自己。"梁先生神态安定，见到罗哲文后精神忽然好了起来，问长问短，问东问西，特别是打听营造学社、清华大学营建系和考古文博界熟人的情况。罗哲文像竹筒倒豆子般把他在"文化大革命"中如何参加保护古建筑的工作，如何向周总理写报告保护古观象台以及如何保"黑帮"、"黑线"的情况向梁先生作了汇报。当罗哲文讲到张冠李戴把他说成《红岩》中"双枪老太婆"的"土匪儿子"的时候，梁先生对如此荒诞的罪名也放声大笑起来。罗哲文向梁先生透露他可能要调回北京再搞文物工作时，梁先生高兴地说："文物工作战线有了你这个'保'字派，不仅保物还保人，我就放心了。"罗哲文离开的时候，梁思成先生对他说了三点临别赠言："第一点，你在这几年所做的事情是对的。保文物，保'黑帮、黑线'是对的。哪有那么多的'黑帮'和'黑线'啊！第二点，现在的情况很复杂，你刚才说的这些可不要到外去说。第三点，你如果能很快从干校回来搞文物工作就太好了。文物、古建筑是全民的财富，是全人类的财富，没有阶级性，没有国界的。在社会发生大变化的时候，像改朝换代、各种战争、'三武一宗'等等，不知破坏了多少文物和古建筑。这次扫'四旧'也破坏了许多文物和古建筑。在变革中，能把重点文物保护下来，'功莫大焉'。望你多多努力。"告别时，梁先生好像还有许多话要说。两人只好依依惜别。罗哲文很快赶回了湖北咸宁干校。回到干校不久，罗哲文果然就接到了调回北京的通知。但是，就在罗哲文踏上返回北京归途的时候，从广播里传来了为梁思成先生举行追悼会的消息。不久前的惜别竟成了永别！罗哲文十分悲痛地失去了引领他迈入中国古代建筑殿堂的恩师，离开了令他遭受磨难的"五七干校"，重新回到了让他执著向往的文物保护工作的岗位上。

对于"文化大革命"期间在湖北咸宁文化部干校的生活与遭遇，罗哲文的心中充满了错综复杂的情感。公元1981年10月，当他到江西景德镇去参加中国建筑学会历史与理论学术委员会全会，路经咸宁时，曾拭目倚窗遥望，并满怀深情地吟诵出七绝二首："放逐牛棚别有天，向阳湖里好耕田。'五么六'事随风散，漫卷诗书奏凯旋。""拭目倚窗望咸宁，十年如梦事纷纷。可堪回首牛棚景，么六南冠炼此身。"公元2002年6月，受湖北省文物局的盛情邀请，罗哲文又重返三十多年前曾经在那里度过峥嵘岁月的咸宁干校考察，并对拟将把文化部咸宁"五七干校"命名为"向阳湖文化名人旧址"，同时列入省重点文物保护单位的建议表示积极的支持。随后，他还撰文发表感想："近闻湖北省人民政府已经将这一旧址正式公布为省的重点保护单位，不胜之喜。我认为这一文物保护单位确实符合文物法的诸多内容，具有重大的历史文化价值。对我和六千多名曾经在那里'战斗锻炼'过的文化'五七'战士来说，尤其有着深刻的意义。"

太原晋祠圣母殿　宋

六 神州踏遍人未老

（公元 1972 年至今）

> "神州踏遍人未老，
>
> 万里长城第一人。"
>
> ——摘自王定国《贺罗哲文先生八十寿辰》

公元 20 世纪 70 年代初，"文化大革命"还在轰轰烈烈地进行着。由于林彪、"四人帮"的破坏，我国的对外文化交流几乎停顿，没有什么演出团体可以派出，也没有什么书刊可以出口。当时主持国务院工作的周恩来总理，为了打开外交工作的新局面，考虑到了发挥文物的特殊作用，决定利用中华古老文明沉淀下来的文物瑰宝出国展览和对外宣传。当然，周总理对文物事业的关注也是事出有因。除了他长期对我国文博工作的重视，在"文化大革命"初期还顶住各方面的压力亲自指示要保护北京古观象台与甘肃永靖县炳灵寺石窟等重要文物，还在于这一时期一系列重大考古发现为海内外所瞩目。例如，公元 1968 年 5 月至 9 月，在周总理、郭沫若同志的关怀与指导下，对河北满城一、二号汉墓进行了成功发掘，其中出土的中山靖王刘胜与妻子窦绾所穿的两套"金缕玉衣"和"长信宫"鎏金铜灯等稀世珍宝令世人震惊。随后不久，许多文物珍宝相继出土。公元 1971 年 7 月，在北京故宫博物院专门举办了"文化大革命期间出土文物展览"，受到国内外各界的广泛赞誉。为了抓好文物工作，周总理很早就把下放湖北咸宁"五七干校"劳动的国家文物局局长王冶秋同志调回北京，具体负责国务院图博口的工作，还专门成立了出国文物展览办公室来协调全国各地的发掘、整理与展出事宜。公元 1972 年，周总理又接受郭沫若同志的建议，批准恢复《文物》月刊的出版发行，而在当时除了《红旗》杂志在全国还没有另外一家公开发行的期刊。正是周总理像当时搞"乒乓外交"一样，站在"文物外交"的战略高度谋篇布局，才使文博事业在那个特殊年代获得了不同寻常的发展生机，同时也使一批德才兼备的文博专家重新回到了自己熟悉的工作岗位上。

正是在这种历史背景下，公元1972年新年刚过不久，罗哲文便从湖北咸宁"五七干校"的重点审查对象中迅速解脱出来，回到北京，参加了出国文物展览和《文物》月刊的工作。重新登上文博事业舞台的罗哲文，牢记梁思成先生临终前夕意味深长的赠言，在文物保护领域勇挑重担，积极投入到一系列重大考古发现的发掘、保护、研讨和展览之中……罗哲文回到文物工作岗位后接到的第一项重要任务就是前往湖南省长沙市，参加举世瞩目的马王堆一、二、三号汉墓发掘的拍摄工作。当时，马王堆汉墓考古发掘的规格非常高。上至周恩来总理的亲切关怀和郭沫若同志的具体指导，现场则由当时在国务院图博口工作的王冶秋同志和考古专家夏鼐"坐镇"指挥（图五五）。公元1972年1月至4月，在中央与

五五 公元1972年至1973年，湖南长沙马王堆三座汉墓的发现震惊海内外。王冶秋（左二）和夏鼐（左四）亲临马王堆三号汉墓发掘工地进行现场指挥。

地方的专业人员的共同协作下，从马王堆一号汉墓内出土了数量众多的精美漆器、绘制奇丽的帛画和保存极好的女尸。随着消息的公布，立即轰动了国内外，成为当年世界最热门的新闻之一。紧接着，从公元 1973 年 11 月至 1974 年 1 月，又对马王堆二、三号汉墓进行了发掘。从三号汉墓椁箱中出土了众多文物，其中大批帛书是最有价值的发现。尽管二号汉墓多次被盗，大量文物被毁，还是从泥渣中筛洗出"长沙丞相"、"利苍"和"轪侯之印"三枚印章，证明了墓主和年代。罗哲文亲历了"文化大革命"期间这次重大发掘，与影视界同行一道，用胶片记录了发掘的全过程，拍摄了许多珍贵的文物照片。据罗哲文后来回忆："1973 年在长沙马王堆拍摄三号墓发掘过程的时候，需要拍摄一张椁室全部揭开的俯视照片。由于此照片太重要了，又不可重拍，所以费了很大的事，还搭了 10 多米高的棚架。椁内文物主要是漆器、丝绸，颜色大都深暗，用曝光表测得的曝光为 1/10 秒，量了几次都是如此。我心里十分忐忑不安，因为与我感性经验相差甚大，于是我决定不安曝光表曝光，而用经验推断的 1/16 秒拍摄。拍的是 4×5 柯达反转片，结果按曝光表拍了两张，几乎看不出来，按经验拍的却恰到好处。过后心里还后怕了几天，万一都按曝光表拍了就砸了，因为拍完之后立即把各箱文物起出，不能再拍了。"这样的例子还有很多。罗哲文在文博工作领域堪称多面手。只要有利于文物保护事业的事情，他都心甘情愿去做，并且尽可能达到精益求精。

应该说，罗哲文在经历了中年时期短暂的挫折和磨难以后，如同他青年时代"幸运"地进入中国营造学社和文化部文物局一样，又"幸运"地遇到"文化大革命"后期开展"文物外交"的历史性机遇，使自己的事业出现了新的转机。从当时世界的战略格局来看，中、苏、美形成三角关系。在经过二十余年的"冷战"与长期对峙之后，中、美两国的关系正在走向缓和。中日邦交正常化、中美建立外交关系等重大历史事件都在紧锣密鼓地通过各种渠道酝酿着……千年古国的文明遗迹和遗物，成为我国向长期隔阂的西方世界相互勾通、缓和关系、建立信任的最好名片。美国总统尼克松、日本首相田中角荣、英国首相希思、法国总统蓬皮杜等来华参观的重要项目就是故宫、长城、云冈石窟和龙门石窟。公元 1972 年，中日恢复邦交正常化时，要送田中首相一件礼品。经过外交部多方考虑，请示了周恩来总理，决定赠送由文物出版社特别赶制的湖南长沙马王堆汉墓出土的西汉帛画精装图册。田中首相对此非常满意。公元 1973 年 8 月，为纪念日中邦交正常化一周年，以王冶秋同志为团长，罗哲文与宿白、史树青等人随中国出土文物展览代表团，对日本进行了考察与访问。在访问日本前后，为接待法国总统蓬皮杜参观山西大同的云冈石窟，罗哲文三次陪同王冶秋同志去山西大同（图五六）、五台山、应县等地安排有关事宜，亲历了周恩来总理开展"文物外交"的具体运作过程。同年 9 月，周恩来总理陪同法国总统蓬皮杜参观了云冈石窟（图五七）。当周恩来总理看到一些佛像残坏、基石风化、环境不佳等情况时，十分关切地询问有关方面的同志是否已有修缮计划。当他得知有一个十年的维修计划后，摇了摇头，然后站在云冈石窟休息室前面向中外记者郑重宣布："云冈石窟艺术，我们一定要想办法保存下来。刚刚说有个十年规划，时间太长了。我们要在三年修好，三年以后请你们再来参观。"遵照周恩来总理的指示，罗哲文与山西省文物系统的同志开始了保护与维修云冈石窟的巨大工程，借此也重新拉开了在"文化大革命"初期中断的全国各地文物保护工程的序幕。

面对这一时期一系列的考古新发现，罗哲文总是十分敏锐地站在古代建筑研究者的角度进行观察。例如，内蒙古和林格尔汉代壁画墓发掘完毕以后，罗哲文与内蒙古文物工作队的同志一起参加了整理工作，有幸亲眼见到了墓中内容丰富的壁画。罗哲文回到北京后，在《文物》1974 年第 1 期上面发表了《和林格尔汉墓壁画中所见的一些古建筑》一文。其中特别谈到："这组壁画巨大，构图完整。其中所表现的汉代建筑，诸如庄园、生产作坊、各级官署、仓、库和帐幕、壁坞等，形式多样，类型丰富，而且许多建筑物上还标示有名称。这对于研究汉代的建筑制度、建筑用途及建筑形式、结构、色彩等都是很重要的形象资料。"从此文对《宁城县及

五六 公元1973年，为接待法国总统蓬皮杜参观山西大同云冈石窟，罗哲文（第二排坐者左起第二人）三次陪同王冶秋（第二排坐者左起第五人）到当地安排有关事宜。

五七 公元1973年9月，周恩来总理（前排右一）亲自陪同法国总统蓬皮杜（前排左一）来到山西大同云冈石窟参观。

五八 公元1975年，中国古代建筑保护维修学术讨论会在江西景德镇召开。在"文化大革命"中幸免于难的老、中、青三代学人齐聚一堂，盛况空前。第一代学人杨廷宝（三排站立右三）、龙庆忠（一排站立左二），第二代、第三代学人刘致平、单士元（一排站立左一）、林宣、郑孝燮（二排蹲立左二）、陈从周（一排站立左三）、罗哲文（三排站立右一）、杜仙洲、于倬云、祁英涛、余鸣谦、张驭寰、傅连兴、吴梦麟、孟繁兴等同志参加了这次盛会。

护乌桓校尉幕府图》、《渭水桥图》和《居庸关图》的考证与分析来看，罗哲文的研究兴趣和重点始终是在汉代城市布局、建筑构造和营造技术方面。这些都充分反映了他对中国古代建筑执著的研究热情。

公元 1975 年，罗哲文以欣喜的心情，参加了在江西景德镇召开的中国古代建筑保护维修学术讨论会。经历激烈的政治动荡后幸存下来的老、中、青三代学人齐聚一堂，使罗哲文倍感欣慰（图五八）。随后，他以中国出土文物展览代表团团员的身份访问了澳大利亚。"文化大革命"后期对日本、澳大利亚的两次海外考察，使他从相对封闭的国内环境里摆脱出来，再次看到了丰富多彩的外部世界。

公元 1976 年 7 月 28 日，唐山、丰南一带发生了强烈地震，同时还波及到京、津地区，人员与建筑损失惨重。地震灾害发生以后，党中央、国务院立即组织有关方面，调集精兵强将，进行抢险救灾。当时，全国文物主管部门和专家学者倡议成立"京津唐地震小组"，勘察古建筑的受损情况。罗哲文临危受命，与孟繁兴、吴梦麟等同志一道，参加了这项勘察工作。他奔波在仍然不断发生余震的灾区大地上，吃的是从北京带去的硬面饽饽和水。当他们看到唐山市的地震废墟上到处是临时安葬遇难者的小坟丘后，心灵受到极大的震撼。一天中午要进餐，他们在当地同志的陪同下到了一个名叫刘家祠堂的地方。在一片废墟中，一座古代的方形亭出现在他们面前。这真是一个奇迹！罗哲文立即用娴熟的摄影技术拍下了这座珍贵的建筑，形象地记录了这个典型的抗震范例。京津唐古建震害的调查，积累了大量的数据和照片。罗哲文回到北京后，以最快的速度撰写了《谈独乐寺观音阁建筑的抗震性能问题》一文，并迅速发表在《文物》1976 年第 10 期。他在此文中总结了观音阁抗震的八个原因：（一）地基坚实而匀称；（二）梁架用材尺度得当；（三）柱网布置全局一体；（四）套框式梁柱结构有利于抗震；（五）柱子侧脚起稳定作用；（六）不同方向的井口配置；（七）暗层内增加斜戗柱；（八）榫卯结合严实，紧而不固。除了撰写此文，罗哲文还将自己在地震灾区拍摄到的许多珍贵的照片提供给《唐山大地震》一书的编著者，为这项科研成果的问世增添了光彩。罗哲文在唐山大地震后利用文物为自然科学研究和国家建设服务的成功实践，最好地诠释了文物保护与利用的辩证关系。

公元1976年10月，"文化大革命"结束，我国的各项事业重新得到恢复和发展，文博事业也迎来了繁花似锦的春天。新的历史时期为罗哲文提供了保护与维修文物建筑的更加广阔的天地（图五九）。年过半百的罗哲文明显地感到事业的舞台更宽，担任的职

五九　上世纪80年代初的罗哲文，精力充沛，心情愉快，正准备在新时期文博事业的舞台上大显身手。

务更多，身上的责任更大，浑身的劲头更足……这一时期，罗哲文首先关注的还是建国以来始终一往情深的长城。他把吹响"文化大革命"后大规模古建维修进军号的前沿阵地设在了刚经历过唐山大地震波及的山海关。对长城东部的这座"天下第一关"，他是太熟悉了。公元 1952 年，由国家拨款四亿元（相当于后来人民币的四万元），首次对山海关箭楼进行大规模维修。罗哲文参加了建国之初这次修缮工程。正是从这里开始了他从事新中国古代建筑保护与维修的崭新事业。公元 1956 年至 1975 年，中央、省有关部门先后拨款一百九十一万元，相继对山海关东箭楼和长城重要地段多次维修，并在公元 1961 年将山海关列为第一批全国重点文物保护单位。罗哲文都亲历其中。公元 1977 年 4 月，面临地震后山海关箭楼的残状，国家文物局再次拨款四万元来加固修补，按原貌重修。罗哲文作为古城修复评审组的领导，又一次来到山海关。当时，在"天下第一关"的修复问题上存有两种观点：一种认为历史古迹不能动，动了就不真了，要求保持残状，不要再加以人为修理；另一种认为单纯的"保"是没有意义的，在不破坏原有风格的前提下，只有将保护与利用、开发结合起来，才能真正实现古建筑的存在价值。罗哲文同意第二种观点，认为现在"天下第一关"必须要修复，因为不修缮，根本就保存不了。目前的残状是城不见城，关不见关，垛也找不见了，根本就没有关城的气势。这样下去，后人无法洞悉长城的历史与风貌。罗哲文的观点最后得到国家文物局有关机构的认可。随着山海关的修复，罗哲文在长城修复方面的理论与实践逐渐被古代建筑学界所认同，他也就责无旁贷地成为新时期古建维修的领军人物。正是根据他在长城保护与维修方面积累的丰富经验和理论探索，罗哲文在《文物》1977 年第 8 期发表了《万里长城》一文，率先在刚刚冲破极"左"思潮禁锢的学术界提出了"长城学"的新课题。

公元 1978 年是"文化大革命"结束后拨乱反正的关键时期。这一年，中国共产党十一届三中全会胜利召开，我国进入了改革、开放的新时代。对历史文化和文物古迹的有效保护被提上了重要的议事日程，其中对各地文物保护情况的调查与摸底成为拨乱反正的一项重要工作。罗哲文当时是国家文物局文物处的副处长，随后两年还兼任了文物档案资料室主任。他陪同全国政协委员萨空了、王首道和单士元、郑孝燮等一些专家学者对承德、洛阳等很多地方进行了专门考察。据沿途所见，历史文物被破坏的现象触目惊心，令罗哲文难以平静……有一次，罗哲文陪同国家建委建材局局长去考察洛阳浮法玻璃建设项目。当时，浮法玻璃是国家最重要的发展项目。可是，就是这么一个重要的工程竟然要建在中国古代珍贵建筑物唐朝武则天的明堂上面！罗哲文当时就找到了工厂的负责人，对他说明了事情的严重性。工厂负责人说："如果你们早说这个地方要保护，我们就不在这里建了。现在建了这么多，让我们停，损失太大了。"这件事后来反映到中央，工程才算停下来了。类似文物与建设的矛盾，使罗哲文心头沉甸甸的。很多事例说明，对中国历史文物的保护是一项系统工程，单一地保护某处文物很难解决根本的问题。从此时起，创建历史文化名城，对城中文物进行全方位保护的想法便逐步在罗哲文的脑海中清晰起来。他积极呼吁，奔走于专家学者之间。公元 1981 年 12 月 28 日，全国政协委员郑孝燮、单士元、侯仁之等人把建立历史文化名城、保护重要文物的建议书报到了国务院。谁也没有料到，党中央、国务院对他们的意见反应迅速，非常重视。公元 1982 年 2 月 8 日，当时的党中央总书记胡耀邦亲自批示国务委员谷牧，让他迅速着手办理此事。兼任国家建委主任的谷牧立即责成综合局局长与罗哲文、郑孝燮等人一起经办这件事。罗哲文用了不到一个月的时间便很快起草好了建立和保护历史文化名城的文件稿。就在这一年，经有关专家评审、国务院审批的全国首批二十四座历史文化名城揭晓了。继公元 1961 年公布第一批全国重点文物保护单位，到二十年后公布首批历史文化名城，中国的文物保护事业又迈上了一个新的台阶。公元 1983 年，罗哲文作为全国文博系统的著名专家，被推选为第六届全国政协委员，还担任了六届全国政协文化组副组长（图六〇）。随后，他又在公元 1984 年光荣地加入了中国共产党，在公元 1988

六〇　公元1983年，罗哲文（前排右起第二人）不再担任国家文
　　　物局文物处领导职务时与全处同志合影。此图前排右起为黄
　　　景略、罗哲文、朱长翎、杨烈、史俐敏、李向平，后排右起
　　　为杨林、张剑波、王军、郭旃、李季。

年、1993年被连续推选为七届、八届全国政协委员。其间，罗哲
文还在公元20世纪80年代中期，从原国家文物局副局长金紫光手
中接过了中国文物学会（前身为老年文物学会）的担子。他在担
任会长的近二十年间，在民政部和文化部文物局的领导与主管下，
遵循"大团结，讲友谊，遵章守法，为国家文物主管部门拾遗补
阙"的原则，为团结全国文博界的专家和文物爱好者做出了不懈
地努力。罗哲文积极地建议与献策，活跃在更加广阔的社会政治舞
台上。

　　罗哲文在新时期对保护与维修长城的理论与实践，不仅引起了
中国古代建筑学界专家学者的强烈关注，而且也引起了长城沿线地
区广大文物工作者和热爱长城的有识之士的热烈响应。公元1979
年7月，国家文物局在内蒙古自治区呼和浩特市召开了长城保护研

究座谈会。与会的四十余位代表一致响应罗哲文的倡议，要求建立全国性的长城研究机构。会后，罗哲文还在《文物》1980 年第 7 期发表了《长城保护研究座谈会侧记》一文，对长城研究的新进展与如何保护长城进行了系统总结。公元 1981 年至 1986 年，罗哲文多次赴甘肃酒泉嘉峪关长城勘察，并指导维修工程，使嘉峪关关城修复如初（图六一）。公元 1984 年，对长城的保护而言是具有转折意义的一年。中国改革、开放的总设计师邓小平提出了"爱我中华、修我长城"的响亮口号。作为热心长城事业的罗哲文，更是借助大好时光，挥洒出一系列令人瞩目的大手笔……首先，他支持原来素不相识的两位秦皇岛市的青年董耀会、吴德玉和一位长春市的青年张元华，以"华夏子"的名义，于公元 1984 年 5 月 4 日开始了从山海关老龙头出发，徒步考察明代长城的壮举。其次，他应秦皇岛市政府之邀，与秦皇岛日报社青年记者孙志升一道，开始筹备中国第一个长城研究会——山海关长城研究会，并于当年 9

六一　上世纪 80 年代前期，修复如初的甘肃酒泉嘉峪关关城。

月 4 日正式举办了学会成立大会。紧接着，罗哲文还推动"爱我中华，修我长城"的大规模社会赞助与募捐活动，促使北京八达岭长城、河北山海关老龙头和滦平金山岭长城以及天津蓟县黄崖关长城修复工程相继开工。公元 1985 年初，罗哲文为发展长城学，实现成立一个全国范围的长城学术研究团体的夙愿，与王定国、魏传统等老同志一起，开始了中国长城学会的筹备工作（图六二）。公元 1986 年，中国第二个长城研究会——中国嘉峪关长城研究会成立。经过两年多的筹划，中国长城学会于公元 1987 年 6 月 25 日在北京人民大会堂召开了成立大会，通过了《中国长城学会章程》。罗哲文多年的愿望得以实现。当然他并没有就此满足。他又把目光投向了更远的地方，希望全世界人民能够了解长城，有机会也来长城参观。为此，罗哲文又开始了将长城列入世界文化遗产名录的更大努力。两年前的公元 1985 年，罗哲文、侯仁之、阳含熙、郑孝燮四位全国政协委员提案建议，专家共同起草的申报中国加入保护世界文化与自然遗产公约的文本通过了审核，中国荣幸地成为

六二　公元 1985 年，罗哲文（右一）参加"山海关首届中国长城学术研讨会"。

六三　　公元 1986 年，全国政协委员罗哲文（左一）、郑孝燮（左二）、单士元（左三）、侯仁之（左四）和老干部王定国（右二）、魏传统（右四）等人考察山海关长城。

六四　　公元 1986 年，罗哲文（右）与郑孝燮（左）考察内蒙古元上都的长城遗迹。

世界文化与自然遗产公约的缔约国。两年后的公元 1987 年，联合国教科文组织评选世界文化与自然遗产的时候，长城和故宫、北京人遗址、敦煌莫高窟、秦始皇陵兵马俑坑、泰山被正式列入世界文化与自然遗产名录，成为中国参加世界文化与自然遗产公约后第一批获得认可的世界文化与自然遗产。正是依靠以罗哲文为代表的广大长城研究者、保护者和爱好者的持久努力，才使雄伟壮丽的长城不仅成为中华古老文明的象征和中华民族的骄傲，而且也成为全人类共同珍惜的文化财富（图六三、六四）。

除了为长城的保护与修复上下奔波，罗哲文还利用改革、开放后逐渐强盛的经济基础和从公元 20 世纪 80 年代下半叶以来担任国家文物局古建筑专家组组长所赋予的职责，在全国范围内成功组织完成了一系列大规模的古代建筑维修工程，谱写了史无前例的中国古代建筑保护与维修的壮丽篇章。山西被誉为"中国古代建筑宝库"，从唐、宋至明、清的木结构建筑数量众多，保存完好，自成体系。公元 20 世纪 80 年代下半叶，罗哲文重点抓了朔州崇福寺金代弥陀殿的修缮工程。罗哲文深入现场考察，并于公元 1986 年 11 月组织专家会议审核修订，使修缮方案付诸实施。经过五年的努力，此项落架大修的古建维修工程于公元 1991 年全部竣工。罗哲文又亲自主持了该工程的验收鉴定，特别为《朔州崇福寺弥陀殿修缮工程报告》作序，充分肯定了这项保持了古代建筑原状、原貌和原构的优质工程。公元 1992 年 11 月，罗哲文又作为国家文物局古建专家组负责人，主持审核批准了太原晋祠圣母殿修缮工程的设计施工方案。经过三年半的大规模施工，于公元 1996 年 6 月 15 日全部竣工，使这座宋代建筑和殿内珍贵的宋代彩塑得到了有效保护。青藏高原的藏式建筑是中国古代建筑宝库中又一颗璀璨的明珠。参与协调全国各地的汉、藏技术人员，对西藏布达拉宫和青海塔尔寺实施大规模的抢救性维修，应该说是罗哲文古建维修生涯中极为重要的经历。布达拉宫位于西藏自治区首府拉萨市中心的红山之巅。从公元 1985 年到 1988 年，国务院根据西藏自治区人民政府关于抢修布达拉宫的紧急报告，先后多次派出专家和工程技术人员到布达拉宫进行实地勘察和测绘，并制定出维修方案。全部工程从公元1989年初正式开始，到公元1994年8月竣工，前后经历五年零八个月。罗哲文作为国家文物局古建专家组的负责人，亲历了这次宏大工程的全过程。他不顾高龄和高原缺氧的艰苦环境，从公元1985年开始，几乎年年都要进藏。从现场勘察、方案审定、施工检查到每项重大工程项目的阶段性验收鉴定，他都认真把关，一丝不苟，尽职尽责（图六五）。就在西藏布达拉宫修缮工程顺利进行时，罗哲文又马不停蹄地参与拉开了青海塔尔寺修缮工程的序幕。继西藏布达拉宫大规模维修工程于公元1994年胜利竣工后，紧接着又于公元1996年迎来了青海塔尔寺大型维修工程的胜利竣工。塔尔寺维修工程虽不如布达拉宫维修工程那么大，但是就其建筑本身的重大意义和维修工程的艰巨性来讲，却也不相上下。罗哲文除了主持审定山西、西藏的一系列重点修缮工程，还特别抓了海南明代丘濬故居修缮工程。这项工程自公元1993年开始，从勘察研究、方案拟定、具体设计到组织施工，历时三载。在罗哲文的指导下，

六五　公元1992年，罗哲文（右三）在西藏拉萨布达拉宫维修工地。

设计与施工部门对这一重点工程给予高度的重视，严格遵守国家文物保护法的规定和古建筑保护维修的原则，借鉴国内外经验，采用传统古建筑保护维修技术手段与现代科学技术相结合的方法，使这一虽然规模不大、工程量也较少的保护维修工程取得了重大的综合成果。公元 1994 年 10 月开工、公元 1999 年 10 月圆满竣工的陕西西安长乐门城楼修缮工程，也是罗哲文十分关心的一个古建维修项目。他在为该工程报告所写的《保护抢救，再现辉煌》一文中，深情地写道："编辑同志知我半个世纪以来数次奔走于古都西安的城墙之间，对其情有独钟，并多次参与了西安城墙、城楼的维修工程。"当然，罗哲文主持与参加的重要古建工程还不仅仅就是上面提到的这些项目，另外的北京大学红楼（图六六、六七）、苏州云岩寺塔（图六八）、天津蓟县独乐寺观音阁（图六九）、河北定州料敌塔（图七〇）、山西应县木塔和北京明清故宫等维修项目都倾注了他的心血。

公元 20 世纪 80 年代以来，随着对长城和全国各地一大批重要古代建筑的抢救性维修顺利进行，使"文化大革命"期间古代建筑遭到自然与人为破坏的被动局面得到了根本性的改变。就在人们庆幸这来之不易的大好局面时，对古代建筑另一种形式的破坏又有愈演愈烈的趋势。伴着改革、开放中城市化进程的加速，一些地方的房地产开发部门和开发商为了追求最大的经济利益，把历史文化名城的中心地区视为"黄金地段"。他们不顾祖先留下的珍贵文物遗产，不按已经批准的保护规划施工，使许多历史文化名城的核心部位遭受到不可挽回的损失，对历史文化遗产的保护造成了巨大的冲击。罗哲文看到很多有价值的文化遗产就在这样的大拆大建中被毁掉了，非常痛惜！针对"文化大革命"期间"破四旧"的历史教训与新形势下为了经济利益而出现的破坏现象，罗哲文和其他专家学者一起提出了创建历史文化名城的方案，得到中央与地方的广泛响应。迄今为止，全国范围内已分三批公布了九十九座历史文化名城。多年来，年事已高的罗哲文身为全国文博系统的政协委员，不忘保护文物的天职，四处视察，上交提案，奔走呼吁，到处

六六　上世纪70年代末期至80年代前期，由罗哲文主持的北京大学红楼地震加固修复工程。

六七　为加固北京大学红楼，罗哲文（左）正在向当年的北京大学学生罗章龙（右）了解公元1918年红楼建成时的风貌。

六八　公元 1982 年，国家文物局副局长庄敏（前排右二）和罗哲
　　　文（前排右三）、郑孝燮（前排右四）等人参加江苏苏州云
　　　岩寺塔维修加固工程竣工验收会。

六九　上世纪 90 年代初，罗哲文（居中者）在天津蓟县独乐寺维
　　　修工地。

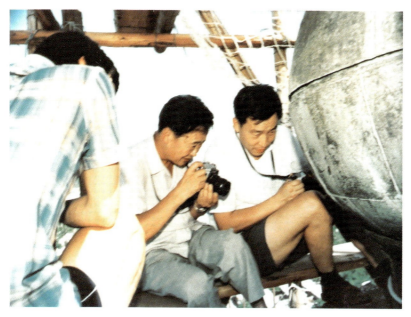

七〇　公元1998年，罗哲文（中）与文化部文物局文物保护司副
　　　司长晋宏逵（右）在河北定州料敌塔塔顶。

七一　公元1983年，全国政协委员罗哲文（右一）、郑孝燮（右
　　　二）、侯仁之（右三）、单士元（右四）等人在北京西便门
　　　残存的明代城墙考察。

七二　公元 1991 年，罗哲文随全国政协考察组到云南建水双龙桥考察。

七三　公元 1992 年，罗哲文(左)与郑孝燮(右)在四川乐山大佛前合影。

七四　公元 1992 年，罗哲文在长江三峡考察文物保护工作。

七五　公元 1992 年，罗哲文（右）、郑孝燮（中）和时任国家文
　　　物局局长的张德勤（左）在长江三峡进行文物考察。

"救火"。公元1983年，罗哲文、郑孝燮、单士元等全国政协委员考察了北京西便门残存的明代城墙，提出了尽快保护的建议（图七一）。公元1991年，应云南人大代表的提议，全国政协又组织罗哲文等委员对滇南重镇建水市进行了考察（图七二）。公元1992年，面临即将大规模兴建的长江三峡工程，受国家文物局委托，罗哲文、郑孝燮等全国政协委员又沿长江考察了四川、湖北境内的重要文物古迹，并提出了具体的保护方案（图七三～七五）。罗哲文为人谦和，性格温和，很少发脾气，对一些破坏行为总是据理说服，努力协调各方矛盾，促使问题得到解决。当然，面对一些人的失职和恶意破坏，他也会毫不留情地站出来，予以痛斥。例如，公元1999年，建设部、国家文物局请罗哲文和其他四位专家到浙江舟山去察看定海古城的破坏情况。本意是想给当地政府一个警示，拆了的已无法挽回，现在开始停止拆迁，按照《浙江省历史文化名城保护条例》的规定把剩下的保护好，以免犯更大的"历史"错误。令人没有想到的是，当地有关部门不但没有意识到问题的严重性，反到加大了拆城的力度。罗哲文十分气愤，大发雷霆，找到了新闻媒体，甚至反映到了中央。最终在新闻媒体的强烈呼吁和中央领导的批示下，浙江省政府和省人大对此事作出通报批评，才将拆城的行为制止住了。不过，这次破坏行为造成的损失已经无法弥补。原有0.8平方公里的定海古城，现在仅剩下了不到0.13平方公里。我国惟一的一座海岛型历史文化名城已经名存实亡了。好在随着历史文化名城保护条例的建立和完善，执法力度的加大，人们保护历史文化遗产意识的增强，全国各地随意拆毁古代建筑遗存的事正在逐步得到遏制。以首都北京为例，前些年也出现过在古城内乱拆乱建的事例，罗哲文等政协委员在上世纪80年代以来视察过北京明代城墙等文物古迹，在公元1993年的八届一次全国政协会议上还专门提出过《抢救保护圆明园遗址并加以整修开放》的议案，进入新世纪以后他们又为保护皇城和保护古都风貌大声呼吁。近些年，随着强化古都北京的政治、文化中心的地位，有关部门已经确立了保护以紫禁城为中心的全部皇城、保护南北中轴线的城市布局、保护明清皇家园林与成片的胡同民居的方针，古老文化与现代文明在新的城市化发展进程中得以和谐并存。古代建筑是木石砖瓦构成的史书，是凝固的乐章。有人如此地赞美古代建筑："当歌曲和传说已经沉默的时候，它还在说话。"罗哲文总是自豪而坚定地说："保护古建筑，是我们这个时代的任务。让我们所拥有并值得为之自豪的古代文物瑰宝完好地传承下去吧！"他是这样说的，也是这样做的。罗哲文用几十年如一日的执著追求，最好地诠释了这一崇高的信念！

晚年的罗哲文，日常生活极为简朴。除了繁忙的社会工作，他总是信奉读万卷书、走万里路、摄影不停、笔耕不辍的准则。公元20世纪80年代以来，罗哲文多次前往海外考察、讲学和参加关于文物保护的国际会议。公元1983年5月，罗哲文代表我国首次参加了联合国教科文组织在澳大利悉尼召开的"亚洲太平洋地区文物保护学术讨论会"，与日、韩、澳等国专家进行了学术交流（图七六）。同年，他出访了美国的旧金山、洛杉矶和夏威夷等地（图七七、七八）。公元1984年8月，罗哲文受日本建筑技术交流会的

七六　公元1983年5月，罗哲文（左二）在澳大利亚悉尼市参加联合国教科文组织的亚洲太平洋地区历史遗址保护会议时与日、韩、澳等国专家进行交流。

七七　公元 1983 年，罗哲文在美国西部的大峡谷考察。

七八　公元 1983 年，罗哲文在美国夏威夷考察。

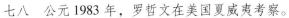

七九　公元 1984 年 8 月，罗哲文赴日本东京讲学。

八〇　公元 1992 年，罗哲文在韩国定林寺考察。

八一　公元 1992 年，罗哲文在埃及胡夫金字塔的狮身人面像前留
　　　影。

八二　公元 1994 年，罗哲文（右）、单士元（中）和郑孝燮（左）
　　　赴台湾参加了海峡两岸传统建筑技术观摩研讨会。

八三　公元 1994 年，罗哲文（右）、郑孝燮（中）在台湾台南市考察台湾城残迹。

八四　公元 1996 年，罗哲文（左）在墨西哥参加世界文化与自然遗产会议。

八五　公元 1996 年，罗哲文（右二）在墨西哥参加世界文化与自
　　　然遗产评审考察时与各国专家在一起。

八六　公元 1996 年，罗哲文在美国纽约世贸大厦前留影。

八七　公元 2000 年，罗哲文在台湾国立历史博物馆作万里长城的专题报告。

八八　公元 2004 年，罗哲文在美国华盛顿独立纪念碑前留影。

八九　公元 2004 年，罗哲文在美国华盛顿国会大厦前留影。

九〇　公元 2004 年，罗哲文在美国堪萨斯市纳尔逊美术馆参观。

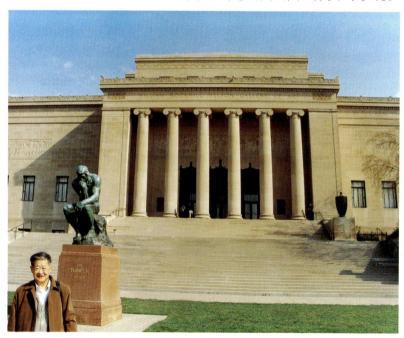

邀请，赴日本东京讲学，介绍了中国建筑发展史和我国古建筑保护
与研究的现状，受到日本同行的高度评价（图七九）。公元1989
年11月，罗哲文为参加联合国人类居住问题中心、保加利亚政府
和国际建筑科学院共同召开的"历史城镇、历史地区和文物古迹
保护维修国际学术讨论会"，对保加利亚进行了半个月的学术考
察。公元1992年6、7月间，在中韩两国正式建交的前夕，罗哲文
应韩国汉阳大学的邀请，参加了"黄海沿岸地区环境与文化国际
学术研讨会"，并对韩国的汉式建筑作了寻访（图八〇）。同年，
他还出访了埃及，在著名的金字塔旁留下了自己的身影（图八
一）。公元1994年，罗哲文与郑孝燮、单士元一道，前往台湾参加
了"1994年海峡两岸传统建筑技术观摩研讨会"，三老齐聚，成为
一时之盛（图八二、八三）。公元1995年，为修复马来西亚新山
柔佛古庙，罗哲文应马来西亚中华公会的邀请，访问了马来西亚。
公元1996年，罗哲文为参加世界文化与自然遗产的申报考察活动，
前往墨西哥（图八四、八五），并顺便访问了美国（图八六）。公
元2000年，他应台湾国立历史博物馆的邀请，前往台湾作了万里
长城的演讲（图八七）。进入新世纪后，罗哲文还时有出访。公元
2001年，罗哲文参加了在日本东京召开的"亚洲历史文化遗产保
护研讨会"。最新的一次是在公元2004年，他遍访了美国的名胜古
迹（图八八～九〇），会见了著名的华裔建筑大师贝聿铭先生（图
九一）。他出差国内各地，寻访异国他乡，总不满足于走马观花式
的参观游览，而是善于观察，勤于思考，并将所见所闻留于相机，
见诸笔端。近三十年来，他的主要论著有《中国古塔》（文物出版
社1983年版）、《罗哲文长城文集》（外文出版社1996年版）、《罗
哲文古建筑文集》（文物出版社1998年版）、《罗哲文建筑文集》
（外文出版社1999年版）和《罗哲文历史文化名城与古建筑保护
文集》（中国建筑工业出版社2003年版）。他的主要论文和随笔则
有《谈独乐寺观音阁建筑的抗震性能问题》（《文物》1976年第10
期）、《万里长城》（《文物》1977年第8期）、《长城保护研究工作
座谈会侧记》（《文物》1980年第7期）、《为什么要保护古建筑》

九一　公元 2004 年，罗哲文（右）访问美国期间与著名美籍华裔
　　　　建筑大师贝聿铭（左）亲切交谈，并相互签名留念。

（《建筑历史与理论》1980 年第 1 期）、《哪些古建筑需要保护》
（《建筑历史与理论》1980 年第 2 期）、《如何保护古建筑》（《文物
通讯》1981 年第 2 期）、《我国历史文化名城保护与建设的重大措
施》（《文物》1982 年第 5 期）、《悉尼一周》（《老人天地》1984
年第 3 期）、《中国造园简史提纲》（《古建园林技术》1984 年第 3、
4、5 期）、《谈谈古建筑在"四化"建设中的作用》（《文物工作》
1985 年第 2 期）、《我和长城》（《文物天地》1986 年第 3 期）、
《北京的牌楼》（《燕都》1986 年第 8 期）、《难忘的记忆　深切的
怀念》（《古建园林技术》1986 年第 12 期）、《古代建筑摄影》
（《华夏考古》1988 年第 2 期）、《保加利亚访古随笔》（《中国文物
报》1990 年 2 月 22 日）、《古建筑的维修原则及新材料、新技术的
应用问题》（《古建园林技术》1990 年第 29 期）、《关于城市计划
与道路交通》（《城市规划汇刊》1991 年第 5 期）、《防止"开发性
破坏"》（《中国减灾报》1993 年 4 月 20 日）、《忆中国营造学社在

李庄》（《古建园林技术》1993 年第 3 期）、《三峡库区古建筑的价值及其保护抢救之意见》（《文物工作》1994 年第 1 期）、《汉城访古随笔》（《文物天地》1994 年第 3 期）、《保护古城另建新区》（《中国建设报》1995 年 2 月 7 日）、《马来西亚访古》（《中外文化交流》1995 年第 3 期）、《中国博物馆文物保护概况》（《文物保护国际会议论文集》国际文化出版公司 1995 年版）、《不尽的思念》（《回忆王冶秋》文物出版社 1995 年版）、《开辟环路，扩大步行区，严格道路功能分工是解决历史文化名城交通问题的一大良策》（《中国名城》1996 年第 2 期）、《名城保护与建设的重大决策》（《杭州市政报》2001 年）、《关于建立有东方建筑特色的文物建筑保护维修理论与实践科学体系的意见》（2001 年 3 月 6 日参加日本东京《亚洲历史文化遗产保护研讨会》论文）。他的摄影、诗词和书法作品大都还未公开发表，少量的散见于已出版的文集和各类报刊杂志之间，主要用于赠友、题词和励志自勉。笔者将在后面的章节和附录中对他在摄影、诗词和书法领域的开拓与耕耘，进行专题研究和集中展示。这里就不再赘述了。

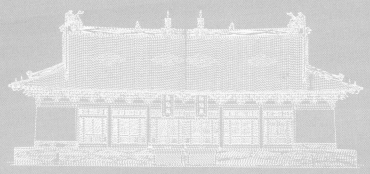

朔州崇福寺弥陀殿　金

七 业守精勤享盛名

（公元 1950 年至今）

"古建文物六二春，

　无私敬业见精神。"

——摘自王定国《贺罗哲文先生八十寿辰》

罗哲文十六岁考入中国营造学社，从绘图、测量的学徒出身，跟随梁思成、刘敦桢等古建名家学习。新中国成立以后，他调到文物局工作，获得了更加广阔的天地。他几十年如一日，勤奋敬业，奔波于祖国辽阔大地星罗棋布的古建遗存之间，组织保护，审定维修，总结经验，阐述学说，终于成长为中国古代建筑保护与维修事业的一代大家。在罗哲文的身上，人们看到了对中国文物保护事业忘我工作，"踏遍青山人未老"，"不到长城非好汉"的奋斗精神；为保护祖国珍贵的文化遗产，在大是大非面前敢于坚持原则，对破坏文物的行为勇于批评的斗争精神；为探索中国文物学，尤其是中国古代建筑学的客观规律，坚持理论与实践相结合，与时俱进，勤于思考，笔耕不辍的科学精神；为培养一代新人，著书立说，奔走授课，诲人不倦的园丁精神。作为全国古代建筑保护与维修事业的领军人物，他所表现出来的心底无私、海纳百川、平易近人、待人宽厚的优秀品质，也为业界人士所钦佩（图九二）。综观罗哲文走过的事业之路，他在以下四个领域所取得的业绩令人瞩目：

（一）犹领风骚营造史
——新中国古代建筑维修的组织者

新中国成立伊始，风华正茂的罗哲文就与中国古代建筑的保护与维修结下了不解之缘。当时，他是因为有专业特长而被选调到文

九二　上世纪90年代初，罗哲文（中）与中国古代建筑学界同仁陈明达（左）、余鸣谦（右）在一起，共商文物出版社中国古代建筑图书的编撰规划。

物局担任业务秘书的，具体负责全国古代建筑保护与维修的协调工作。上任之初，罗哲文也像刚迎来解放的许多青年一样，怀着满腔的热情和美好的理想，但实际工作的经验尚显不足。公元1951年，他和其他同志一道，主要是搞北京市的寺庙调查，并通过文化部所属的北京文物整理委员会设计与维修经过沧桑岁月与战火洗礼后损毁严重的城门楼子。他以建功立业的劲头，具体经办了几项古建筑维修工程。本想能够得到领导与同志们的赞扬，却在随后不久开展的"反贪污，反盗窃，反浪费"的"三反"运动中受到了局领导"好大喜功"的批评。出师不利。这给罗哲文的心中蒙上了一层阴影，也给他的事业之路敲响了警钟！据罗哲文后来回忆："1951年以后，我经办了几项古建筑维修工程。根据当时运动的情况，冶秋同志曾经对我进行过严肃的批评（非经济问题），并指示我作了处理。我以为他会从此对我印象不好，不便工作了，但后来的事实正相反。他不仅没有对我不好，而且更加信任我。"经过摔打，有了经验与教训，得到领导的善意批评与充分信任，罗哲文才算真正迈入了新中国古代建筑保护与维修事业的门槛。

公元 1952 年下半年，声势浩大的"三反"与"五反"运动结束，新中国大规模的国民经济建设拉开了序幕，全国性的文物保护工作也提上了议事日程。面对如此热火朝天的建设局面，制定一个全面而长远的古建维修规划，并提出相应的工程经费预算，已成为刻不容缓的任务。罗哲文作为文物局具体经办古建筑保护与维修事务的业务干部，恰好赶上了新中国第一场全国范围的古代建筑维修战役。为此，他马不停蹄地投入到大规模古建维修前必不可少的勘查、规划、落实经费、具体维修方案的设计与实施以及专业培训等一系列繁重的工作之中……当时，文物局特别组织了几个勘查组前往各地，对现存的古建筑进行一般性的排查和重点的勘查。罗哲文具体负责东北古建筑勘查组和雁北古建筑勘查组的工作。他们不仅对所辖范围内古建筑的价值和保存情况进行调查，而且还提出了维修方案。与此同时，罗哲文还抽出时间，相继参加了河北昌平居庸关与八达岭长城、辽西山海关长城、辽宁沈阳故宫大清门、吉林农安塔、广州光孝寺等重要古建筑的维修考察和方案设计，并把河北赵州桥与正定隆兴寺、山西太原晋祠与大同善化寺列入到近期的古建筑维修项目之中。针对当时没有专门学校培养古代建筑保护与维修的专业人员的现状，文物局特别在北京大学当年开始举办的"考古工作人员训练班"增设了古建筑的课程，北京文物整理委员会还举行了为期一年的古建培训班（图九三）。罗哲文作为文物局的"年轻专家"，参加了讲课的工作。他的讲稿清楚地回答了保护古建筑文物的意义、今天保护古建筑与过去的差别、保护法令的解释、古建筑的利用、古建筑修缮保养办法等重大的理论与实践问题。其中明确指出："中国建筑在三千多年发展过程中，一直保持了它在布局上和结构上的完整的体系。其建筑的设计达到了很高的水平，产生了许多合理而又美观的形式，如曲线的屋顶、明朗的构架及高大的台基。在彩画、雕刻、环境布置及艺术装饰等方面，更是辉煌瑰丽，出神入化。这些都是我国劳动人民几千年创造出的成

九三　公元1953年，北京文物整理委员会举办的古建筑培训
　　　班第一期学员结业时与教员合影。此图左起第三人为罗
　　　哲文、第六人为余鸣谦、第七人为祁英涛、第八人为杜
　　　仙洲。

就。"同时，他还有针对性地讲道："我国的古建筑分布广泛，由
于种种客观原因，现存的古建筑遗物多为宫殿、寺庙。一般群众和
干部对其在历史及文化艺术方面的重要价值认识不够（现在情况
已经有所转变了）。有的单位则为了经济利益，拆除或改建古建
筑。如果对这种情况不立即制止，任其发展，古建筑遗产将遭到不
可弥补的损失。"在制定好全国古建筑保护与维修计划，培训好骨
干，即将吹响大规模古建维修的进军号的时候，落实工程所需要经
费已成为当务之急。当时的文物局局长郑振铎同志对此十分重视，
特别指示具体经办古建维修的罗哲文尽快起草一个报告。郑振铎局
长还亲自写信给上级主管部门，最后找到了周恩来总理那里才使问
题得到解决。年轻的罗哲文在具体的工作中间鞍前马后，冲锋陷
阵，协调周旋，既施展了才华，也增强了能力。

　　上世纪50年代，罗哲文除了为保护与抢救古代建筑而四处奔

九四   公元 1952 年拍摄的维修前的赵州桥西侧全景。

九五   公元 1953 年出土的赵州桥隋代雕龙栏板。此图为栏板正面，
        刻两龙钻穿栏板，构思巧妙。其龙头相背，前脚相推，后尾
        紧贴板上。两龙全身刻鳞甲。整体雕刻风格生动传神，应为
        隋代石雕的典型之作。

九六　公元1953年出土的赵州桥隋代雕龙栏干望柱。此图为栏干
　　　望柱正面局部。上端刻出覆盆，正中有榫眼，可能是安石狮
　　　子像的。在覆盆下刻一大斗，斗的右侧刻出三道向右伸延的
　　　曲线。大斗之下刻一盘绕的坐龙，龙身刻鳞甲，雕工极为精
　　　细，尤具隋代雕刻的风格特征。

波，还特别注重对古代建筑理论、法规以及实践中遇到问题的学习与研究。他利用自己拥有的俄语基础，编译和介绍了一系列苏联和其他社会主义国家的有关古代建筑的法令与法规。例如，他在文物局资料室编辑的《文物参考资料》1953 年第 10 期发表的拉契亚、多金娜的《建筑文物的保护》、在《文物参考资料》1955 年第 7 期发表的《苏联建筑纪念物的保护》和在《文物参考资料》1956 年第 5 期发表的《谈文物古迹的普查工作》诸文，都非常及时地满足了正在兴起的中国古代建筑保护与维修事业的需要，起到了"他山之石可以攻玉"的作用。另外，他还根据日常工作中遇到的重要古建筑的案例进行深入的剖析。河北赵州隋代大石桥是世界上现存最早的石拱桥，建国之初就被列为全国重点维修项目。为广泛征求社会各界意见，确保这项重点维修工程顺利进行，当时具体负责全国重点维修项目的罗哲文又与陈滋德、余鸣谦两人合作完成了《赵州大石桥石栏的发现及修复的初步意见》一文，借此将历次考察的新发现及不同的修复方案发表在《文物参考资料》1956 年第 3 期，从而为这座千年古桥的大规模修复奠定了"修旧如旧"的技术基础（图九四~九六）。

伴随罗哲文在古代建筑保护与维修领域工作经验的丰富和理论水平的提高，他的人品、才华逐渐得到领导和业界同行的认可与赞扬。郑振铎局长对罗哲文一直非常信任，局里有关古建筑方面的许多重要工作都大胆而放心地交给他去办理。这为罗哲文的成长创造了宽松的环境。当时，文化部文物局与北京市有关方面协调，保护北海团城与各处街道牌楼的具体事宜就是由罗哲文去贯彻落实的。王冶秋同志任文物局局长前后，对罗哲文也是放手使用，非常信任。他一方面鼓励罗哲文坚持学习与写作，另一方面对罗哲文这样一位从旧时代走过来的专业干部给予充分的信任与支持。就是在公元 1957 年大规模的反"右派"斗争的节骨眼儿上，王冶秋还派罗哲文参加了文物局第一个文物专家出国考察团，前往捷克斯洛伐克对文物及博物馆工作进行了为期八周的访问。行前，王冶秋还专门对随团的武伯纶同志介绍说："罗哲文是一个年轻有为的可靠的专业工作者。这次和他出国考察是可以信赖的。"在当时那个特定的历史背景下,罗哲文身处文物局这个得到充分信任的小环境,应该说是极其"幸运"的。

上世纪50年代末至60年代初,由于天灾人祸,全国大规模的古代建筑维修工程无力正常进行。罗哲文的工作重心更多地转向了指导各地进行文物普查和做好"四有"(即保护范围、保护标志、保护人和科学档案)工作,协助制定和贯彻全国文物保护管理暂行条例,审定全国第一批重点文物保护单位等一些基础性的事务上面。公元1961年3月4日,国务院发布了《文物保护管理暂行条例》和第一批共计一百八十处全国重点文物保护单位名单。其中古建筑的保护与管理、七十七处古建筑及历史纪念建筑物的审定与罗哲文的工作密不可分。公元1962年以后,国民经济得到恢复和

九七　公元1963年,罗哲文(前排左五)、武伯纶(前排左六)、曾昭燏(前排左七)、常书鸿(前排左八)与甘肃敦煌文物研究所全体同志合影。

发展，全国范围的古代建筑保护与维修工程又重新上马。罗哲文紧紧抓住了这一转机，因势利导地摆开了古代建筑保护与维修的新战场（图九七）。这一时期，全国比较著名的古代建筑维修工程有山西省兴建水库把元代所建的永乐宫从永济县移到芮城县的落架、搬迁和复原工程以及甘肃省永靖县修建刘家峡水库时对炳灵寺石窟的保护工程等。罗哲文对这些国宝级古代建筑因水利建设需要而进行的搬迁与保护十分重视。对永乐宫整体搬迁的要求是布局、建筑、塑像和壁画应该达到"完整如初"、"修旧如旧"。对炳灵寺石窟保护工程的要求是筑坝、设防、拦水，做到"原地保护"。为此，罗哲文与余鸣谦一道，会同水利部的专家，曾经亲自前往甘肃，进行现场勘查和保护方案的制订。当这项工程即将进行的时候，轰轰烈烈的"文化大革命"开始，被诬蔑为保护牛、鬼、蛇、神的炳灵寺石窟工程前途难卜。正是在这个关键时刻，还是罗哲文站了出来。他面对"革命"洪流，顶住压力，上书周恩来总理，最后终于使炳灵寺石窟得以"幸存"。公元1966年"文化大革命"开始之前的十七年，罗哲文在文物局的事业之路可谓一帆风顺。他始终活跃在全国古代建筑保护与维修的主战场，有所为，有所不为，逐步成长为新中国古代建筑保护与维修领域内的领军人物。

　　"文化大革命"前期，罗哲文因"保皇派"、"土匪的儿子"、"五一六分子"等莫须有的罪名而受到冲击。值得庆幸的是，他又十分"幸运"地遇到了"文化大革命"后期为缓和中国与西方的关系而开展"文物外交"的历史性机遇，使自己执著追求的文物保护事业出现了新的转机。公元1972年初，罗哲文从湖北咸宁的"五七干校"返回北京，重新回到自己熟悉的岗位。就中国古代建筑维修工程而言，使其拉开新一轮大规模维修序幕的重要契机是公元1973年法国总统蓬皮杜来华期间到云冈石窟的参观活动。为接待好蓬皮杜总统，罗哲文曾经三次陪同王冶秋同志去山西大同等地，安排有关事宜。同年9月，当周恩来总理陪同法国总统蓬皮杜参观云冈石窟时，面对窟内佛像残坏、基石风化、环境不佳等情况，果断地提出了要在三年内修复云冈石窟的保护要求。遵照周恩来总理的指示，罗哲文与山西省文物系统的同志一道，开始了保护与维修云冈石窟的系列工程，由此启动了自"文化大革命"开始以来被冻结已久的全国古代建筑的维修工程。

公元 1976 年 10 月"文化大革命"结束以来，特别是公元 1978 年的中国共产党十一届三中全会胜利召开以后，我国进入改革、开放的新时代。年过半百、蓄势待发的罗哲文，顺应新时期的历史性任务，在全国范围内组织完成了一系列古代建筑抢救与维修工程，掀起了建国以来最大规模的古代建筑保护与维修热潮（图九八）。进入上世纪 80 年代，罗哲文重点抓了长城、北京大学红楼（图九九）、江苏苏州云岩寺塔（图一〇〇）、山西朔州崇福寺与太原晋祠、西藏布达拉宫（图一〇一）、青海塔尔寺、海南丘濬故居、陕西西安城墙等大型国宝级文物建筑的保护与维修工程，使全国古代建筑的保护与维修出现了蔚为大观的良好局面。

罗哲文对有着"中国古代建筑宝库"美誉的山西省极为熟悉。自上世纪 50 年代以来，他多次前往三晋大地，对五台佛光寺与南禅寺、太原晋祠、应县木塔、朔州崇福寺、洪洞广胜寺、芮城永乐宫等进行过系统考察。上世纪 80 年代下半叶，罗哲文着力抓了朔州崇福寺金代弥陀殿修缮工程。他将此确定为全国古代建筑重点工程的理由很明确：寺内弥陀殿的木结构几乎全部为金代所制，殿顶琉璃与栈砖、前后檐装修、殿内塑像与壁画、前檐匾额和地面方砖都是金代原作，至为珍贵。罗哲文深入现场考察，并于公元 1986 年 11 月组织专家会议审核修订了山西省古代建筑保护研究所制定的以殿顶负荷过重的处置、壁画大块揭取修复、塑像主杆折断后的加固复原等为主要内容的修缮设计方案。经过五年的努力，这项落架大修的古建维修工程于公元 1991 年全部竣工。罗哲文又亲自主持了该项工程的验收鉴定，为《朔州崇福寺弥陀殿修缮工程报告》书写了热情洋溢的序言。他在此文中指出："古建筑的修缮保护，是一项科学性很强的技术工作。它是在实地勘察测绘的基础上，认真研究建筑的原有构造、法式特征、残损原因和残坏程度之后，才进行设计和施工的。修缮过程中，要始终坚持'不改变文物原状

九八 上世纪80年代初，年富力强的罗哲文奔波于全国重点文物保护单位之间。此图是他在北京西南郊卢沟桥畔的留影。

九九 上世纪70年代末期至80年代前期，罗哲文主持实施了北京大学红楼地震加固修复工程。此图所示为这项工程的局部，由此可见加固的构件与墙面浑然一体，达到了"修旧如旧"的维修宗旨。

一〇〇 公元 1982 年，罗哲文在江苏苏州云岩寺塔维修加固工程
竣工验收会上签署有关文件。

一〇一 公元 1990 年，罗哲文（右四）、郑孝燮（右六）在西藏
拉萨布达拉宫修缮工程的工地现场。

的原则'，即尽量保存和使用原有构件（包括加固后的继用构件）。个别复制的小型构件，也要尽量保持原有的材质材种、制作工艺和色调风貌，以达到保存古建文物的原状、原貌和原构。朔州崇福寺弥陀殿在这几方面都取得了很好的效果，达到了预期的目的。"正是这项优质工程，成为了新时期古代建筑落架大修的一个样板，同时也是罗哲文组织实施的全国古代建造重点工程的一个闪光点（图一〇二）。罗哲文在山西所抓的诸多工程中还有一项值得提及。公元1992年11月，罗哲文作为国家文物局古建专家组负责人，又主持审核批准了太原晋祠圣母殿修缮工程的设计施工方案。经过三年半的大规模施工，该项工程于公元1996年6月15日全部竣工，使这座宋代建筑和殿内珍贵的宋代彩塑获得了有效保护。当时的国家文物局局长张文彬同志对这项工程评价甚高。他在为《太原晋祠圣母殿修缮工程报告》所作的序言中赞扬道："经过勘察测绘，制成修缮方案，经国家文物局批准落架翻修。修缮过程中，山西省文物局和太原市有关单位曾组织修缮领导机构，进行工程管理和技术监督指导。此项工程现已全部告竣，经国家文物局专家组鉴定验收，修缮效果良好。"（图一〇三）

　　上世纪80年代后期至90年前期，主持与协调全国各地的汉、藏技术人员，对西藏布达拉宫和青海塔尔寺实施大规模的抢救性维修，无疑是罗哲文古代建筑维修生涯中令人赞叹而又值得回味的重要经历。布达拉宫位于西藏自治区首府拉萨市中心的红山之巅，是举世罕见的藏式宫殿建筑群，是西藏的象征，也是我国古代建筑发展史上的杰作。有鉴于此，公元1961年国务院将布达拉宫列为第一批全国重点文物保护单位。令人堪忧的是，自公元7世纪建成布达拉宫内的早期建筑法王洞以后，特别是公元17世纪对布达拉宫进行重新扩建以来，虽然也在不断地对其进行维修，但几百年间未曾有过大型而彻底的修缮。由于长期受到风雨侵蚀、虫蛀鼠咬、烟熏火烤、地震损毁，宫内许多殿堂已经是墙裂柱歪、梁枋糟朽和地面沉陷，巍峨的宫殿随时都有毁于一旦的危险。从公元1985年至1988年，国务院有关部门根据西藏自治区人民政府关于抢修布达

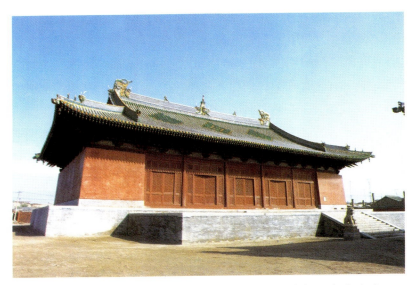

一〇二　公元 1991 年维修竣工的山西朔州崇福寺弥陀殿

一〇三　公元 1996 年维修竣工的山西太原晋祠圣母殿

拉宫的紧急报告，先后多次派出专家和工程技术人员进入西藏，实
地勘察和测绘了布达拉宫，进而制定出行之有效的维修方案。全部
工程从公元 1989 年初正式开始，到公元 1994 年 8 月竣工，前后经
历五年零八个月，维修工程项目达到一百一十余项，几乎涉及到布
达拉宫各处重要的角落。总的工程费用共计五千三百万元。不管是
工程规模与技术难度，还是维修经费来讲，这次布达拉宫的大规模
维修都堪称新中国成立以来首屈一指的古代建筑维修工程。罗哲文
作为国家文物局古建专家组的负责人，亲历了这次空前浩大的工
程。他不顾高龄和高原缺氧的艰苦环境，从公元 1985 年开始，几
乎年年都要进藏。从现场勘察、方案审定、施工检查到工程验收，
他都认真把关，一丝不苟，恪尽职守。正如他在为《西藏布达拉
宫修缮工程报告》所写的序文《中国古代建筑维修史上的壮举》
中谈道："由于工作的关系，我参加了维修工程开工前的几次考察
和设计书的审定，其后又参加了开工后的各阶段的检查和验收工
作。我深切地感到布达拉宫的维修工程认真执行了国家制定的文物
保护的原则，施工指导思想明确，技术手段精细得当，管理严格，
富有成效。通过这次维修，不仅使布达拉宫根除了岌岌可危、触目
惊心的险情，而且很好地保持了这一宏伟建筑的原有风貌。如果说
当年布达拉宫的建造是一项壮举，那么这次布达拉宫的维修也同样
称得上是一项壮举。"（图一○四）在西藏布达拉宫大规模修缮工
程顺利进行的过程中，罗哲文又领衔组织拉开了青海塔尔寺修缮工
程的序幕。塔尔寺位于青海省湟中县鲁沙尔镇西南隅，是藏传佛教
格鲁派著名的六大寺院之一。由于塔尔寺是藏传佛教格鲁派创始人
宗喀巴的诞生之地，所以受到青藏和全国各地僧众的极大崇敬。又
由于塔尔寺建筑不仅保存完整而且具有很高的历史、艺术和科学价
值，公元 1961 年被国务院公布为第一批全国重点文物保护单位。
上世纪 80 年代中期开始，青海省人民政府就组织有关部门和专家
反复考察论证，并于公元 1990 年向国务院呈报了关于抢修塔尔寺
古建筑群的请示报告。公元 1991 年初，国务院迅速派出有关部委
的领导和专家到塔尔寺进行实地考察。同年秋天，国务院正式批准

一〇四　公元1994年维修竣工的西藏布达拉宫

实施塔尔寺维修工程，并先后拨出三千六百万元作为维修专款。由于工作的关系，罗哲文曾对塔尔寺这座辉煌的古代建筑多次进行过考察，有机会参加了公元1991年国务院组织的专家考察团，在维修工程的设计方案评审、施工技术研讨中献计献策，并应聘为这一维修工程的顾问。经过四年多的精心设计与精心施工，塔尔寺抢险加固维修工程圆满竣工。罗哲文在《青海塔尔寺修缮工程报告》的序言中这样评价道："继西藏布达拉宫大规模维修工程于公元1994年胜利竣工后，紧接着又于公元1996年迎来了青海塔尔寺大型维修工程的胜利竣工。塔尔寺维修工程虽不如布达拉宫维修工程

一〇五　公元 1996 年维修竣工的青海塔尔寺

那么大，但是就其建筑本身的重大意义和维修工程的艰巨性来讲，
却也不相上下。从中央政府一次性拨款之多、一项工程的完成规模
之大来说，青海塔尔寺维修工程在我国古代建筑维修史上堪称又一
壮举。"（图一〇五）

　　罗哲文除了主持审定山西、西藏的一系列重点修缮工程，还特
别重视海南、陕西等地的一些典型建筑的维修施工，从中寻求与完
善有中国特色的文物建筑保护维修的科学体系。据他在《海南丘
濬故居修缮工程报告》的序言中回忆："丘濬故居对我来说，虽然
未曾做过深入的研究，但也并不生疏。记得还在上世纪 80 年代海

南仍属广东的时候，我就进行过走马观花式的参观访问。当时就给了我极为深刻的印象，深感这一名人故居在广东和全国都是难得的，因而在讨论第四批全国重点文物保护单位时曾极力予以推荐。山西省古建所和海南文管办、琼山市主管部门在这一工程即将开始之时，又盛情邀请我对故居进行了专门考察，并参加了方案设计的研讨。虽然谈不上什么过多工作，但也算结下了深厚情缘。"丘濬故居位于我国海南省的国家历史文化名城琼山市，创建于元末明初。它不仅是明代"理学名臣"丘濬的故居，有着很高的历史文化价值，而且在民居建筑布局、法式结构和艺术特点方面都有着承前启后的划时代意义，堪称海南岛的文物建筑明珠，也是国宝级的文物建筑。由于历史的沧桑变化，这处有重要价值的名人故居已在天灾人祸中损毁严重。对它的抢救性维修自公元1993年开始，从勘察研究、方案拟定、具体设计到组织施工，历时三载。在罗哲文的具体指导下，设计与施工部门对这项重点工程给予高度的重视，

一〇六 公元 1996 年维修竣工的海南丘濬故居

严格遵守国家文物保护法的规定和古建筑保护维修的原则，借鉴国内外的成功经验，采用传统与现代相结合的技术手段，使这项规模不大、工程量相对较少的古建维修工程取得了重大的综合成果，为探索有中国特色的文物建筑保护与维修的科学规律作出了卓有成效的贡献（图一〇六）。从公元 1994 年 10 月开工至公元 1999 年 10 月圆满竣工的陕西省西安市长乐门城楼修缮工程，也是罗哲文非常关心的一个古建维修项目。他对古都西安情有独钟，建国以来数次奔走于西安的城墙之间，参与了多次西安城墙、城楼的维修工程。他在为该项工程的技术报告所写的《保护抢救、再现辉煌》一文中深情地写道："西安是我国国务院公布的第一批历史文化名城、世界著名的古都之一，埋藏的文物和古建筑遗迹十分丰富，堪称全国之冠。作为其地面标志，最为宏大、最为突出的应属西安城墙。就现状来讲，西安城墙在全国范围内是规模最大、保存最为完整的一处。而城楼又是城墙的突出标志，其重要性不言而喻。"

上世纪 90 年代以来，随着对长城和全国各地大批重要古代建筑的抢救性维修顺利竣工，使"文化大革命"期间许多古代建筑年久失修的被动局面得到了根本性的改变。罗哲文除了组织协调、具体参加上述重点古建维修工程，还参与了天津蓟县独乐寺观音阁（图一〇七）、湖北当阳玉泉寺铁塔（图一〇八）、河北定州料敌塔（图一〇九）、山西应县木塔、北京明清故宫等项工程的维修方案的审定以及施工各阶段的验收，同时还大力支持文物出版社结合重点维修项目编辑出版全面记录性系列图录《中国古代建筑》和《中国古代建筑修缮工程报告》系列图书（图一一〇）。除此之外，他还收授门徒，培训新人（图一一一），以自己的不懈努力昂首跨进了新世纪……总之，罗哲文至今仍然活跃在中国古代建筑保护与维修的第一线（图一一二）。从他年复一年而又永不停息的奋斗足迹里，人们能够从一个鲜活而清晰的角度看到新中国古代建筑保护与维修事业起伏跌宕的发展历程。正是从这个意义上讲，罗哲文无愧于新中国古代建筑保护与维修事业卓有成效的组织者。

一〇七　上世纪90年
　　　代初，罗哲文
　　　（居中者）在
　　　天津蓟县独乐
　　　寺维修工地。

一〇八　上世纪90年
　　　代初，罗哲文
　　　（前面站立者）
　　　在湖北当阳玉
　　　泉寺铁塔维修
　　　工地。

一〇九　公元 1998 年，罗哲文在河北定州料敌塔塔顶检查维修情
　　　　况。此塔高 84 米，是国内现存最高的古塔。

一一〇　上世纪 90 年代初，罗哲文（右二）、陈明达（左二）、莫
　　　　宗江（左一）和余鸣谦（右一）在文物出版社共商中国
　　　　古代建筑图书的编撰规划。

一一一　上世纪 90 年代初，罗哲文（右三）参加全国古建筑培训班开学式。

一一二　公元 2002 年，罗哲文参加浙江杭州西湖雷锋塔重建落成典礼。

（二）继扬众志长城魂
——举世闻名的万里长城的守望者

　　罗哲文的老家在四川宜宾，与绵延起伏在北方崇山峻岭的雄伟长城本来相隔甚远，但最近六十年来他却"累登九镇三关险，踏遍长城万里遥"，与长城结下了越来越深厚的不解情缘（图一一三）。究其缘由，关键还是罗哲文跟随中国营造学社回到了当时的北平，新中国成立以后又走上了中国古代建筑保护与维修之路。

一一三　新中国成立后，罗哲文勘测、维修长城的起点之一——古
　　　　北口明代长城。

上世纪30年代，就在罗哲文读小学和中学的时候，正值日本帝国主义者发起了侵华战争。东北沦陷，华北沦陷，中华民族到了最危急的时刻，抗日的烽火燃烧起来……"万里长城万里长，长城外面是故乡"（《长城谣》）、"起来不愿做奴隶的人们，把我们的血肉筑成我们新的长城"（《义勇军进行曲》）等抗日歌曲响彻大江南北，同时也飞进了罗哲文幼小的心田。长城作为中华民族生生不息的象征，深深地铭刻在罗哲文的脑海里，并激发出他对这一雄伟而坚强形象的向往与憧憬。年少的罗哲文坚信：总有一天能够登上长城，亲眼目睹长城的雄姿。

抗日战争胜利以后，罗哲文随中国营造学社复员来到北平，进了清华大学营建系，除了处理一些日常的行政事务，仍然是从事古代建筑的调查研究工作。公元1948年秋季的一天，林徽因特意把罗哲文叫去，对他语重心长地说："过去学社在北平距长城很近，但总认为随时都可以去，殊不知一隔就是十多年了。长城是古建筑中很重要的一项，不能不去调查测绘一下，工作量相当大。你年轻，先去打个头阵，探一下路。"接受了恩师的嘱托，罗哲文很快查阅了资料和地图，决定先去北平附近的八达岭和古北口两处。当时，解放军已从东北南下，兵临长城一线，大战在即。罗

一一四　上世纪50年代初进行维修前的八达岭明代长城。

哲文带上简单的日用品和一台旧的照相机，坐车、骑驴和步行交替使用，花费了好几天的时间，才算完成了对这两处长城关隘的"初探"。由于当时的长城一带，兵荒马乱，人烟稀少，罗哲文不敢久留下来实地测绘，仅拍了一些照片就赶快返回了（图一一四）。正如他后来回忆道："雄伟的长城蜿蜒在巍巍燕山之上。我费了很大的劲，骑毛驴、走路去八达岭、古北口瞻仰了长城的雄姿，发出了无限的惊叹。不过，仅仅是惊叹而已。真正对长城开始进行调查研究并且结下了不解之缘和深厚的感情，还是从解放后维修长城开始的。"

新中国成立以后不久，罗哲文调到了文化部文物事业管理局，主要从事全国古代建筑的保护与维修的管理工作。公元1952年，随着全国大规模经济建设的开展，古代建筑的维修工程也逐步上马。正当文物主管部门拟定全国古代建筑的维修规划的时候，当时的政务院副总理兼文教委员会主任郭沫若同志提出了维修长城，向国内外开放的建议。中央人民政府对这一建议高度重视，责成文物局将此当作一件大事来抓。郑振铎局长把这项艰巨而光荣的任务交给了年轻的罗哲文。他欣然接受了这项使命，连夜挑选十多位助手，开始筹划行动方案。他广泛查阅了有关长城的各种图文资料，果断地把距离京津地区较近的山海关、居庸关、八达岭长城列为实地勘查的重点地段。据罗哲文回忆："第一步是勘察设计。我们乘火车到八达岭车站以后，要步行到八达岭，然后步行或骑毛驴上山。当时的八达岭满目荒凉，从明代以后，已经三四百年没有维修了。我站在长城上，为能够参加新中国的首次维修工作深感光荣与骄傲。当时工作的条件比起现在来是相当艰苦的。八达岭上的几间小屋已经墙倒屋塌，根本不能住宿。可是，有一次，为了考察关沟中的情况，不得不在三堡的一间小屋中和衣过夜，夜风吹来，简直与露宿毫无差别。考察条件虽然艰苦，但是长城的雄姿，总是在激励着我们。"经过三个月艰苦卓绝的努力，罗哲文一行取得了维修这几处关隘的最为翔实的第一手资料。回到北京后，罗哲文几个昼夜没有合眼，很快拿出一份八达岭长城的维修规划，还特别附上了

自己绘制的一份维修草图。为谨慎起见，罗哲文又直奔恩师梁思成
家里，请梁先生审定了这个规划。面对已经挑起古代建筑维修重担
的得意弟子，梁思成先生露出了欣慰的微笑。他爽快地在维修规划
上签了名，还深思熟虑地在稿纸上写了几点维修意见：第一，古建
维修要有古意，要"整旧如旧"。修长城不要全部换成新砖、新
石，千万不要用水泥混凝土。有些残断的地方，不危及游人安全就
不必全修了，"故垒斜阳"会更有味儿。第二，长城上休息座位的
布置，要讲究自然与野趣，不要搞"排排座，吃果果"的布置。
第三，提议千万不能在长城边上种高大的乔木，以免影响保护与观
看。梁思成在长城维修上所提出的远见卓识，对罗哲文后来半个多
世纪的长城保护与维修实践都具有重要的指导意义。罗哲文在长城
维修规划获得有关部门审定通过后，又协调各方力量，因地制宜，
紧张施工，仅用一年多的时间就使八达岭、居庸关、山海关恢复了
昔日的旧貌，使来自海内外的参观者能够登上长城雄关，体会
"不到长城非好汉"的豪迈气概。由罗哲文组织协调的对长城卓有
成效的首次维修，拉开了新中国保护与维修长城的历史性序幕
（图一一五）。

一一五　银装素裹的八达岭明代长城

　　维修后的长城开放了，国内外的游人络绎不绝。罗哲文曾一度
做过参观长城的导游。他发现，人们都非常希望多知道一些有关长
城的情况。大约是公元1954年，罗哲文陪一位外国首相参观长城。
外宾提出了许多问题，譬如万里长城的长度是不是有些外国学者介
绍的2500公里？长城是不是秦始皇修建的？长城是用什么材料修
建的？罗哲文虽然知道一些，但心里还是不踏实，对涉及长城的一
些问题总觉得并不那么清楚。对长城进行更深层次的学术研究迫在
眉睫。这真有些"逼上梁山"的味道。罗哲文翻阅了不少过去中
外学者们研究和介绍长城的书籍，结合自己维修长城中实地勘测的
数据，经过反复研究，使长城的形象在他的脑海中逐步清晰起来。
为了宣传、介绍长城，他在公元1956年率先撰写了新中国成立以
后由国内学者编著的第一本有关长城的图书——《万里长城·居
庸关·八达岭》，并由正在筹建的文物出版社公开出版发行。公元
1962年，他又为中华书局推出的"中国历史小丛书"编写了《长
城史话》一书，通俗而系统地回答了读者们关心的一系列问题。
通过对长城的研究和实地考察，罗哲文越来越感到长城的内容太丰
富了，越来越感到长城的伟大，对长城的感情越来越深。公元
1963年夏天，罗哲文与南京博物院院长曾昭燏、陕西省博物馆馆
长武伯纶应邀前往敦煌讲学。随后，罗哲文对长城西端的临洮长城
坡秦长城遗址（图一一六）、敦煌玉门关汉长城与烽燧遗址、酒泉
嘉峪关明长城三处重点地段进行了查访。回到北京后，罗哲文将其
考察资料整理成《临洮长城、敦煌玉门关、酒泉嘉峪关勘查简记》
一文发表在《文物》1964年第6期，展示了他对长城研究持久而
全面地关注。

　　十年的"文化大革命"结束以后，我国进入了改革、开放的
新时期。历经磨难的罗哲文在选择文物保护工作新起点的时候，首
先关注的还是建国以来始终一往情深的长城。他把刚经历过唐山大
地震波及的山海关长城，列为了新时期大规模古代建筑维修的第一
批重点工程。应该说，罗哲文对长城东端的这座"天下第一关"
是太熟悉了。从公元1952年开始，他参加了对山海关长城箭楼和

一一六　甘肃临洮长城坡长城口秦长城遗迹

其他重要地段的历次修缮工程，对这处国宝级古代建筑的布局、结构、用材以及残状都如数家珍。他在这里花费了太多的心血，寄托了无限的深情。公元 1977 年 4 月，针对受唐山大地震波及后山海关箭楼的残状，国家文物局再次拨款四万元来加固修补。罗哲文作为山海关古城修复评审组的负责人，又一次来到山海关。他十分痛心地发现：由于天灾人祸的影响，山海关最精华的"天下第一关"箭楼的墙体已经摇摇欲坠，南北的几座配楼也已倒塌，形成"五虎镇东"格局的靖边、临闾、牧营楼没有了踪影……明代徐达大将军和抗倭名将戚继光的天才创建，已经面临湮没的危险。当时，在"天下第一关"山海关长城的修复问题上存有两种对立的观点：一种认为历史古迹不能动，动了就不真了，要求保持原状，不要再人为修理；另一种认为单纯的"保"是没有意义的，在不破坏原有风格的前提下，只有将保护与利用结合起来，才能真正实现古代建筑存在的价值。罗哲文站在文物保护与利用的辩证关系的高度，同意第二种观点。他明确表示："现在'天下第一关'必须要修

一一七　维修后的山海关"天下第一关"城楼

复，因为光靠保，根本就保存不了。目前的残状是城不见城，关不
见关，垛也找不见了，根本就没有关城的气势。这样下去，后人无
法洞悉长城的历史与风貌。"罗哲文的观点最后得到了大家的赞同
和国家文物主管部门的认可。随着山海关长城经过"修旧如旧"
的成功修复，罗哲文在长城保护和维修方面的理论与实践也逐渐被
古代建筑学界所认可（图一一七）。他以埋头实干的不懈奋斗，成
长为新时期长城保护事业公认的领军人物。

　　正是根据他在长城保护与维修领域积累的丰富经验和理论探
索，罗哲文在《文物》1977 年第 8 期发表了《万里长城》一文，
率先在刚刚冲破极"左"思潮禁锢的学术界提出了创立与完善
"长城学"的新课题。他在此文中开宗明义地指出："以长度而论，
长城无疑是我国乃至世界最为伟大的历史文物。在全长 6000 多公
里的长城线上，有四处著名的城墙关隘被列为全国重点文物保护单
位，即山海关、居庸关云台、八达岭、嘉峪关。""长城是我国古
代劳动人民创造的工程奇迹。拿明长城来说，它西起甘肃的嘉峪
关，东迄渤海海滨，像一条巨大的长龙，昂首奋身，蜿蜒于崇山峻
岭中，绵亘于平沙原野之上。由于工程的艰巨和历史的悠远，所以

在很久之前，它就被公认为古代世界的'奇观'之一了。"随后，罗哲文又站在长城全局和历史的高度，对长城学中一些根本性的问题提出了独具匠心的新见解。他在《文物天地》1986年第3期发表的《我和长城》一文中明确地提出："长城究竟有多长？这是研究长城首先接触到的问题。答案是简单的，长城纵横十万余里。虽然这只是一个数字，为了弄清它，我竟花费了三十多年的光阴。据中国史书上记载，长城长万余里。很多外国人介绍长城时，把长城的长度说成了2500公里或3000公里。现在有些外国书刊甚至还引用这个数字。造成对长城长度测量上的失误，其原因何在呢？我经过一番考查才发现，外国人是用比例尺从地图上量出来的。这显然是很大的错误。因为长城不是直线，更不是水平，也不是一道，而是曲曲折折，上上下下，由许多道所构成的。我国历史文献上的记载，虽然比较可信，譬如说秦长城延袤万余里，汉长城、明长城也是说万余里，但也没有把一道长城的双重、三重、多重的长度计算在内。所以过去一般人仅知道万里长城也就是万里而已，我也是这样认为的。过去还有一种容易使人迷误之处，以为各个朝代的长城都是在一条线上重修或修筑的，其实这完全不符合实际。我查了文献之外，又实地考查了许多个朝代、许多处地段的长城。它们并非完全在原有基础上维修，而绝大多数是根据当朝当代国家的政治、经济、军事等情况而新选线路的。比如秦、汉、明三个朝代的长城都不在一个起点，不在一个终点，相去数百里、上千里……这样就必须把各个朝代各个时期长城的长度加起来才是长城的总长度。我统计了一下，长城的总长度在十万里以上。为什么要说长城纵横十万余里呢？因为不少的人以为长城是东西横向的，而实际上还有许多道是南北走向的，所以应加上'纵横'二字才符合实际情况。"有关长城修建的时间，罗哲文在研究长城以前，也曾经以为长城是秦始皇修建的，后来稍加查考，这个问题解决了。公元前9世纪，周王命大将南仲"城彼朔方"，即在朔方一带修建了几百里长的城墙。这应是我国修建的最早的长城。从战国至秦汉，长城的修建规模愈来愈大（图一一八～一二〇）。至于何时停止修长城，过去也

一一八　山东长清县境内的齐长城遗迹

一一九　陕西横山秦长城遗迹

一二〇　甘肃戈壁滩上的汉长城遗迹

未弄清楚。罗哲文在仔细考查了清代东北地区为划分部分地区放牧界限而修筑的柳条边、西南地区为对付少数民族反抗而修建的局部范围的城垣以后，得出了长城在清代时已从整体上停止修建的结论。他还引证清朝康熙皇帝东巡渤海时评价长城的赋诗为证："万里经营到海涯，纷纷调发逐浮夸。当时费尽生民力，天下何曾属尔家。"关于长城是谁修建的？罗哲文经过长期的研究后认为："从秦始皇算起，修筑长城的汉族只有秦、汉、隋、明四个主要的朝代，而其他民族则有北魏、北齐、北周、辽、金五个重要的朝代，就连元朝也对长城关隘进行过修缮和利用，至今还留下了重要的遗物。"紧接着，他感叹道："当我从鸭绿江边沿着松辽平原、燕山、太行山、内蒙古草原、晋陕黄土高原、河西走廊、新疆高原、沙漠戈壁等地考查长城时，看见用各种建筑材料修建的各式各样结构的长城，对前辈工匠们的聪明智慧不禁由衷地敬佩……这些巧夺天工的长城建筑结构与利用山形地势的布局，都是我国古代各族人民的智慧与血汗的结晶。"

　　罗哲文在新的历史时期对保护长城所做的卓有成效的实践和对长城学所做的独辟蹊径的研究，不仅引起了中国古代建筑学界专家学者的强烈关注，而且也引起了长城沿线地区广大文物工作者和热爱长城的有识之士的热烈响应。公元 1979 年 7 月，国家文物局在内蒙古自治区呼和浩特市召开了长城保护研究座谈会。参加这次会议的四十余位代表一致响应罗哲文关于建立全国性的长城研究机构的倡议，对长城进行了多层次的学术探讨。会后，罗哲文还在《文物》1980 年第 7 期发表了《长城保护研究座谈会侧记》一文，对长城研究的新进展与如何保护长城进行了系统总结。公元 1980 年，罗哲文又亲自陪同国务院、国家文物局、国家旅游局的领导及相关部门的同志，实地考察了长城的保护与旅游开发情况（图一二一）。公元 1981 年至 1986 年，罗哲文多次赴甘肃酒泉嘉峪关长城考察，并指导维修工程，使嘉峪关关城修复如初。公元 1982 年，罗哲文又前往山海关考察了海中碣石"姜女坟"（图一二二）。公元 1984 年，对长城的保护与维修来说是具有重要意义的一年。中

一二一　公元1980年，罗哲文（左一）陪同陈慕华（右四）等国
　　　　务院、国家文物局、国家旅游局的领导和有关方面负责人
　　　　实地考察长城的保护与开发利用的情况。

一二二　公元1982年，罗哲文（右）、侯仁之（中）等考察山海
　　　　关"姜女坟"海中碣石。

国改革、开放的总设计师邓小平提出了"爱我中华、修我长城"的响亮口号。作为始终对长城一往情深的罗哲文，更是借助举国关注的良好环境，将保护长城的事业推向了一个新的高度。公元1984 年 5 月 4 日，他支持原来素不相识的三位青年，即秦皇岛市的董耀会、吴德玉和长春市的张元华，以"华夏子"的名义，开始了从山海关老龙头出发，徒步考察明代长城的壮举。在随后的五百零八天里，他们一路上都得到了罗哲文的亲切关怀，在主要的关隘都能听到"罗老已经告诉我们了"的温暖话语，最后顺利到达甘肃的嘉峪关。紧接着，罗哲文还推动"爱我中华，修我长城"的大规模社会赞助与募捐活动，促使北京八达岭长城、河北山海关老龙头（图一二三）和滦平金山岭长城（图一二四）以及天津蓟县黄崖关长城修复工程（图一二五、一二六）相继开工……其间，他接受秦皇岛市政府的委托，与秦皇岛日报社青年记者孙志升一道，开始筹备中国第一个长城研究会，并于当年的 9 月 4 日正式举办了山海关长城研究会成立大会，国家文物局副局长金紫光担任会长，罗哲文任副会长。公元 1985 年初，为发展长城学，实现成立一个全国范围的长城学术研究团体的夙愿，罗哲文又马不停蹄地开始了中国长城学会的筹备工作。他推荐由当时的全国人大副委员长严济慈牵头组成中国长城学会筹划小组，由魏传统任组长，罗哲文、王定国任副组长，并由孙志升起草了建立中国长城学会的倡议书。公元 1986 年，罗哲文陪同老干部黄华、王定国、杨国宇和全国政协委员侯仁之、单士元等考察了山海关长城（图一二七）。同年，在罗哲文的关心与支持下，中国第二个长城研究会——中国嘉峪关长城研究会成立。它和中国山海关长城研究会在长城的东西两端遥相呼应，为中国长城学会的成立奠定了坚实的基础。公元1987 年 6 月 25 日，经过两年多的筹划，中国长城学会在北京人民大会堂召开了成立大会，通过了《中国长城学会章程》，推选习仲勋、严济慈、周谷城、杨静仁、魏传统为名誉会长，选举黄华为会长，王定国、白介夫、阮崇武、杨国宇、罗哲文、侯仁之、夏国治为副会长。罗哲文多年的奋斗有了很好的回报，任重而道远的长城

一二三　公元1987年
　　　　重修竣工的山
　　　　海关老龙头

一二四　上世纪80年代
　　　　中期修复的河
　　　　北滦平金山岭
　　　　长城的障墙

一二五　公元 1984 年，时任天津市市长的李瑞环同志（右）特聘
　　　　罗哲文（左）等人为修复蓟县黄崖关长城的顾问，指导
　　　　修复工作。

一二六　上世纪 80 年代中期，经过修复的天津蓟县黄崖关长城水
　　　　关。

一二七　公元 1986 年，罗
哲文（右三）同
黄华（右六）、王
定国（右五）、杨
国宇（右七）、单
士元（右四）、侯
仁之（右八）等领
导与专家考察山
海关长城。

一二八　上世纪 80 年代中
期，罗哲文考察
内蒙古包头境内
的秦长城。

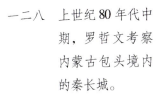

一二九　公元 1986 年，罗哲文登上了长城最险峰——北京怀柔箭扣一带的长城险段。

一三〇　公元 1986 年，罗哲文（中）、沈阳（前）、王效青（后）一起考察北京司马台长城。

事业有了强有力的组织保障。

　　当然，具有强烈的历史责任感的罗哲文并没有陶醉于国内出现的保护长城的大好形势。他又把目光投向了更远的地方，希望全世界人民能够了解长城，有机会也来长城参观。为此，罗哲文又开始将长城列入世界文化遗产名录的更大努力。两年前的公元1985年，罗哲文、侯仁之、郑孝燮等专家受中国政府的委托，共同起草了中国申报加入世界文化与自然遗产公约的文本，并通过了审核，使中国荣幸地成为世界文化与自然遗产公约的缔约国。两年后的公元1987年，联合国教科文组织评选世界文化遗产的时候，长城被正式列入世界文化遗产名录，成为中国参加世界文化与自然遗产公约后首批获得认可的世界文化遗产之一。正是依靠以罗哲文为代表的广大长城研究者、保护者和爱好者的持久努力，才使雄伟壮丽的长城不仅成为中华古老文明的象征和中华民族的骄傲，而且也成为全人类共同珍惜的文化财富（图一二八～一三○）。

　　罗哲文对长城总是充满了深情的关注，有关的活动总是乐意参加。公元1998年，他响应绿色环保组织的号召，到长城边上去捡拾垃圾（图一三一）。2000年，他又应台湾国立历史博物馆的邀请，作了万里长城的专题演讲。同年，他还参加了全国人大、全国政协、国家林业局和中央电视台联合举办的"长城绿色工程万里行"活动，到了新疆等西部地区（图一三二）。

　　半个多世纪以来，罗哲文见证了保护与维修长城的风雨历程，亲历了长城学从无到有的求索与艰辛。他从公元1948年冒着战火单身前往居庸关、八达岭长城调查开始，登高山，下沟壑，过大河，穿沙漠，历尽千辛万苦，几乎走遍了长城的每一个重要地段，有的地方甚至去过上百次。例如，八达岭有百次以上，山海关有几十次，嘉峪关也有五六次之多。就对长城的保护与考察而言，真可谓"万里长城第一人"。他在从东到西对长城进行大规模维修的过程中，理论联系实际，勤于思考与总结，在公元1956年写出了国内第一本介绍长城的图书，随后又撰写了大量有关长城的随笔、诗文、序跋、论文、调查报告和学术专著，为长城学的创立与完善解

一三一　公元 1998 年，为保护环境，罗哲文（左）与外国志愿者
　　　　（右）在长城拾垃圾。

一三二　公元 2000 年，罗哲文参加了全国人大、全国政协、国家
　　　　林业局、中央电视台共同组织的"长城绿色工程万里行"
　　　　活动。

难释疑，对保护长城、研究长城、维修长城、开发长城做出了不可磨灭的贡献。他从公元 1978 年改革、开放以来，为宣传长城而四处奔波，除了在国内成立统一的中国长城学会，还飘洋过海，出国讲学，向全世界人民介绍长城文化，从而使长城理所当然地被列入世界文化遗产名录，成为全人类共同的文化遗产。回顾新中国文物保护事业的发展历程，在海内外无数为长城的保护与研究付出毕生心血的人士中间，最值得一书的当属名副其实的万里长城的守望者——罗哲文。

（三）古建摄影乐不疲
——中国古代建筑摄影领域的开拓者

摄影术的发明可以追溯到公元 19 世纪上半叶，摄影术传入中国和运用于文物考古领域则在公元 19 世纪末至 20 世纪初年。当时，通过一些外国传教士，殖民侵略军的随军人员和考古探险者的摄影镜头，留下了一些宫殿楼阁、市井民居、古玩字画、探险遗迹之类的黑白照片。随后，一些国人在各地陆续开设了大小不同的照相馆，少数从事博物馆、考古和古建筑调查的学者为了工作需要也拍摄了一些记录之作，但是以艺术和专业的眼光来看，大都乏善可陈。中国古代建筑摄影作为一个艺术门类，它的发端和兴旺真正开始于新中国古代建筑保护与维修事业蓬勃发展的进程之中。罗哲文有幸与这个进程同步。出于工作、爱好和兴趣的统一，他始终专注和醉心在古代建筑摄影的广阔天地里，无意间成了中国古代建筑摄影领域内的开拓者之一。

罗哲文接触照相摄影，开始于上世纪 40 年代初进入中国营造学社的时候。据他回忆："当年我是从一进营造学社就学照相的，因为照相机是个工具。在当时，测绘古建筑，一要靠手画，一要照相。建筑的结构是很严谨的，根据照片去画就比较准确了。当时条件艰苦，我还要学会修相机、修手表。有时去深山里调查古建筑，如果相机、手表、钟之类的坏了，就要自己来修，也是一种工作的需要。"正是从自己从事的具体工作出发，使罗哲文的摄影之路刚起步便有了明确的方向和坚持不懈的力量源泉。随着他摄影技术的提高，在古代建筑调查、测绘过程中更是如虎添翼，逐渐赢得了梁思成夫妇的信任和营造学社同仁们的喜爱。抗战胜利以后，罗哲文随中国营造学社复员来到北平，对摄影的兴趣更是有增无减。他利用在宁静的清华园内工作与学习的良好环境，对文物摄影，尤其是古代建筑摄影所需要注意的特殊技巧以及工具、材料、制作环节有了更为深入的钻研。这使他在野外调查中更加得心应手。比较明显的例子是公元1948年秋天他独自一人考察八达岭和古北口两处明代长城遗存时的经历。当时，正处于北平解放前夕国共两军对峙于长城一线之际，兵荒马乱，人烟稀少，条件艰苦。为了完成中国营造学社对长城初次探访的任务，罗哲文主要依靠照相机来进行快速的拍摄与记录，取得了良好的效果。当他通过坐车、骑驴和步行，费尽九牛二虎之力，才登上雄伟的长城，却又不可能久留的时候，随身携带的一台老式照相机成为他最好的帮手。他熟练地将朝霞与夕阳之间长城所呈现的雄浑、壮美、苍凉的景色定格于照片上面，真实地记录了这两处长城的结构与风采。随着岁月的流逝，罗哲文

一三三　公元1948年，罗哲文拍摄的北平西直门城楼与箭楼。

在中国营造学社和国立清华大学工作时期拍摄的照片已经变成十分珍贵而又令人回味的"老照片"（图一三三）。

新中国建立以后，罗哲文以古代建筑"年轻专家"的身份进入到全国文博考古领域。这为他继续从事中国古代建筑摄影的探索提供了更加广阔的舞台。上世纪50年代初，新生的共和国百废待兴，文博事业的经费有限，工作的条件还很艰苦。罗哲文出差各地，进行不同环境内各类古代建筑的拍摄，手中使用的还主要是一些老式而便宜的相机。他后来跟同行们交流照相体会时曾经十分感慨地说："文化大革命前，我一直用的是一个五十年代初期的捷克方匣子，'如来'都很少用，135相机用的是五十年代初期的'佐尔基'。从解放初起，我一直用一个一百多块钱买的'蔡司·伊康'，到现在还在用。它有页片匣、卷片盒，可近拍，可调整透视差，又非常轻，有人曾把它称为'气死林哈夫'。"罗哲文认为古代建筑摄影，首先要有照相机。至于什么样的照相机，他的意见是只要镜头结像能力过关，机械灵活，镜箱严密就可以了。能否拍出好照片，关键是人，是摄影者能否熟练地掌握所用相机的性能。正是基于这种认识，罗哲文在工作中并不太留意手中的相机是什么牌号、价格高低、老款与新式、国产或进口，而是设法保障所用相机不出故障，在特定的时间、天气和环境里对不同的古代建筑进行运用自如地拍摄。

"功夫不负有心人"。罗哲文就是靠着在工作实践中善于琢磨与钻研的机灵劲儿，因地制宜，土法上马，使自己所拍的照片满足了古代建筑调查、测绘、宣传和出版的需要（图一三四）。建国之初，各地文物部门的工作环境与条件都比较差。那时候许多古建筑内没有电源，根本谈不到使用电源光来拍照，在宫殿楼阁、寺庙道观和石窟塔龛内工作时，只能使用既费事又危险的镁粉和一次性闪光泡。这对古建筑的保护是非常不利的。罗哲文经过摸索，终于找到了利用自然光线、运用镜子反射太阳光和煤油灯这些方便而经济的办法，成功地解决了在阴暗的古建筑物内进行拍照的难题。当时，他曾经拍摄过一套反映山西云冈石窟雕塑与太原晋祠圣母殿宋

一三四　公元 1953 年，罗哲文拍摄的北京永定门。

代彩塑的图片。就这些图片的拍摄光源而言，全是用镜子反光的。因为要反射几次才能进入洞里或室内，所以使用了好几面镜子。为了照射的光线柔和，最后一次反射，也就是反到拍照物上的光线，他使用了反光板、白色漆板和纸张之类来代替镜子作为反光物体，避免了所拍文物出现过大的黑白反差，取得了令人满意的效果。公元 1954 年，罗哲文在山西大同下华严寺薄伽教藏殿拍过一张顶棚的梁架照片，所用的光源就是两盏煤油灯。面对维修工地的简陋条件，他大胆地调慢了曝光时间，拍了 40 多分钟，取得了非常不错的效果，梁架的立体感很强，比运用单个闪光灯好了许多。

除了勤跑、细看、多思考，罗哲文还特别注意虚心求教，善于向摄影同行学习。正如他自己所说："文物摄影过去并没有什么学校，也没有开过专业培训班。我大部分的知识是在几十年的工作和实践中向别人学习的和自己钻研、总结出来的。'三人行必有我师焉'，这话很重要。很多同行一同并肩战斗的时候，更是学习求教的好机会。"罗哲文是这样说的，也确实是这样做的。上世纪 50 年代初期，他从自身的拍摄实践中深刻地认识到掌握暗房技术，自己动手冲洗、印放的重要性。他体会到从照完到冲洗、印像、放大成为照片，是一个连续的过程。每一个环节都关系到成品的好坏。一件好的作品，不等于拍摄完了就可以获得。冲洗是一个很重要的环节，往往费了很大的心力拍出来的胶卷由于冲洗原因效果不好，或是全部报废也是有的。为此，他特别拜北京一家照相馆在暗房工作的小师傅为师，虚心学习，终于掌握了全部的操作流程和基本技术，使自己在黑白照片的冲洗、印放上面更加得心应手。从那时候起，罗哲文每次从外地拍摄回来，总是尽可能在暗房中自己冲印，根据所用胶卷的质量与性能专配药液，控制适合的时间，总结各种光线下特殊景物的曝光经验，并摸索出一些对不够理想的底片印放时遮挡、局部加温等技术绝巧，从而保证了经过千辛万苦才拍摄到的许多珍贵的古建照片取得万无一失的最佳效果。公元 1956 年，罗哲文有幸作为专业陪同，跟随与协助两位被誉为"国际文物摄影家"的捷克斯洛伐克摄影师富尔曼兄弟访华期间的工作（图一三五）。这是一个十分难得的学习机会。罗哲文从他们的拍摄过程与平时的交谈中，学到了不少拍摄文物和古建筑的方法与理论。例如，富尔曼兄弟在华拍摄瓷器时就曾大力主张保持器物上面的光点，认为只有这样才能突出瓷器釉面的质感，表现出光辉的特点。只要这些光点没有掩盖器物上面重要的花纹，就大可不必要费劲地去消除它们。同年，罗哲文还跟随《人民画报》的摄影师彭华士前往山西永济的元代建筑永乐宫拍摄壁画，从中获益匪浅（图一三六）。公元 1959 年，罗哲文在参加《中国》大型画册拍摄的时候，又向国内比他年长的一些著名摄影家如刘旭沧、黄翔、吴寅伯、敖恩洪等学到了可贵的敬业精神和拍摄静物、风光照片的特殊技巧。这对他从事古代建筑的摄影是大有裨益的。多年以后，罗哲文在回忆这一段难忘的经历时还动情地说："我和已故的上海老摄

一三五　公元 1956 年，罗哲文（左一）陪同捷克斯洛伐克摄影师
　　　　富尔曼兄弟（左二、左四）参观湖南韶山毛泽东同志故
　　　　居。

一三六　公元 1956 年，罗哲文（右二）与《人民画报》摄影师彭
　　　　华士（右三）在山西永济元代永乐宫拍摄精美的壁画。

影家刘旭沧一起拍摄文物。当一件文物拿出来，他总是首先仔细观察，绕着文物转，从轮廓、细部、花纹、质地、色泽等方面观察许久，然后才请保管同志摆定位置。打灯光、用背景等等都考虑得非常仔细。拍古建筑也应学习这种精神，才能拍出质量好的照片。"

　　勤学苦练，虚心求教，使罗哲文的摄影技巧与日俱增。上世纪50～60年代，罗哲文凭着对古代建筑摄影的执著与热情，加上他的本职工作使其有常人难得的接触古建珍宝的许多机会，主客观的统一，使他拍摄与创作出一些跟时代同步的古代建筑摄影精品。例如，他在拍摄承德外八庙时就很下了一番功夫。从公元1953年开始，凡是去承德工作，他都争取到外八庙去一趟。如果有车上山要快得多，没车时一去就是半天。他在选择普陀宗乘之庙、须弥福寿之庙的拍摄地点时，上下狮子沟对面的高山好几次，后来找到从离宫里面上宫墙的道路，在墙上又来回走了好几次，还拍失败过几次，最后才拍出了满意的作品。他在拍山海关的"天下第一关"城楼时，为选择到比较全面而又稍有角度的理想画面，竟然通过外面搭梯子登上了旁边一座高楼的房顶才达到了目的（图一三七）。他拍摄河南登封嵩岳寺塔的经历，更能说明他在古代建筑摄影领域孜孜以求的敬业精神。据他后来回忆："我曾经拍摄过一张河南登封嵩岳寺塔的照片，二十多年间，拍了四次，最后一次才算比较满意了。此塔是一个十二角形的近似圆锥体，本身立体感很强，如果光线角度选择得好，拍摄效果就非常优美，反之就很平淡。其关键是能否表现它的立体感的问题。我第一次去是在五十年代，当时碰上天气不好。第二、三次去是光线角度不行，照出的照片几乎是平面的，虽然用的是彩色片，但拍摄的效果还是不佳。还有一个原因就是此塔只有一很小的角度能照到全景，天气虽好，但错过那个时间就不行了。因为我不是专门去拍此塔的，所以不能住下等。如果在那里住上一段时间，等天气、阳光照射的角度合适，就可能一次拍成。最后拍的一张与前几次相比，效果不言而喻。一张平淡无立体感，好像贴上去的一样，分辨不出塔的轮廓来；另一张则明暗转换清楚，立体感强，且有中间色调。这说明拍一张好的古建筑照片

一三七　罗哲文从最佳角度拍摄的山海关"天下第一关"城楼。

一三八　罗哲文在不同时间、不同光线下拍摄的河南登封嵩岳寺
　　　　塔。右图的良好效果不言而喻。

是件很不容易的事。"（图一三八）上世纪 60 年代初，我国正处于三年困难时期。罗哲文为了指导北京市文物主管部门贯彻刚刚颁布的文物保护管理暂行条例，做好文物保护单位的"四有"（即保护范围、保护标志、保护人和科学档案）工作，特地来到卢沟桥与宛平县城。他与当地的同志一道，不顾当时还处于粮食短缺、大家经常处于饥肠辘辘的困难环境，天天奔波在从广安门至卢沟桥的公路上。据同一工作小组的年轻大学生吴梦麟后来回忆："罗哲文一次为照卢沟桥全景，中午饭都顾不上吃，终于照出了十一孔全景，成为迄今最美的卢沟桥美景照。这种忘我工作精神给我留下了深刻的印象，使我在刚踏上工作岗位之时就得到了一位好的导师。"类似的例子还有很多……正是靠着在日常工作岗位上的无数次艰难的探索，罗哲文练就了一身好功夫，逐步寻找到一把把打开中国古代建筑摄影艺术之门的金钥匙。

上世纪 60 年代中期开始的"文化大革命"，使罗哲文的摄影创作暂时中断。值得庆幸的是他赶上了 70 年代初开展"文物外交"的大好时机，由于具有从事古代建筑保护、维修与摄影的专长，很快便从湖北咸宁"五七干校"调回北京，重新走上了熟悉的工作岗位，再次拿起了自己心爱的照相机。当时，他的主要工作是为刚刚复刊不久的《文物》月刊与出国文物展览拍摄文物照片。这为他提供了求之不得的宝贵机会。他抓住了命运之神递给他的"幸运"之手，并再也没有松开过。这一时期，罗哲文以文物摄影师的身份，参加过几次大规模的考古发掘工作，与全国许多著名的电影、电视和画报社的同行一道工作，互相切磋，交流体会，使他的拍摄水平又达了一个新的境界。罗哲文在事隔多年后还语重心长地说："我曾经参加过几次较大规模的发掘工作，如河南信阳长台关战国墓、湖南长沙马王堆西汉墓。除了发掘现场需要步步照相记录之外，一些出土文物，如果没有照相技术（也包括电影、录像），很难把那些易损、易变化、易变色的文物记录下来。我记得有几片埋葬在马王堆三号墓坑深处的树叶和竹片，虽经两千多年仍然青绿如初，但是拍照完毕就逐渐变色了。还有一些东西，如一盘盘完整如初的水果、藕节，原以为变化不会很快，想慢慢地把它拍好，谁知将照相机拿来时，已经化作一盘水浆了。由此可见，摄影对于文物考古工作的重要性了。"公元1972年初，罗哲文刚回北京就赶上了湖南长沙马王堆一号汉墓的发掘工作。他立即被派往长沙参加考古现场的拍摄，留下了一批至今看来仍然十分珍贵的照片。特别值得一提的是公元1973年11月的一次拍摄经历。当时，长沙马王堆三号汉墓需要拍摄一张椁室全部揭开的俯视照片。由于此照片太重要了，又不可能重新拍摄，所以费了很大的劲儿，专门搭了一个10多米高的棚架，用来俯视全景。由于揭开棺椁后，发现椁内文物主要是漆器、丝绸，颜色大都深暗，这就为拍摄出有层次的照片出了难题。特别是如何曝光？罗哲文感到了前所未有的压力。通过曝光表测得的曝光时间为1/10秒，但凭借他多年的拍摄经验和长期养成的拍摄直觉，却认为应该是1/16秒。机不可失，失不再来。罗哲文果断地用1/10秒与1/16秒各自拍了两张4×5柯达反转片。结果是按曝光表拍的两张照片，画面上的器物几乎看不出来，按经验拍的两张照片却恰到好处。由于事关重大，如果当时盲目相信曝光表而没有丰富的经验，一旦器物从椁内取出就再也没有机会补救了。公元1976年1月，敬爱的周恩来总理不幸逝世，万众哀悼。罗哲文怀着十分悲痛的心情，用自己的照相机真实地记录了人民群众涌向北京天安门广场人民英雄纪念碑前面悼念周恩来总理的感人场面（图一三九）。"沧海横流，方显出英雄本色"。罗哲文在特殊拍摄场合临危不惧的非凡表现，既是他长期从事文物摄影的经验积累，也是他在文物摄影领域具有高超技艺的体现。

上世纪70年代末期以来，我国进入了改革、开放的新时代。文博事业的蓬勃发展，尤其是中国古代建筑保护与维修事业的扎实推进，使罗哲文在古代建筑摄影领域有了大显身手的用武之地（图一四〇）。他除了继续活跃于文物工作的第一线，用镜头留下众多的古建雄姿与文物瑰宝（图一四一～一五五），还潜心于古代建筑摄影理论与规律的探索，热心传授技艺与提携后辈同仁，使中国文物摄影园地出现了百花盛开的繁荣景象。上世纪80～90年代，

一三九　公元 1976 年 1 月，罗哲文拍摄的北京天安门广场人民英
　　　　雄纪念碑前面悼念周恩来总理的感人场面。

一四〇　公元 1982 年，罗哲文在山海关考察与拍摄"姜女坟"海
　　　　中碣石。

一四一　辽宁盖州石棚山石棚——我国古代早期建筑遗迹

一四二　山西五台南禅寺唐建大殿——我国现存最早的木构建筑

一四三　山西五台佛光寺唐建东大殿——我国现存最早的木构建筑

一四四　陕西西安唐建大雁塔——我国著名的早期砖塔

一四五　西藏拉萨大昭寺唐蕃会盟碑——我国古代民族交流的象征

一四六　河北定州宋建料敌塔——我国现存最高的古塔

一四七　山西应县辽建佛官寺释迦塔——世界现存最高的木塔

一四八 吉林农安辽建砖塔——我国著名的辽代砖塔

一四九　江苏苏州寒山寺枫桥——我国著名的古代拱桥

一五〇　北京明清故宫太和殿——我国现存最大的木构殿宇

一五一　北京天坛祈年殿——我国著名的木构建筑

一五二　福建南靖田螺坑土楼——我国东南客家聚族而居的典型建筑

一五三　澳门大三巴牌坊

一五四　香港夜景

一五五　黄山

罗哲文与全国文博系统从事文物摄影的同行一道，联合起来，开办多期文物摄影培训班，举办全国性的文物摄影展览（图一五六），在中国文物学会成立文物摄影专业委员会，不仅培养了一代新人，还使全国文物摄影的水平从理论与实践两个方面都上了一个新的台阶。他在授课传艺的过程中，还系统总结自己的拍摄经验，将自己的心得撰写成《古代建筑摄影》一文发表在《华夏考古》1988 年第 2 期。这是一篇全面而又十分具体的专业论文，是罗哲文从事古代建筑摄影四十余年的经验之谈。他在论述古代建摄影的重要性时科学地指出："古建筑摄影是文物摄影中的一个重要组成部分。它以科学的方法，忠实而又形象地再现出古建筑本身的布局、艺术造型、建筑装饰等。古建筑摄影本身也是一门科学和艺术。一张好的古建筑照片，不仅是一份科学记录资料，而且也是一件艺术品。"（图一五七）他在谈到古代建筑摄影的科学性和艺术性的统一问题时通俗易懂地谈道："一张古塔的照片作为研究参考、保护管理的档案资料及今后维修的参考都够了，但是看去总觉得干巴巴的，没

一五六　公元 1987 年，罗哲文（右）陪同全国人大副委员长周谷
　　　　城（中）参观在中国美术馆举办的全国首届文物摄影展。

一五七　公元 1994 年，罗哲文正在北京昌平居庸关云台内聚精会
　　　　神地拍摄精美的元代佛教浮雕。

有活力。如果周围环境能衬托一点前后景物，如绿树、红花及不妨碍主题的人物，天空再飘动着几朵白云，那就妙趣横生，充满生气了。这张照片便有了艺术性。关于艺术性的问题，我个人认为，其产生首先应该是在科学性（即适用）的基础上。如果脱离了适用，这张照片就没有完成任务。"他在讲解古代建筑摄影的基本知识时还作了深入浅出地说明：首先是摄影器材的配备。他中肯地说"我并不反对新式的配备。但是能否拍出好照片来，关键是在人"。"如果有条件的单位，为了能更充分地满足拍摄古建筑的需要，最好能配备一架带有望远镜头和广角镜头的相机"（图一五八）。"三角架是拍摄文物不可少的工具。室内用灯光拍摄文物，离开了三角架可以说是寸步难行。拍摄古建筑照片，也经常需要三角架。拍摄古建筑的内景，由于光线比较暗，又要求景深大，光圈相应的要小，一般总要在 F11 上下才好，因此曝光需要时间长，没有三角架就很困难。就是在室外拍古建筑的外景，为了调整视差、校核后

一五八 公元 1996 年，罗哲文在墨西哥参加世界文化与自然遗产的考察评审工作。瞧，他总是随身携带两台配有广角和望远功能的相机。

背，也需要用三角架"。"拍摄古建筑的工具主要就是相机、三角架、曝光表和必要的灯光（包括反光）几项。当然为了特殊的需要还可以专门制作一些工具"。其次是搞清楚古代建筑的主要特征。他着重讲了在拍摄中如何处理整齐而又灵活的平面布局、优美的艺术造型、独特的结构体系、丰富的色彩与雕饰艺术以及建筑与环境的关系。最后是关于古代建筑的立体感与质感问题。他强调地说"古建筑和其他文物一样，是人工制造的物体，有宽度、高度、厚度。要反映出它的厚度、深度，我们常称之为要有立体感。是否有立体感，对一张古建筑的照片质量影响甚大。立体感的强弱，关键在于光影的处理。拍一件小型文物或移动灯光，或移动文物，都是比较方便的。建筑物就不同了。它本身不能移动，太阳也不能让你摆布，只能按照射角度去选择最好的时间拍摄"。"古建筑的立体感除了靠光影明暗表现之外，还有一个角度的问题。一座方形塔、一座大殿，除了用作档案资料和专门研究之外，一般不宜完全正面，应稍偏一侧。这样才能表现出立体的效果。在画面上，正面应占3/4左右，因为主要的结构、门窗装饰、台基等大多是在正立面上。光线最好是侧立光，切忌全部顺光，否则不仅建筑本身没有立体感，连门窗、装饰、柱枋、斗栱的线条也看不出来了"。"古建筑也是一样要有质感。琉璃宝塔就要拍出它光泽夺目的质感，砖、石、木、金、银、铜、铁塔也都有其材料的质感。摄影者要把它们反映出来。如何照才能表现质感，据我的一些体会是必须抓住材料质地的特点。如木雕、木质材料，木材的纹理是重要的特点之一，就要突出它。至于砂石粗，大理石、花岗石光平等等，也都是其质地的特点。另外，在摄影时，照片的清晰度、反差也都是应当注意的重要问题，需要认真掌握"。

跨入新世纪以后，罗哲文已逾八十高龄，但是他的身体依然硬朗，步伐依然忙碌，在大量的日常事务之间依然保持着对摄影的热情。正如文博界的同行所熟知的那样：罗老出门到各地去工作，至少要背两个相机（图一五九）。年近八十了，他还亲自背着相机穿越了新疆罗布泊沙漠的无人居住区，拍摄了许多文化遗迹的珍贵照

一五九　古建同行在一起，以摄影为乐趣，共同关心镜头前的营造
　　　　工艺。此图从左至右为郑孝燮、张开济、罗哲文和萧默。

一六〇　公元2003年，罗哲文年近八旬时仍然穿越戈壁沙漠，来
　　　　到楼兰古城考察与拍摄。

片（图一六〇）。最近，为了申报世界文化遗产与考察沿途的文物古迹，他又带着自己心爱的相机去了京杭大运河……

摄影伴随了罗哲文六十余年的古建生涯。摄影是他的工作，摄影更是他的生活。

（四）漫卷诗书奏凯旋
——潜心于诗坛与书界的耕耘者

诗词、书法是罗哲文工作之余仅次于摄影的另外两大爱好。它们与他的古建生涯相互辉映，共同构成了罗哲文丰富而充实的人生。

（1）以诗为证

罗哲文幼年入私塾，读的是百家姓、三字经、增广贤文和四书五经，接受的是中国传统的教育。后来，他上了"五四"运动以后逐步兴起的新式学堂，尽管受到了白话文、新诗和近代科学文化知识的熏陶，但是仍然在古文和古典诗词方面下了不少功夫。这使罗哲文在阅读、撰写古典诗词上练就了一身过硬的"童子功"。

当然，罗哲文真正对诗词入迷，却是在加入中国营造学社以后。为了考证历代的各类建筑，他和学社的先生、同仁们不得不经常埋头于汉赋、骈文、唐诗、宋词和元曲对亭台楼阁的华丽而翔实的描写之中。这使他懂得了建筑与文学血肉相连的亲密关系。恰好在这个时候，从中央大学建筑系毕业的卢绳来到了学社。他的古典诗词很好，记忆的名篇佳作甚多，对格律、音韵等也很精通。为此，梁思成夫妇特意请卢绳为学社的年轻人讲古典诗词，学诗吟词，蔚然成风。罗哲文自幼喜爱古诗文，来到学社后有了这样一个良好的学习环境，自然是乐此不疲。他虚心向同宿舍的卢绳请教，还买了很多有关古典诗词的书籍来自学，平常勤练多写，从而打下了坚实的作诗填词的基础。抗日战争胜利时，罗哲文所作的《李庄闻鬼子投降》"争传鬼子终投降，震耳欢声动八荒。火炬游行宵达旦，耕夫学子喜若狂"和他随后所作的《别李庄》"三叠阳关唱

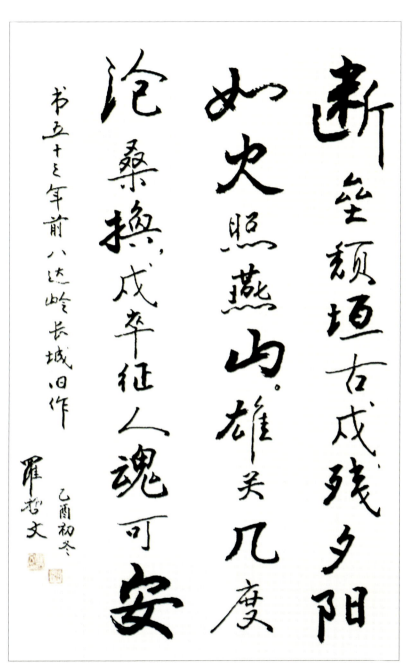

断垒颓垣古戍残夕阳，如火照燕山，雄关几度，沧桑换成牢征人魂可安

书五十三年前八达岭长城旧作

乙酉初冬

罗哲文

一六一　公元 2005 年，罗哲文挥毫手书的五十三年前吟诵八达岭长城的词作。

不停，催航汽笛一声声。难分难舍长回望，月亮田边情最深"两首诗，再加上公元 1948 年他初登八达岭长城时写下的七绝"断垒颓垣古戍残，夕阳如火照燕山。雄关几度沧桑换，戍卒征人魂所安"（图一六一），已经初步展现出他"以诗纪实"的风格。

新中国成立后，尽管罗哲文的主要精力放到了全国各地古代建筑保护与维修事业上，但是他对古典诗词的喜爱丝毫未减。他从兴趣爱好，到考证古建，再到记录经历，养成了"以诗为证"、"吟诗留史"的良好习惯，半个多世纪以来留下了一批展示新中国文博界壮丽画卷的优秀作品。下面笔者将追寻罗哲文几十年来走南闯北的大致行踪，择其亲历名胜古迹、参加重大维修工程以及在不同场合唱和励志时题写的名篇佳作，借以展示他在为中国古代建筑保护与维修事业奋斗的过程中纵横古今的豪迈情怀和昂扬向上的心灵轨迹……

罗哲文诗词的主题总是锁定在他钟爱的名胜古迹。其风格大都是纪实写景、借景抒情。建国后，他从事中国古代建筑保护与维修的主要领域就是历代长城。这也成为他诗词创作的一条主线。公元 1952 年，罗哲文受郭沫若、郑振铎之命，主持协调了对居庸关、八达岭和山海关长城的首次大修，开始了长城维修的雄伟大业。他坐车，骑毛驴，步行，往返于崇山峻岭之间的长城工地。抚今追昔，感慨无限。他题笔写下了当时对居庸关八达岭长城的真实感受："断垒颓垣古戍残，夕阳如火照燕山。今朝四上居庸道，为使长龙复旧观。"多年以后的公元 1984 年 7 月 28 日，罗哲文参加了"爱我中华，修我长城"的社会赞助维修长城的开工典礼，又于当年的 9 月 17 日参加了该项工程的竣工典礼，回想首次维修居庸关八达岭长城的艰难历程，因成七绝一首，并重录三十二年前的旧作三首，合题为《居庸四咏》。其一、《居庸飞渡》。罗哲文为参加典礼两过居庸关，四十里关沟，大道平坦，轻车飞渡，与三十二年前的景象殊异："三十余年岁月驰，巨龙腾舞焕英姿。轻车飞渡居庸道，不似骑驴上岭时。"其二、《四上居庸道》。当年，罗哲文曾四次前往居庸关八达岭进行勘查，但交通甚为不便，自南口至八达岭仅有毛驴代步，但长城的雄姿仍然使他豪情满怀："断垒颓垣古戍残，夕阳如火照燕山。今朝四上居庸道，为使长龙复旧观。"其三、《北门天险》。八达岭为居庸关的北口。古人云："居庸之险不在关，而在八达岭。"至今岭上还有"天险"二字。为此，罗哲文写道："千峰叠翠拥居庸，山北山南处处峰。锁钥北门天设险，壮哉峻岭走长龙。"其四、《明成谋略》。史家对明成祖迁都北京、大规模修筑长城的雄图远略，诸多好评。罗哲文亦有同感："关沟百里接神京，高筑墩墙捍帝城。天子临边谋略远，史家共语赞明成。"上世纪下半叶，罗哲文曾经数次前往明长城东端的山海关，主持了山海关长城的历次维修，倾注了大半生的心血。他在公元1973年登山海关城楼时写下七律一首："长龙拔地起临洮，越过千山万里遥。直下燕山连险塞，飞奔宁海逐惊涛。环球众说称奇迹，宇宙航观见峻标。秦皇明祖今安在，唯有民功永不凋。"公元1981年8月，罗哲文第四次来到明长城西端的嘉峪关。他登关城，觅烽台，面临皑皑祁连，吟诵出《嘉峪关十唱》。这组诗词选用了"归塞北"、"南乡子"和"七绝"等词牌格律，并有小序于各唱之首。其中的三首如下："嘉峪关，雉堞耸层楼。坐断河西无限险，山河百二拱皇畴，雄镇设甘州。""何处设烽烟，天下雄关傍祁连。前哨墩山头、三、五，山巅，烽火红霞照满天。丝路此喉咽，万里通途一线连。西域远人汉家使，声喧，嘉峪山前舞月圆。""嘉峪山前起堞城，墙台高峙气萧森。雄关天下今谁主？游客登楼话古今。"公元1985年4月，罗哲文赴天津蓟县参加长城维修工程审图盛会，重访黄崖关，再登小平安，喜见残毁巨龙正在复兴，腾飞指日，喜从心发，因成七绝二首。其一、《重登小平安》："借得东风过蓟城，小平安岭又重登。漫山万树梨花雪，喜见长龙正复兴。"其二、《黄崖关》："黄崖绝壁势冲天，巨险重关绕蓟垣。西接祁连东越海，长城万里此关连。"总之。罗哲文对长城一往情深，充满万千诗意。正如他在一幅对联《长城赞》中所述：（上联）"起春秋、历秦汉、及辽金、迄元明，上下两千多年。有多少将帅元戎、戍卒吏丞、百工黔首，费尽移山心力，修筑此伟大工程。坚强毅力、聪明智慧、血汗辛勤，为中华留下丰碑国宝"。（下联）"跨峻岭、穿草原、横瀚海、经绝壁，纵横十万余里。望不断长龙雉堞、雄关隘口、亭障烽堠，有如玉带明珠，点缀成江山绣锦。起伏奔腾、飞舞盘旋、月宫遥见，给世界增添壮丽奇观"。

　　除了围绕长城的一系列诗词创作，罗哲文在游历祖国的大好河山时也不断迸发出诗意与灵感。公元 1963 年 6 月，罗哲文与南京博物院院长曾昭燏、陕西省博物馆馆长武伯纶赴敦煌文物研究所讲学。在常书鸿所长的精心安排下，他们前往"丝绸之路"上的玉门关、阳关考察。罗哲文面对古道雄关，怀古之情油然而生，遂以《两关情思》为题，作诗两首。其一、《玉门关怀古》。诗曰："汉武重西陲，四郡设河西。两关凭险筑，断彼匈奴臂。大道连西域，商贾来络绎。煌煌汉武功，青史永昭立。巍巍玉门关，屹立两千年。烽台连朔野，障塞远绵连。长墙柳苇固，关城夯土坚。我来玉门下，览此古关垣。伫立生遐想，雄关几经年。沧桑几移换，人世几迁变。当年征战士，壮志已云烟；如今四海一，歌舞有于阗。春风关不住，吹彻玉门间。守关人若在，当共笑开颜。"其二、《阳关情思》。诗云："阳关旧迹了无垠，古董滩头沙浪新。惟有多情烽燧在，朝朝三叠诉离情。"公元 1981 年 4 月，时值"春风又绿江南岸"之际，罗哲文又第十次来到苏州考察。他经过十天的工作，对这座有"人间天堂"之誉的历史文化名城有了更为深刻的认识，故以《姑苏十唱》为题，作诗填词十首以纪其胜。其中以"望江南"为词牌写了《小桥流水》、《碧水清流》、《泽国万千河》、《园林》（图一六二）、《古塔》和《虎丘》六首，以"忆江南"为词牌写了《吴音》和《古都》，又以"虞美人"为词牌写了《灵岩怀古》，还用"七绝"的格律写了《盘门》。十首诗词中的《小桥流水》这样写道："姑苏好，流水小桥多。曲拱平梁三百八，三横四直满城坡。户户尽临河。"《吴音》则云："姑苏好，最是听吴音。昆曲歌喉拼婉转，评弹语艺尽缠绵。吹彻九重天。"《灵岩怀古》曰："灵岩山寺青青草，细雨流光照。吴山隐约下余晴。烟树迷离人散，渐黄昏。馆娃宫殿今何在，遗址几更改。年年

一六二　公元 2005 年，罗哲文题书自己的词作《姑苏十唱》之一
　　　　的《望江南·园林》。

岁岁旧情思。响屉廊声飏向，有谁知。"公元1986年5月2日，为参加历史文化名城经济与社会发展研究会，罗哲文"烟花三月下扬州"，对其独特的风景园林真有百游不倦、百看犹新之感。为此，他以"七绝"与"五绝"为体裁写了《扬州十咏》，用诗意的语言描述了古邗沟、鉴真堂、平山堂、普哈丁墓、史公祠、瘦西湖、个园、冶春园和鉴楼。上世纪80年代以来，随着三批国家历史文化名城的公布，罗哲文仿效旧时的长城"九边诗"及名城名镇十景、八景诗词，以四言八句、七律今体诗概述了一些名城的历史与胜迹。值得提及的有《名城赞之一·南京》："虎踞龙盘筑石头，六朝佳丽帝王州。风流天子空怀国，洪武雄才起宏猷。天国太平留旧迹，共和民主帝制休。长江天堑难为守，风展红旗艳九州。"《古戎州（宜宾）》："双江绕郭古戎州，万里长江江水头。三塔扶摇擎天表，两山叠嶂彩云浮。流杯池畔名篇镌，真武观前景色幽。最是中城佳览处，西南半壁大观楼。"《刺桐鲤城（泉州）》："雄州巨港越千年，双塔扶摇欲接天。九日山头观风刻，洛阳桥畔礼先贤。清源峰影浮青黛，瀛海波光捧日圆。国策长安人奋振，名城保建急扬鞭。"跨入新世纪前后，罗哲文还吟诵出云南的《临安十颂》和山西的《祁县颂》等诗作。

在上面两类诗词之间，罗哲文还有一些忆往怀旧、唱和应酬之作。公元1972年新年刚过，罗哲文从湖北咸宁干校的牛棚里回到北京，怀着欣喜的心情，写出了一首七绝："放逐牛棚别有天，向阳湖里好耕田。'五么六'事随风散，漫卷诗书奏凯旋。"公元1981年10月，罗哲文乘火车从北京到江西，路经咸宁。他拭目倚窗遥望，思绪万千，遂成七绝一首："拭目倚窗望咸宁，十年如梦事纷纷。可堪回首牛棚景，么六南冠炼此身。"来到江西景德镇，面对中国建筑学会历史与理论学术委员会全会的盛况，罗哲文特赋小词一首："群英盛会浮梁，心欢畅，读古论今研史，计兴邦。十年乱，妖氛散，物重光，但愿年年相聚，好时光。"公元2003年4月，在社会各界于天津举行的"罗哲文先生从事古建工作六十二周年、文物工作五十二周年联谊会"上，罗老为答谢大家的盛情，

还即兴赋诗一首："八十不忘学木经，喜看绝技有传人。弘扬传统
时俱进，弄斧班门日日新。"

（2）书如其人

罗哲文对书法的受好，起于幼年读私塾时先生的启蒙、青年入
营造学社时建筑制图所需和大半生从事古建筑保护时题额书联所用
（图一六三）。他的书法不拘一格，博采众长，随意洒脱，自成一
体，"书如其人"，逐步形成了字体方正清秀、笔墨飘逸爽朗的艺

一六三　公元 1985 年，罗哲文在参加全国政协的考察活动时为河
　　　　北张家口下东营小学题字。

术风格。

　　小时候的罗哲文读书甚早。他求学时正处于中国新老文化的交替时期，读过老式的私塾，也上过新式的学堂。据他后来回忆："我小学读的是那种老学，一入学就开始练字。当时就是练字、背古文，旧学校就教这个嘛。"私塾先生管教极严，授课内容主要是强调记忆的背书和用毛笔描红、临帖。这使罗哲文很小就学会了使用笔、墨、纸、砚。

　　公元1940年，罗哲文高中毕业后考入了当时在南溪李庄的中国营造学社。刚报到时，学社给他安排了一张小桌子，主要做些抄抄写写及画图的工作。先是为刘敦桢先生抄写文稿和画小插图，后来梁思成、林徽因先生看了他画的图很满意，就把他要到了身边来学习古建筑的绘图与测绘工作。这一切都离不开写一手好字。罗哲文曾经深有体会地说："我们营造学社画古建筑图，图上都要注字。图本身要有艺术性，写的字也要有艺术性。一般的图注要求用仿宋体就可以了，而营造学社的要求还要有一点书法。我吧，就练字，练出来后，要写得工工整整。"为此，罗哲文最早练的是魏碑，练《张猛龙》等，后来练隶书，写汉隶，然后把它们综合起来形成了自己书体的风格。当然，他在练字习书的过程中，颜、柳、欧、苏诸家都练，各种碑帖都写，最后练的还是王羲之手书的《兰亭序》。正是出于工作的需要，罗哲文对练习书法逐渐产生了浓厚的兴趣。

　　抗日战争胜利，中国营造学社复员回到北平，罗哲文也跟随学社合并到国立清华大学营建系。他在宁静的校园内除了继续古建筑学的深造，还热衷于摄影与书法。他后来证实自己最早的书法创作开始于清华大学："解放前那时不管教师也好，学生也好，都研究写字、篆刻，研究木版画。我是见人就学，有很多专家、学者到那里教我们。"靠着过去的扎实基础和自身的一番刻苦努力，罗哲文的书法大有长进。这一时期，他最引以为自豪的是参加了公元1949年2月至3月由国立清华大学与私立中国营造学社合设建筑研究所编的《全国重要建筑文物简目》一书的编写，并利用自己的书法特长，具体担任了全书的刻版油印工作。这本十六开、厚达二百多页的全国重要的古建筑指南，包含了营造学社多年调查研究的心血，对解放大军南下解放全中国时保护重点建筑起了不可磨灭的历史作用。书中的一笔一画都是罗哲文在短时间内精心誊写油印而成。时至今日，翻开这本散发着油墨芳香的珍贵善本，书中工整而清秀的字体仍然给人以美的感受。

新中国建立之初，罗哲文被调到文化部文物局工作。那里人才济济，群贤毕至，有很多书法造诣极高的专家学者，如郑振铎、张珩、徐邦达、启功、王世襄等。他们都在文博系统，经常在一起工作。罗哲文和启功还经常往来。由于接触这些不同风格的著名书家，彼此学习与交流，使罗哲文的书法达到了一个新的境界。当时，部局办公文都得用毛笔书写。这对担任业务秘书的罗哲文也是一个促进。书法已经成为罗哲文工作与生活不可缺少的工具。

随着全国大规模古代建筑保护与维修事业的开展，罗哲文在建国以后的半个多世纪里主要精力都放在了对全国各地重要的古代建筑的调查、测绘、保护和维修的事务之中。不过，他对书法的爱好依旧，并且找到了把保护古建与练习书法结合起来的办法。他曾经这样解释道："因为从小就学古建筑，我就从古建筑的本身来体会书法。学古建筑为什么能与书法、绘画接上关系呢？因为一是古建筑本身是这些东西的一个载体，每一座古建筑上都离不开书法，如故宫、颐和园那些匾额、楹联、碑刻等都有丰富的书法内容。即使在老百姓家里也都有对联，有书法，有绘画。古建筑本身与书画是分不开的。"他还进一步指出："可以这么说，匾额、楹联是我国古建筑的特色，外国是没有的，而且内涵丰富。古建筑是集大成者，壁画、书法、雕刻、塑像都有。""故宫里面、颐和园中，那都是皇家经典，都是很不错的。比如乾隆自己编，自己写，是很不错的，那个字还是真下功夫的。当时好多大臣也在写。民间的就更多了，如昆明大观楼天下第一长联，如成都武侯祠的著名对联等等……"正是深刻地认识与体会到古建筑与书法相辅相成的辩证关

一六四　公元1993年，罗哲文在内蒙古美岱召考察时为当地同志
　　　　题词留念。

一六五　公元1995年，罗哲文在新加坡考察时题字赠友。

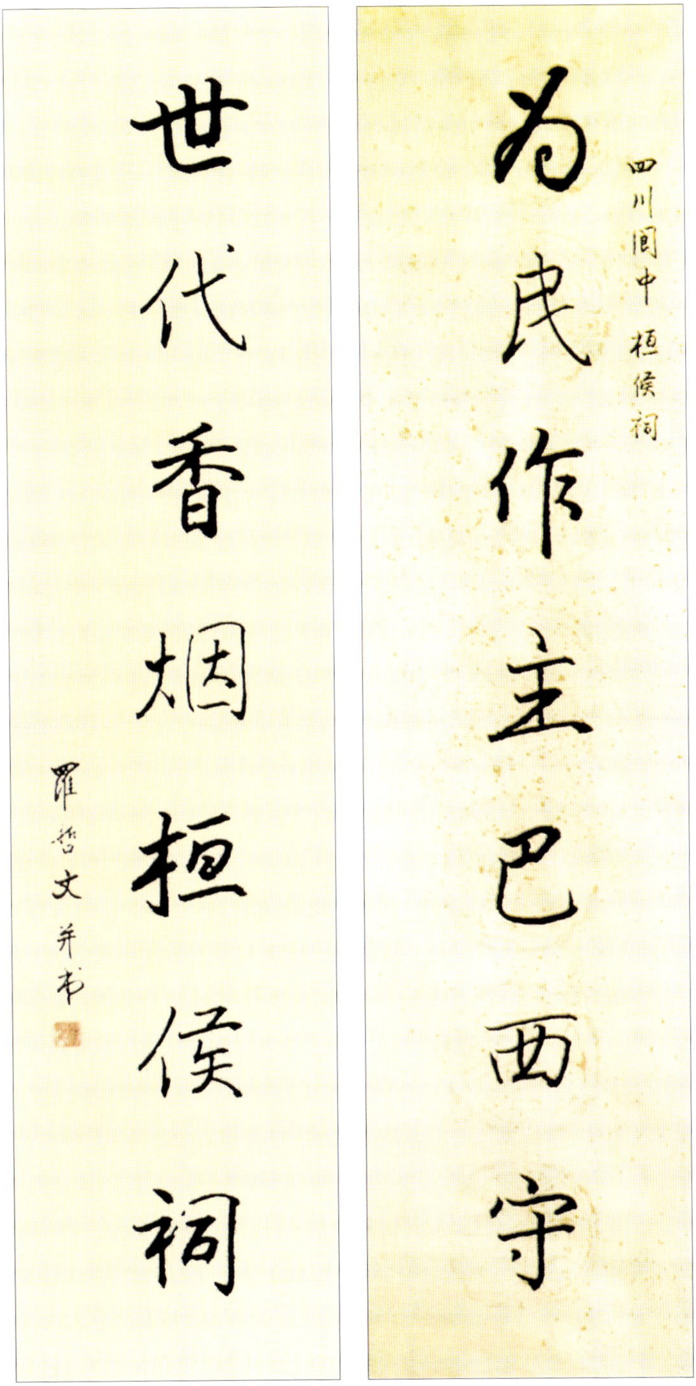

为民作主巴西守

四川阆中桓侯祠

世代香烟桓侯祠

罗哲文并书

一六六 罗哲文为四川阆中桓侯祠题写的对联

系，罗哲文才正确处理好了两者之间的矛盾与冲突。他的书法实践其实就包含在他的工作之中。几十年来，罗哲文走遍了大江南北，去的地方又大都为风景名胜，一般都需要悬挂匾额与对联。这就为他题额书联提供了广阔的舞台。罗哲文为人随和，交友甚多，不收钱财，故而求书者络绎不绝。正如他自己所说："一个名胜古迹要写个对联就找我来写，要写个匾就找我来写。有的博物馆、一处风景名胜区，他要找人题字，就找我来写（图一六四）。我不收费，找的很多，很多是朋友关系，因为我跟他们比较熟，写的也就比较多。"（图一六五）当有人向罗哲文问起他最满意的作品时，他这样说道："因为太多了，我一时想不起来。像阆中的张飞庙，张飞在那里当巴西太守。我给它编了一个对联'为民作主巴西守，世代香烟桓侯祠'。大家对此都很满意（图一六六）。我给伏羲庙写的对联是'华夏文明三始祖，淮阳伏羲第一人'。说起来，我编的多了。因为人家找我，只要有时间，我就给他编，给他写，给他帮忙。"

综上所述，罗哲文的书法艺术就是在他的奋斗历程中不断学习、不断实践、不断创新的结晶。

结　　语

　　进入新世纪以后，年逾八旬的罗哲文仍然是"烈士暮年，壮心不已"。他平常和老伴两人居住在北京市北三环安贞里小区一座六层居民楼的三室一厅里。室内没有经过多少装修，依然是方砖地面和粉刷的墙壁。看不到一位终生从事古代建筑保护与维修的大师级领军人物，对自己的住宅刻意营造的丝毫痕迹。罗老家里引人注意的便是书籍多、花卉多和登门拜访求教的客人多……正是在这书花相伴的环境中，已经登上事业巅峰、有着不平凡经历的罗哲文，身体依然硬朗，耳聪目明，头脑清晰，言行随和，待人热情，过着朴素简洁的生活。

　　当然，日常平淡的生活里偶尔也会有一些浪漫与温馨。前几年，他还特别抽出一些时间，陪着老伴到国外去游览（图一六七）。有时候，他也会逗一逗可爱的孙子（图一六八），拜访一些老友和至交（图一六九）。当然，这些闲适的时光都没有削弱罗哲文追求事业与理想的满腔热情。他知道还有许多工作正等待他去完成，需要超越的不仅是客观的种种制约，而是自身的许多局限。他没有停止读万卷书、走万里路的豪迈步伐，一如既往地著书立说、挥毫泼墨，像孩子般纯真地背着喜爱的相机，不知疲倦地奔波于中国文物保护事业需要他出现的地方。

　　公元 2003 年 6 月 23 日，快到八十高龄的罗哲文带着一支由著名学者、作家、记者和奥运冠军等组成的文化考察队伍，开始了约一个月的文化探险之旅（图一七〇）。他们一行人西出玉门关，沿着丝绸之路，艰难寻访楼兰古国等一系列历史文化遗迹，同时还穿越了被称为"死亡之海"的罗布泊沙漠，实地考察了那里的汉代长城。这次考察终于圆了罗哲文一生的梦想。他亲眼看到了上世纪初英国考古学家斯坦因记录的完全不同于长城东段砖筑长城的用沙

一六七　上世纪90年代，罗哲文夫妇在日本京都金阁寺。

砾和红柳垒筑的长城……为了这个梦想的实现，他需要冒着多么大的代价和风险啊！他是穿越罗布泊的考察队伍中年龄最大的一个。年轻的人体力尚且不济，何况他已到高龄。实际上，他是凭着对万里长城的一片赤子之情，进行着一次生命的跨越（图一七一）。

一六八　公元 1996 年，罗哲文与小孙子在一起。

一六九　公元 2003 年，郑孝燮（左）、侯仁之（中）、罗哲文（右）三位老友在一起。

一七〇　公元 2003 年，罗哲文在"丝绸之路"上的汉代古城遗址旁留影。

一七一　公元 2003 年，年近八旬的罗哲文穿越戈壁，来到人迹罕至的罗布泊湖心，体现出顽强的意志和奋斗精神。

一七二　公元 2005 年新年到来之际，罗哲文先生（居中）在"古建营造师承会"上正式宣布李瑞森（左一）、马炳坚（左二）、潘德华（右二）和孟繁兴（右一）为自己的四位入门弟子。

一七三　新世纪初年，罗哲文先生（左二）和时任外交部长的唐家璇（右二）、日本日中建筑技术交流会会长清水正夫（右一）在北京亲切会见了正在接受罗哲文古建传授的日本稻叶和也教授（右三）。

公元 2005 年 2 月，为弘扬中国古代建筑的优良传统与工艺技术，使中国古代建筑事业传承有序和后继有人，罗哲文怀着高度的历史责任感，在北京正式收授三位木匠出身、号称"三把斧头"的高级工程师李瑞森、马炳坚、潘德华以及原河北省古建筑保护研究所所长孟繁兴为入门徒弟，参加了别开生面的"古建营造师承会"（图一七二）。除了上述四位在古建筑保护与维修领域各具专长、颇有建树的弟子，罗哲文前些年对张晓雨、曹南燕、丹青等同志也进行过传承与指导。此外，罗哲文还对慕名而来的日本研究汉代建筑文化与中国民居的稻叶和也教授（图一七三）、木村敦子教授以及韩国研究中国园林的朴景子教授专门作过传授。总之，到了耄耋之年的罗哲文非常注意培养人才，通过收徒和各类培训班言传身教，开始了一场着眼于未来的接力赛。

公元 2006 年 3 月 29 日，已经八十二岁的罗哲文为参加中国首个"文化遗产日"（每年 6 月第二个星期六）纪念活动，又前往自

一七四　公元 2004 年，年逾八旬的罗哲文回到了六十多年前中国营造学社的旧址——四川省宜宾市李庄镇上坝月亮田大房子，见到了当时的老邻居。

己的家乡四川省宜宾市，以抗日战争时期中国营造学社的旧址李庄为起点，投入到"重走梁思成古建之路——四川行"的行列之中。当年，他在李庄考入中国营造学社时还是一个年仅十六岁的高中学生。正是从这里出发，开始了罗哲文一生的神圣事业。抚今追昔，罗哲文情不自禁地赋诗感言："感谢李庄，感谢李庄的时光……"踏遍神州人未老，罗哲文又回到了青少年时代扬帆起航的地方。当然，这已经不是他的事业未曾变化的原点，而是笑迎灿烂晚霞的新起点（图一七四）。

　　向前，向前，生命不息，奋斗不止……就在笔者准备为这本传记画上句号之时，通过电话得知，罗哲文先生于公元 2006 年 5 月再次踏上了考察纵横中国南北的大运河之路。一项申请将大运河列入世界文化遗产名录的使命又在召唤着他……

附　　录

（一）　自选诗词集

编者按：罗哲文喜爱作诗填词，但不是一般的吟花弄月与感时抒怀，而是"以诗为证"和"吟诗留史"。他的诗词主题紧扣其古建生涯，具有纯朴清新的纪实风格和与时俱进的时代特征。年逾八旬的罗哲文将自己多年来写成的诗词分成五部分，择其精粹，汇集成册。征得罗哲文先生的同意，特刊于此，以便读者能够从一个特殊的角度来了解他的生活经历与内心世界。

1. 古建诗词

（1）屹立神州九百年

1952 年，受郑振铎局长之命与杜仙洲等同志一起到雁北实地考察，制定修缮计划。应县木塔就是其中之一。亲临现场，为之震撼，深感中国木结构的伟大，故而成小诗一首。

> 十级巍巍穷碧落，班门弄斧入云天。
>
> 环球木构高第一，屹立神州九百年。
>
> （1952 年）

（2）赵州桥赞

> 环球第一敞肩桥，四穴平弧形制娇。
>
> 最是雕龙栏柱巧，若飞若动压浤涛。
>
> （1953 年）

（3）登银川海宝塔

> 巍巍九级接云天，肇建传称自赫连。
>
> 匠艺争夸风格异，应州大雁共争妍。

（1979 年）

（4）登银川承天寺塔

承天寺塔兴州西，八角临空着彩霓。

拾级渐高惊体重，回头下顾觉云低。

券窗洞开风拂面，凭栏极目景迷离。

云外忽看机翼影，天涯顿感近京畿。

（1979 年）

（5）独乐寺千秋吉日即兴

　　天津蓟县独乐寺是我国古建筑中的精华，为现存最早的高层楼阁、最大的寺内泥塑和最早的屋顶鸱尾，其中尤以观音阁结构冠盖群芳。1984 年 4 月 2 日，建筑、文物、文化各界同仁齐集古郡渔阳，为此巨构作千年大寿之庆。余即兴为七绝、七律各一首，以示庆贺。

独乐寺千年寿庆

千载难逢此岁更，渔阳古郡集英群。

欣逢盛会三生幸，更祝名兰寿万旬。

独乐寺观音阁赞

巍巍高阁耸渔阳，独乐声名震朔方。

构架双槽撑护绕，斜虹井口力分当。

重檐远出斯飞翚，斗栱梁枋精审量。

地动山摇何所惧，千年不损胜金刚。

（1984 年）

（6）访炎帝陵两首

　　1992 年 11 月 23 日至 24 日，为申报全国重点文物保护单位之事，前往湖南酃县考察炎帝陵。最后写出了推荐意见，认为炎帝、黄帝不可分，黄帝陵已列入国宝，炎帝陵也应列入。

（一）

炎黄皆始祖，南北启人文。

子孙同敬仰，世代结同心。

（二）

中华医道扬中外，洙水流恩万里长。

炎帝遗辉传本草，子孙沐泽永难忘。

（1992 年）

（7）再访包头美岱召三咏

1997 年 7 月，正当内蒙古自治区成立五十周年庆典之际，有幸再次访问了在民族团结友好史上有着重要意义的古建筑群——美岱召，即兴成七绝三首以赞之。

（一）

成祖迁都自戍边，长城万里布烽烟。

何如互市通商好，鸣镝无声四十年。

（二）

雉堞高墙望入云，大明金国两相辉。

阿拉坦汗三娘子，一体多元立颂碑。

（三）

北国南天两丽人，和亲互市建奇勋。

岱召青冢埋香骨，佳话相传越古今。

（1997 年）

（8）访包头五当召

五当沟顶涌清流，沟口重岗列巨楼。

三府禅房逐级起，六宫佛阁沿山修。

庄严殿内毡包柱，闪灼楼头金饰镏。

牧女天鹰何处去，阴山藏庙两悠悠。

（90 年代）

（9）雷锋再染夕阳红

雷锋塔倒塌多年，失去了西湖南山一处佳景。时隔二十年，政通人和，百废俱兴，杭城将实现重兴雷锋塔之事，并邀我参加盛会，不胜之喜。故录旧作一首，以为祝贺。

西湖风景拂春风，喜听南屏又晚钟。

待到浮图重崛起，雷锋再染夕阳红。

（2000 年）

（10）访永定土楼赞六首

2000 年 9 月，为促成土楼申报世界遗产之事，前往福建龙岩永定县考察独具特色的客家土楼。途中，因受土楼历史文化与建筑艺术的感染，成小诗数首以赞之，并以此记行。

田螺坑土楼赞

田螺坑畔土楼家，雾散云开映彩霞。

俯视宛如花一朵，旁看神似布达拉。

或云宇外飞来碟，亦说鲁班墨斗花。

似此楼形世罕有，环球建苑出奇葩。

闽西南北土楼家

中原逐鹿竞风华，四海南奔自永嘉。

民族交融看物证，闽西南北土楼家。

诗书耕读客家人

山青水清树青青，楼屋相依一脉情。

聚族而居传教化，诗书耕读客家人。

土楼结构夺天工

土楼结构夺天工，厚壁高墙御寇穷。

聚族齐心团结紧，攻防设备壮心雄。

无限风光扑面来

步步相携望景台，方圆楼顶似花开。

溪村错落梯田绕，无限风光扑面来。

方圆楼屋独奇葩

青山清水客人家，诗礼书香润物华。

北地南天同一脉，方圆楼屋独奇葩。

（2000 年）

（11） 北京故宫建福宫花园重建延春阁上梁祝辞

建福宫花园是明、清故宫中具有高度历史、艺术价值的皇家花园，不幸焚毁于 1923 年。2001 年 4 月，建福宫花园复建的中心建筑延春阁主体木构架如期封顶，并举行了上梁仪式。欣逢盛世，政通人和，如此重大的文物复建工程，不能无文以记之，乃略记其始末，并为祝辞。

建福精构，御苑煌煌。

华堂丽屋，稀世珍藏。

遽遭祝厄，殿阁罹殃。

霎时焦土，玉石俱亡。

百年残址，行将沦丧。

欣逢盛世，纲目同张。

士人学子，协力齐倡。

输资献智，再造辉煌。

鸠工遴材，斧凿铿锵。

上梁之日，共献华章。

大安大吉，钟鸣鼓响。

书以记盛，万世流芳。

（2001 年）

2. 长城诗词

（1） 两关情思

1963 年 6 月，在赴敦煌文物研究所讲学期间，前往玉门关、阳关考察。当时，这里是一片戈壁沙漠，人迹罕至。初次见到丝绸之路上的要道雄关和《折杨柳枝》、《阳关三叠》等诗歌中的原址，怀古思绪油然而生，故成五古和七绝各一首以记之。

玉门关怀古

汉武重西陲，四郡设河西。

两关凭险筑，断彼匈奴臂。

大道连西域，商贾来络绎。

煌煌汉武功，青史永昭立。

巍巍玉门关，屹立两千年。

烽台连朔野，障塞远绵连。

长墙柳苇固，关城夯土坚。

我来玉门下，览此古关垣。

伫立生遐想，雄关几经年。

沧桑几移换，人世几迁变。

当年征战士，壮志已云烟。

如今四海一，歌舞有于阗。

春风关不住，吹彻玉门间。

守关人若在，当共笑开颜。

阳关情思

阳关旧迹了无垠，古董滩头沙浪新。

惟有多情烽燧在，朝朝三叠诉离情。

（1963 年）

（2）山海关长城赞三首

　　1978 年 8 月，考察了山海关附近的许多长城遗址和文物古迹，对山海关长城又有了进一步认识，故成小诗三首。

登山海关东门城楼

明祖雄图拒鞑顽，长城万里布烽烟。

燕山北枕设重险，渤海南濒浪接天。

突兀墩台逐岭转，连云雄堞随峰翻。

幽燕险固凭何峙，蓟镇东来第一关。

山海关老龙头

长龙拔地起临洮，越过群山万里遥。
直下燕山连险塞，飞奔宁海逐惊涛。
环球众说称奇迹，宇宙航观见峻标。
秦皇明祖今安在，唯有民功永不凋。

长城抒怀

三十余年蓄意豪，几从东海过临洮。
累登九镇三关险，踏遍长城万里遥。

（1978 年）

（3）登银川贺兰山三关口怀古

长城倚险筑三关，铁马长车踏贺兰。
壮志未酬少保逝，节心既遂子卿还。
两般恩怨千秋怨，一样名传万古传。
千古英雄俱往矣，斜阳依旧照关山。

（1979 年）

（4）过榆林

榆林古塞濒朔漠，万里长城绕北坡。
日午炎阳蒸戍卒，夜深寒月冷铃驼。
羽书飞渡劳亭吏，烽火连天断牧歌。
而今遍植垂杨树，瀚海无沙翻绿波。

（1979 年）

（5）过扶苏台、蒙恬墓

十年征战戍雕阴，烽燧无烟马绝尘。
太子孤忠心一片，将军忧愤气难平。
咸阳日晚传矫诏，无定河边双冢新。
从此江山沉帝业，揭竿风起伐嬴秦。

（1979 年）

（6）扶苏台

断瓦残砖胜迹留，浮云万里气横秋。

长城故垒今仍在，太子蒙公怨可休。

（1979 年）

（7）长城赞

上联：

起春秋、历秦汉、及辽金、迄元明，上下两千多年。有多少将帅元戎、戍卒吏丞、百工黔首，费尽移山心力，修筑此伟大工程。坚强毅力、聪明智慧、血汗辛勤，为中华留下丰碑国宝。

下联：

跨峻岭、穿草原、横瀚海、经绝壁，纵横十万余里。望不断长龙雉堞、雄关隘口、亭障烽堠，有如玉带明珠，点缀成江山绣锦。起伏奔腾、飞舞盘旋、月宫遥见，给世界增添壮丽奇观。

（1980 年）

（8）嘉峪关十唱

嘉峪关为明代长城西端的重要关口，现关城、关楼、角台、角楼、敌台仍保存完整，被称为"天下第一雄关"。1981 年 8 月，再登关城，复寻墩堡烽台遗址。巍巍雄关，皑皑祁连，景色迷人，引成十唱。

望江南

嘉峪关，雉堞耸层楼。

坐断河西无限险，山河百二拱皇畴。

雄镇设甘州。

望江南

嘉峪关，迎敌正当头。

前哨森严卫肃州，两山夹峙阻平畴。

孙武渡难偷。

望江南

嘉峪关，雄险画皆难。
墩堡遥遥相互望，长墙道道连关山。
猿臂也难攀。

忆江南

嘉峪关，内外三重圈。
东筑罗城添里应，中心关口设重垣。
险固在西关。

归塞北

嘉峪关，活水有峪泉。
日夜悠悠流不断，雄关赖以有生源。
戍马闹声喧。

归塞北

嘉峪关，美景望祁连。
积雪长留峰素裹，浮云飘忽去无边。
云雪抹蓝天。

归塞北

嘉峪关，规划尽周完。
巧匠精心勤运算，良工用料不严宽。
只剩一头砖。

归塞北

嘉峪关，启闭最遵章。
晚至旅人空惆怅，迟归飞鸟极心伤。
饮恨向高墙。

南乡子

何处设烽烟，天下雄关傍祁连。

前哨墩山头、三、五、山巅，烽火红霞照满天。

丝路此喉咽，万里通途一线连。

西域远人汉家使，声喧，嘉峪山前舞月圆。

七绝

嘉峪山前起堞城，墙台高峙气萧森。

雄关天下今谁主？游客登楼话古今。

（1981 年）

（9）居庸四咏

1984 年 7 月，我参加了"爱我中华，修我长城"社会赞助修长城的开工典礼。此次活动使长城的维修又开创了新的局面，修缮范围增大，令人兴奋。对此，不能无辞以记之，因成七绝一首，并重录三十二年前的旧作三首，以志不忘。

居庸飞渡

三十余年岁月驰，巨龙腾舞焕新姿。

轻车飞渡居庸道，不似骑驴上岭时。

四上居庸道

断垒颓垣古戍残，夕阳如火照燕山。

今朝四上居庸道，为使长龙复旧观。

北门天险

千峰叠翠拥居庸，山北山南处处烽。

锁钥北门天设险，壮哉峻岭走长龙。

明成谋略

关沟百里接神京，高筑墩墙捍帝城。

天子临边谋略远，史家共语赞明成。

（1984 年）

（10）重登小平安

借得东风出蓟城，小平安岭又重登。

漫山万树梨花雪，喜见长龙正复兴。

（1985 年）

（11）黄崖关

黄崖绝壁势冲天，巨险重关绕蓟垣。

西接祁连东越海，长城万里此关连。

（1985 年）

（12）登居庸关长城最高顶

　　居庸关长城修复后，城楼、墩台高耸云天，与著名的燕京八景"居庸叠翠"相辉映，使这一天险雄关恢复了原貌。登其高顶，千峰叠翠，楼台分峙，极为壮观。有感赋小词一首。

点绛唇

高缈楼亭，笑谈把酒千峰上。

游人同享，叠翠腾烟浪。

耄耋情怀，犹发天涯想。

休惆怅，登城环望，

好景争先赏。

（1999 年）

3. 历史名城诗词

（1）姑苏十唱

望江南（小桥流水）

姑苏好，流水小桥多。

曲拱平梁三百八，三横四直满城坡。

户户尽临河。

望江南（碧水清流）

姑苏好，遍地泛清流。

七里山塘波影荡，满城碧水映朱楼。

双桨动兰舟。

望江南（泽国万千河）

姑苏好，泽国万千河。

东去大江浮素练，千湖万泊似星罗。

浩渺太湖波。

望江南（园林）

姑苏好，天下甲园林。

叠石漏窗频换景，池廊亭榭逐幽深。

花树四时春。

望江南（古塔）

姑苏好，宝塔出云霄。

平座飞檐穷碧落，相轮华盖竞天标。

据险互争高。

望江南（虎丘）

姑苏好，海涌虎丘高。

古刹云岩增胜迹，山庄拥翠暗香飘。

塔影微波摇。

忆江南（吴音）

姑苏好，最是听吴音。

昆曲歌喉拼婉转，评弹语艺尽缠绵。

吹彻九重天。

忆江南（古都）

姑苏好，历史远绵长。

创国吴王开伟业，汉唐吴宋继铺张。

代代续华章。

虞美人（灵岩怀古）

灵岩山寺青青草，细雨流光照。

吴山隐约下余晴。

烟树迷离人散，渐黄昏。

馆娃宫殿今何在，遗址几更改。

年年岁岁旧情思。

响屧廊声飚向，有谁知。

七绝（盘门）

蟠龙水陆两争辉，雕木曾思愗越人。

往事纷纷随逝水，风流景物看而今。

（1981 年）

（2）西安

自古长安气势宏，秦川八百映华峰。

周人东进丰镐定，嬴政雄才扫六雄。

汉武丰功联西域，唐宗霸业绝西东。

明藩城郭楼高峙，历史名都文物丰。

（1983 年）

（3）承德

冲天石挺树崇标，武热双河掩碧瑶。

澹泊敬诚筹国策，山庄苑囿艺风高。

远人来向由敷政，八庙巍峨见圣朝。

建筑精华称国宝，园林文物共彰昭。

（1983 年）

（4）扬州十咏

扬州走

不为升官不要钱，也不骑鹤做神仙。

但愿常到扬州走，瘦西湖里漫留连。

古邗沟

吴王霸业久成空，夕照邗江一抹红。

千古兴亡多少事，繁华梦散太匆匆。

鉴真堂

谆于往事忆当年，东渡传经意志坚。

蓬海招提留胜迹，扶桑风月共同天。

平山堂

文章太守旧游踪，杨柳春风唱几重。

万字千钟传豪兴，平山堂里忆欧公。

普哈丁墓

一纸遗书烦郡守，运河东岸土冈头。

天方矩矱人称颂，风月同天结友俦。

史公祠

阁部英名在，崇祠建墓旁。

江山增浩气，梅岭土生香。

瘦西湖

保障销金旧迹残，前朝遗迹说斑斑。

何时再植长堤柳，一路楼台到蜀山。

个园

个字名园画意浓，四时山色有无中。
香飘桂子盈厅榭，曲径楼台上下通。

冶春园

绘阁香廊半水中，冶春园景展奇容。
尘嚣咫尺垂杨外，映水栏杆上下红。

鉴楼

旧事龙舟话不休，江都宫殿迹无留。
南山竹罄难书罪，昔日迷楼今鉴楼。

（1986 年）

（5）兴州三咏

宁远怀古

纷纷往事话前朝，宁远烽烟怨未消。
天意有心扶满室，红衣高垒也徒劳。

颠倒是非坊

忠臣枉死筑沉冤，降将名标坊表前。
颠倒是非竟如此，崇祯不灭岂容天。

兴城赞

高墙杰阁壮辽西，雉堞连云景物迷。
面海依山形胜好，古城风貌日新绮。

（80 年代）

（6）临安十颂

悠久历史的文化名城

往事悠悠谈惠厕，崇文重学话临安。
滇南邹鲁夸华夏，文献名邦世代传。

元代文庙

革囊飞跨统中华，尚武崇文立国家。
创庙弘儒兴教化，年逾七百发新花。

朝阳楼

巍巍百尺出长空，雄踞滇南建水头。
飞彩流云干北斗，古今同赞此高楼。

双龙桥

泸江塌水锁双龙，十七连环不朽工。
三座桥亭穷碧落，超群技艺冠寰中。

天缘桥

盘旋宛转似游龙，耸背腾身欲入空。
借问桥形何故此，弯坡低度利行通。

文笔塔

精工巧构擎天表，文笔为名形态殊。
不似浮图胜浮图，中华宝塔古今无。

燕洞奇观

双飞比翼去家园，阅尽繁华世大千。
王谢华堂均不念，共回仙洞庆团圆。

访杨升庵旧迹

太史巷前寻旧踪，临安别驾迹还留。
二面荷花四边柳，湖水禅林两悠悠。

纳娄司署

纳娄司署踞高岗，俯览红河红水长。

封建而今随逝水，但留形胜壮南疆。

祝建水腾飞

临安古郡重南滇，文采风流聚众贤。

历史名城今胜昔，奋飞阔步急扬鞭。

（1991 年）

（7）周庄好三首

望江南

周庄好，历史源流长。

吴、汉摇城开古韵，宋元明清续华章。

此日更辉煌。

望江南

周庄好，南国水乡情。

黛瓦粉墙楼栉比，小桥垂柳绿荫荫。

美景醉游人。

望江南

周庄好，三月艳阳天。

南北歌喉拼婉转，华洋演艺互争妍。

老少喜开颜。

（1998 年）

4. 风景名胜诗词

（1）黄山四咏

1979 年 9 月，我在杭州参加了第一次全国风景名胜工作讨论会后，乘会议组织登黄山之便，作首次黄山之游。我虽然从事文物古迹工作三十余年，但因此山主要以自然风光为主，故久慕盛名而未得一游。今宿顾以赏，幸何如之。更为有幸者，以三日之游，正值天降甘霖，时而大雨倾盆，时而微雨霏霏。黄山峰峦，时隐时现，宛如仙境。除见机摄取一些照片之外，并偶成数韵以记行程。

雨过天都

雨里黄山景最殊，披云拨雾过天都。

珠帘万道频频卷，雪浪千重缓缓舒。

怪石奇峰时隐显，青松古柏有忽无。

人间仙境何处有，乘兴游观仙不如。

蓬莱三岛

潮涨潮衰年复年，祖龙跨海未逢仙。

何如一上黄山好，步入蓬瀛一线天。

梦笔生花

谁舒玉臂撒天花，飞落黄山北海涯。

一枕南柯清梦觉，谪仙豪笔发光华。

始信峰

望仙台上望仙桥，始信峰前景最娇。

独有金猴先捷足，朝朝暮暮坐观潮。

（1979 年）

（2）登高看天池

浮空天镜降重霄，装点山河景更娇。

光照银峰千仞雪，波摇金影万松涛。

层岗叠彩花添锦，巨石擎空望欲摇。

西部风光无限好，瑶池仙境分外娇。

（1981 年）

（3）黄果树瀑布奇观

黄果树前百丈渊，灵犀飞去不知年。

捣珠击浪飘神雨，崩玉纷流挂雪帘。

素练高悬千仞壁，银河倒泻九重天。

但留此景常观看，不慕禅林不羡仙。

（1982 年）

（4）四川乐山凌云寺大佛

凌云山寺郁葱葱，步入棱鸾路几重。

弥勒七么开绝壁，危梯九转步苍穹。

三江合注回东海，一塔扶摇耸碧空。

佛祖尊容何处最，嘉州大佛冠寰中。

（1982 年）

（5）游千山名胜两首

1983 年，风景园林会在辽宁千山召开。会议期间同游了千山名胜。特别难忘的是日出之前登上山顶，观赏到彤彤旭日升起。为记此行成小诗数首，今仅记其一、二。

千山观日出夜登五佛顶

不记葱茏路几盘，暗随人影渡千湾。

飞身急步临高顶，坐看飞腾火一团。

千山龙泉寺振衣冈

振衣冈上忆唐宗，环顾千山岭万重。

壮志当年临渤海，丰功此日记辽东。

齐夸贞观开元治，共赞书文御射功。

华夏山河传一统，秦皇汉武并称雄。

（1983 年）

（6）泰山十颂

回顾三十多年来，因文物、古建筑、风景名胜及旅游诸事过泰山数十次矣！登泰山亦十有二次矣！巍巍泰山雄峙祖国大地的东方，为中华古老文明荟萃之境。天公造就、人力经营融为一体，诚我中华与世界人类不朽之财富也。能不歌之颂之。因草为十咏以记所游，以志不忘。

岱庙

三阙门开殿宇深，墙高胜似紫禁城。
帝王稽首登阶拜，五岳推崇此独尊。

关帝庙

高低错落布楼台，关帝宫迎岱岳开。
绝景盘龙称汉柏，葱葱郁郁壮天阶。

孔子登临处

喟然回顾泰山高，登彼丘陵入望遥。
世代红门留圣迹，夫子名标学子笑。

天阶

登临坊过石坊连，卵石平铺版石间。
巧构门楼精置景，红门宫里步天阶。

斗母宫

斗母宫前景入幽，高溪漫下泻飞流。
山林寂静弯弯路，殿阁间云两悠悠。

中天门望岳顶

远看高山十八盘，中天门上望天关。
双峰夹峙疑仙阁，东岳巍然一大观。

五大夫松

亭亭冠盖郁葱葱，闻说当年护祖龙。
佳话纷纷传世代，大夫松誉贯寰中。

南天门

南天门上望蓝天，俯视高梯十八盘。
仰首神游天界外，回首碧海逐波澜。

无字碑

丰碑无字摩苍穹，汉武秦皇愧记功。
屹立巍巍传万代，永标岱顶镇长空。

极顶石上

极峰顶石磨蓝天，纵目周张四望旋。
渺渺齐州烟九点，茫茫鲁地路三千。
中华史迹渊源远，泰岱峥嵘五岳先。
十亿鲲鹏同展翅，何必封禅告上仙。

（1988 年）

（7）再游楠溪江三首

1999 年 6 月 13 日至 16 日，为参加中国城市经济学会等举办的中国古村落发展研讨会再游楠溪江。参观古村，泛竹清流，攀登涉险，其乐无穷。因成数韵以记之。

山水青清

山青青连水清清，山水青清画里行。
一步一移频换景，高山流水待知音。

望江南

楠江好，景色最清幽。
近水远山相对语，竹排顺水任漂流。
谈笑意悠悠。

望江南

楠江好，千载继村情。
八斗七星倚古韵，文房四宝育群英。
世代出才人。

5. 其他诗词

（1）游酒泉、登肃州鼓楼有感特撰此联

上联：

八百里外阳关，似在眼前。看那边，玉砌银雕皑皑祁连。起伏奔腾叠嶂重峦红装素裹无比娇艳。更有那晚霞浓抹嘉峪关，给中华大地添风采。这般壮丽河山，招徕远人游子，众口同夸酒泉好。

下联：

两千年前往事，忆上心头。想当年，金戈铁马翩翩将首。少年英俊风华正茂捷奏河西气宇轩猷。谈笑间美酒倾杯碧玉流，与十万健儿同饮唱。如此高风统帅，赢得兵民嘉尚，无人不赞霍将军。

（1982 年）

（2）广州国民党一大会址

共济和衷二五年，同商国事静狼烟。

振兴中华看指日，钟声响彻九重天。

（1984 年）

（3）广东海丰红宫红场

突变风云二七年，征途遇厄势危悬。

工农赤卫开新政，万竿红旗舞穗天。

（1984 年）

（4）咏仙游寺诗

（一）

吹箫引凤传千年，仙渡长桥几渡仙。

最是寺中隋塔好，巍巍七级接云天。

（二）

赋罢刘麦咏龙潭，吟成长恨恨绵绵。

多情唯有黑河水，依旧潺潺忆乐天。

（1997 年）

（5）喜庆澳门回归对联

上联：

四百年辛酸历史，今朝都成往事。

下联：

三千顷锦绣濠江，来日更铸辉煌。

（1999 年）

（6）谒沈从文墓地

2000 年 4 月末，考察湘西凤凰古城时，专门参观了良师沈从文先生的故居和墓地。

良师益友忘年交，犹忆端门话早朝。

一束鲜花呈墓表，香风吹送九重霄。

（2000 年）

（7）千禧龙年喜迎春

欣闻新意祝华封，千禧龙年瑞气浓。

文博宏图传喜讯，欢声笑语乐融融。

（2001 年）

（二） 生 平 简 表

1924 年　罗哲文出生于四川宜宾城内的林家巷。父亲罗树培早年务农，"辛亥革命"前夕参加四川声势浩大的保路运动，民国建立以后从军，退伍后在宜宾城内的衙门当差。母亲杨氏是宜宾城内一家杂货铺老板的女儿。1920 年，杨氏 20 岁时嫁给了比她大 10 岁的罗树培。

1926 年　罗树培利用多年的积蓄，在宜宾西北约 100 多公里的柳家镇余家坳买了十余亩田地，举家搬到了这个已经靠近乐山的偏僻的山村，开始了农耕生活。

1927 年　罗哲文刚满 3 岁就上了村里的私塾，开始启蒙读书，接受传统教育。

1929 年　罗哲文 5 岁时进入了村里的"新式学堂"，接受新旧课程兼备的小学教育。

1935 年　罗哲文离开山村，重新回到宜宾城内，顺利考入设立在滇南会馆内的立达中学，开始了他的初中时光。

1937 年　抗日战争爆发，全民抗战开始。年少的罗哲文开始在动荡的岁月里求学。

1938 年　罗哲文如愿以偿地考上了位于宜宾城内柏树溪的外江中学（也就是原来的立达中学），继续他的高中学业。

1940 年　这是罗哲文的人生发生重大转折的一年。他高中肄业后，通过一次偶然的求职，顺利考入刚刚南迁到宜宾附近南溪县李庄镇的中国营造学社，开始了至今仍在从事的中国古代建筑的神圣事业。

1942 年　罗哲文与刚从中央大学建筑系毕业的卢绳合作测绘了李庄附近的明代建筑旋螺殿。这是罗哲文的第一次古建筑实测习作。此项成果后来由卢绳撰文、罗哲文绘图，发表在《中国营造学社汇刊》七卷二期。

1944 年　夏天，罗哲文跟随梁思成先生乘船前往重庆，进行了一个多月的极端保密的绘图工作。具体来说就是在五万分之一的军用地图上标出盟军轰炸时需要特别保护的敌占区地面文物。据后来证实，他们的这项工作对保护日本古都奈良、京都起了至关重要的作用。

1946 年　夏、秋之交，罗哲文与莫宗江、刘致平一家押运中国营造学社的资料与仪器离开李庄，顺江而下，经过重庆，到达南京。年末，罗哲文一行从上海乘船出发，经过五天五夜的风浪，顺利抵达天津港口，然后转乘火车到达古都北平。罗哲文被正式编制到国立清华大学营建系办公室，具体担任系主任的助理。不久，罗哲文看病时结识了校医务室的杨静华。她比罗哲文小 3 岁。两人很快有了好感，并成为知音。

1948 年　秋天，罗哲文受恩师林徽因的指派，坐车、骑驴和步行交替使用，耗费了好几天的时间，单身完成了对八达岭和古北口长城的初探工作。这成为他后来与长城结下不解之缘的一个起点。

1949 年　1 月，罗哲文参加了梁思成先生主持的《全国重要建筑文物简目》一书的编写工作，还具体担任了刻版油印任务。此书对解放大军南下全国时保护珍贵建筑起了重大作用。随后不久，为迎接新中国的诞生，罗哲文与清华大学营建系的同仁一道，参加了国旗、国徽图案的征选活动。他设计的国旗图案获得了第二名。

1950 年　岁末，罗哲文从清华大学营建系调到文化部文物局任业务秘书，专门从事全国古建筑调查研究和保护维修的管理工作。

1951 年　罗哲文在北京从事寺庙调查，成功筹办了《伟大祖国建筑展览》。

1952 年　随着大规模国民经济建设的开始，罗哲文忘我地工作在古建筑保护与维修的第一线。他相继主持和参加了河北昌平居庸关与察哈尔八达岭长城、辽西山海关长城、辽宁沈阳故宫大清门、吉林农安塔、山西朔县崇福寺、广州光孝寺等重要古建筑的考察与维修方案的制定，另外还协助把河北赵州桥与隆兴寺、山西晋祠与善化寺列入到维修规划。除此之外，他还到在北京大学举办的"考古工作人员训练班"讲授古建筑专业课，协助申请到了每年固定的文物保护维修专款。值得提及的是，28 岁的罗哲文还与刚从大连卫生专科学校毕业归来的杨静华喜结良缘，组成了幸福的家庭。

1953 年　8 月，罗哲文参加了北京市政府召开的
　　　　"关于首都文物建筑保护问题座谈会"。
　　　　面对新旧建筑的尖锐矛盾，罗哲文开始
　　　　为保护古代建筑奔走呼吁。他先后在
　　　　《文物参考资料》第 3 期与第 10 期发表
　　　　了《雁北古建筑的勘查》和《苏联建筑
　　　　文物的保护、研究和宣传普及问题》两
　　　　篇文章。

1954 年　罗哲文协助郑振铎、梁思成等专家学者
　　　　共同呼吁，最后得到周恩来总理的支持，
　　　　保住了面临拆毁的北海团城。同时，他
　　　　还接受文物局局长郑振铎的指派，参加
　　　　了文化部与北京市人民政府联合组成的
　　　　牌楼调查组，为搬迁与保护提供了图文
　　　　资料和具体方案。

1955 年　罗哲文根据当时苏联的有关资料编译了
　　　　《苏联建筑纪念物的保护》一文，发表
　　　　在《文物参考资料》第 7 期。

1956 年　6 月，罗哲文遵照周恩来总理的指示，陪
　　　　同郑振铎、梁思成先生考察了明十三陵
　　　　长陵棱恩殿雷击的现场，归来后又及时
　　　　向周总理作了专题报告，通过国务院的
　　　　名义向全国发出了在重要古建筑上面安
　　　　装避雷针的通知。同年，罗哲文陪同捷
　　　　克斯洛伐克著名摄影师富尔曼兄弟一行
　　　　在中国各地进行了参观与访问。罗哲文
　　　　与陈滋德、余鸣谦合作完成了《赵州大
　　　　石桥石栏的发现及修复的初步意见》一
　　　　文，借此将历次考察的结果及各种修复

方案发表在《文物参考资料》第 3 期。他还在此刊第 4 期、第 5 期发表了《太原龙山、蒙山的几处石窟和建筑》和《谈文物古迹的普查工作》两篇文章。为宣传、介绍长城，他编著的国内第一本有关长城的图书《万里长城·居庸关·八达岭》由正在筹建的文物出版社公开出版发行。

1957 年　9 月至 11 月，罗哲文参加了文物局第一次派出的文物专家出国考察团，前往捷克斯洛伐克进行了为期八周的访问。

1958 年　他与武伯纶同志合作撰写了《论捷克斯洛伐克的文物保护工作》一文，并很快发表在《文物》第 7 期。

1959 年　罗哲文在总结建国以来地面文物遗存保护经验的基础上，在《文物》第 11 期发表了《关于发挥文物保护单位作用的几点意见》一文。

1960 年　罗哲文在对天津市艺术博物馆收藏的宋代龙舟图进行深入考证后，在《文物》第 7 期发表了《一幅宋代宫苑建筑写实画——金明池争标图》一文，展示了卓越的研究才能。

1961 年　罗哲文对山东历城孝里铺孝堂山的两间东汉石祠和室内保存的画像石作了草测、摄影和记录，据此写了《孝堂山郭氏墓石祠》一文发表在《文物》第 4、5 期合刊本。

1962 年　罗哲文在《文物》第 10 期发表了《元代"运筏图"考》一文。同年，他又为中华

　　　　　书局编辑的"中国历史小丛书"编写了
　　　　　《长城史话》一书，通俗易懂地回答了有
　　　　　关长城的一系列问题。

1963 年　6月，罗哲文参加了在西安市召开的全国
　　　　　文物保护单位的"四有"工作经验交流
　　　　　会。会后，他与南京博物院院长曾昭燏、
　　　　　陕西省博物馆馆长武伯纶前往甘肃敦煌
　　　　　讲学，并对"丝绸之路"的要道雄关及
　　　　　长城遗存作了学术考察。

1964 年　罗哲文把有关资料整理成《临洮长城、敦
　　　　　煌玉门关、酒泉嘉峪关勘查简记》一文
　　　　　发表在《文物》第 6 期，展示了他对长
　　　　　城研究的持久关注。7月，他有机会再次
　　　　　到山西省五台山佛光寺，遇雨被阻于寺
　　　　　内数日，对该寺唐代木构大殿进行了比
　　　　　较仔细地观察。

1965 年　罗哲文据考查所得，在《文物》第 4 期发
　　　　　表了《山西五台山佛光寺大殿发现唐、
　　　　　五代的题记和唐代壁画》一文。

1966 年　5月，"文化大革命"运动开始。罗哲文
　　　　　除了力保革命老前辈，还不忘自己作为
　　　　　文物工作者的天职。其中比较突出的事
　　　　　例有跟局里的同事一道，上书周恩来总
　　　　　理，在当时大破"四旧"的环境里保护
　　　　　了北京建国门古观象台和甘肃永靖县炳
　　　　　灵寺石窟。正因为如此，罗哲文没有逃
　　　　　过"革命"运动的冲击，被戴上了"黑
　　　　　线人物"、"双枪老太婆的儿子"和"土
　　　　　匪"的帽子。

1969 年　罗哲文被下放到湖北咸宁文化部系统的

　　　　"五七干校"劳动改造。他在那里被带
　　　　上"五一六"反革命分子的帽子，受到
　　　　批斗和隔离审查。他在那里度过了三年
　　　　炼狱般的难忘岁月。

1972年　新年，罗哲文被破例允许返京探亲。他
　　　　经过多方打听，鼓足勇气去到北京医院，
　　　　看望了已经病重的梁思成先生。两人欢
　　　　聚畅谈，不料竟成永别！新年过后，罗
　　　　哲文返回咸宁。当他被通知调回北京，
　　　　重新到文物系统工作时，梁思成先生已
　　　　经病逝。罗哲文回京后的第一项重要工
　　　　作就是立刻前往湖南长沙，参加马王堆
　　　　一、二、三号汉墓发掘的拍摄工作。

1973年　为了接待法国总统蓬皮杜访华期间到山
　　　　西大同云冈石窟参观，罗哲文三次陪同
　　　　当时国务院图博口负责人王冶秋同志去
　　　　山西大同、五台山、应县等地安排相关
　　　　事宜。8月，为纪念中日邦交正常化一
　　　　周年，罗哲文随中国出土文物展览代表
　　　　团访问了日本。9月，周恩来总理陪同
　　　　蓬皮杜总统顺利参观了云冈石窟。

1974年　罗哲文将前不久协助内蒙古文物工作队
　　　　发掘和林格尔汉墓时的一些感想整理成
　　　　《和林格尔汉墓壁画中所见的一些古建
　　　　筑》一文，发表在《文物》第1期。

1975年　罗哲文随中国文物展览代表团访问了澳
　　　　大利亚。

1976年　7月28日，唐山发生强烈地震，同时还
　　　　波及到京、津地区。罗哲文临危受命，
　　　　参加了"京津唐地震小组"，勘察古建筑

的受损情况。10 月，罗哲文以最快的速度撰写了《谈独乐寺观音阁建筑的抗震性能问题》一文，并迅速发表在《文物》第 10 期。

1977 年 4月，面临地震后山海关箭楼的残状，国家文物局再次拨款来加固修复。罗哲文作为古城修复评审组的领导，又一次来到山海关。8 月，他在《文物》第 8 期发表了《万里长城》一文，率先在刚刚冲破极"左"思潮禁锢的学术界提出了"长城学"的新课题。

1978 年 中国共产党十一届三中全会召开，我国进入改革、开放的新时期。罗哲文作为国家文物局文物处的副处长，陪同全国政协委员萨空了、王首道和一些专家学者对承德、洛阳等地的文物保护情况进行了专门考察。

1979 年 7月，国家文物局在内蒙古自治区呼和浩特市召开了长城保护研究座谈会。与会的四十余位代表一致响应罗哲文的倡议，要求建立全国性的长城研究机构。

1980 年 罗哲文在《建筑历史与理论》第 1 期、第 2 期上分别发表了《为什么要保护古建筑》、《哪些古建筑需要保护》两篇文章。同年，他兼任国家文物局文物档案资料室主任。

1981 年 罗哲文在《文物通讯》第 2 期发表了《如何保护古建筑》一文。12 月 28 日，全国政协委员郑孝燮、单士元、侯仁之等把创建历史文化名城的建议书上报国务院。

同年，罗哲文赴甘肃酒泉嘉峪关长城考察，并指导开始嘉峪关长城的修复工程，历时五年多完成。

1982 年　2 月 8 日，党中央、国务院批准创建历史文化名城的建议书，并责成罗哲文、郑孝燮等人一起经办这件事。罗哲文很快起草好了建立和保护历史文化名城的文件稿。他还在《文物》第 5 期发表了《我国历史文化名城保护与建设的重大措施》一文。随后不久，经罗哲文等有关专家评审、国务院审批的首批二十四座全国历史文化名城揭晓，中国文物保护事业迈上一个新的台阶。

1983 年　3 月，罗哲文作为全国文博系统的著名专家，被推选为六届全国政协委员，还担任了六届全国政协文化组副组长。5 月，罗哲文代表我国首次参加了联合国教科文组织在澳大利亚悉尼市召开的"亚洲太平洋地区文物保护学术讨论会"。同年，他还出访了美国。他编著的《中国古塔》一书，由文物出版社出版。

1984 年　罗哲文光荣加入中国共产党。8 月，罗哲文受日本建筑技术交流会的邀请，赴日本东京讲学。9 月，他参加筹建的中国第一个长城研究会——山海关研究会正式成立，并担任副会长。接着，他还参加了"爱我中华，修我长城"的大规模社会赞助与募捐活动，促使北京八达岭长城、河北山海关老龙头和滦平金山岭长城以及天津蓟县黄崖关长城修复工程相

继开工。他撰文的《悉尼一周》，发表在
《老人天地》第 3 期。他撰写的《中国造
园简史提纲》一文，连续刊在《古建园
林技术》第 3、4、5 期。

1985 年　罗哲文与侯仁之、阳含熙、郑孝燮四位
全国政协委员提案建议，有关专家共同
起草的申报中国加入保护世界文化与自
然遗产公约的文本通过了审核，中国荣
幸地成为世界文化与自然遗产的缔约国。
为发展长城学，实现成立一个全国范围
的长城学术研究团体的宿愿，他开始了
中国长城学会的筹备工作。另外，他还
在《文物工作》第 2 期发表了《谈谈古
建筑在"四化"建设中的作用》一文。

1986 年　罗哲文、郑孝燮、单士元等全国政协委
员考察了北京西便门残存的明代城墙，
提出了尽快保护的建议。罗哲文在《文
物天地》第 3 期发表了《我和长城》一
文，在《燕都》第 8 期发表了《北京的
牌楼》一文，讲解了它们的变迁。

1987 年　6 月，罗哲文参加筹建的中国长城学会在
北京人民大会堂正式成立。他担任副会
长。通过罗哲文等专家学者的推荐，长
城被联合国教科文组织正式列入世界文
化遗产名录。

1988 年　3 月，罗哲文连任七届全国政协委员。他
在《华夏考古》第 2 期发表了《古代建
筑摄影》一文，系统地介绍了他所喜爱
的古代建筑摄影的理论与常识。

1989 年　11 月，罗哲文为参加"历史城镇、历史

地区和文物古迹保护维修国际学术讨论
会"，对保加利亚进行了半个月的学术考
察。进入 80 年代以来，罗哲文在全国范
围内成功主持、组织和参加了一系列大
规模的古建筑维修工程，其中开工和竣
工的著名维修工程有北京大学红楼、苏
州云岩寺塔、山西朔州崇福寺弥陀殿和
西藏布达拉宫等。

1990 年　罗哲文担任中国文物研究所所长。他在
《中国文物报》2 月 22 日版发表《保加
利亚访古随笔》一文，在《古建园林技
术》29 期发表《古建筑的维修原则及新
材料、新技术的应用问题》一文。

1991 年　罗哲文随全国人大、政协考察组前往滇
南重镇建水市，就其申请列入第三批全
国历史文化名城进行评估。他在《城市
规划汇刊》第 5 期发表了《关于城市计
划与道路交通》一文。

1992 年　面临即将大规模兴建的长江三峡工程，
受国家文物局委托，罗哲文、郑孝燮等
全国政协委员又沿长江考察了四川、湖
北境内的重要文物古迹，并提出了具体
的保护方案。6 月，罗哲文应韩国汉阳
大学的邀请，到韩国参加了"黄海沿岸
地区环境与文化国际学术研究会"。同
年，他还访问了埃及。

1993 年　3 月，罗哲文第三次连任全国政协委员，
并在八届一次会议上联合其他委员提出
了《抢救保护圆明园遗址并加以整修开
放》的议案。他在《中国减灾报》4 月

20 日版发表《防止"开发性破坏"》一文，在《古建园林技术》第 3 期发表《忆中国营造学社在李庄》一文。

1994 年　罗哲文与郑孝燮、单士元一道，前往台湾参加了"1994 年海峡两岸传统建筑技术观摩研究会"。三位中国古建筑学界的老前辈齐聚宝岛台湾，成为一时之盛。他在《文物工作》第 1 期发表了《三峡库区古建筑的价值及其保护抢救之意见》一文，在《文物天地》第 3 期发表了《汉城访古随笔》一文。

1995 年　为指导马来西亚新山柔佛古庙的修复工程，罗哲文应当地中华公会的邀请，访问了马来西亚，并顺访了新加坡。他在《中国建设报》2 月 7 日版发表了《保护古城另建新区》一文，在《中外文化交流》第 3 期发表了《马来西亚访古》一文，在国际文化出版公司出版的《文物保护国际会议论文集》中发表了《中国博物馆文物保护概况》一文。

1996 年　罗哲文为参加世界文化遗产会议与有关的考察活动，前往墨西哥、美国访问。《罗哲文长城文集》由外文出版社出版。他在《中国名城》第 2 期发表了《开辟环路，扩大步行区，严格道路功能分工是解决历史文化名城交通问题的一大良策》一文。

1998 年　《罗哲文古建筑文集》由文物出版社出版。

1999 年　进入 90 年代以来，罗哲文继续在全国范围内成功主持、组织和参加了一系列重大的古建筑维修工程，其中比较著名的项目有山西太原晋祠圣母殿、西藏布达拉宫、青海塔尔寺、海南丘濬故居、陕西西安城墙、天津蓟县独乐寺观音阁、河北定州料敌塔、山西应县木塔和北京明清故宫等。《罗哲文建筑文集》由外文出版社出版。

2000 年　罗哲文应台湾国立历史博物馆的邀请，再次前往台湾作了长城的专题演讲。

2001 年　3 月，罗哲文参加了在日本东京召开的"亚洲历史文化遗产保护研讨会"，并在会上发表了《关于建立有东方建筑特色的文物建筑保护维修理论与实践科学体系的意见》的论文。他在《杭州市政报》发表了《名城保护与建设的重大决策》一文，在《中国建设报》11 月 2 日版上呼吁为迎接 2008 奥运会应把古都风貌展现给世界。

2003 年　1 月，《罗哲文历史文化名城与古建筑保护文集》由中国建筑工业出版社出版。由首都北京部分古建界同仁发起，共有百人参加的"庆贺罗哲文先生从事文物工作六十二周年暨《罗哲文历史文化名城与古建筑保护文集》首发式"在国家博物馆举行，并向罗哲文敬赠了"国宝栋梁"牌匾。4 月，来自全国各地的老同志、老朋友、老专家及弟子一百二十多人在天津康衢大酒店召开了"罗哲文先生从事古建工作六十二周年、文物工作五十二周年联谊会"。5 月，四川成都

文博界同仁和有关方面人员为罗哲文庆
贺八十大寿，畅谈了他爱国爱乡的事迹。
6月，罗哲文带领一支由著名学者、作
家、画家、记者和奥运冠军等组成的文
化考察队伍，历时近一个月西出玉门关，
沿着丝绸之路，艰难寻访了楼兰古国遗
址等，并在八十岁高龄时穿越了有"死
亡之海"之称的罗布泊沙漠。

2004 年　罗哲文应邀访问与考察了美国华盛顿、纽
约等地的名胜古迹和博物馆，并会见了
华裔建筑大师贝聿铭。

2005 年　2月，为弘扬中国古代建筑的优良传统与
工艺技术，使中国古代建筑事业传承有
序和后继有人，罗哲文在北京正式收授
三位木匠出身、号称"三把斧头"的高
级工程师李瑞森、马炳坚、潘德华以及
原河北省古建筑保护研究所所长孟繁兴
为入门徒弟，参加了别开生面的"古建
营造师承会"。

2006 年　罗哲文继续精力充沛地奔波于各地。3月，
他为参加中国首个"文化遗产日"的纪
念活动，以抗日战争时期中国营造学社
的旧址李庄为起点，投入到"重走梁思
成古建之路——四川行"的行列之中。5
月，他为把大运河列入世界文化遗产名
录，又踏上了考察两岸文物古迹的征程。
9月，《中国文博名家画传·罗哲文》一
书由文物出版社出版发行，向世人系统
介绍了罗哲文为中国文物保护事业不懈
奋斗的历程。

后　　记

　　罗哲文是中国古代建筑保护与维修事业的领军人物。由于其足迹涉及海内外，著述甚多，社会活动频繁，在全国文博系统可谓尽人皆知。从新闻传媒的角度，报道和描述罗先生的文章和专题节目也不少。要为这样一位公众人物写传，而且还要做到真实、客观和具有新意，对我来说，确实是一份颇有难度的考卷。

　　我与罗先生平常接触不多。由于职业的缘故，我在文物出版社从事图书编辑工作已有二十余载，专门从事古建图书的编辑已达十五年，自然对罗先生在文博界的活动与著述有所了解，特别是对他在中国古代建筑保护与维修领域作出的贡献极为钦佩。印象最深的接触有两次。一次是在上世纪90年代初，我刚转入古建图书的编辑领域。当时，根据全国大规模古代建筑维修的实际情况，我策划了两套书（即八开精装的《中国古代建筑》大型系列记录图集和十六开精装的《中国古代建筑修缮工程报告》系列图书）。为了继承上世纪前期中国营造学社严谨求实的学术传统，我们特别请了学社的成员陈明达、莫宗江和罗哲文等人前来指导。罗先生的谦和与亲切，给我留下了深刻的印象。另一次是公元1998年，我在策划"中国古建史论丛书"时将《罗哲文古建筑文集》纳入其中。在编选这本体现他学术水平的论著所需文稿和图片时，他不顾年逾七旬，仍然事必躬亲，主动热情地配合编辑的工作。跨入新世纪以后，随着我在古建图书编辑领域内的拓展，许多古建报告与学术论著需要题字写序。每当求到罗先生那里，他总是站在事业的高度，欣然应允，热情支持。这一切都使我心生感激，并留下了极为美好的回忆。

　　近些年，当我开始策划新的系列图书《中国文博名家画传》的时候，很自然地便将罗先生纳入此套图书的选题计划之中。这是因为此套图书的宗旨就是以书见人，以人证史，以史励志。罗哲文这位出生于四川宜宾的普通孩子，伴着上世纪翻天覆地的时代变革，抓住了偶然中所蕴含的必然的人生机遇，靠着勤勤恳恳地耕耘与奋斗，从营造学社的测绘生起步，最终成为中国文博界的"国宝栋梁"。特别是建国以后，他在文博系统不间断地工作了半个多世纪，在古建维修、长城保护、古建摄影和诗词书法等方面进行了长期而辛勤地探索，更使他成为至今健在而为数不多的中国文物保护事业的亲历者与见证者。他的奋斗足迹，从一个侧面真实地记录了中国古代建筑保护与维修的风雨历程。正是从这个角度出发，记录罗哲文尤其具有典型意义。

　　在像罗先生这样的一位真正做到了"读万卷书，走万里路"的文博名家面前，在他如此浩繁的人生经历之中，如何切入，如何

一七五　公元 2004 年，年逾八旬的罗哲文先生（左）登门拜访了
　　　　年逾九旬的王世襄先生（右）。

梳理，如何取舍，确实让我颇费周折，甚至有些茫然……原来，我也没有为罗先生写传的心理准备。只想让他写自传，或另请他人动笔，我来编辑就罢了。不料，罗先生看了我编著的《中国文博名家画传·王世襄》这本书后，却有意让我来执笔。作为中国营造学社硕果仅存的两位老前辈（图一七五），既觉得义不容辞，也不好顾此失彼，只好硬着头皮承接下来。好在罗先生给我提供了大量的生平资料、论著文集和他几十年拍摄与积累的图片墨迹，共同讨论了由我拟定的传记提纲，并且不顾年逾八旬的高龄多次到我社所在的沙滩红楼向我讲述了他的家庭与早年的生活。这一切使我的思路逐步清晰，脑海里有关罗先生的形象更加完整而鲜明，慢慢地寻找到了通过时代变迁、事业发展来把握他的人生轨迹的写作主线。由此，我的心胸豁然开朗，他的事迹则从繁变简，写作速度明显加快，故而才领略到了数月之间一挥而就的快感。

　　2006 年春夏之交的时光，对我而言，应该说是幸福而充实的。因为我在与罗先生的接触与交谈中，不仅领略了他平易近人的大师风采，而且通过他昂扬向上的生活经历感受到了一种奋发有为的精神洗礼。有时候，似乎觉得不是在写罗先生本人，而是在回顾一个难忘的时代，是在重温一段激动人心的历史。"会登凌绝顶，一览众山小"。这应是我写完这本画传后最突出的感觉吧！不知自己这只拙笔能否让读者看到一位登上了事业巅峰后仍然奋斗不息的文博名家的独特风采。但愿如此吧！也许这仅仅是描绘他的油画肖像前的一次速写，是创作他的长篇传记的一个开篇……

结稿于 2006 年 6 月 10 日中国首个"文化遗产日"
这一具有纪念意义的时刻

灵丘觉山寺砖塔　辽

封面设计 张希广

责任印制 陈 杰

责任编辑 周 成 张晓曦

图书在版编目（CIP）数据

罗哲文/晨舟著．—北京：文物出版社，2006.9
（中国文博名家画传）
ISBN 7-5010-1956-8

Ⅰ. 罗… Ⅱ. 晨… Ⅲ. 罗哲文-传记-画册
Ⅳ. K826.16-64
中国版本图书馆 CIP 数据核字（2006）第 067148 号

中 国 文 博 名 家 画 传

罗 哲 文

晨 舟 著

*

文 物 出 版 社 出 版 发 行

北京东直门北小街 2 号

（邮政编码 100007）

http：//www．wenwu．com

E-mail：web@wenwu．com

北京燕泰美术制版有限公司制版

北京市达利天成印刷有限责任公司印刷

新 华 书 店 经 销

965×1270 1/32 印张：8.5

2006 年 9 月第一版 2006 年 9 月第一次印刷

ISBN 7-5010-1956-8/K·1032 定价：80 元

中国文博名家画传

郑振铎

郑尔康　著　

封面设计　张希广

责任印制　陆　联

责任编辑　周　成

图书在版编目（CIP）数据

郑振铎／郑尔康著.—北京：文物出版社，2007.6
（中国文博名家画传）
ISBN　978-7-5010-2185-7

Ⅰ.郑…　Ⅱ.郑…　Ⅲ.郑振铎（1898～1958）－传
记－画册　Ⅳ.K825.6-64

中国版本图书馆CIP数据核字（2007）第050112号

中 国 文 博 名 家 画 传

郑　振　铎

郑尔康　著

＊

文 物 出 版 社 出 版 发 行
北京市东直门内北小街 2 号楼
（邮 政 编 码　100007）
http：//www.wen wu.com
E-mail：web@wen wu.com
北京燕泰彩视印刷有限公司制版
北京市达利天成印刷有限责任公司印刷
新 华 书 店 经 销
965 × 1270　1/32　印张：8.25
2007 年 6 月第 1 版　2007 年 6 月第 1 次印刷
ISBN 978-7-5010-2185-7　定价：80 元

目录

前　　言

公元1958年10月20日清晨，中央人民广播电台的早间新闻播出了一则令人惊愕的新华社消息，当日上午《人民日报》和首都北京各大报刊也都在头版镶着黑色的边框中报导了这一消息："新华社19日讯，10月17日由北京飞往莫斯科的'图–104'客机一架，在楚瓦什苏维埃社会主义自治共和国的卡纳什地区失事。乘客和乘务员全部牺牲。乘此飞机的有我国前往阿富汗和阿拉伯联合共和国访问的文化代表团团长郑振铎、副团长蔡树藩、团员……"（图一）

一　公元1958年10月20日，《人民日报》头版关于"图—104"客机失事的报道。

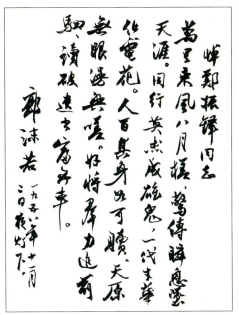

二 茅盾、郭沫若为郑振铎写的悼诗

"郑振铎"这个名字,对中外学术界,特别是对文学界,是大家所熟知的。突如其来的噩耗,如同晴空中的惊雷,震动着他的亲人和每一个熟悉他的人的心弦。朋友们老泪纵横,同志们垂首默哀,亲人们悲痛欲绝。古老的庭院,秋风萧萧,群花凋谢,黄叶沙沙,似在为他的主人唱着哀歌。人们呼唤着"振铎"、"铎兄"、"西谛"……呼唤声直上万里苍穹,但是没有回答,正像他一样已一去不复返了。老友郭沫若、茅盾(沈雁冰)、叶圣陶和赵朴初等流着热泪写下了悼念的诗句(图二)。其中茅盾在《挽郑振铎兄》的诗里写道:

惊闻星陨值高秋,冻雨飘风未解愁。

为有直肠爱臧否,岂无白眼看沉浮。

买书贪得常倾箧,下笔浑如不系舟。

天吝留年与补过,九原料应恨悠悠。

一张张唁电、一封封唁函雪片似地纷纷扬扬,落满了治丧委员会的办公桌①。一篇篇悼念文章、诗词发表在各地的报纸上与刊物中②……

人们谁能相信，郑振铎这样一个生龙活虎、精力充沛、热爱生活的人，竟会像流星似地在高空中突然消失了呢！他的好友巴金在《悼振铎》一文中写道："像他这样充满生命力的人，这样始终乐观的人是不可能死亡的。甚至在他的骨灰送回来以后，我和一个朋友站在他的故居那两扇小门前按电铃，我还期待着他走出书房来迎接我们，我还期待着他一声爽朗的笑和一次紧紧的握手……"

后来听说，当地牧场的一位牧羊老人半夜听到羊圈里羊群阵阵焦躁不安的叫声，以为是狼来了，赶忙出门查看。忽见夜空中一团耀眼的火球划过一道闪亮的弧线堕落在远处地平线下，随着一声震天撼地的巨响后，便没有了声息……

又据当地一机场的值班导航员讲，他只听到这架"图－104"客机的机长——一位苏联金星奖章获得者曾在对讲器中高呼了一声："同志们永别了！"接着，便是"轰"的一声如炸弹爆炸的声音，过后就在雷达上消失，从此失去了联系……

至于该机失事的原因何在？由于机上无一人生还，恐怕永远是个谜了。

注　释

① 郑振铎牺牲后，治丧委员会收到各方面唁电、唁函二百二十四件。我国有关方面还收到许多有关国家和外国友人的唁电、唁函。周恩来总理、陈毅副总理等复电答谢。

② 郑振铎逝世后，除了郭沫若、茅盾、叶圣陶和赵朴初等写诗词悼念，巴金、冰心、靳以、何其芳、胡愈之、唐弢等先生及艾德林、亚奈斯·赫迈莱夫斯基等外国朋友都曾撰文悼念。

一 瓯 江

（公元 1898～1917 年）

（一）　出生在温州的福建人

瓯江是浙江的第二大江，两岸峰峦叠翠，景色绮丽。在它流入东海处的南岸，镶嵌着一颗明珠——温州。温州历史悠久。由于气候温暖，所以从唐代起，此地就一直叫温州。它东临东海，北濒瓯江，江海相连，是我国东部沿海的一个重要的贸易港口。浙江东南部的木材、茶叶、麻、柑橘、生猪等都在这里集散。农业、纺织、造纸、造船及漆器、刺绣等手工业都曾居全国前列。钟灵毓秀、丰腴富饶的温州大地，抚育了一代代风流人物。从汉时东瓯王驺摇到现代著名作家郑振铎、考古学家夏鼐和"一代词宗"夏承焘……真可谓历代英杰辈出，文风鼎盛（图三）。

三　浙江温州

四　郑振铎祖居——福建省长乐市首占村义福房（上图）及郑氏义福房宗祠（公元20世纪90年代重修）（下图）

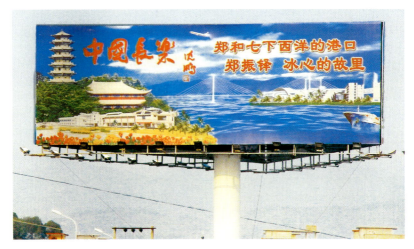

五　矗立在长乐市主干道入口处的宣传牌

公元 1898 年，也就是历史上著名的"戊戌变法"那年的 12 月 19 日（即农历戊戌年十一月初七），郑振铎就诞生在温州城里乘凉桥下的一座叫做"盐公堂"（一说"炮丁"）的古老宅院里。

郑振铎原籍福建长乐县首占村。全村皆为郑姓。郑振铎这一房从用辈至允辈曾出了五个进士，是当地望族。他的上辈高祖郑用苍，进士出身，曾任山东盐运使、领按察使衔、二品顶戴。曾祖郑宏博是贡生，授瓯宁学训导修职郎，曾祖母是湖北巡抚柏荫的女儿。祖父郑允屏跟随一个在浙江任道台的表亲当幕僚。当时，家道已中落，祖父只身从长乐来到温州任职。当道台的表亲有意照顾，多次委任他为海防官吏及税官、盐官一类的差事，虽只是个九品的芝麻小官，倒也算是肥差。于是，几年后他便把家眷都由长乐接到温州定居下来。因此，郑振铎在他的一篇自白中说道："我是出身在温州的福建人"（图四、五）。

当郑振铎出生的时候，他的祖父郑允屏正在担任当地盐官。这"盐公堂"就是主管盐务的衙署。院子相当大，前面是审案子的公堂，后面是住宅。据说，他的祖父在公堂审案子时，常命衙役用"水火棍"打犯人的屁股，他的祖母、母亲等女眷便躲在屏风后面看热闹。祖母生有二男三女（第三个女儿很小便送给人家当了养女，因为当时认为女儿多了是赔钱的）。郑振铎的父亲是长子，郑振铎自然成了对家族很重要的长孙。当他呱呱落地时，盐公堂上下如逢大典，祖父整天捻着胡须高兴得合不拢嘴。"三朝"那天，请了算命先生来，说是公子将来大富大贵，只是命相上"五行缺木"。祖父略一思索，便给他起了个"木官"的小名，大名为"振铎"，有"摇铃发出号召，一呼百应"的意思，总之是希望他将来干一番大事业。周岁那天，盐公堂里摆满酒席，宾客如云。"小木官"身穿"百家衣"，由奶妈抱着出来见客。只见他天庭饱满，地阁方圆，亲友们都"啧、啧"赞叹"好福相"！祖父更是陶陶然有些飘飘欲仙。

光阴荏苒，"小木官"已能自己走路了。祖父更是爱不够，一有闲暇，便把他抱在怀里，不住地亲着，那短短的髭须常使"小木官"感到微微的刺痛。祖父爱好饮酒。在吃饭时，他总一个人执了一把酒壶，把黄色的酒倒在白磁小盅里，像一道金线似的，煞是好看。这常使年幼的"小木官"看得发呆。祖父慢慢独酌着，颜面渐渐由白变得微酡。这时他就会叫道："孩子，来。"此时郑振铎的两个妹妹已相继出世，婶母也生了个女儿。于是，孩子们便都到了他的跟前。他夹着一块块只有他独享的菜肴放入他们的口中，问道："好吃吗？"孩子们点点头，祖父惬意地微笑了。在孙儿孙女中，祖父自然是最喜欢郑振铎，因为他是长房长孙嘛！因此，叫他前去的时候总比别的孩子都要多。祖父特别喜欢吃蟹。每当农历七月起，河蟹上市了，他的下酒菜就以蟹为主了。每只四两左右的肥蟹，每次至少要食一只，于是"木官"便总可以分享到一只蟹的大腿或是一小块蟹黄什么的，而别的孩子是得不到这种"特权"的。每当这时祖父总喜欢用满是青筋的手慈爱地抚摸着"木官"的头，而祖父的酒气却使他有些难受。

和别家的孩子一样，郑振铎幼时也是很淘气的。他上树掏鸟蛋，到野外土坡上去挖蛇洞，什么都干。他也没少给家里惹麻烦。盐公堂黑漆大门下方有一个小圆孔，一次邻居家的孩子对着那圆孔向里窥视，被郑振铎发现了。他便悄悄地拿了一根长长的木棍突然向外捅去，顿时把那孩子的一只眼捅得鲜血淋漓。那孩子的家长找上门来，结果是母亲一再赔礼，并赔了很多医药费才算了结。母亲气得要责打他，祖母却护着说："他还小，大了慢慢就会懂事的。"母亲当然也舍不得真的打他，叹了口气，便了结了这桩"公案"。

（二）　坎坷的青少年时期

郑振铎的幼年是在祖父母和母亲的钟爱中度过的。瓯江潮起潮落，一晃便是六七年。但是，命运无情。在他约七岁那年，在扬州知府衙门任职的父亲突发急病，回温州治疗，自此一病不起，不久便告别人世。这时，郑振铎的大妹不过三岁，小妹尚在襁褓中……而祖父因痛失长子，从此一蹶不振，常常郁郁不乐，借酒浇愁，不久也去世了。从此，家中如同倒了顶梁柱，一家四口只得依靠亲友接济及母亲给人做些针线活，如纳鞋底之类来度日。过端午节时，母亲便包些粽子，做些小布老虎，交给附近小杂货店去寄售，借此贴补些家用。

郑振铎八九岁时，母亲便把他送到县里城隍潭的一家私塾去读四书五经。这时候，家中日趋贫困，他到了冬天也是一身单薄的衣衫。日久天长，他便患了慢性鼻炎，两行鼻涕常常不由自主地从鼻孔中挂下来。同学们嘲笑他，看不起他，给他起了个"鼻涕佛"的绰号。多数同学都不和他玩，只有夏承焘成了他的知己。郑振铎渐渐变得沉默寡言。大家在玩时，他总是独自默默地坐在一个角落里读书。只有夏承焘有时硬拉着他一起去池塘边捞蝌蚪，或是去古坟堆里逮蟋蟀。这时，他才又像是个孩子，脸上暂时有了一丝微笑。

夜间的生活是很寂寞的。那时还没有电灯，母亲坐在油灯下做着针线，郑振铎便依偎在她怀里，听她讲《蛇龙哥》等许多福州家乡流传的美丽动听的民间故事。母亲还给他唱很多福州长乐的歌谣，其中一首是这样的：

月光光，

照河塘。

骑竹马，

六　郑振铎母亲郭宝娟

过横塘。

横塘水深不得过，

娘子牵船来接郎。

问郎长，问郎短，

问郎此去何时返。

郑振铎虽然听不懂什么意思，但母亲甜润的歌喉像是催眠曲。听着听着，他便在母亲的怀里进入梦乡，脸上含着一天中少有的微笑……母爱，那么温柔，那么浓郁甜美，那么令人心醉（图六）！

郑振铎十二三岁时，母亲又把他送进了三官殿巷的永嘉第一高等小学。这时，同一私塾的许多同学也都转到了这里。大家依然看不起他，"鼻涕佛"的绰号又带到了这里。但是，使他欣慰的是他遇到了一位好老师——黄小泉。这是一位和蔼、忠厚、热心而又十分开明的老师。从未见他责罚过学生。对犯错误的学生，他总是循循善诱，并耐心加以开导。他把学生当成自己的朋友，从不以衣衫取人。对破衣烂衫的郑振铎，他从不轻视，相反却独具慧眼，有时对这个被众人瞧不起的学生还格外爱护一些。逢到假日，他还常常带着郑振铎和夏承焘等人去春草池、飞霞洞等处游玩。

郑振铎最爱听黄小泉先生的国文课。枯燥乏味的《古文观止》等，到了他嘴里就成了十分有趣的故事。他讲起来生动活泼，有声有色。后来，郑振铎在《记黄小泉先生》一文中写道："假如我对文章有什么一得之见的话，小泉先生便是我真正的'启蒙先生'，真正的指导者。"年终的时候，"鼻涕佛"名列前茅。那些平时看不起他的同学，虽是忌妒，却也不得不从此对他刮目相看。

桂花不知开了几遍。他在永嘉第一高等小学毕业后，考进了浙江省第十中学。尽管他常常因交不起学费而被迫停学，但还是以优异的成绩最终读完了中学。

二 燕山脚下

（公元 1917~1921 年）

（一）　求学京师的学生领袖

公元1917年夏天，郑振铎来到了北洋政府的统治中心—北京，投靠在外交部做小签证官的叔父。不久，他便考进了交通部所属的铁路管理学校（北方交通大学前身）（图七、八、九）。因为这一类

七　郑振铎母校——铁路管理学校的大门

八　郑振铎与铁路管理学校同学合影（右一为郑振铎）

九　铁路管理学校与邮电学校举行篮球赛合影（左边坐地者为郑振铎）

学校将来谋职业有保证，学费也较低。他几乎年年都名列第一，以优异的成绩获得了免费学习资格。

叔父家住东城。课余时间，郑振铎常到附近的基督教青年会办的一个小图书馆去看书。在那里，他认识了和他同样热爱文学的瞿秋白、耿济之和许地山等人。瞿秋白和耿济之都是俄文专修馆的学生。他们常常借阅这个图书馆里的托尔斯泰、普希金等人的俄文原著。郑振铎在他们的影响下，也经常借些英文版的高尔基、契可夫等人的作品，贪婪地读起来。他们还组织了一个读书会，经常在放学后相约爬到高大的明城墙上，拿出携带的花生、瓜子等，席地而坐，热烈地交谈起各自的读书心得以及对社会、对时局的看法，直到日薄西山，城下炊烟四起，都不愿散去。

这时，他们开始试译一些作品。郑振铎译的大多数是契可夫等人的剧本，并且编了一本《俄国戏曲集》。此书除了他自己译的剧本，还收入了瞿秋白、耿济之等人的译作。他将这本集子交给商务印书馆出版，得到了平生第一笔稿费。拿到稿费的当天中午，他走进了一家小饭铺，要了两个炒菜和两大碗饭，从未如此"奢侈"地饱餐了一顿。随后，他又兴匆匆地跑到常去的一家书店，把余下的钱全部都买了书，感到充实极了！从此，他开始了一生的文学活动。

公元1919年，"五四"运动爆发。他被同学们推选为学生代表，和瞿秋白、耿济之、许地山等人一道，代表各自的学校，并肩投入了这场轰轰烈烈的爱国运动（图一○、一一）。因为他是福建人，同时又被推选为"福建省抗日学生联合会"的领导之一。

这年夏天，军阀当局为了分散学生的力量，责令各校提前放假。6月初，郑振铎回到了温州。整个假期，他奔走于温州各校，参加各种会议，介绍北京爱国学生运动的情况。他发表演讲，并且和陈仲陶等人以及各校爱国师生先后组织了"救国演讲周刊社"和"新学会"，创办了《救国演讲周刊》和《新学报》，宣传反帝救国的意义，推动新文化运动。他除了积极参加编辑工作，还亲自为《周刊》撰写了数篇战斗性强、旗帜鲜明的新闻报道，在《新学报》第二、三、四期上发表了《新文化运动者的精神与态度》、《中国妇女解放问题》

一〇 郑振铎
的好友瞿秋白

一一 郑振铎与耿
济之、瞿秋白等
合影（左起第一
人为瞿秋白，第
二人为郑振铎，
第五人为耿济之）。

和《最高艺术的问题》（译文）等文章。

　　暑假结束后，他回到北京。他应基督教青年会之邀（图一二），在这年的 11 月 1 日，又和瞿秋白、耿济之、许地山等人一道，创办了《新社会》旬刊（图一三）。他执笔的《发刊词》中道出了他们创办此刊的宗旨。这就是"尽力于社会改造的事业……我们改造的目的就是创造德谟克拉西的新社会"。

　　在创刊号上，郑振铎发表了他的处女诗作《我是少年》和《灯光》。这两首诗刚问世，便引起了社会上强烈反响。其中《我是少年》是他一生中最成功的一首诗：

　　　我是少年！我是少年！

　　　我有如炬的眼，

　　　我有思想如泉。

　　　我有牺牲的精神，

　　　我有自由不可捐。

　　　　　一二　座落在北京灯市口的基督教青年会

一三 郑振铎等人
创办的《新社会》
旬刊

我过不惯偶像似的流年，
我看不惯奴隶的苟安。
我起！我起！
我欲打破一切的威权。

我是少年！我是少年！
我有沸腾的热血和活泼进取的气象。
我欲进前！进前！进前！
我有同胞的情感，
我有博爱的心田。
我看见前面的光明，
我欲驶破浪的大船。
满载可怜的同胞，

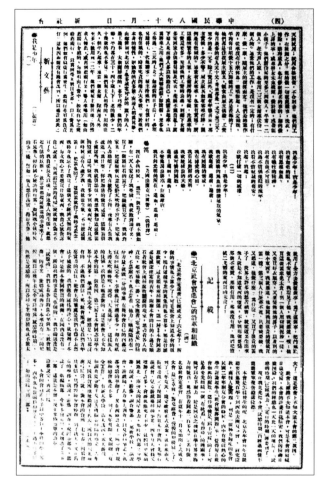

一四　发表在《新社会》创刊号上的郑振铎的处女诗作《我是少年》

进前！进前！进前！

不管它浊浪排空，狂飚肆虐，

我只向光明的所在，进前！进前！进前！

这首充满着勃勃朝气、奋发向上精神的诗，发表后顿时受到社会上广大读者，尤其是青少年的欢迎，被誉为"当时年轻一代人的呼声"（叶圣陶语）。它发表不久，就被我国新文学史上第一本新诗选集《新诗集》收入。后来，它又被远在美国哈佛大学任汉语教授的著名学者赵元任选作教材，并且亲自朗诵，灌制成了唱片。一时间，此诗唱遍大江南北，黄河上下，乃至大洋彼岸（图一四）。

《灯光》写了一个在"深秋中夜，黑云四罩，风吹叶落，萧萧作响。一个人提着灯，在荒野中寻路迈往"的"孤零零"的夜行人，期盼着其他的夜行人和他"共享"那"照着前途明白"的"灯光"。此诗反映了年轻诗人希望更多的人觉悟起来，在代表着先进思想的"灯光"指引下，共同为他们理想的"新社会"，"共向前迈往"。它虽是一首散文诗，却也有着较鲜明的节奏感，读来朗朗上口，寓意隽永，也颇受读者喜爱。接着，他又写了《追寄秋白、颂华、仲武》、《微光》和《生命之火燃了》等诗。

他最初的两篇小说《惊悸》和《平凡地毁了一生》，发表在公元1920年9月和10月的《晨报》。《惊悸》描述了"我"在路上看见囚犯时心悸不安的心态和"我"在当晚梦见自己被绑赴刑场而出一身冷汗的情景。《平凡地毁了一生》描述了一个青年空有大志，却无真才，见异思迁，一心只想"做一个人上人的人"，结果一事无成。

公元1921年1月，他在参加编辑的《北京铁路管理学校高等科乙班毕业纪念册》上发表了小说《一个不幸的车夫》（图一五），描

一五　郑振铎发表在铁路管理学校毕业纪念册上的小说《一个不幸的车夫》

写了一个人力车夫被有钱有势者的汽车撞倒后，痛苦而无告的悲惨命运。

这三篇小说可视为他最初的试笔之作，艺术水准都不高，甚至还很幼稚，但却可以看出每篇都是饱蘸了"血和泪"来写的，从中反映出了他早期的人道主义思想和"血和泪"的文学主张。可能是他自己后来也觉得这几篇东西写得不高明，故而便暂停了有关小说的创作。

在《新社会》上，郑振铎还先后发表了《现代的社会改造运动》、《什么是劳动问题》等若干篇社会论文，反映了他当时"朦胧的社会主义思想"。由于这个刊物发表了郑振铎、瞿秋白等人许多宣传革命思想，揭露与批判旧制度和反动统治的文章，触犯了北洋军阀当局，因此只出了十九期，就被京师警察厅查禁了。

公元1920年8月，他们又出版了《人道》月刊。这个刊物和《新社会》的不同之处就在于更大力提倡人道主义，主张建立一个超国家、超阶级的博爱的社会。《人道》仅出版了一期，便因为该刊出资的青年会怕这些年轻人再出什么乱子而借故资金困难，迫使其停刊了。

这一时期，他参加了社会主义青年团，与李大钊等三人一道被选为出版委员。他还是李大钊主办的"社会主义研究会"的成员。这是一个包括了马克思主义者、空想社会主义者和无政府主义者的成份复杂的秘密组织。虽然它为时不长便解散了，但这对郑振铎早期"朦胧的社会主义思想"的形成却产生了一定的影响。

在文学活动方面，郑振铎在这期间主要从事了俄罗斯文学的研究及介绍，撰写了《俄罗斯文学的特质与其略史》、《写实主义时代之俄罗斯文学》、《俄国文学发达的原因与影响》和《俄罗斯名家短篇小说第一集·序》等论文。其中《俄罗斯名家短篇小说第一集·序》是他第一篇重要的文学论文。这是他为耿济之、沈颖译的俄国短篇小说集而撰写的序言。他在文章中不仅高度评价和介绍了流传到我国不久的俄国文学，而且初步提出了自己的文学观点，阐述了"文学的真价"，文学的"'真'的精神"、"人的文学"、"平民的文学"和

"悲剧的文学"等一系列重大的文学理论问题。其实,所谓"真价"、"'真'的精神"和"人的文学"等就是他和沈雁冰后来所积极提倡的"为人生"的现实主义文学,也就是他后来提出的"血和泪的文学"。这篇序言是探索郑振铎早期文学思想和发展脉络的重要资料。

"五四"运动前后是郑振铎一生中的一个重要阶段。这时期的种种活动,对他以后一生所走的政治道路起着决定性的作用。

(二) 文学研究会的成立——走上文坛

公元1921年1月4日,由郑振铎牵头,与茅盾、叶圣陶等人一道发起的文学研究会在北京中央公园来今雨轩正式成立(图一六)。这是"五四"运动后我国最早成立的在我国现代文学史上占有重要位置的一个文学社团。它在成立过程中的重要组织者就是郑振铎。当时,它的主要发起人沈雁冰(茅盾)、叶圣陶等都在南方,是郑振铎负责南北串联,邀请他们参加发起该会的。另一位发起人郭绍虞先生曾说:"文学研究会的发起与筹备都是郑振铎一人之力。"这话不是毫无根据的。

提倡"为人生"的现实主义文学,是文学研究会大多数成员所赞成的文学主张。他们反对封建复古文学,反对"将文艺当作高兴时的游戏或失意时的消遣"的趣味文学。他们通过《小说月报》和文学研究会的会刊《文学旬刊》,与文坛上的《学衡》派及"鸳鸯蝴蝶"派等展开论战,为新文学的发展起到了积极的促进作用。

同年3月,郑振铎由铁路管理学校毕业后被分配到上海火车站当见习生(图一七、一八)。由于他已选定了走文学道路,因此仅干了一个来月的挂钩员便永远脱离铁路,担任了《时事新报》副刊《学灯》的编辑,同时负责创办文学研究会的会刊《文学旬刊》(后来改为《文学周报》)(图一九)。不久,他由沈雁冰介绍到商务印书馆当了编辑(图二〇),开始了他为期十年的编辑生涯。

一六 公元1921年1月4日，文学研究会在北京中央公园（今中山
公园）来今雨轩成立时的合影（前排右起为易家钺、瞿世英、
王统照、黄英、杨伟业、郭梦良。中排右起为蒋百里、朱希祖、
范用余、许光迪、白镛、江小鹣。后排右起为孙伏园、耿济之、
苏宗武、李亚晋、许地山、宋介、郑振铎、王星汉）。

一七 公元 1920 年 12 月
从铁路管理学校毕业时
的郑振铎

一八 公元 1921 年 3 月,
郑振铎 (坐者左) 到上海
与沈雁冰 (坐者右)、沈
泽民 (站者左) 和叶圣陶
(站者右) 初次见面后一
起畅游半淞园时留影。

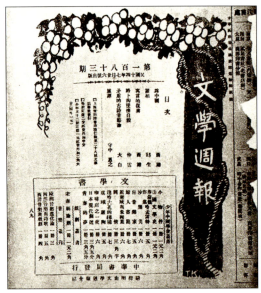

一九　郑振铎主编
的文学研究会会刊
《文学周报》

二〇　在商务印书馆
涵芬楼前的郑振铎

三 十年编辑生涯

（公元 1921～1931 年）

（一）　主编逸事

公元1921年，郑振铎除了积极组织新文学社团和编辑新文学刊物，还着力于新文学理论的研究和著述，撰写了数十篇有关文学理论、文学批评的论文及杂论，对新文学理论的建设作出了不可磨灭的贡献。特别值得一提的是，他鲜明地喊出了"血和泪的文学"的口号。他号召作家要蘸着"血"和"泪"来写社会和人生，抨击鸳鸯蝴蝶派的"冷血的产品"。

公元1922年，他创办了我国第一个儿童文艺刊物《儿童世界》。一年后，他又接替沈雁冰担任了在我国现代文学史上占有重要地位的《小说月报》（图二一）的主编。他除了任主编，主要还从事外国文学的翻译介绍。他翻译了泰戈尔的《飞鸟集》和《新月集》等（图二二、二三）。在他译的《飞鸟集》问世以前，我国只是在《青年杂

二一　郑振铎主编的《小说月报》

二二 郑振铎翻译的泰戈尔的《飞鸟集》，公元1922年10月由商务印书馆出版。

二三 郑振铎继《飞鸟集》后翻译的泰戈尔的《新月集》，不久也由商务印书馆出版。

志》、《新青年》和《小说月报》等刊物上有过一些陈独秀、刘半农和郑振铎等人译的零零散散的泰翁诗作。因此，他译的《飞鸟集》就成了被介绍到中国来的第一部泰戈尔的诗集。《飞鸟集》的出版在中国诗坛产生了很大影响，一种表现随感式的短诗或小诗很快流行起来。据说，谢冰心女士就是看了这本诗集后，觉得那些小诗"非常自由"，便学着这种"自由"的写法而写起了随感式的诗。正如郑振铎在《飞鸟集》初版的序言中所说："近来小诗十分发达。他们的作者大半都是直接或间接受泰戈尔此集的影响。"

身为作家、编辑的郑振铎，在他长期主编《小说月报》等著名文学刊物的过程中，曾发现并亲手栽培了不少优秀作家。他们当中后来成为"大师级"、"文豪级"的就有好几位。其间包含了许多生动感人的故事……

1. 最早研究老舍的文字

公元1926年6月的《小说月报》"最后一页"的作品预告栏内，有这样一小段文字："舒庆春君的《老张的哲学》是一部长篇小说，那样的讽刺的情调，是我们作家们所尚未弹奏过的。"

舒庆春就是老舍。《老张的哲学》是他的处女作。当这篇小说在《小说月报》当年7月号刊出第一部分时用的就是"舒庆春"这个名字，而从8月号刊出第二部分时则改用了"老舍"这个笔名。从此，"老舍"和他的《老张的哲学》渐渐为读者们所熟悉。

写这段"预告"的人，就是《小说月报》的主编郑振铎。虽说文字不过寥寥数语，也算是第一篇研究和介绍老舍的文字了。

公元1927年1月的《小说月报》"最后一页"栏内，又有一段介绍老舍作品的文字："从第三号起，将登一部长篇小说《赵子曰》。那是一部篇幅很长的作品……《赵子曰》的作者，为写了《老张的哲学》的老舍君。而这部《赵子曰》较之《老张的哲学》更为进步，写的不是那一班教员闲民，写的乃是一班学生，是我们所常遇见所常交往的学生。老舍君以轻松微妙的文笔，写北京学生生活，写北京公寓生活，是很逼真很动人的。把赵子曰几个人的个性尤能浮现于我们读者的面前。后半部的《赵子曰》却过于严肃的叙述，不复有前

二四　青年时代的老舍

半部的幽默，然文笔是同样的活跃。且其以一个伟大的牺牲者的故事作结，是很可以使我们有无穷的感喟的。这部书使我们始而发笑，继而感动，终而悲愤了。"这一段精彩文字的作者也是郑振铎。因此可以说，最初把老舍作品介绍给读者的是《小说月报》主编郑振铎，而最早研究老舍文字的人也是郑振铎。

老舍公元1924年去英国，在伦敦的东方学院教中国语文。这一时间，他结识了在牛津大学研究宗教史的许地山，并成了好友。在许地山的鼓励下，他开始写小说，并由许地山推荐给郑振铎。《老张的哲学》和《赵子曰》在《小说月报》上的相继发表，大大鼓舞了老舍。他接着又写出了《二马》，从此走上了文学创作的道路。那时候，郑振铎和老舍只是开始有了文字的联系，并未见过面。直到公元1927年郑振铎去欧洲，才在伦敦见到了老舍。公元1930年初，老舍先生由伦敦转道新加坡回国，途经上海时就是下榻在郑振铎家。他的那篇童话小说《小坡的生日》的最后两万字（总共约六万字），就是在郑振铎家里完成的。福州人的生活习惯是早晚两餐粥，只有中午才吃干饭。郑振铎怕老舍先生不习惯，总是让母亲下些面条或蒸些包子、馒头给老舍先生吃。郑振铎每天忙完了自己的工作，晚餐后便和老舍先生在书斋中泡一壶上好的花茶，两人品茗夜谈，十分融洽。他们有时也喝些黄酒或白酒，酒菜无非是花生米、豆腐干之类。

老舍先生在郑家小住了约半个月便整装北上了。这是郑振铎和老舍相处最长的一段时间。从此，他俩成了莫逆之交（图二四）。

2. 巴金的出现

公元1929年初，在中国文坛升起了一颗灿烂的新星。随着长篇小说《灭亡》在《小说月报》1月号至4月号的连载，人们开始注意到了它的作者"巴金"这个陌生的名字。《灭亡》在《小说月报》载完了，该刊主编郑振铎在刊物的"最后一页"栏中写道："曾有好些人来信问巴金是谁，这连我们也不知道。他是一位完全不为人认识的作家，从前似也不曾写过小说。然这篇《灭亡》却是很可使我们注意的。其后半部写得尤为紧张。"在当年12月号的该刊"最后一页"栏中，郑振铎又特别地提到了《灭亡》，认为它"将来当更有受到热烈的评赞的机会的"。从此，"巴金"这个名字和他的第一部长篇小说《灭亡》打响了第一炮，在我国现代文学史上写下了辉煌的一页。郑振铎的两个"最后一页"则可认为是最早研究巴金的文字。当时的巴金由此所受到的鼓舞有多大是可想而知的。因为这由此决定了他一生所走的道路。巴金在以后的岁月里就曾多次说过："在发表《灭亡》之前，我做梦也想不到我会成为'作家'。"

其实，早在公元 1922 年郑振铎主编《文学旬刊》时，就曾收到过一篇署名"佩竿"的诗《被虐者底哭声》。当时，此作虽还很稚嫩，但主编觉得它在内容上是响应了文学研究会"血和泪的文学"的号召精神的作品，于是便发表在了当年 7 月 21 日的该刊上。此后，"佩竿"在郑振铎的帮助下，又陆续发表了一些诗文，并给郑振铎写来了一封热情洋溢的信，信中表示热烈拥护他的关于文学"应该与这腐败的社会争斗"的思想，并对他的诗《悲鸣之鸟》表示极为佩服，说"我读这篇时已陪了不少的眼泪了"。最后，"佩竿"还请求郑振铎"常通信教导我"。这封信随即被郑振铎发表在当年 9 月 11 日的《文学旬刊》上。公元 1923 年 5 月，"佩竿"在成都《孤吟》杂志上发表的《报复》，就是在郑振铎的《死者》一诗的影响和启示下写成的。其实，这个"佩竿"就是"李佩竿"，即巴金的原名。这说明早在他以"巴金"的笔名发表小说《灭亡》而一举成名以前，他就与郑振铎开始了联系，并且是在郑振铎的帮助和支持下逐渐成熟的。而在郑振铎收到和发表《灭亡》之时，却不知道这个"巴金"就是七年前他主编《文学旬刊》时的那个年轻人"佩竿"。

随后不久，当郑振铎又读到巴金寄来的第二部小说《死去的太阳》初稿时，却将稿件退还了作者。这说明作为刊物主编的郑振铎为了保证刊物的质量，绝不无原则地去迁就作者，即使对已初露锋芒的巴金也不例外。这样做恰恰是对巴金这个文学青年的另一种帮助。巴金在后来回忆此事时说道："编者的处理是很公平的……为了退稿，我至今还感激《小说月报》的编者。一个人不论通过什么样的道路走进'文坛'，他需要的总是辛勤的劳动、刻苦的锻炼和认真

二五　青年时代的巴金（原名李佩竿，又名佩竿）

的督促。任何的'捧场'都只能助长一个人的骄傲而促成他不断地后退。"

后来，巴金和郑振铎成为文坛挚友。郑振铎去世后，巴金在《悼振铎》一文中写道："他关心朋友，也能毫无顾忌地批评朋友，而且更喜欢毫无保留地帮助朋友……三十几年来有不少的人得过他的帮助，受过他的鼓舞，我也是其中之一。"此时的巴金，一定想到了他以"佩竿"的名字最初寄给《文学旬刊》的诗，一定也想到了他第一次用"巴金"的笔名写的《灭亡》（图二五），更使他忘不了的是那《死去的太阳》的退稿……

巴金成名后，也曾对郑振铎有过误解，尤其是对郑振铎不遗余力抢救古书而写文章批评过他。这曾经使巴金内疚不已。到了晚年，巴金在病榻上用尽最后的余力，写下的最后一篇文章就是《怀念振铎》（未完稿）。在此文中，他用歉疚的语言写道："我批评他'抢救'古书，批评他保存国宝，我当时并不理解他，直到后来我看见他保存下来的一本本珍贵图书……我才了解他那番苦心。我承认我不会做他那种事情，但是我把他花费苦心收集起来翻印出来的一套一套的线装书送给欧洲国家文化机构时，我又带着自豪的感情想起了振铎……"他在文章最后写道："今天又想起了振铎。"对他之所以要再写《怀念振铎》这篇文章时，他说："我对自己说'这该是我的最后机会了'。"全篇文章中满含着他对郑振铎的无限怀念，读来为之动容，催人泪下，令人想到两位文坛挚友一生的坦诚交往和深情厚意。

3. 巴人的成长

公元 1922 年 5 月 2 日，时任上海《文学旬刊》主编的郑振铎收到了一篇寄自浙东某农村的稿件，作者署名"任叔"，文章题目为《对于一个散文诗作者表一些敬意》。此文评论了诗人徐玉诺的作品，引起了郑振铎的注意。读过全文后，他立即决定刊登在当月 11 日的《文学旬刊》上，并在文章后面加了一段很有分量的按语："我对介绍玉诺兄的任叔先生也表示十分的敬意。玉诺的诗已出现了半年多，却不曾有谁批评他，一直到了现在，才有一个任叔先生留意到。"这篇文章和编者按语的发表，对于当时还是一名乡村小学教师的王任叔而言，无疑会感到欢欣鼓舞。因为这是他首次被变成铅字的文字，而且又是在当时国内最大的文学社团——文学研究会的机关刊物上发表的。这是多少当时像他一样的文学青年，在梦中都不敢想到的"殊荣"啊！不久，任叔又一鼓作气地把他的一部诗集《恶魔》写完了，寄给了郑振铎。他在写给主编的信中鼓足勇气地说："希望能帮助出版或择优发表。"很快地，郑振铎便在6月1日的《文学旬刊》上刊出了这封信。由于作者没有留下自己的地址，所以郑振铎就在同一期的刊物上发表了答复任叔先生的信，信中说："我们虽不曾见面，但我却在《恶魔》中看见一个较见过面的更袒露更真切的一个你了。"他还认为《恶魔》至少在"个性的真实表现"上是很成功的，因此表示"此集我必尽力为谋出版。现在且先在《文学旬刊》上陆续选登出来"。见到郑振铎的答复以及选登的诗后，任叔激动得哭了。他立刻又回信说："承你的厚爱，奖励到我要哭了。"

事情也真凑巧，说来也算是两人有缘。没过多久，郑振铎就在7月30日和沈雁冰先生一起，应宁波教育、学术团体的邀请去宁波讲学。王任叔得知此消息后就匆匆从乡下赶到宁波，和郑振铎见了面。郑振铎自然是又给了王任叔很多的勉励。

此后，郑振铎又继续不断地在事业上给王任叔以支持。当年的8月21日《文学旬刊》发表了王任叔最初写的小说《母亲》。同年10月10日，郑振铎又发表了他的《吃惊的心》和《大树》，并在同期主编写的《杂谈》上写道："中国的小说，向来少有真实的生活描写。所以'农民小说'，中国是没有的。"对王任叔的这两篇小说，他却认为"在中国可以说是创始之作"。这篇短文虽只寥寥数语，但是对初试小说创作的王任叔无疑又是一个极大的激励。公元1923年郑振铎接替沈雁冰主编《小说月报》后，在主编该刊的第一期就发表了王任叔的四个短篇小说和六首诗。这期间，他还介绍王任叔加入了文学研究会（图二六）。此后几十年间，他俩在一起的时间并不多，但他们却是事业上志同道合的挚友。王任叔对郑振铎始终是怀着一种非同一般的感情，正如后来他在《自传》里写道："一生中，文学

二六　公元1923年，王任叔（即巴人）寄赠郑振铎的照片（正反面）。

事业上给我以最大帮助和影响的是郑振铎。"

公元1959年10月18日,在郑振铎逝世一周年后,巴人又在《光明日报》上发表了《悼念振铎》一文。在这篇充满深情的文章中,他是这样说的"我和振铎结交,算来已有三十多年了。虽然,我们从来没有在一处共同工作过,但我从事于文学事业,他无疑是我的导师和益友"。

4. 一位老人的情思

公元1982年春节,一场瑞雪静悄悄地在此起彼伏的鞭炮声中降临到了齐鲁大地。山东济南的一幢住宅里,一位身患重病的高龄老人正躺在病榻上向家人讲述着什么。窗外已是一片银装素裹。老人在断断续续讲着,神情显得很激动。他的一位亲人在认真地记着,生怕漏掉一句话。

这位老人叫燕遇明,是一位离休干部。他为党的文化宣传事业奋斗了终生,曾担任过山东省文联副主席。现在他已自知不久于人世,趁着头脑还清醒,有不少话要赶紧讲出来。但是,他要讲的却并不是什么遗嘱,而是一篇名为《忆振铎老师》的文章。此文的第一句话就是"振铎老师虽没有给我上过课,甚至没会过面,互不认识,但我仍要称他为老师,而且是影响到我一生的道路的许多老师之一"。

燕遇明,原名燕志俊,出生在山东泰山脚下的一个贫穷山村。他自幼便迷恋上了文学,是《小说月报》的忠实读者,自己也时常学着写些小诗什么的。十六七岁时,因病休学在家的他偶然读到了《小说月报》上发表的郑振铎译的印度大诗人泰戈尔的几首小诗,顿时爱不释手,并随即模仿着在当地产的粗糙土纸上写了两首小诗,然后便寄给了上海的《小说月报》主编郑振铎。郑振铎读了这两首诗,觉得虽然还很稚嫩,但却很有些泰戈尔诗的清新味(当然,他并不知道这位年轻人的两首诗正是在读了他所译的泰戈尔诗后的模仿之作)。如果鼓励他一下,说不定将来会有所成就的,于是就决定在《小说月报》公元1924年2月号发表了。这件事对这位病中的少年却非同小可!他兴奋得一连几夜未能合眼,而整个闭塞的小山村也顿时沸腾了起来，好像这穷乡僻壤里出了一位状元。从此，他一发不可收。志俊的诗，志俊的散文，志俊的小说……不断地投往《小说月报》和郑振铎主编的另一文学刊物《文学周报》（前身为《文学旬刊》），并不断地在这两个刊物上发表，有时一期发表两三篇。此后，《语丝》、《莽原》、《北新》、《一般》和《开明》等新文学刊物上，也都经常有了志俊的作品。志俊，这个穷乡僻壤里的丑小鸭，终于变成了美丽的白天鹅！志俊成了当时一位丰产的青年作家。郑振铎给他写了热情洋溢的信，并对他的不足之处给了指点，勉励他继续努力。郑振铎在这封信里，还邀请他加入文学研究会。但遗憾的是，不知什么原因，也许是当时还十分幼稚的他搞不清这究竟是什么组织，竟未敢回信。后来，当他向家人口述着《忆振铎老师》这篇可能是他一生的最后一篇文章时，对当时没有回信还十分内疚地说道："我当时没有给他复信，事后想起来，感到自己做得很失礼。但当时我还是一个农村青年，文化水平不高，也缺乏社会知识，总起来说是不懂事，无知。"

这以后，燕遇明除了继续写作，还进一步地成了参加实际斗争的革命者，并加入了中国共产党。在四五十年风风雨雨的革命生涯中，他担任过村、区、县的各级党组织书记，扛枪打过日寇，后来又担任了县、地、省的宣传文教部门领导。

新中国成立后，燕遇明在他的家乡山东先后担任了青岛市委宣传部长、省委文教部副部长，后来又担任了省文联副主席。按说，当时担任文化部副部长（同时也是全国文联领导成员）的郑振铎，多次去山东视察，而燕遇明作为地方文教部门的领导人，并且和郑振铎的好友王统照一起工作过，他俩总是会有见面机会的。但是，不知何故，他们却始终未能见过一面。这也许是老天故意给这两位老人，特别是给燕遇明留下的一些无可弥补的遗憾吧！可能，这就是燕遇明为什么在他将离开这个世界前，要让他的家人帮他写下《忆振铎老师》这篇读来令人动容的文章的原因。因为，只有这样，他才能稍稍安心地永远合上他的双眼。

他的文章于当年 7 月 21 日发表在《柳泉》杂志上，而作者本人却已于 6 月 19 日安详地故去了。

5. 编辑室的不速之客

公元 1923 年 7 月的一天,《小说月报》编辑室里来了一位蓬头垢面、衣衫褴褛的年轻人。当他自报姓名后,郑振铎马上想起了就是这个叫顾仲起的人,约在一个月前曾给《小说月报》寄来了三首总题为《深夜的烦闷》的小诗。他看后觉得诗写得虽然比较幼稚,但却真实地反映了一个贫困青年在重压下的烦闷心理,于是便把它发表在该刊的 7 月号上了。可没想到,刊物昨天才出版,今天作者本人就来了。更没想到的是,这位作者竟会是如此的一种狼狈的状况。他边让来访者坐下,边听他诉说着自己的不幸身世。原来,他是江苏如皋白蒲乡人,因家境贫困,从小过继给了无儿无女的伯父,而伯父家生活也并不富裕。开始时,他们对仲起倒还不错。可是,当伯父后来有了自己的孩子后,就对仲起愈来愈冷淡了。仲起是在孤独与贫困中长大成人的。后来,他好不容易考取了南通的一个师范学校,却又因为参加学生运动而被校方开除了。回到乡里,又遭到了养父的破口大骂。他忍无可忍,一气之下便离家出走,一路流浪到了上海。为了谋生,他在码头和工厂当过工人,还曾做过出版社的校对。他自幼爱好文学,曾多次向一些刊物投稿,却都未被发表。出乎他意料之外的是,这次他的本以为没什么指望的稿子竟被当时最大的文学刊物发表,而且刊物的主编是自己一向最敬重最崇拜的郑振铎先生。这真是使他受宠若惊。说到此,他脸上泛起了一丝欣慰和感激的笑容。但一会儿,他又悲悲切切地从怀里掏出了一篇新写的小说《最后一封信》,交给了郑振铎。这篇小小说大致描写了在黑暗社会重压下,一个被逼得走投无路的青年在决定结束自己生命前写下一封充满悲哀绝望的遗书的情节。郑振铎匆匆读着这篇短文,边读边感到震惊。他似乎预感到将要有不幸的事情发生在这年轻作者的身上。果然,当他很快地把这篇蘸着"血和泪"写出来的短文看过一遍以后,便听在一旁坐立不安的作者非常伤感地说:"我的希望好像永远陷入黑暗的井中。那么,也只有向自杀之路走去而已!"郑振铎急忙宽慰他说:"不要太悲观了,自杀是不能解决问题的。让我们一起来想想办法，我一定会尽力帮助你的！"他边说边从身上摸出了几元钱，塞到顾仲起的手里，然后说："这是你这篇小说的稿费，我先垫上了。"顾仲起眼含着感激的热泪，走出了编辑室，消失在茫茫人海之中……

孰料，郑振铎次日刚一走进办公室，就收到了顾仲起的来信，说他已经乘船离沪，准备在海上结束自己的生命！读完这简短而十分潦草的绝笔书，郑振铎简直惊呆了。当他昨天听这个年轻人哭诉时，万万没想到他竟会这样快就走上了绝路！他万分痛心，眼睁睁地看着一个在文学上很可造就的年轻人向绝路上走去，却未能把他紧紧拉住！"该死，真是该死啊！"他在内心不断地责怪着自己。这时，他忽地又想起了顾仲起昨天才送来的那篇小说，于是赶忙细细地把《最后一封信》读了一遍，并决定在下期的刊物上发表。他还立即为这篇小说写了一个"附记"，说明了作者的不幸遭遇。最后他写道："我只希望他能收回这个可怕的决定，平安地再回来！"他的本意是希望通过这个年轻人的悲惨遭遇，来作为一个社会问题，引起社会的广泛关注。令他始料不及的是刊物在8月份刚一出版，立即在社会上引起强烈反响，读者来信雪片般地飞到了他的编辑室。大家都关切地希望知道这个青年作者的下落。幸好的是顾仲起并没有真的去自杀。他在生与死的十字路口徘徊良久后，想到了他所崇拜的郑先生对他的谆谆教导，终于决定重新振作起来。于是，他回到住处后，根据这次关系到生与死的亲身经历又写了一篇题为《归来》的小说，寄给了《小说月报》编辑室。郑振铎读过后，长长地吁了一口气。他对顾仲起的终于觉醒万分庆幸，并立即在该刊的9月号上发表了这篇小说。他又为此写下了"附记"，向社会上所有关心顾仲起的人士作了一个交待。从此，"仲起"作为一颗文学新星，出现在了上世纪20年代的上海文坛。

此后，顾仲起的作品不断地发表在《小说月报》上。不仅如此，为了进一步帮助和扶持顾仲起，郑振铎又曾想把他介绍进商务印书馆编译所。可能是学历上的缘故，馆方未能同意。于是，他又想到了沈雁冰。他早已知晓沈雁冰当时的政治身份。他立刻找沈雁冰，讲明了顾仲起的情况，建议不如把他送到当时正在筹备中的黄埔军校去。沈雁冰先生听了郑振铎的讲述后，也很同情这个青年人，于是马上就写了介绍信。他俩还一起凑了些钱给顾仲起作盘缠……

公元1925年1月，顾仲起怀着感激和依依惜别的心情，双眼含着滚动的泪珠，离开了关心他、爱护他的郑振铎先生，登上了革命的征程。

后来的事，便是顾仲起不久便在黄埔军校加入了中国共产党。大革命失败后，他又回到了上海，从事革命文艺工作，并且加入了"太阳社"……

（二）　"漫画"一词的由来

公元20世纪20年代中期，上海出版的《我们的七月》文学刊物上出现了一个署名"TK"的画。画风独特，笔调简洁，富含哲理，引起读者很大的兴趣。后来，人们又常在当时颇有影响的《文学周报》上看到这位画家的插图，并且冠以"子恺漫画"的题头。这些画有的寥寥数笔，一首绝妙古诗的意境便展现出来，引人遐思；有的则寓意深远，耐人寻味。后来，这位画家又出版了一个集子，叫做《子恺漫画》。从此，"子恺漫画"便一举成了名。

但是，"漫画"这个词当时对人们是很陌生的。在此以前，这类画有的被称为"讽喻画"或是"滑稽画"、"讽世画"等，没有一个概括性的统称。自从出现了"子恺漫画"，我国才逐渐流行起了"漫画"的名称。

公元1924年郑振铎在上海主编《文学周报》期间，一天偶然从朱自清和俞平伯合办的不定期刊物《我们的七月》上看到了一幅署名"TK"的画，题为《人散后，一钩新月天如水》，画面上"虽然是疏朗的几笔墨痕，画着一道卷上的芦帘，一个放在廊边的小桌，桌上是一把壶几个杯，天上是一钩新月"。郑振铎后来回忆道："我的情绪却被他带到一个诗的仙境，我的心上感到一种说不出的美感。"这幅画引起了郑振铎浓厚的兴趣。

当时,《文学周报》经常需要一些插图,于是郑振铎便向朱自清打听此画作者"TK"其人。原来"TK"名叫丰子恺,是朱自清的同事,同在浙江白马湖畔的春晖中学教书。提起丰子恺,大家都知道他是我国现代著名的画家和文学家。但在当时,他还只是一个默默无闻的音乐和图画教师。他曾经学过西洋画,但后来没有再向这方面发展。他在课余时常用毛笔把日常生活中所捕捉到的一些有所感触的景象画出来,或是把喜欢吟诵的古诗译成白话,再根据诗意,随意画在香烟盒、包装纸或是废讲义的背面,贴在宿舍门背后聊以自娱,并未想到要发表。但是,这些画风独特的画却被他的同事夏丏尊、朱自清发现。他们都鼓励他发表。正是朱自清第一个在《我们的七月》上采用了他设计的封面,并第一次在这个刊物上发表了他画的《人散后,一钩新月天如水》。

公元1925年,丰子恺到上海创办立达学园。郑振铎得知后,便通过好友胡愈之向他约画稿,作为插图陆续发表在《文学周报》上,并给这些画起了"子恺漫画"的题头。从这以后,我国才有了"漫画"这个词。

曾在一个星期日,郑振铎约了胡愈之、叶圣陶一起到江湾立达学园去看丰子恺的画。那天,丰子恺的房间犹如举办一个小小的画展,吸引了许多同事和学生来参观。他把他的漫画一幅幅立在玻璃窗格上,窗格放满了,又放了好些在桌子上。郑振铎后来回忆当时的情景道:"我们看了这一幅又看了那一幅,震骇他的表现的谐美与情调的复杂。正如一个贪婪的孩子,进了一家无所不有的玩具店,只觉得目眩五色,什么都是好的。"最后,所有的画都被郑振铎拿了去。在返回市区的火车上,郑振铎挎下夹着一大包画,"心里感着一种新鲜的如占领了一块新地般的愉悦"。回家后,他又细细地把这些画看了几遍。公元1925年底,在郑振铎主持下,以《文学周报》社的名义出版了第一部《子恺漫画》。在编这部漫画集时,许多朋友都给了热情的支持。沈雁冰、叶圣陶两先生参加了编选,朱自清、夏丏尊、俞平伯、刘薰宇、方光焘、丁衍镛等先生写了序或跋文。这件事成了上世纪20年代的一段文坛佳话。从此,郑振铎与丰子恺先生便成

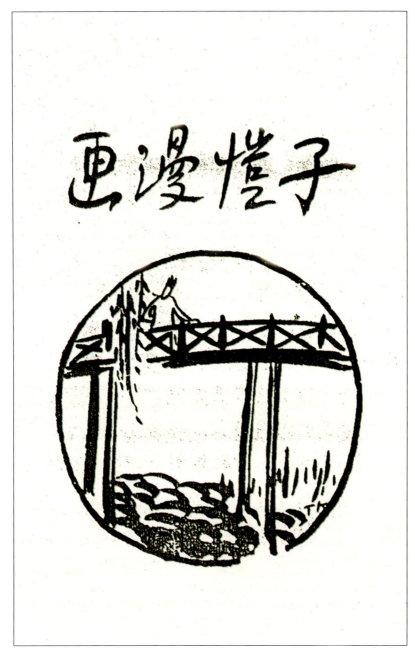

二七　郑振铎编选并题名的《子恺漫画》,公元1925年
由《文学周报》社出版。

了莫逆之交（图二七）。

（三）　"长乐郑振铎"——恋爱与婚姻趣事

公元1922年农历年过后，上海神州女子学校新学年开始了。这天毕业班上国文课时，教务主任谢六逸引进了一位身材颀长，穿一身灰色西装，面目清秀，鼻梁上架着一副深度近视镜的年轻教师。他向大家介绍道："这位是郑振铎先生。本学期由他来担任毕业班的国文课。"当时，商务印书馆编译所所长高梦旦的幼女高君箴是这个班的学生。该校教务主任谢六逸是郑振铎商务印书馆的同事。由于这层关系，商务印书馆编译所的不少人都在神州女校兼课。因为师生年龄相差无几，其中师生间发生恋爱而终成眷属的不乏其人，如教生物的周建人先生后来就和高君箴的同班同学王蕴如结了婚。年轻的郑振铎学识丰富，讲起课来侃侃而谈如开闸之水，尤其讲到古典小说《水浒》、《三国》等更是滔滔不绝，分析精辟，达到出神入化的境地。这一切紧紧扣住了每个学生的心弦，更使高君箴对他产生了钦慕之情。

说来也巧。这年的暑期，商务印书馆编译所所长高梦旦先生携幼女高君箴去莫干山避暑，路经杭州时与郑振铎"不期而遇"。那时，商务印书馆在莫干山长期包有休养所，路上相遇，不足为怪。使高君箴感到奇怪的是这位"郑先生"从杭州艮山门起就一直紧随在她身后。乘车，坐船，寸步不离。沿途的风光不错。江南的初夏原本就是一副天上乐园的景色。一路上没有一块裸土，都是绿的稻、绿的树、绿的桑林。偶然见些池塘，也都有粗大的荷叶与细小的菱叶浮在水面。在汽船上，沿河都是桑林与芦苇，有几个地方的水中央突出了一块桑田，四周都是碧绿的水，水面上浮着不少绿萍，一二小舟正徐徐地往来，俨然是一副田园风光的水墨画。青山绿水之间，郑先生温文而雅的举止，诗一般楚楚动人的言词，深深地陶醉了一颗少女的心……

事后，高君箴才明白，原来这是高梦旦先生特意安排的一次"相亲"，媒人就是谢六逸先生。回到上海，这桩亲事就算订下了。但是，此事却遭到了高氏族人们的反对。他们纷纷来指责高梦旦。其理由就是"门第"太悬殊。原来，高、郑两家虽是长乐同乡，但高家世代为宦，家财豪富，当地号称"高百万"，而郑家祖上虽然也做过大官，当时已经破落，主要靠亲戚接济和寡母做些女红维持生计，郑振铎自己也不过是个穷书生而已……然而，梦旦先生却选定了这个乘龙佳婿。他对族人们的回答是："穷，不怕。我的女儿要嫁的是年轻有为的人，而不是钱！"

阳春三月，莺飞草长，正是杭州一年中最美的季节。这时的西湖，更像个浓妆的西子。青山环抱，百花争艳，杨柳轻拂，碧波如漪。

公元1923年4月中旬，郑振铎和他热恋中的爱人高君箴又一次来到他们当初定情的西子湖畔。一叶轻舟，载着这对情侣，相依相偎，情话绵绵，如一湖充满着柔情的春水。年轻潇洒的郑振择诗兴大发，以《湖边》为题吟道：

取了一块石，
抛入碧玻璃似的湖水中。
湖水漾荡了一会，
便又平静了。
映着夕阳的红光，
漾荡着的水也好。
明镜似的水也好，
总是说不出的美好。

此时此刻，爱的春风滋润着年轻的郑振铎的心灵。他真正感受到了，由于有了爱，生活才变得更加美好！

一回到下榻的西湖饭店，他便激动地给北京的周启明写信，告诉自己"已经订了婚"的喜讯。周启明则高兴地寄给他一本《比较文学史》，以示祝贺。

爱的激情驱动着郑振铎。在西子湖畔，他又一连写了两首情诗，赠给他热爱的君箴：

爱

每朵春花都爱和暖的日光么？
——是的。
每棵绿草都爱蒙蒙的细雨么？
——是的。
每条游鱼都爱粼粼的碧波么？
——是的。
那末，我呢，我的爱——？
你给了我光，给了我水，给了我生命之源，
我怎能不爱你呢？

云与月
——寄M

（**笔者按**：高君箴在娘家中小名称
"妹妹"，"M"即"妹"的英文缩写）

我若是白云呀，我爱，
我便要每天的早晨，在洒满金光的天空，
从远远的青山，浮游到你的门前。
当你提了书囊出门时，
我便要随了你，投我的阴影在你身，为你遮着日光了。

我若是小鸟呀，我爱，
我早已鼓翼飞到你的窗前，
当黄昏时，停在梨树的枝头，
看着你在微光里一针一针地缝你的丝裳。
只要你停针，抬头外望，
我便要唱歌，一只爱的歌给你听了。
我若是月光呀，我爱，

我便当高高的挂在中天，

用我的千万只眼，照进白纱的帐帘。

窥望着你在甜蜜地眠着。

只要你的身向外转侧，

我便要在你的前额，不使你警觉，轻轻地蜜吻着了。

　　郑振铎、高君箴两个年轻人的手紧紧地握在了一起，两颗炽热的心紧紧贴在一起。他俩共同浇灌的爱的种子发芽了……爱的树开花了……要结果了……

　　公元1923年的秋天，总是淫雨连绵，叫人心烦。然而，10月10日这一天，忽然云开日出，阳光灿烂，真是难得的好天气！上海一品香饭店，高朋满座，宴会厅张灯结彩，挂满了万国旗。商务印书馆元老高梦旦之女高君箴和郑振铎的婚礼在这里隆重举行。关于这次婚礼，还有着一个有趣的故事：

　　在举行婚礼的前夕，万事已趋齐备。这时候，新郎才发现主婚人母亲郭宝娟没有图章。可是按照当时"文明结婚"的规矩，结婚证书上是必须盖主婚人印章的。于是他就写信给好友瞿秋白，请他赶紧代刻一个。孰知秋白先生的回书竟是一张"秋白篆刻润格"，也就是通常俗称的价目表。"润格"上标明刻石章每字二元，七日取件；如属急需，限期取件则加倍收费，边款不计字数，概收二元云云……郑振铎看后以为秋白事忙，是推脱之意，便转求沈雁冰。为了好友，沈先生一夜未合眼，把图章赶刻了出来，次日上午就亲自送给了郑振铎。也就在此时，秋白却派人送来了一个红纸包，上面大书"贺仪五十元"。郑振铎知道秋白经济并不宽裕，正说着"何必送这么重的礼"！哪知沈先生已打开纸包，一看竟是三枚精致的石刻印章。一枚是主婚人郭宝娟的。另两枚则是新郎和新娘的，边款一刻"长"字，一刻"乐"字，合起来正好是"长乐"。这恰好寓意新郎、新娘都是福建长乐人。沈雁冰很感兴趣地算了一下，刻工加上加倍的"润格"恰好是五十元。原来是瞿秋白跟郑振铎开了一个大玩笑。郑振铎和沈雁冰当时都忍不住捧腹大笑起来。两位新人本打算在婚书上签字

二八 公元 1923 年 10 月 10 日，
郑振铎与高君箴在沪结婚。

二九　岳父高梦旦先生

三〇　郑振铎与高君箴的婚礼在上海一品香酒家举行

三一　婚礼时在一品香酒家楼顶平台合影（右二为瞿秋白）

三二　婚礼后拍摄的"合家欢"（中坐者为其祖母）

三三　婚礼后在西子湖上度"蜜月"

三四　"蜜月"后
第一天上工

的，于是也改用了图章。

　　原来，郑振铎祖籍长乐，虽然出生在温州，也只是在公元1921年为迁葬祖坟而回过一次长乐，但他却总是在友人们面前以"长乐郑振铎"自居。在他所写文章落款时，常以"长乐郑振铎"署名，而在他的两枚珍贵藏书章上也都是刻的"长乐郑振铎西谛藏书"。其对家乡的热爱，由此可见一斑。

　　下午举行结婚仪式，一品香酒家楼上楼下全包了下来，宾客云集。瞿秋白也来贺喜了，并在婚礼上做了精彩的演说，题目为《薛宝钗出闺成大礼》，大谈妇女解放、恋爱自由等，既严肃又幽默，引得满堂宾客有的瞠目结舌，有的鼓掌欢呼（图二八～三四）。

（四）　第一部传世力作——文学大纲

　　新婚燕尔的郑振铎并没有一味沉溺在蜜月的卿卿我我……有了一个温暖甜美的家，他开始了一系列的重要写作。《俄国文学史略》和《文学大纲》就是郑振铎这时编著的。《文学大纲》是一部用综合和编年的方法介绍世界文学发展，分别阐述各国文学名著，并带有精美插图（均为各国名画）的四大册八十余万字的力作。他从公元1923年底开始撰写，历时四年直到公元1927年初才完成，并由商务印书馆出版。上世纪20年代，人们"像在沙漠中求泉水"那样，渴望全面了解欧洲的先进科学和文化。这本书的出版对系统介绍西欧和世界各国的文学，促进我国新文学的发展，都起了积极的作用。它如同打开了一扇通向世界之窗，使人们看到了丰富多彩的世界文学宝库。在后来很长的时间里，人们要了解世界文学发展的概貌就必须向这部书求教。上世纪30年代，蔡元培先生提及此书时赞扬其为"纲举目张"、"开示涂径"、"材料丰富"和"编制谨严"的"空前之作"。更令许多人难以置信的是这本"空前之作"，在当时竟是由一个才二十多岁的年轻人完成的。还值得一提的是，他在书中关于中国文学部分很重视我国古典文学中反抗封建的民主精华。这种正确的文学观在当时是十分难能可贵的（图三五）。

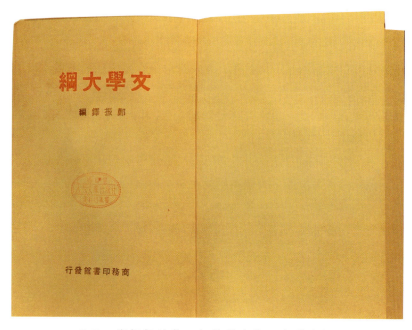

三五　郑振铎的第一部传世力作《文学大纲》

　　这期间，他还写了十多篇研究中国古典文学的论文。另外，他还编选了一部《中国短篇小说集》，选入了从唐至清代的文言与平话小说。全书共三卷五册。这对喜爱中国古典小说的人，无疑提供了极大的方便。他的好友叶圣陶看到他赠送的此书后高兴地连声说："这是功德无量的好事呵！"

　　"人活着就要工作"。这是他一生为人的准则之一。他赞美"终日辛勤苦作的人"而鄙视好逸恶劳的"那些闲逸而无事可为的人"。他在公元1926年最后一期《小说月报》的《卷头语》中写道：

　　谁是人世间的最苦闷者？

　　是终日辛勤苦作的人？

　　是终日坐在书桌上不停地写或读的人？

　　不，那不是他们。

　　最苦闷的却是那些闲逸而无事可为的人。

　　……

　　此时也是他新诗创作的丰收时期。公元1922年，他和朱自清、叶绍钧等八人出版了新诗合集《雪朝》。其中收了他的新诗三十四首。他另外几十首诗散见于《文学旬刊》、《小说月报》、《晨报副刊》和《诗》等刊物中。《有卫兵的车》、《祈祷》、《侮辱》和《忘了》等诗表达了诗人对黑暗社会的控诉，同时倾注了他对女工、车夫和乞丐等劳苦大众的深切同情。《侮辱》一诗就是根据他的一次亲身经历有感而写。公元1921年初的一天，他和耿济之、瞿菊农等人坐人力车经过当时的使馆区东交民巷时，他的车夫不小心轻轻地碰了一个军阀张作霖的士兵的身体。这个士兵大怒。他一边破口大骂，一边还赶过来打了车夫两个耳光，又当胸打了一拳后才余怒未消地走了。车夫等他走后，才轻声地骂了几声，又哽哽咽咽地和伙伴谈了几句，后来竟呜咽着哭了。这件事给郑振铎留下了深刻的印象。几天几夜，只要一合眼，那车夫被辱骂和挨打的景象以及哭诉时的样子便浮现在他眼前……于是，他便有了这首诗：

……
被侮辱的人，不要哭吧！
现在虽黑暗，
天气终究会清朗的。
黑雾虽弥漫四塞，
只要太阳一来，它们就会散开的。
……
只要我们把无数线的太阳光集中在一起，
就可以把黑雾散开了。

他憎恶"黑暗"，向往着"清朗"的天气和象征着光明的"太阳"，而这一切是要通过团结与斗争才能取得的。

不久，他便投入了实际的斗争。

公元1925年"五卅"惨案发生后，他和沈雁冰、叶圣陶、胡愈之等人对当时上海的各报"对于如此残酷的足以使全人类震动的大残杀竟不肯说一句应说的话"感到无比愤慨。他们便联合上海各学术团体的一些人，自募资金，于6月3日创办了《公理日报》。此报揭露和抨击帝国主义的暴行，支持工、学、商各界群众的爱国行动，受到社会上广泛的欢迎，成了畅销一时的报纸。该报的编辑部和发

三六　"五卅"惨案发生后，郑振铎和胡愈之等人创办了《公理日报》。这是郑振铎在该报停刊号上发表的《停刊宣言》。

行所就设在郑振铎的家里。他不仅亲自写稿、编辑、校对和接洽印刷，还动员全家参加了发行工作。但是，这份报纸办了不到一个月，便因经费困难，更主要是在当局压力下各印刷所都不敢再承印而被迫于6月24日停刊了（图三六）。严峻的现实使他们认识到一个真理，即"赤手空拳地高叫'公理'、'公理'是无用的"。这年8月，商务印书馆和全国三十多个分馆爆发了总罢工。郑振铎作为编译所职工代表和罢工中央执行委员会委员，直接参加和领导了火热的工人运动，并在斗争中经受了锻炼。

爱国主义的激情，使郑振铎的创作活动跨入了新的阶段。"五卅"惨案期间，他在《小说月报》和《文学周报》上不断地发表反映这一爱国运动的诗篇，同时也开始了他最初的散文创作。

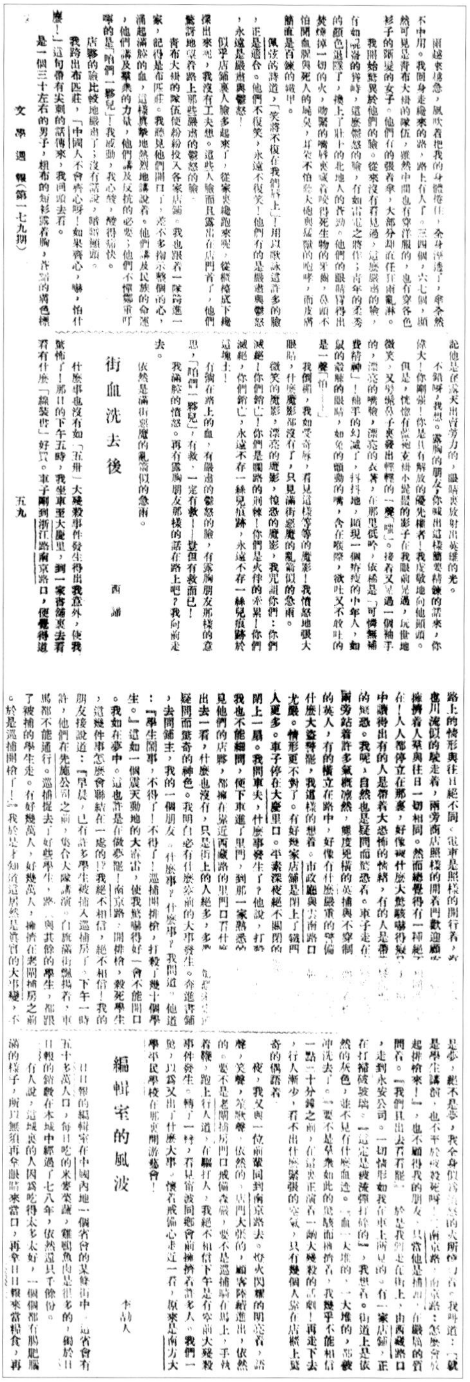

街血洗去後

西諦

編輯室的風波

李品人

文學週報（第一七九期）

五九

三七　郑振铎于"五卅"惨案发生后,在《文学周报》第一七九期发表的《街血洗去后》一文。

坚持"为人生而艺术"的文学主张和现实主义的创作方法，在郑振铎的散文创作中是显而易见的。他最初的几篇反映"五卅"惨案的散文，表现尤为突出。在《街血洗去后》（图三七）和《迂缓与麻木》两篇中，作者以悲愤的情感和质朴的文笔，追述了南京路惨案发生后的所见所闻，痛感某些人对自己同胞遭到残杀竟如此"迂缓与麻木"，强烈抨击了那些"骄贵的绅士们"的冷酷无情。《六月一日》则描述了"大雷雨之后"的又一场"大雷雨"。他以激越的基调，真实记录了"五卅"惨案发生的两天后，悲愤、郁怒的学生和市民们"以更勇敢的精神"走向街头，奋起抗争的感人场面以及发生在当时的又一场大屠杀的惨景。他最后指出："无辜者的血，在有'人'的心者的眼中，脑中，永远是红红的洗涤不去。红色的帘似永远挂着。"这一切呼唤出了作者强烈的爱国心声。他坚信中国人民是绝不会忘记这笔血债的。

在这些散文中，作者强烈真挚的感情和奋发向上的斗争精神，时时感动和鼓舞着读者。作者的创作倾向是力求"率真"和"质朴"，反对"雕琢与粉饰"（见《雪朝〈短序〉》）。可以说，这也是郑振铎散文和其他创作的特点之一。

（五）　"游学"欧洲

公元1927年3月，周恩来同志领导上海工人第三次武装起义时，郑振铎和胡愈之、叶圣陶等人组织的上海著作人公会也积极参加了临时革命政权组织——上海市民代表会议的活动。他还被推举为闸北区市民代表会执行委员会成员，担任了秘书的工作。不久，"四·一二"事件发生。他和胡愈之等人联名写信给蔡孑民等，强烈抗议国民党反动派的血腥暴行。由于他在抗议书上名列第一，又因为他曾是革命政权组织的成员，当他听到许多朋友和革命青年相继遭到反动当局的逮捕和残杀的消息后，满怀激愤的心情，被迫远走欧洲，辗转英、法、意等国，历时近一年半。

公元1927年5月21日，郑振铎告别了妻子、岳父和叶圣陶等朋友们，登上了由上海港驶往马赛的法国邮轮"阿托士第二"。当船将要驶向大海时，他看到沿江停着的好几艘灰色和白色的军舰悬挂着的却不是"青天白日满地红"而是"红日"，是"蓝白红"，是"红蓝交叉着"的联合旗，是有"星点红条"的旗！他的满腔热血沸腾了！后来，他在船上的第三天（23 日）写的《离别》一文中有如下一段话："别了，我爱的中国，我全心爱着的中国……当我归来时，我希望这些悬着'红日'的，'蓝白红'的，有'星点红条'的，'蓝红交叉着'的一切旗帜的白色灰色的军舰都已不见了，代替它们的是我们的可喜爱的悬着我们旗帜的伟大舰队。如果它们那时还没有退出中国海，还没有为我们所消灭，那么来，勇士们，我将加入你们的队伍中，以更勇猛的力量，去压迫它们，去毁灭它们……"

这次"欧行"本来是一次政治流亡，而对郑振铎却成了一个读书、学习、充实自己的绝好良机。他在登上"阿托士第二"邮轮第一天的日记中就为自己拟定了一个在欧期间的计划："（一）希望把自己所要研究的文学，作一种专心的正规的研究。（二）希望能在国外清静的环境里做几部久欲动手而迄因上海环境的纷扰而未写的小说。（三）希望能走遍各国大图书馆，阅遍其中之奇书及中国所罕见的书籍，如小说，戏曲之类。（四）希望多游历欧洲的名胜古迹，修养自己的身心。"他的这些"希望"后来基本上都实现了。

巴黎——这个塞纳河畔的美丽城市对他的吸引力实在太大了。因为那里有着世界著名的许多博物院、美术馆、王宫古堡和名胜古迹，足够他参观学习的。国立图书馆那么多的中国小说与戏曲，竟使他改变了原本只打算在此小住几天的计划而流连了几个月。

伦敦是他这次欧行的主要一站。到达的第三天，他就迫不及待地一头扎进了不列颠博物馆的图书馆，连续好几个月呆在那里，并在当年马克思写《资本论》的地方选择了一个安静的角落勤奋苦读。图书馆方面对借阅善本古籍有很严格的规定，其中一条就是只能阅读不能抄录。为此，他很伤了一番脑筋。但是，他很快想到了家乡的蜜蜂是如何采蜜的，于是便先在阅览室里将借到的书一段段背得滚瓜烂熟，然后装作吸烟，到吸烟室里默写下来。有时，一个人实

三八　旅欧期间,郑振铎与朱光潜等同游爱丁堡古天文台时留影
(左四为郑振铎，左五为朱光潜)。

在费力，便拉着当时也在伦敦的朱光潜和老舍来帮忙。中午，他们
就在博物馆的咖啡室内喝杯咖啡，吃块点心。晚上，则常由他作东，
到中国餐馆吃一顿饭，算是他"犒劳三军"。老舍和朱光潜也算是为
朋友"义"字当头，做到了"尽心尽力"(图三八)。

　　从公元1925年"五卅"惨案到公元1928年旅欧前后的这段时
间，也是郑振铎散文创作的旺盛时期。他主要的三个散文集《山中
杂记》、《海燕》和《欧行日记》(图三九~四一)都是在这个时期写
的。他在这个时期还出版了他的第一个短篇小说集《家庭的故事》，
开始了大量的小说创作。

　　《山中杂记》是他公元1926年夏天在莫干山避暑期间对山中生
活的记述，是一组游记性散文。作者对周围环境观察细致，善于捕
捉大自然中富有情趣的细节，文字质朴细腻而清俊秀丽。《蝉与纺织
娘》描写了"虫之乐队"在不同季节所唱的不同情致的歌。作品想
像丰富，是自然与人生的协奏曲。《苦鸦子》则是通过民间关于乌鸦
的传说，以比兴的手法，用"老婆子"们对话的方式，将乌鸦及其
"苦呀！苦呀！"的叫声比作当时处于社会最低层的劳动妇女的种种

三九　郑振铎旅欧前后
的散文集《海燕》

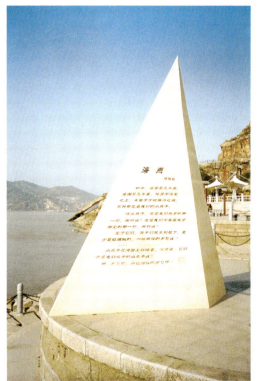

四〇　今天矗立在福建
闽江入海处的《海燕》
纪念碑

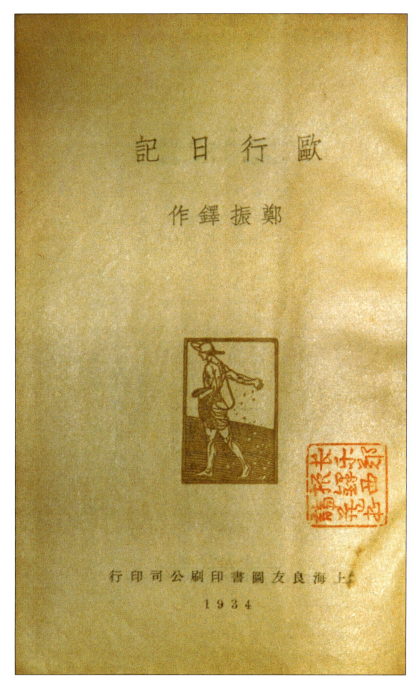

四一   郑振铎旅欧期间撰写的《欧行日记》

不幸和痛苦。《月夜之话》通过月下乘凉时的闲谈絮语，由一个福州同乡的女孩子唱的儿歌，非常自然地把话题引向福州民歌的议论，表达出作者对家乡民歌的熟悉和赞赏。在作者笔下，山中的月夜显得格外"静美"、"柔秀"和"融和"。通篇蕴含诗的情韵和画的意境，令人神往。从这些篇章中，人们可以感受到作者散文的艺术技巧比起"五卅"时期要娴熟多了，但由于是避暑期间"田园生活"闲适淡雅的即兴之作，所以缺乏前期那样强烈的激情。

《海燕》中的一些篇章是他公元1927年在前往法国的"阿托士第二"邮轮上写的。《海燕》一文，作者撷取海上生活中的一个小片断，用丰富的联想和比拟的手法，刻画了海燕和家乡小燕子美丽可爱的形象，抒发了"游子"的离愁别绪，寄托了他思乡念国的满腔深情。《黄昏的观前街》是郑振铎回国后的作品，也收在《海燕》一书中。作者采取了工笔细描的笔法，在人们面前展开了一幅黄昏中江南小城的生活画卷，有鲜明的时代色彩、地方特色和浓郁的生活气息。

《家庭的故事》大多是在欧洲时所写，其中收短篇小说十六篇。它以朴实的文字和"几分眷恋"的心情，为读者留下了一组"将逝的中国旧家庭的片影"。作者从各种不同的角度，为它"留影"，为读者呈现了上世纪20年代中国社会的一些角落。这些故事并不是作者的回忆录，但是这些人物原型应是当时社会"到处可遇到"的。作者熟悉他们，了解他们，因此下笔能够得心应手，多数作品人物形象生动，有血有肉。

《猫》是这个集子中的首篇，作于公元1925年11月。作者通过几只不是失踪便是死亡的小猫的命运，表现了主人"我"对弱小者——猫的怜悯和对它们的死亡感到内疚的心情，反映了人道主义的思想，以及当时一些知识分子精神上的苦闷和无以排忧的复杂心情。作者笔下的猫，形象生动，各具个性，相比之下，人物形象大为逊色，不够典型，还带有较浓的散文色彩。

《五老爹》中的"五老爹"是一个"孔乙己"式的人物。不过，"五老爹"却没有孔乙己那样的偷书恶习。他慈祥、善良、安分守己，只求有个谋生之处，然而社会仍是不容于他。作者通过"我"的回忆，对五老爹倾注了深切的同情，控诉了毁灭五老爹一生并吞噬了他的旧社会。五老爹的外表形象、讲《三国志》故事时的举止神态和长年寄人篱下所养成的"柔和的微笑"都给读者留下了深刻的印象。

《三姑与三姑丈》中的三姑丈，原是个家有"三个当铺，四五个米店，十几顷田地"的不小的财主。他"忠厚无能"坐守产业，不嫖，不赌，最后竟在家产之争中落得一贫如洗，惨死在巡官毒棍之下。作者通过三姑丈的无能、手足间为争遗产的明抢暗夺和县官、师爷、胥吏等恶势力对三姑丈的敲诈勒索以及三姑丈破产后亲朋们对他的"那些冷板板的如霜的面目"的描述，揭露了当时社会的人情冷暖、世态炎凉和弱肉强食的"吃人"本质。

《元荫嫂的墓前》描写的是封建包办婚姻给青年带来的不幸。作者告诉人们，婚姻应该是建立在双方相爱的基础上的，没有真正的爱的结合常常是产生家庭悲剧的因素，控诉了封建婚姻残害青年的罪恶。

通过《家庭的故事》，作者描述了形形色色家庭的各种痛苦、不幸与悲剧。但是，他对这些旧家庭并没有明显的谴责，有时"反有些眷恋"。这说明他对旧家庭的本质还缺乏足够的认识。这使他的一些作品基调较软，有些缠绵悱恻，缺乏斗争性。不过，从另一方面看，他在当时就认识到社会是造成家庭种种痛苦与不幸的根源了。人们在读他的这些作品时，都可以或明或暗地得出这一结论来。如《猫》中"我"的百无聊赖，《五老爹》中五老爹的潦倒，《三姑与三姑丈》中三姑丈的破产与惨死，还有《元荫嫂的墓前》中元荫嫂的爱情悲剧……那一件不是不合理的社会制度直接或间接造成的呢？！作者的这种认识，使作品具有了不同程度的社会意义。

公元1928年10月，郑振铎结束了在欧洲近一年半的流亡生活，回到了日思夜念的祖国。当他一脚踏进家门时，一股温暖气息扑面而来。尤其使他格外惊喜的是，他走时尚未出生的女儿小箴已经呀呀学语。他回国后仍在商务印书馆主编《小说月报》。可是不久，他就因与当时商务印书馆总经理王云五的矛盾日益尖锐而结束了长达十年的编辑生涯。

原来是王云五从公元1930年开始在馆内推行了一套他从欧、美、日"考察"来的所谓"科学管理法",实际上加重了对职工的压榨,从而激起员工的强烈反对。而在当时,素来不满王云五骄横的沈雁冰、叶圣陶等人已先后离开了商务印书馆,于是以郑振铎在同人中的声望自然地被推到了与王氏斗争的前列。斗争胜利了,王云五被迫收回了成命,可是郑振铎与仍是总经理的王云五的关系也日益紧张,使他觉得有一种"人在屋檐下"的压抑。于是,经周作人和郭绍虞的推荐,郑振铎携全家北上,担任了北平燕京、清华两所大学的合聘教授。其实,他之所以北上执教,除了与王云五的关系,还有一个很重要的原因,那就是为了能有较多的时间来实现他多年的写作计划,而其中最主要的就是写他的《插图本中国文学史》。

四 三校名教授
两部传世作

（公元 1931～1937 年）

（一）《插图本中国文学史》的诞生

素有"小西湖"美誉的未名湖的湖光、塔影和石舫，未名湖的春花、夏荷、秋月和冬雪，都颇能使人增添文思。郑振铎在湖畔茂林修竹掩隐下的曲径通幽深处，有了一座田园式的别墅——天河厂1号。这真是一处只有王维和陶渊明的诗中才有的佳境啊！他终于在完成繁重的教课以外，有了一个他盼望已久的良好环境来实现他多年的夙愿了（图四二～四四）。他先是在两校讲授中国小说史、戏曲史以及比较文学等，一年后就专任燕大教授及中文系主任。除了备课和讲课，其余时间便都可以用来写作了。这一时期，他还和傅东华、巴金、靳以等人先后创办了《文学月刊》和《文学季刊》等进步刊物。

从公元1931年到1935年，四年的教授生涯使他有较多时间坐下来搞些学术研究和写作。他的最具代表性的文学力作《插图本中国文学史》就是在此期间完成的。

《插图本中国文学史》是被专家认为的"建国前最好的一部文学史专著"（陈福康《郑振铎论》）。该书是公元20世纪30年代初郑振铎继他的世界文学史巨著《文学大纲》后出版的又一鸿篇巨制。在这部近八十万字的书里，他最早把历来不为文人雅士们所看重的戏曲、小说、弹词、宝卷、变文等，即被"正统文学"视为不能登上文学殿堂的所谓"俗文学"，用三分之一的篇幅写了进去。以他独到的见解，为"俗文学"正了名。陈福康先生在《郑振铎论》中评论此书道：全书最重要的贡献在于民间戏曲（包括散曲）、变文（包括所衍变的文体）等的评述。也就是说，作者特别强调民俗文学、讲唱文学在文学史上的意义与地位。作者将变文与戏曲、小说并称为中国文学史中"最崇高的三大成就"。这是一大创见（当然，中国又称"诗国"，中国古代的诗歌的成就也是不可否认的）。从未有人这样说

四三 公元1933年春，郑振铎在燕京大学住宅前与友人合影（左起为俞平伯、郭绍虞、浦江清、顾颉纲、赵万里、朱自清、朱自清夫人陈竹隐、高君箴、顾颉纲夫人殷履案和郑振铎）。

四四 公元1933年夏，郑振铎与冰心夫妇摄于北平（左三为吴文藻、左四为冰心、左五为郑振铎）。

四五　郑振铎的代表作《插图本中国文学史》，公元 1932 年 12
　　　月由北平朴社出版。

四六　公元 1933 年秋，郑振铎与高梦旦、胡适同游北平西山
　　　（左二为胡适、左三为郑振铎、左四为高梦旦）。

过，从而也就成为本书最显著的特点之一（图四五、四六）。应该说，陈福康先生的评价是客观而公正的。

（二）一座"俗文学"的丰碑

他的传世力作《插图本中国文学史》在公元1932年12月由北平朴社出版后，得到社会上的广泛好评。但是，他总觉得有些言犹未尽。因为在此书中虽然第一次将唐五代的"变文"、金元的"诸宫调"、宋明的平话、明清的弹词和宝卷等这些历来不登大雅之堂的所谓"俗文学"写了进去，但也还是只占了约八十余万字的全书总篇幅的三分之一。因此，他又产生了专门为"俗文学"写一部书的念头，并且开始了紧张的准备。

大约在一年多的时间里，郑振铎除了教课，大部分时间都埋头在书斋或学校图书馆，仅笔记就写了四大本。图书馆的老校工说："郑先生是来图书馆次数最多的教授。有时候从一早开馆就来，晚上闭馆才走，中午吃饭都不回家。"在清晨未名湖的薄雾中和傍晚的夕照里，学生们又可看到一个高大魁梧的身影正在湖畔鹅卵石小径上踱着步，嘴里总是含着一支香烟……学生们在猜测"郑先生又该有什么大手笔了"？

他从公元1934年开始写，大约到公元1936年底才把一部继《插图本中国文学史》以后的又一部重要的文学史专著《中国俗文学史》写完了。如果说前者是为平民文学在文学殿堂里争得了一席之地的话，那么后者就可以说是堂而皇之地在为"俗文学"树碑立传了。从此，在中国文学界，讲到"俗文学"就不能不提到郑振铎，而且不得不承认他在该领域的领先地位（图四七）。

《中国俗文学史》全书十四章，约三十七万字。第一章（何谓"俗文学"）对俗文学的基本概念及有关理论作了概述。由于他有着民俗学的丰富知识，又有扎实的文学理论根底，因而比起在这本书出版前出过的陈光尧的《中国民众文艺论》和洪亮的《中国民俗文学史略》等书在"民众文艺"和"民俗文学"的阐述和观点上要显得更

四七 郑振铎的又一巨著《中国俗文学史》

为精密，更为准确。

该书其余的十三章是按时代分别叙述了古代歌谣，汉代的俗文学，六朝民歌，唐代的民间歌赋与变文，宋金的杂剧词、鼓子词与诸宫调，元代的散曲，明代的民歌、宝卷、弹词、鼓子词与子弟书，清代的民歌等。全书清晰而系统地叙述了这些民间文艺的兴起、流传与演变的情况。就其全书所涉及的内容以及材料的丰富翔实而言，不仅为以前的同类著作如胡适的《白话文学史》所远远不及，即使作者本人的《插图本中国文学史》也是比不上的。至今，人们仍认为就对"俗文学"的发现、资料的搜寻以及研究与刊布而言，"郑氏当推首功"。

在写此书的过程中，他家几度搬迁。先是在燕园的天河厂1号，后来又一度住到了北平城里的小羊宜宾1号，最后又搬到了上海地丰里。他的工作也由燕大中文系主任转而成为上海暨南大学文学院长。短短两年时间里，他的生活发生了这么多变化，比起他写《插图本中国文学史》的时候所具有的那种安定舒适的条件要差得多。他也曾几度想搁笔，但他宁折不弯的个性使他坚持写了下来。不过，毕竟是耽误了一些时间。当他在书稿的最后一页画上句号的时候，已经到了公元1936年的年关。为了早些出书，他那天是冒着上海少有的鹅毛大雪坐着"黄包车"把稿子送到商务印书馆。在回来时，由于雇不到车，他走了很长的一段路才跳上一辆有轨电车。回到家时，他已浑身披满白雪，成了一个名副其实的"雪人"。夫人赶紧叫佣人去弄堂口的老虎灶叫来一担热水，让他洗个热水澡。他的母亲则用绍兴老酒煮了一碗"水波蛋"，并加上两勺红糖，叫他赶快喝下去。尽管亲人们精心照顾他，生怕他"伤风"，但他第二天还是病了，咳嗽流涕，高烧不退。母亲要请一位常给家人看病的福建老中医来给他诊治，但他坚决不看中医，还是请来了一位留德的医学博士给他打了一针，又开了些阿斯匹林之类的药，三四天后病才痊愈了。他一向有喜欢在闲暇时躺在床上看些"闲书"的习惯。他在养病的几天里，不仅读了一些古人笔记小说，还把幼年时就喜欢读的《聊斋志异》、《红楼梦》、《水浒传》又重读了一遍。用他自己的话来说，就是"大大地享受了一番"！

　　由于他写这部书的时间没选好，故而从他动手写的那天起，就决定了这部书半世坎坷的命运。在他把书稿送到商务印书馆不久便发生了震惊中外的"卢沟桥事变"，紧接着又是上海的"八一三之役"，于是出书之事便延误下来。下面摘取一段当年的《商务印书馆启事》，用以帮助读者来了解当时的局势："本年八一三之役，敝馆上海各厂，因在战区以内，迄今无法工作，书栈房亦无法提货。直接损失虽未查明，间接损失实甚严重。自沪战发生之日起，所有日出新书及各种定期刊物预约书籍等，遂因事实上之不可能，一律暂停出版。月余以来，就较安全之地点，设置临时工场，并就分厂力量，设法调剂，决自十月一日起，恢复新出版物。惟是能力有限，纸张短缺，运输亦重感困难，只能量力分别行止。其继续进行者，亦只能分别缓急次第出版。邦人君子鉴于敝馆今日处境之困难，始终为文化奋斗之诚意，当能垂谅一切也！"

从这个《启事》不难想像，当时不仅是他的《中国俗文学史》，另外许多书籍的出版都受到了影响。他的这部书直到公元1938年8月，即商务印书馆在长沙设总管理处（实际上是总馆一度迁往长沙）以后才草草出版。限于当时的环境，这部书纸张粗糙，印刷低劣，有不少错字也是极明显的。连他已经写好了的序和精选的插图也都没顾上印刷，而这种现象在他的著作里是罕见的。由于兵荒马乱，也很少有人写文章来评论它，故而被后人称之为"一本命运寂寞的书"（陈福康《郑振铎论》）。直到公元1954年，作家出版社根据当年的纸型再版了此书（作者只修改了个别错字）。又过了四年，此书在一场所谓的"拔白旗"运动中与他的《插图本中国文学史》等书一起遭到了极不公正的"批判"，从此便被打入了冷宫。

俗话说："真金不怕火炼。"改革开放以来，此书终于又被一些出版社重新列入了出书计划。例如，公元1982年，人民文学出版社根据原作家出版社版本再版了此书。接着，上海书店于公元1984年，东方出版社于公元1996年，商务印书馆于公元1998年都先后重印了此书。台湾的商务印书馆到上世纪80年代为止，也至少把此书再版过七次。直到现在，它仍是一部不可取代的专题文学史巨著。其研究成果仍常被其他学者所引用或借鉴。

这期间，他的小说创作成就也很显著。他的两篇代表作《取火者的逮捕》和《桂公塘》以及《黄公俊之最后》、《毁灭》等都是这时写的。在创作实践中，他逐步形成了擅长以神话传说和历史人物为题材的创作特色。

《取火者的逮捕》由《取火者的逮捕》、《亚凯诺的诱惑》、《埃娥》和《神的灭亡》四个内容连贯的短篇组成，实际是一个长篇。它取材于希腊神话，即天神普罗米修斯为造福人类，将天上火种盗取给人间，而被主神宙斯锁在高加索山崖。他每日遭神鹰啄食肝脏，受尽折磨却坚毅不屈。作者选取这样的题材来"借古喻今"，用以达到他鞭挞蒋家王朝的昏聩、丑恶和残暴的目的，同时预示了人民经过艰难曲折的斗争终将取得胜利。用他自己的话来说，就是"借古人

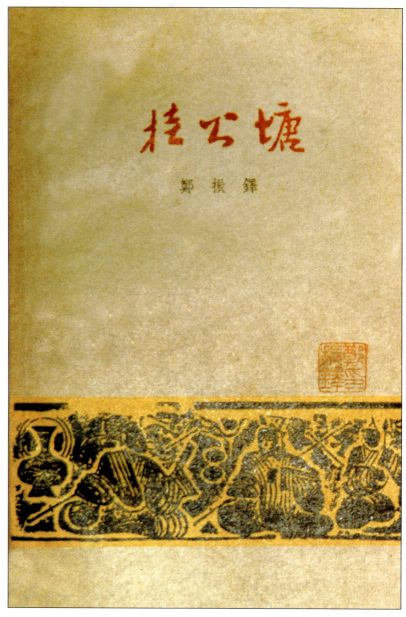

四八 郑振铎公元 1934 年写的《桂公塘》

的酒，浇自己的块垒"。小说中宙斯是一个活生生的人间暴君的狰狞
形象，影射了当时的最高统治阶层。普罗米修斯则是当时现实生

活中那些与旧世界决裂后在民间点燃起斗争火种的革命者的崇高形象。值得注意的是，作者在结局安排了一场人与神的拼搏，最后以人类胜利和"神的灭亡"而告终。这本来是原故事中所没有的。它预示了正在觉悟的人民终将有一天会起来推翻反动统治者的残暴统治。正如作者在此书的《新序》中所说："那实在是一部'预言'。那'预言'是会最后实现的。"

如果说在写《家庭的故事》时，作者还只是看到了黑暗，揭露了黑暗，却并未指出光明的话，那么这时他不仅是看到了曙光，而且正在为将要到来的黎明而热烈地讴歌了。这正是作者的思想跨进了一大步的可喜表现！

《桂公塘》取材于南宋民族英雄文天祥的事迹。作者没有像其他同类题材的作品那样去表现文天祥英勇就义的壮烈场面，而是撷取了他在南宋小朝廷行将垮台前夕临危受命到元军兵营谈判议和，身陷囹圄，最后设计逃出敌手，奔赴抗敌前线的片断。作者写此篇时，我国东北三省已沦入敌手，日寇又向关内紧迫，北方大片领土正在逐步沦丧。国难当头，民族危机日益严重。作品宣扬了爱国主义和民族气节，唤起民众共赴国难，并着重表现了文天祥的凛然正气和百折不挠的抗敌壮志，同时鞭挞了国民党当局的投降政策。作品中的其他正面人物，如杜浒的粗中有细、耿耿忠心，余元庆的沉着冷静、老谋深算，金应的血气方刚、豪勇无畏……都描绘得有声有色，栩栩如生，寄托了作者对爱国者的一片深情。而反面人物，如家铉翁的颟顸、吴坚的圆滑、贾余庆的奸刁和刘岜的卑鄙……虽都只简单几笔，却丑态毕露，反映了作者对投降派的憎恶。《桂公塘》通篇笔调刚劲，结构严谨，故事苍凉悲壮，富有感染力，是郑振铎为数不多的小说中的一篇佳作（图四八）。

《毁灭》则是另一类的历史小说。它是以反面人物阮大铖为主角来展开情节，以达到鞭笞民族败类的目的。故事描写了把持南明小朝廷的阮大铖在清兵即将南下而国势岌岌可危的情况下，继续贪污弄权，提出"先安内患，将来再和强邻算账"的反动政策，对外步步退让，对内迫害爱国将领，排斥异己，最后狼狈逃亡，民众奋起烧毁了他的豪宅。作者影射了腐败的南京政府，抨击了蒋介石"攘外必先安内"的政策。作品中阮大铖的奸诈贪婪、色厉内荏的丑恶面目被刻画得淋漓尽致，故事情节跌宕起伏，有较强艺术效果。

《黄公俊之最后》取材于太平天国的故事。主人公黄公俊是"小田主"出身的有民族气节的知识分子。他参加了太平军，在太平天国危亡之际前往湘军大营游说曾九与太平军合作，被曾国藩扣留，宁死不屈。作者满腔深情倾注笔端，刻画了黄公俊这样一位为了民族的复兴而赴汤蹈火的优秀知识分子的光辉形象。他在湘军大营游说时的慷慨陈词和曾九劝他投降时的表白，使一位铮铮铁骨的好男儿跃然纸上。情节悲壮，可歌可泣！曾氏兄弟则是知识分子中的败类。他们认敌为父，不以为耻，反以为荣，为了"显亲扬名"甘愿"为皇家出力"，充当了血腥镇压太平天国起义的刽子手，与黄公俊形成鲜明对照。作品表达了作者强烈的爱与憎，同时指出了在民族存亡的紧要关头知识分子应持什么样的态度。

以上几篇历史小说，虽然写的是古人，实际上都是作者有感于国内时局所作，故而带有鲜明的时代色彩，流动着时代的血液，焕发着时代的气息。由于它们为现实斗争服务，所以成为当时进步文学的奇葩，至今仍被收入各类文集、选集或以单行本出版。

公元1934年冬，他作为燕大中文系主任想聘请几位进步教授（其中有的是中共党员）到燕大任教，而与校方发生矛盾。这年底，他愤而辞职。

公元1935年6月，郑振铎携全家由北平迁回上海，经友人聘请，担任了暨南大学文学院院长（图四九～五二），并积极参加反帝反法西斯斗争。公元1936年6月，他和周扬、沈雁冰、叶圣陶等人发起成立"中国文艺界协会"。同年10月，他和鲁迅、郭沫若、沈雁冰、叶圣陶等二十一人联合发表了《文艺界同人为团结御侮与言论自由宣言》。公元1938年3月，他参加了文艺界的全国性统一战线——"中华全国文艺界抗敌协会"，被选为理事（图五三）。

这一时期，他还为生活书店编辑了继《译文》以后又一本大型的介绍世界文学的刊物——《世界文库》（图五四），并参加了《中

四九 任暨南大学文学院院长时期的郑振铎

五〇　暨南大学文学院全体教师合影（前排右四为郑振铎）

五一　公元1937年，郑振铎与暨南大学中文系毕业班合影。

五二　暨南大学行政会议全体成员合影（左三为校长何炳松，左四为郑振铎）。

五三　公元1938年3月，郑振铎参加"中华全国文艺界抗敌协会"时与肖乾等在上海合影（右一为肖乾、右二为郑振铎、右三为靳以）。

五四　郑振铎在公元 1935 年创办的《世界文库》
国新文学大系》的编辑工作。

（三）　良师与益友

　　人的"第六感官"有时是很灵的。公元 1936 年 10 月中旬，郑振
铎总觉得心神不定，夜里常被噩梦惊醒。他预感到似乎要发生什么
大的事情！不久前（即公元 1936 年 7 月 22 日），他视同父亲的岳父
高梦旦先生去世了，而在此之前的几天，他也有过这样的感觉。公
元 1936 年 10 月 16 日这天下午，他没有课，独自孤坐在书斋里，几
次提笔，却一个字也写不下去。于是，他驱车去一家编译所，想找
几位老朋友聊聊天，也许这样心里会舒服些。他一贯待人真诚，又
很健谈，朋友们见他来了，都很高兴。大家放下手中的稿子和笔，和
他畅谈起来。正谈得起劲，一位听差送来了当天的晚报。他边和朋
友谈着，边顺手拿起这份报纸，偶然被一行黑体字的标题惊呆了：
"中国的高尔基今晨五时去世。"他连忙读了下去，果然是他所敬爱

五五 郑振铎的良师益友——鲁迅先生

的师友——鲁迅先生逝世了！这消息像闷棍似地当头打了下来，好半天他都呆坐在那里不言不动（图五五）。

就在十天前，他还收到过鲁迅先生的信，信中谈了关于《海上述林》的出版问题，还关切地询问了《十竹斋笺谱》的刻印情况，希望能早日看到"笺谱"全部刻成……谁料他还未来得及写回信，鲁迅先生竟……这一年真是个"多愁的不祥"之年。先是 6 月 18 日苏联伟大的革命作家高尔基的逝世，现在想不到鲁迅先生也突然地离开了人间。有人说："这是人文界的日蚀！"远在东瀛的郭沫若先生，遥望大陆，含泪写道："方悬四月，叠坠双星，东亚西欧共陨泪……"

晚餐桌上，一家人失去了往日的欢笑，默默地吃着饭。郑振铎只略略扒了两口饭，便搁下了碗。他狠命地吸过几支烟后，便早早地躺下了。这一夜，他在床上辗转反侧，只是不停地叹着气，夫人也被搅得未能合眼。

鲁迅先生比郑振铎年长 17 岁。因此，他们可说是"忘年之交"。早在文学研究会成立前，他作为主要发起人，曾写了一封信给鲁迅先生，聘请他为该会发起人。此信是通过周作人转交的。因为当时他还只是个铁路管理学校的学生，和鲁迅先生并不相识。那时，鲁迅先生在教育部任职。据说，根据当时"文官法"规定：凡政府官员不得和社团发生关系，因此没有参加。不过，鲁迅先生对这个以青年人为主的文学社团一直是十分关怀和支持的。他后来常为被人们公认为文学研究会会刊的《小说月报》撰稿，因此便有人以为鲁迅先生是文学研究会的主要成员，甚至有的人以为文学研究会的宣言是鲁迅起草的。当时郑振铎在北京，有关文学研究会的事都是他通过周作人与鲁迅先生联系的。不久，他由铁路管理学校毕业，被分配到上海南站当见习生，因此一直未能见到鲁迅先生。应该说，当时他们之间只有间接关系。

公元 1922 年 3 月，北京城刚刚脱去冬装。鲁迅先生介绍当时在上海的俄国盲诗人爱罗先珂到北京大学教世界语和俄国文学，郑振铎专程陪同他到北京来。恰好，当时叶圣陶应蔡元培之聘到北大任预科讲师，于是他们便结伴同行。在北京女子高等师范举行的爱罗先珂演讲会上，郑振铎才第一次和鲁迅先生见了面。当鲁迅先生同爱罗先珂一起步入礼堂时，他迎向前作了自我介绍。鲁迅先生亲切地和他握了手，并匆匆地交谈了几句。这次短暂的会见说了些什么，后来连他都忘了，但先生那富有魅力的音容笑貌给他留下了深刻的印象，特别是先生朴素的衣着更使他难忘。据郑振铎回忆：那天鲁迅先生穿的是一件旧的黑色外套，戴一顶黑呢帽，完全像一个极其普通的小老头。而这件黑外套，在以后的十几年间，每当春秋时，鲁迅先生还是常穿着它的，直到他生命的最后几年也未见穿过新外套。吃的是草，挤的是奶。这不正是鲁迅先生一生甘当人民大众之牛的崇高品格吗？

一年以后，郑振铎接替沈雁冰先生主编《小说月报》，因常请鲁迅先生写稿，谈有关稿子的事，于是和鲁迅先生有了较多的书信来往。这期间，他正在研究中国小说。由于独学无友，用他自己的话就是"完全像盲人骑瞎马，乱摸乱闯，一点凭借都没有。只是节省着日用，以微薄的薪水购书，而即以所购入之零零落落的破书，作为研究的资源"。那时，他偶尔得到一部清初四雪草堂原版的《隋唐演义》都以为是了不得的奇遇，至于什么"三言"、"二拍"之类的书却是做梦都不曾想到的。鲁迅先生的《中国小说史略》的出版，使他减少了许多暗中摸索之苦。有一次，他写信给当时在北京的鲁迅先生，向他请教有关《醒世恒言》、《警世通言》及《喻世明言》的问题。鲁迅先生很快就回了信，信里附了一份亲手抄录的《醒世恒言》全目，还说《喻世明言》、《警世通言》他也没见到过，《醒世恒言》他只有半部，但一位朋友那里藏有全书，所以借了来抄下目录寄给他。当时正值隆冬，窗外飘着纷纷扬扬的雪花。他拿着这份似乎还保留着鲁迅先生体温的书目，心里暖洋洋的。他把这份目录作为最珍贵的纪念，一直保存在鲁迅先生寄赠他的《中国小说史略》里。

后来，他在研究宋元以后的平话小说时，很想看看《西湖二集》，而这类书在当时的上海是根本见不到的。他又写信问鲁迅先生。谁料到，随着回信寄到的却是一个厚厚的包裹。他打开来竟是半部明末原版的《西湖二集》，并附有精美插图三十四帧。那时，他几曾见到过明刻插图本的平话集呢！见到这《西湖二集》，他不由得"为之狂喜"。鲁迅先生在信中说"他现在不搞中国小说，这书留在手边无用"，于是便赠给了郑振铎。这件事感动得他只要一提起来就"跃跃在心头"。在悼念鲁迅先生的文章中，郑振铎写道"我生平从没有意外的获得……但只有这一集宝贵的书，乃是我书库里惟一的友情的赠与。只有这一部书"（见《永在的温情——纪念鲁迅先生》）！这部《西湖二集》始终庋藏在他所心爱的一些明版书中间。每当看到它，他就会想起鲁迅先生那崇高真挚的友情。

对年轻的朋友，鲁迅先生是从不摆架子的。他最难忘的是公元1926年夏的一件事。当时，鲁迅先生由北京去厦门，在上海逗留几天。8月29日上午，先生抵达上海，下榻孟渊旅社。郑振铎知道后，便写了帖子请先生次日在消闲别墅吃晚饭。这是一家在当时很有名的福州菜馆。他本以为鲁迅先生旅途劳顿，在上海只有几天时间，又有许多亲友要会，可能会婉言推辞。况且这天天公又不作美，下起了大雨。谁知，先生竟乘坐黄包车冒雨前来赴宴。那晚作陪的有刘大白、夏丏尊、陈望道、沈雁冰、胡愈之等十多人。鲁迅先生那天兴致很浓，喝了不少酒。朋友们都劝他在上海多耽搁几天，他当时未作表示。可是两天后，鲁迅先生就登上了驶往厦门的"新宁"轮。为了不让朋友们送他，除了周建人先生，谁也不知道他走得那么快。当郑振铎闻讯赶到码头时，船已离岸多时，只得望着朦胧的船影挥了几下手，怅然而归。

公元1927年，鲁迅先生辞去了中山大学的职务，由广州到上海定居。这时，郑振铎已远走欧洲"游学"。他在英、法、意等国游历时，常爱寄些印有各地风光及名贵文物的精美明信片回来，由夫人分赠给朋友们，往往其中总有一小包是专送给鲁迅先生的。夫人收到后，就交给商务印书馆编译所的父亲高梦旦的一个绰号叫"老鼠"的听差，由他送往景云里鲁迅先生家。那时候，景云里住了不少商务印书馆编译所的同事。郑振铎有事要找他们，都是由夫人派"老鼠"去办的，因此他对那里很熟悉。

郑振铎与鲁迅先生的友谊，最值得纪念的应首推他俩合作编印的《北平笺谱》和《十竹斋笺谱》了。这个有意义的合作是从公元1933年初开始的。那时，郑振铎还在北平燕京大学任教，同时和靳以合编《文学季刊》。鲁迅先生有时也为《文学季刊》写些稿子来。这年的2月3日，鲁迅先生收到了郑振铎托周建人先生送去的《插图本中国文学史》前三册。先生对书中那些精美的版画很感兴趣，又想起以前曾收到过郑振铎赠送的笺谱，于是便决定向郑振铎提出了一个考虑了很久的打算。他在2月5日给郑振铎写信感谢赠书的同时还写道：

去年冬季回北平在琉璃厂得了一点笺纸，觉得画家和刻印之法，已比《文美斋笺谱》时代更佳，譬如陈师曾齐白石所作诸笺，其刻印法已在日本木刻专家之上，但此事恐不久也将消沉了。

因思倘有人自备佳纸，向各纸铺对于各派择优各印数十至一百幅，纸为书叶形，彩色亦须更加深厚，上加序目，订成一书，或先约同人，或成后售之好事，实不独为文房清玩，亦中国木刻史上一大纪念耳。

不知先生有意于此否？因在地域上，实为最便……

真所谓"英雄所见略同"。读完鲁迅先生的信，郑振铎兴奋不已！编印笺谱，这正是他多年来一直想做却又因势单力薄而始终未敢去做的一件大事。现在有了鲁迅先生的鼓励与支持，不愁办不成了！郑振铎一连兴奋了好几天……

好容易熬到旧历年刚过，郑振铎便乘寒假之便到了上海。由周建人陪同，他到了大陆新村九号。在鲁迅先生那间书房兼卧室内，他和先生谈了大半天。那天，鲁迅先生很是兴奋。他拿出许多从北平买来的彩色笺纸给郑振铎看，同时有些心痛地说"木刻画如今是末路了，但还保存在笺纸上。不过，也难说，保存得不会久"。于是，他又谈了编印笺谱之事。他笑着对郑振铎说："我觉得你很适合做这件事！但这要花费很多时间和精力，不过很值得一做。我们来个南北合作，你看如何？"先生的话，使郑振铎勇气倍增。"只要有您的指导，我有信心做好这件有意义的事！"他信心百倍地马上答应了鲁迅先生。以后，便按照两人商定的办法由郑振铎在北平琉璃厂等处各南纸店搜罗笺纸，然后一包包寄往上海北四川路内山书店——那时书信都是由内山先生转交给鲁迅先生的。经由鲁迅先生选择后，再一包包寄回北平，由郑振铎交给荣宝斋去刻印。那段时间里，郑振铎常乘坐马车或人力车奔波在西郊到南城外琉璃厂的土路上，往返百十余里，风尘仆仆之状是可以想像的。数月下来竟瘦了一圈。本来并不胖的他，变得更黑更瘦了。

在《北平笺谱》的整个编印过程中，鲁迅先生倾注了无数心血。从一页页地精心选择笺样，到采用什么纸来印刷，版面用什么底色，用什么样的封套以及笺谱的名称，他无一不是细致入微地写信和郑振铎商量。就说笺谱的名称，鲁迅先生就是考虑到"北平"二字，既限定了时代也点出了地方，故而就和郑振铎商定了《北平笺谱》的名称。对于鲁迅先生的意见，郑振铎是非常尊重的，总是尽可能按照他的意思来办。这期间，郑振铎曾因故和燕大校方发生纠纷，致使笺谱的工作停顿了一些日子。鲁迅先生即来信说："这件事我们得赶快做，否则，要来不及做或轮不到我们做了……"先生的信，又使他振奋起来，加紧了笺谱的工作。不到一年时间，六册一套的精美的《北平笺谱》在北平城南的荣宝斋问世了（图五六）。公元1934年1月6日，当他把笺谱即将问世的消息写信告诉鲁迅先生时，先生非常高兴地在回信中说："接六日信，甚喜。《北平笺谱》极希望能早日出书，可以不必先寄我一部，只望令荣宝斋从速运来，因为这里也有人等着……"此书出版后，郑振铎把第一部样书寄给了鲁迅先生，并编号"001"。

从鲁迅先生对编印《北平笺谱》的严肃认真和一丝不苟的态度，可以见得他对祖国优秀文化遗产有多么重视。这对郑振铎也是极大的教诲，并由此更激发了他对中国古代版画的无穷兴趣。这项工作完成后，紧接着，他又自告奋勇地和鲁迅先生着手编印《十竹斋笺谱》（图五七）。可惜鲁迅先生只见到第一册，后因病魔过早地夺去了他的生命，连第二册都未及见到。这件事使郑振铎终生都引为莫

五六 鲁迅、郑振铎合编的
《北平笺谱》。

五七 鲁迅、郑振铎合编的《十
竹斋笺谱》。

大的遗憾！

　　鲁迅先生还曾向他讲过，希望将来能将明版小说《平妖传》、《西游记》等影印出来，"使它能够久传"。可惜的是这个良好的愿望在鲁迅先生和郑振铎生前都未能实现。

　　他与鲁迅先生有较多的直接交往，则是公元1935年他到上海暨南大学任教以后，一直到先生逝世。这期间，他时常有一些学术上的问题和关于《十竹斋笺谱》的刻印方面的事去大陆新村向鲁迅先生求教。鲁迅先生看起来很严肃，其实他对朋友十分真挚热情。据郑振铎后来回忆"初和他见面时，总以为他是严肃的冷酷的。他瘦削的脸上，轻易不见笑容。他的谈吐迟缓而有力，渐渐地谈下去，在那里你便可以发现其可爱的真挚，热情的鼓励与亲切的友谊。他虽不笑，他的话却能引你笑。他是最可谈，最能谈的朋友。你可以坐在他的客厅里，他那间书室（兼卧室）里，坐上半天，不觉得一点

五八　公元1935年以后，郑振铎在沪的住处愚园路东庙弄44号。
鲁迅先生晚年经常到这里做客。

拘束，一点不舒服。什么话都谈。但他的话头却总是那么有力。他
的见解往往总是那么正确。你有什么怀疑不安，由于他的几句话也
许便可解决你的问题，鼓起你的勇气"（见《永在的温情——纪念鲁
迅先生》)。鲁迅先生的确是使人见了以后，就很难忘却的人。那一
时期，鲁迅先生也常去郑振铎家作客（图五八）。他爱喝些酒，尤其
是和朋友们一起就总要喝两杯。每次他去时，郑振铎就必定要让母
亲准备些酒菜。一次，大约在公元1936年的正月间，郑振铎为主编
《世界文库》的事，邀请鲁迅和沈雁冰、叶圣陶等先生来家里吃饭。
郑振铎母亲做了一桌福州家乡菜，合席十余人，气氛十分热烈。恰
好前几天，一位亲戚从福州老家带来的水仙在古瓷盆内开得正好，
更为这次聚会增添了几分雅兴。鲁迅先生边欣赏边跟大家说，他浙
江家乡也产水仙，他十分喜爱水仙如荷花一样的出污泥而不染的性
格。他还说水仙不仅可供人们观赏，它的花和茎都是可以做药材的，
茎里的汁液是很好的外敷止痛剂。郑振铎夫人后来回忆说：鲁迅先

生知识渊博，不单文章写得好，对植物学也很有研究。席间，鲁迅先生边饮着上好的花雕，边品着郑振铎母亲做的菜肴。他最欣赏那叫"炸瓜枣"的菜，连吃了好几块。他谈兴很浓，谈到福建菜和日本菜的相似处，后来话题又转到了福建话。他说厦门人把吃饭叫做"Jia beng"，北平人听了要吓一跳，以为要把他架出去"崩"了呢。说着，他还做了一个开枪的姿势，逗得全席人都大笑不止，他却不动声色地吃起菜来。鲁迅先生和年轻人在一起总是非常愉快的。那晚大家还谈起了年龄。原来鲁迅先生只比郑母小一岁，是全座的长者。但是鲁迅先生却非常谦逊，他总是很有礼貌地称郑振铎母亲为"伯母"。难怪郑振铎母亲常常念叨先生，说他"是顶好的人哪"。席后，郑振铎将一部《清人杂剧初集》和几头未开花的水仙赠给鲁迅先生，先生非常高兴。但是，自那以后，鲁迅先生的身体每况愈下，有事情多数都是郑振铎去看他，他也很少再来郑家。

鲁迅先生逝世的第二天，郑振铎赶到万国殡仪馆，站在既是良师又是益友的鲁迅遗像前久久不愿离开。大幅遗像下，鲜花丛中安卧着先生的遗体，面貌还是那么清癯而带些严肃，但双眼却永远地闭上了！郑振铎几乎要大声地哭出来，但眼泪竟被悲戚所灼干了。

在参加过鲁迅先生的遗体入殓仪式，并为先生执绋送殡后，他写下了悼文——《永在的温情——纪念鲁迅先生》。他在此文中写道："我竟不相信，他竟是那样突然的便离开我们而远远的向不知的所在而去了。但他的友谊的温情却是永在的，永在我的心上——也永在他的一切友人的心上，我相信。"

五　太阳旗的阴影下

（公元 1937～1945 年）

（一）"战号"吹响了

卢沟桥横卧在永定河上。由于这条河在辽金时称作"卢沟河"，故此桥即以河为名。古时，南边来京的商人、旅客都要在河边的宛平县城投宿一夜，次日雄鸡初鸣便动身进京。此时，一轮明月仍高悬桥上……清代风流皇帝乾隆观后，御笔题书"卢沟晓月"，此地成为"燕京八景"之一。公元1937年7月7日，在这里发生了震惊中外的"卢沟桥事变"。从此，中国人民长达八年的抗日战争开始了。

消息飞快传到上海。7月9日，郑振铎与洪深、胡仲持等一百四十余位上海文化界人士在邓脱摩登饭店聚会，决定成立抗日救亡协会，并电请前线将士力保国土。当场公推了胡愈之等人为救亡协会筹备成员。

卢沟桥的炮声唤起了郑振铎写诗的激情，因为诗是最能够表达情绪的。正如他在当时出版的诗集《战号》（上海生活书店1937年10月版）的《献词》中所说："我不是一个诗人。但在十余年里，每于觉得以'诗'的形式最足以表现我的情绪时，便写着'诗'……卢沟桥战役的发生，给我的刺激太大——六年来，同样的太大的历次的刺激，并不曾使我麻木，反使我更深切的自信。——我连续写着一些'诗'，不顾任何的形式，只是觉得这样的写，最能够表现我的悲愤，我的热情，我的希望，乃至我的信仰，我的幻想而已……"他在《献词》的最后写道："谨以这本《战号》贡献给一切抗战的战士们！"

在《献词》中所提到的"六年来"，指的就是公元1932年1月28日日寇进攻上海闸北以来。《战号》第一辑收了他在"五卅"时期所写的几首反帝的战斗诗篇，如《为中国》等；第二辑、第三辑所收的是他的抗战诗。其中《我们的伤痕永不在背上》写于公元1932年3月，未见当时发表，而于公元1937年的"卢沟桥事变"后才发

表在他与张志让、张仲实等人创办的《中华公论》上面，随后收入
诗集《战号》。诗的开头这样写道：

我们向前，我们向前，

上了刺刀的枪，紧握在双手。

远空里电鞭般的炮光不断的在抽闪着，狂雷般的炸雷声音在前，

在后，在左，在右，

野火的紫光，在吞咬，在追逐，在熔毁，

红的，热的，是血，是火，是人，是马，

倒了的在前，在后，在左，在右。

但我们向前，我们向前，

我们的伤痕永不在背上！

……

全诗像是战鼓，像是进军的号角，激励和鼓舞着所有参加抗战
的人们。这是"卢沟桥事变"发生后，在上海的作家中率先发表的
抗战诗篇。

抗日战争爆发后，他写诗的激情从写了《卢沟桥》和《保卫北
平曲》开始，便从此一发不可收。七八两个月间，他写了不下四五
十篇。仅收入《战号》中的就有十一篇，而多数则是自己不满意"随
作随佚"，但它们的题材却只有一个——抗敌！这些诗无疑是从他心
灵深处吹响的战斗号角，更是充满了鼓励战士们在战场勇往直前的
激情和必胜的信心！正如他在《卢沟桥》中写道：

……

保卫卢沟桥，

保卫卢沟桥！

宁死埋于此，但不退后一步！

民族的命运系在我们的枪杆上，存或亡在此一举！

……

又如他在《祈战死》中写道：

……

战号在吹着，

战鼓在隆隆的击着，

炮车轰轰的驰过，

飞机嗡嗡的在头顶上飞向前去，

"坦克"爬虫似的沉重的驶着。

马喷气若虹，人是整肃的走向战场，

痛快的杀敌之场，

也是我们自己选择的死所。

……

（二）　"匈奴未灭，无以家为！"

人生莫不有一次的死，

但能够有选择自己的死所的机会，

却只有一个：

杀敌而死，

死在战场上！

——郑振铎《祈战死》

公元1937年11月12日，惨淡的天空凝聚着铅灰色的愁云。"八·一三"以后，连续几个月的炮声渐渐远去，人们的心像灌满了铅似的沉重。就在这一天，"国军"西撤，除了租界，上海的大部分地区都沦入日寇铁蹄之下。然而，就在这黑暗笼罩下的"孤岛"上，无数不愿做"亡国奴"的仁人志士继续坚持着神圣的事业。他们像全国各个战场上的抗日勇士一样，以各种方式与日寇周旋，进行着严酷的斗争。

这天傍晚，郑振铎从外面回来，面色从来没有这样阴沉过。往日，他一进家门，总是要和家人谈笑一番。而就这天，他一放下提包，便一面交待妻子帮他整理一些简单行装，一面自己翻箱倒柜紧张地收拾起来。他把全部日记和重要的文稿装在一个手提箱里，托暨南大学的一个工友寄存到一位朋友家去。然后，把一些有关友人的地址簿和书信统统投进了熊熊燃烧着的壁炉。接着，他又用抹布和水擦洗掉了横七竖八写在电话机旁墙上的人名和电话号码。

一切安排妥当，他在晚餐桌旁才告诉妻子：白天，文化界救亡协会开了紧急会议，决议成为分散的地下工作机关。《救亡日报》停刊了。一部分朋友已经纷纷向内地或香港撤退。为了防范随时可能发生的意外，他打算出去暂避一个时期。他说这些话时，神态是那样严峻，口气是那样坚定，像一位即将出征的勇士。当然，他眼中却也不免流露出一丝对妻儿老小的眷恋之情。谁不爱自己的家呢？但是，"匈奴未灭，无以家为！"他突然说了一句西汉名将霍去病的名言，拍案而起。当晚，他提着小皮箱毅然离开了这个充满温暖的家。夫人目送着他的身影消失在漆黑的夜幕中，心里就像失掉了什么似的，久久不能平静……

从此，他脱去西服和皮鞋，换上了青布长衫和圆口布鞋（可能这是一种"民族意识"的表现吧），开始了八年漫长的迁徙流离的生涯。他最初寄住在一个他称为"章民表叔"的家，以后又几经搬迁。前四年里，风声平静些了，他间或还能回家住一阵子。可是到太平洋战事爆发以后，他就再也不能回家了。

（三） "复社"逸事

中国知识分子是有骨气的。他们历来就有反抗侵略、保卫国家的光荣传统。明末江南知识分子的政治团体复社，就曾积极参加了抗击清兵南下的斗争。无独有偶。在"孤岛"时期的上海，也出现过一个由中共地下党领导的叫"复社"的秘密组织。它的主要成员有周建人、许广平等先生，郑振铎也是该组织的主要成员。从日寇占领上海，到"珍珠港事件"发生，四年左右的时间里，这个以出版进步书籍和革命书籍为主的秘密出版团体活跃于上海租界内外。在这期间，他们出版了《西行漫记》、《鲁迅全集》、《列宁选集》和《联共党史》等书籍，受到广大上海爱国同胞的欢迎，也给死一般沉寂的上海出版界带来了活跃的空气。

《西行漫记》是"复社"出的第一部书。它真实生动地报道了中国共产党及其领导下的革命武装艰苦卓绝而充满传奇色彩的斗争生涯。此书一经问世，立即在"孤岛"和"大后方"引起轰动，两千本书很快售罄，于是又接着二印、三印、四印……其反响之强烈，大大超出了他们的预料。

紧接着，他们又出版了《鲁迅全集》。这部红色封面、六百多万字、煌煌二十册的巨著的出版，其伟大的意义用郑振铎在《鲁迅全集发刊缘起》中的一段话就可以充分说明。他说道："这是一个火炬，照耀着中国未来的伟大前途；也是一个时针，指示我们怎样向这前途走去。在这个民族抗争的期间内，这全集的出版，将发生怎样的作用，是可以想像得到的。"

（四）　战斗的笔

这一时期，郑振铎为了躲避日伪特务的迫害，过着几日一迁的"流离迁徙"的生活，写作条件愈来愈恶劣。他主要写了二十篇以他所熟悉的先秦历史人物故事为题材的散文，如《弦高救郑》、《秦穆公之霸业》。总其名为《民族文话》，先后发表在《申报·自由谈》和《鲁迅风》上。其目的是向读者进行爱国主义教育。按照他原来的计划是打算要一直写到辛亥革命为止，但终因时局愈来愈恶化，他实在沉不下心来写长篇连载式的文章了，于是就此搁笔。

《风涛》是他这一时期创作的惟一的一篇小说，描写了明朝天启年间以李应升、高攀龙、黄尊素等为代表的东林党和魏忠贤为首的"阉党"的激烈斗争。小说描绘了魏忠贤专权时代，朝政腐败，缇骑横行，不顾国土的沦丧，残酷镇压反对他的开明知识分子的一片黑暗景象；赞颂了东林党人不畏强暴，不怕牺牲，不屈不挠的斗争精神；成功地刻画了少年气盛的李应升、老成持重的黄尊素等东林党人的形象。作者写这篇小说的时候，大半个中国已沦入敌手。这是蒋介石"攘外必先安内"政策的严重恶果。他有感于此，便构思了这篇小说，抨击了蒋介石政府的特务统治（图五九）。

风

涛

郑振铎　著

新世纪出版社

五九　郑振铎在抗日战争时期写的历史小说《风涛》

（五） "蛰居"生活

公元1941年12月8日，上海全部陷入敌手。日寇铁蹄下的上海，早就失去了往日十里洋场的喧闹。街上行人依然来去匆匆，但人人脸上似乎都蒙着一层愁云。人们在惊恐、压抑和惴惴不安中迎来每一个日出，又送走了每一个日落……

这天，居尔典路一条僻静小巷的二楼（今高邮路5弄15号），新搬来一位约四十出头的中年房客（图六○）。他的户口登记册上写着姓名陈世训，男，43岁，职业上海某某文具店职员。

这位"陈先生"，邻居们都这样评论他：为人随和，特别是喜欢孩子。他常常拿些糖果分给邻居的孩子们，孩子们也喜欢"陈伯伯"。

六○ 上海全部沦陷后，郑振铎在沪"蛰居"四年的居尔典
　　　路寓所（今高邮路5弄15号），本世纪初才被发现。

但是，渐渐地，人们对他有些疑惑不解。他自称是"文具商"，每天一早穿着蓝布长衫，夹着一个破旧的公事包，说是去"上班"，可是常常不到中午就回来了。他一人独居，自己生火做饭，而常有一位中年妇女带着一男一女两个孩子来看他，帮他料理些家务。时间一长，人们知道了这位中年妇女原来就是陈太太。那两个孩子，大的女孩十三四岁，叫"小箴"；小的男孩才三四岁，他们都叫他"倍倍"。"一家人，为什么不住在一起呢？"邻居们觉得其中定有些道理，却又不便去问。他们想"陈先生是有来头的"。他们甚至猜测"陈先生"是位"抗日分子"。但是，好心的邻居们谁也没有对外面去说。整整四年的时间，"陈先生"和邻居们和睦相处，邻居们也都很敬重他。他那满满一屋子的书，足以说明他是个有学问的人……直到抗战胜利后，"陈先生"搬家时大家才知道他原来就是大名鼎鼎的作家和教授郑振铎。

如果说，"孤岛"时期郑振铎还能坚持去学校上课，还能在"孤岛"的范围内进行救亡活动的话，那么这时他已几乎没有进行任何公开活动的可能了。他在暨南大学上完了"最后一课"，便改名换姓，在日寇的鼻尖下过起了四年漫长的"蛰居"生活。他托朋友张若乾设法买到了一个"陈世训"的身份证。从此，"郑振铎"的名字在上海消失了。

提起张若乾，他总是怀着一种崇敬和感激之情。张先生比他要大二十多岁，和他可算是忘年之交。张先生曾在北洋政府时代，历任铨叙局长、国务院秘书长、教育总长和农商总长等许多要职。北洋政府垮台后，他隐居天津，从事史地研究，著书立说。"卢沟桥事变"后，他又移居上海，誓不与"倭寇"合作，表现出一种崇高的民族气节。因此，他把张先生看作是可以信赖的朋友。这次若不是张先生帮他弄到了假身份证，并设法为他在汶林路（今宛平路）找了一间临时的住处，他在上海是无论如何也无法立足的。

其实，他起初也想过要走，很多朋友如叶圣陶、沈雁冰、胡愈之都早走了。可是，他要是走了，那批"同志会"（即"孤岛"时期，郑振铎和张元济等人为抢救珍贵民族文献而组织的一个秘密团体）

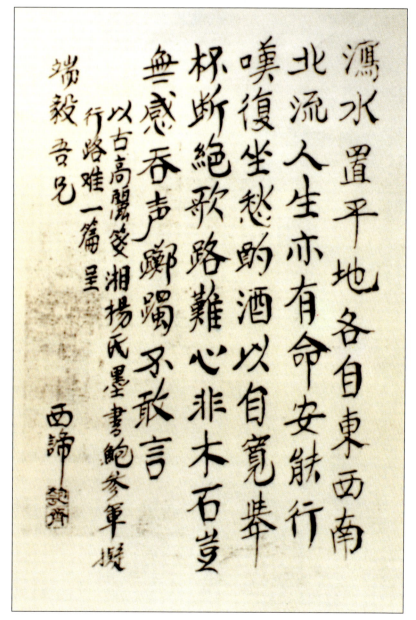

瀉水置平地　各自東西南
北流　人生亦有命安能行
嘆復坐愁酌酒以自宽举
杯斷絕歌路難心非木石豈
無感吞声鄭躅不敢言
行路難一篇呈
以古高麗箋湘楊氏墨書鮑参軍擬
端毅吾兄
西諦謹题

六一　郑振铎赠唐弢的《拟行路难》古笺

的书又怎么办？左思右想，"人在，书就在"。他决定不顾有些人对他的种种猜忌或非议，要"与书共存亡"。想到此，他提笔在一张高丽古笺上写下了六朝时鲍照的《拟行路难》一诗，用以抒发他的意志与情怀：

> 泻水置平地，各自东西南北流。
>
> 人生亦有命，安能行叹复坐愁。
>
> 酌酒以自宽，举杯断绝歌路难。
>
> 心非木石岂无感，吞声踯躅不敢言。

写完了，他又决定把它赠给小他十多岁的青年文友端毅（唐弢）。因为想起这位利用在邮政局工作之便，经常帮助他躲过检查而往重庆寄过不少书信的年轻杂文家曾向他求过墨宝，这次何不以此诗相赠，以示他的感谢呢！于是，他又题款"以古高丽笺湘扬氏墨书鲍参军拟行路难一篇呈端毅吾兄，西谛"（图六一）。

郑振铎的"蛰居"生活是孤独、冷清而又十分单调的。为了安全起见，多数的朋友都不知他的地址，因此都不来往了。每天一清早，他都要装作是有工作的样子，挟着公事包去"上班"以掩人耳目。其实，无非是到四马路一带的书店去转转，但他那时已没有力量再买书了。下午和晚上则呆在小楼上整理他前几年抢救下来的古书。这些书先是存在几个朋友那里，几经辗转才又转到了"蛰居"的这幢小楼。天天写题跋之类的东西，实在太闷了，便喝些酒，借以浇愁。在他以"幽芳居士"的化名（那时为防意外，故他在题跋上也均用化名）为《介子园画谱》写的题跋上有如下两句："大地黑暗，圭月孤悬，蛰居斗室，一灯如豆。披卷吟赏，斗酒自劳，人间何世，斯世何地，均姑不闻问矣。"短短两句话，却道出了他当时的心情。他的这些文字后来都收进了他的《劫中得书记》中，直到公元1956年才由上海古籍出版社出版（图六二）。

这期间，他还做了一件十分有意义的工作，那就是写完了《求书日录》。这是一部从"孤岛"时期他就开始撰写的巨著。起先是他把每天"访书"所得及版本鉴定、内容评价等都记在了日记里，后来便把这一部分内容筛选出来，辑成了《求书日录》，以后就不断地补充，逐渐成了一部具有高度学术价值的鸿篇巨著。由于当时没有出版条件，大多数原稿也和他当时的大部分日记一样，不知在何时

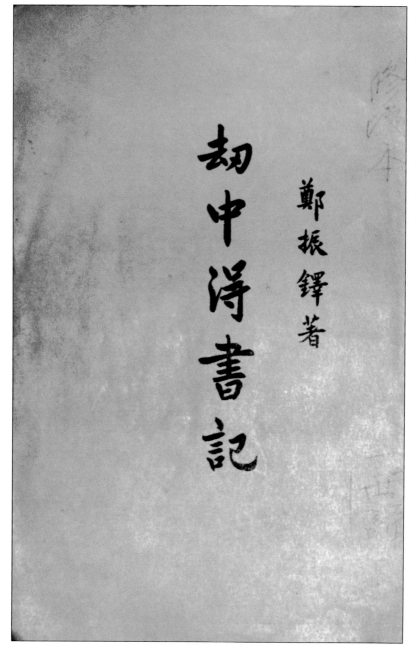

六二 郑振铎的《劫中得书记》记载了他在抗战时期抢救古籍
　　　的经历。该书于公元1956年才由上海古籍出版社出版。

丢失了。这是令人十分遗憾的。

郑振铎那时也常写诗，但都只不过是为了寄托一下自己孤寂的灵魂，并不想拿去发表（在当时也根本没有发表的可能）。因此，随写随丢，只留下少数的几首在抗战胜利后由他自己整理成《小诗十首》发表了。另有一些则是在他牺牲后，出版社根据他的手稿收入了他的《文集》。其中有一首公元1944年3月6日写的题为《野狼》的诗，据他自己说是一次梦中所得。那天晚上，他独自躺在冰凉的铁床上，昏昏入睡。梦中，他觉得自己在一个前不着村后不着店的荒野，四周一片漆黑。只见一只猫头鹰对他瞪着两眼，咕咕地叫。正彷徨间，忽然又听得一阵阵狼嚎声。他一下便惊醒了，出了一身冷汗。这时，只听见窗外数辆警车正狼嚎似地呼啸而过，于是他披衣起床，写下了这首诗：

野　狼

野狼在嚎，

哀猿在啼，

猫头鹰瞪着圆眼在咕咕的叫，

黑暗把天与地涂成一片。

倦了的旅客独自踟蹰在莽原，

前无村舍后无店，

枯树作势欲扑人，

惊窜的狐兔也吓得人一跳。

天边远远的有一颗黄星，

是黑漆一片的天地间仅有的光明。

仅这一星星的光亮啊，

已足够使旅人慰安了。

他那时最怕听见警车声。当他得知友人夏丏尊、章锡琛和赵景深夫人李希同等被捕的消息后，便将一些衣物装在一小提包内，放在床头，做好随时被捕的准备。在小楼上，每当窗外响起警车声时，他的心顿时紧紧收缩起来，直到那警车呼啸着远去后，那颗紧缩的心才慢慢松弛下来……胜利后，他常把当时的心情当做笑谈，跟家

人以及友人们谈起过。每当提起这事，他总是十分感激许广平、夏
丏尊等许多曾被日寇逮捕过的朋友。敌人严刑逼问他的下落，但在
日寇淫威下，谁也没有吐露过半个字。"是朋友们保护了我呀！"他
感叹地说。

山河破碎、国土沦丧的痛苦，时时咀嚼他这位爱国者的心灵。只
有当妻儿们去看望他时，才给他那颗破碎的心以一丝丝的慰藉。他
时常一个人躺在铁床上两眼看着天花板，两行热眼顺着脸颊往下流
很久，很久……

然而，这期间也发生了一件使他终生难以忘怀的事情。大约在
公元1941年冬到公元1942年底，当时新四军代军长陈毅曾多次派人
从苏北秘密来上海，通过上海地下党和"蛰居"中的郑振铎联系。苏
北的联络员先问他生活有何困难，同时告诉他一旦发生危险，只要
到一指定地点以暗号联系，马上会有人带他去吴淞口，那里有随时
准备的船只，并有人会送他到苏北解放区去。党组织和陈毅同志的
亲切关怀，使生活在严冬中的他感到了一股暖流，更增添了坚持斗
争的勇气和抗战必胜的信念。但是，当时这件事他一直未对包括夫人
和儿女们在内的任何人讲过，直到解放后他才公开了这个秘密。

光阴荏苒，岁月如流。上海市民在痛苦不安的折磨中，苦熬到
了第八个年头。公元1945年夏季来临，他小楼附近的麦子熟了，农
民们光着背忙着在农田里收割，接着又是在场院中的劳作。8月11
日清晨，他刚起床，便有一年轻的邻居匆匆地跑来告诉他："陈先生，
东洋人投降了！""你说什么？！"他怕听错了，忙追问道。"东洋
人投降了！"年轻人又大声补充了一句。而几乎与此同时，他的一
位老友也风风火火地闯了进来，满脸通红，一边用手帕擦着汗，一
边欢呼般地向他说："铎兄，日本人投降了！日本人投降了！"刹那
间，他感到血往上涌，几乎要狂呼起来！匆忙披了件外衣，却忘了
换鞋，也没有和老友打招呼，趿拉着拖鞋就往街上奔去。走到街上，
只听得满街是欢笑声，鞭炮声响不绝于耳。"啊！胜利了！人们终于
胜利了！"郑振铎激动地喃喃地说着。

这天晚上，郑振铎的两个当年的高足孙家晋和徐微携了酒菜，

来和他共庆胜利。他几乎不吃什么菜，只是不停地和他们干杯……他沉醉了。他们把他扶到床上，顿时响起了鼾声。他睡得那么甜，那么深沉，脸上像孩子似地泛出微笑。多年来，他没有这样踏踏实实的睡过了，今晚他再也不必担心警车的呼啸声了……

次日清早，郑振铎刮净了不知多久没刮的胡子，仔仔细细地梳了头，还往头上抹了一些发蜡，又从箱子底拿出一套久已不穿的西服穿上，扬眉吐气地走出小楼。一路上，他见到所有的人都感到格外亲切。无论认识的或是不认识的，他都笑着和人家打招呼。他先去了老友耿济之家。几年来，他们的来往很少，主要是他怕连累了朋友。这时当他喊着"济之！济之！"而直冲进耿家大门时，耿济之早已张开双臂在迎接着他，于是两个人紧紧地拥抱在一起。此时此刻，两个壮实汉子像孩子似地呜呜哭起来了……

离开耿家，他便直奔"庙弄"。"庙弄"是他四年来无时无刻都在牵肠挂肚的家。自从郑振铎不再是文学家郑振铎，而成了文具商陈世训以后，他就再也不能堂而皇之地进出44号的大门了。有过几次，他曾在夜间"潜"入家中，看一眼妻儿老小后便匆匆离去。甚至最疼爱他的祖母去世了，他都未能回去一下，而是在上海殡仪馆大殓时才混在吊唁的客人中，匆匆鞠了三个躬，便悄然离去……今天，当他在光天化日之下昂首挺胸地大步走进家门时，全家老小欢天喜地地迎接他，而大大的圆餐桌上已摆满了各种美味佳肴。得知"东洋人投降"的消息后，一家人断定他今天上午肯定会回来的。他的母亲天蒙蒙亮就起床，赶到西摩路小菜场兴冲冲地买了满满一菜篮子的鸡鸭鱼肉，回到家也顾不上喝口茶，就到厨房忙碌起来。女佣唐妈在一旁帮着杀鸡宰鱼。唐妈已在他家多年，在老太太身边耳濡目染，也能做几个福州家常菜。但凡精致一些的，特别是比较讲究火候的，如清蒸鳗鱼、红糟鸡、清汤鱼丸等郑振铎从小最爱吃的菜，是必须他母亲亲自动手的。

郑振铎已多年没和一家人在一起吃过一顿充满亲情与温情的团圆饭了。但是，按照福建家乡习俗，他不在家时，逢年过节，他母亲也总要在餐桌摆一双他专用的福建漆筷和一个小酒杯。他母亲很少吃大荤，今天看到年近半百的爱子像个孩子似地大口大口地吃着她精心烹制的菜，老人家脸上绽开了只有一个慈母才会有的那种饱含着爱意的微笑。他的夫人本来是反对他喝酒的，尤其是近年来他的心脏有些问题，可是今天为了不使他扫兴，就给他准备了一小壶绍兴加饭——仅仅半斤而已，但是他却已经够满足的了。正如他在《宴之趣》中所说的："佳年好节，合家团圆地坐在一桌上，放了十几双的红漆筷子，连不在家中的人也都放着一双筷子，都排着一个座位。小孩子笑孜孜地闹着吵着，母亲和祖母温和地笑着，母亲忙碌着，指挥着厨房中厅堂中仆人们做菜，端菜，那也是特有一种融融泄泄的乐趣，为孤独者所妒羡不止的……"此时此刻的他，正是在这种"特有"的"融融泄泄的乐趣"中，真所谓"酒不醉人人自醉"。因为他的心早已陶醉了……

午后，走出"庙弄"家门，马路两旁挤满了欢呼的人群，郑振铎情不自禁地也和大家一起欢呼起来……

回到居尔典路的小楼，房东热情地告诉他，已有几位朋友来看望他，其中一位姓赵的。他猜想，大概是当时化名赵锡庆的徐伯昕。他的这个住处一般不大欢迎来客的，因为怕彼此牵连，尤其是像徐伯昕这样的有地下党身份的，只是在邹韬奋病重和去世时才来过两次。今天他这样毫无顾忌地来看老友，郑振铎的直觉告诉自己，徐伯昕一定是有什么重要的事。果然，当他月底搬回"庙弄"后，徐伯昕又来找他，他才知道原来是为了要请他主编一个刊物。这就是《民主》（图六三）。

当晚，郑振铎就开始整理他"蛰居"中节衣缩食买下来的书，一摞摞地打成捆，一直干到深夜。他必须把这些书全部搬回"庙弄"后，才能无牵无挂地回去和他的亲人团聚。一连几天，他都是在小楼上理书、捆书。因为当时日方的投降文书尚未正式签字，市面上有不少地方发生了"骚乱"，当局发布了戒严令，他正好可以集中精力来抓紧处理这些书。

15日中午，郑振铎刚啃了一个已有些发硬的"罗宋面包"，忽听到邻居家的收音机里播放着日本天皇已正式宣布无条件投降的消息，

六三　郑振铎在公元1945年10月创办的《民主》周刊

接着又播出了裕仁天皇亲口宣读的投降诏书。他生怕听不清，又跑到邻居家一连听了两遍，认为确实无误了才回自己的屋里，又开始理书、捆书。企盼已久，"如大旱之望云霓"的和平终于到来了。要不是为了这些书，他真恨不得当天马上就搬回"庙弄"去了。在当天的日记中他写道："今日正午，日皇广播，正式宣布接受条件，'和平'已实现矣！今后当可安生乐业，不愁饥寒了！"这天晚上，灯火管制终于取消了。他可以不必再在电灯上蒙一层厚厚的黑布，也不用在大热的天把黑色的窗帘拉得严严的了。晚餐，他兴奋得打开了一瓶友人送的据说是五十年的法国陈酿白兰地。他一直舍不得喝，今晚他一下子就喝掉了大半瓶,下酒菜就是母亲为他做的福建鱼松,然后甜甜地睡去……次日一早,他就到街上一下子买了四种报纸,上面都报道了日寇正式投降的经过……胜利的喜悦和无比激动的心情,迫使他产生了一种久已没有的写作激情。于是,他挥笔写下了抗战胜利后的第一篇文章。他用漂亮却并不标准的"瘦金体"写下了文章的题目《论新中国的建设》,对"建设现代的科学的伟大的新中国"提出了九条建议,其中包括了工业、农业、交通、金融、商业、文化、军事、社会事业及其他 。写着,写着……他觉得以他一介书生,这个题目似乎大了些。于是,他当晚又去了严景耀、雷洁琼夫妇家,征求他们的意见。第二天,第三天,他又去了另外几位朋友家,听取了他们对这篇文章的意见。这样边写边改,大约写了三四天,终于把这篇文章写完了。他在文章最后充满信心地写道:

　　胜利已经得到了!

　　和平的建设必须立即开始!

　　建设,建设,建设!

　　建设现代的科学的伟大的新中国!

　　新的中国在努力建设里发展着,充实着,

　　成为和平世界中光荣而伟大的一个主要分子。

半个多月以后,他这位"陈先生",不,已经是郑先生了,向邻居们告别。其实,邻居们从他平时的言谈举止和满屋的古书,早就知道他决非什么普通的文具商人。但是,谁也没有去说穿这件事,更没有人去向敌人告密,反倒对他经常给予照顾,多年来亲密相处,如同一家。这使他非常感激。他告别了"蛰居"四年的小屋,迎着夏日的骄阳,不,对当时的郑振铎来说,这时应该是春天,是迎着和煦的春风,向"庙弄"的家大步走去……

六 “天亮”以后

(公元 1945～1949 年)

（一）　痛定思痛

　　胜利之初，郑振铎首先高兴地想到"该回家了"！。几年来，他从家里陆续搬来和后来买的书渐渐地又堆满了那两间"蛰居"的小屋。由于他是一个一天也离不开书的人，因此，他除了常常回家看看以外，仍是一个人独居在居尔典路的小楼上。每天，除了会会多年不见的朋友，便是整理他的那些线装书，为搬家做好准备。这年夏天，天气格外热，他只穿了背心短裤，蹲在地上把一摞摞的书用绳子捆扎起来，没多大工夫便已是汗流浃背了。这天下午，他刚理好几摞书，站起身来，洗了脸，准备抽支烟休息一下。柯灵和唐弢走了进来。自从柯灵在上海沦陷被抓进了日本宪兵队后，他们再也没有见过面。唐弢有时倒还有来往，但是为了安全起见，见面的机会也不多。老友们已很久没能坐下来好好谈谈了，当然是少不了嘘寒问暖，各自讲了些劫中的遭遇，边讲边感叹不已。柯灵喝了一口主人特意为他们煮的浓咖啡，很严肃地说："西谛先生（当时年轻的朋友都习惯这样称呼他，以示尊敬），我和端毅打算办一个综合性的周刊，特地来向您讨教，同时也请您大力支持！"一听说要"办刊物"，他马上兴奋起来："好极了！要我帮什么忙，尽管说！"接着，他从《新社会》和《文学旬刊》说起，把他二三十年来办刊物的成、败、得、失，滔滔不绝地讲给两个年轻的朋友。当他问到刊物取什么名称时，柯灵说："本来打算叫《自由中国》的，但目前的中国又有何'自由'可言？这个名称反倒显得有些嘲讽意味了。我和端毅商量，索性就叫《周报》，您看如何？""《周报》？好啊！"他觉得这个名称妙在既具体又抽象，没有政治色彩，内容不受拘束，又叫得响。至于具体内容，他非常同意柯灵他们提出的把重点放在反映战后人民普遍关心的事情上，"当前要讲的主要应该是如何处理伪币，如何处理汉奸等问题"。他愈讲愈兴奋，声音愈来愈高。楼下的邻居还以为他在和什么人争吵，不放心地上来看了看，发现他们一切都很正常，才悄悄地退了下去。

柯、唐二人告别时，郑振铎很不好意思地说："今天来不及准备了，就不留你们吃饭了。等过两天，你们到'庙弄'去，我一定给你们做几道拿手菜！"他的厨艺是受他母亲的"熏陶"，在朋友间已小有名气。"蛰居"期间，闲来无事又随意翻翻《随园食谱》之类的古书，手艺又大有长进。凡是去领教过的都赞不绝口，所以他才敢说此大话。一直把客人送出小巷口，他一再地说："过两天我就可以交给你们几篇稿子！"

公元1945年9月8日，由柯灵、唐弢主编的《周报》在上海创刊，上面刊载了郑振铎写的《蛰居散记》自序。他从胜利的那一天就想，应该把"蛰居"生活中的所见所闻和亲身经历以及感想用散文的形式写下来，作为"千秋龟鉴"，供将来的史学家们参考。他从8月20日就开始动笔，写了这个散文集的第一篇自序。他在文中首先以强烈的激情，连写了三个"胜利！胜利！胜利！"接着，他又写到"在水深火热的沦陷区里"，人们是怎样"度日如岁，天天盼着胜利的到来，简直如大旱之望云霓"。他还写了渴望胜利早日到来的心情。最后，他写了写这本散记的目的"在这样的一个黑暗时期，一个悠久的'八年'的黑暗时期里，如果能有一部详细的记载，作为'千秋龟鉴'，实胜于徒然的歌颂胜利的欢呼……劫后余生，痛定思痛，把这几年来耳闻目睹的事实写下来，成为这本《蛰居散记》，也许可以使将来的史家们有些参考罢"。这篇自序写好后，尚未考虑好交到哪里去发表，恰好柯、唐二人就来了。于是，他略加修饰便交给了正要创刊的《周报》。以后，他又陆续写了《暮影笼罩了一切》、《记刘张二先生的被刺》、《封锁线内外》等共计二十四篇，都先后交给了《周报》。这些文章从公元1945年9月开始，一直刊载到公元1946年2月为止。《蛰居散记》的发表，在社会上引起强烈反响，后来还被译成了日文由岩波书店出版，成为战后日本的一本畅销书（图六四、六五）。

六四 公元1951年,由上海
出版公司出版的郑振铎的
《蛰居散记》。

六五 《蛰居散记》
日文版,由日本岩波
书店出版。

（二） 政治要民主 文艺要复兴

几乎与柯灵、唐弢来约他为《周报》写稿的同时，郑振铎自己也正在筹备创办一个刊物——《民主》。可是，他对他们约他为《周报》写稿并不拒绝，由此可见只要是他能办到的，凡是朋友有求于他，他是从来不会拒绝的。想当年，他在燕京大学里曾得到过"宋江"的雅号，看来他这个"及时雨"是名不虚传的。

公元1945年8月30日，生活书店负责人徐伯昕也是拉了唐弢一起到"庙弄"来再一次看他。徐伯昕自从抗战胜利以后短短半个月，已经和他见过两次面，想必是有什么要事。徐伯昕开门见山地表示，他是代表生活书店特地来请他这位办刊物的"老将"主编一个类似《生活》那样的刊物。对于请他办刊物，郑振铎基本上是来者不拒的，何况徐伯昕又是邹韬奋的亲密战友，也是他多年的老友，并且他对徐伯昕的"政治背景"也是心里有数的，故而很痛快地说："好啊！好啊！"。于是，徐伯昕又进一步谈了他的想法。自从上海沦陷后，生活书店迁往了"后方"，《生活》周刊也停刊了。在上海坚持斗争的徐伯昕则在抗战胜利前夕创办了一家通惠印书馆，为胜利后即将恢复的生活书店打下基础。现在诸事都已准备妥当，正需要请一位有经验的人把"周刊"也重新办起来。在具体商谈中，徐伯昕说："现在国内的首要问题就是实行政治民主，所以这个刊物打算就叫《民主》而不再叫《生活》了。""《民主》？好极了！""好极了！"这是他最喜欢用的一个感叹词。徐伯昕的话使他又想起了当年和瞿秋白一起创办《新社会》时所提出的"德莫克拉西"来。现在他如果接受主编《民主》，那就意味着他将再一次参与到政治斗争中去。想到此，他略顿了顿，然后义无反顾地跟徐伯昕说："没问题！咱们马上就可以开始动手！但是，你要给我几个得力的助手。"徐伯昕说：

"这一点你放心！你的部下，我早已物色好了。"

自从这次谈话以后，《民主》的编辑部就算正式成立了，办公地点就设在徐伯昕的通惠印书馆，对外的名称就叫"民主周刊社"。徐伯昕陆续为郑振铎配了几个得力的编辑，如蒋天佐、艾寒松、郑森禹及董秋斯等。他知道其中前三位当时都是共产党员（董秋斯不久也入了党），而他编这样的刊物也正需要这样忠实可靠又能干的人，真可谓"兵强马壮"。他对徐伯昕的安排真是满意极了！

这以后的日子，郑振铎便是为创刊而积极奔走。至于撰稿、组稿等许多具体事务，都由他的助手们来做。郑振铎除了常去编辑部了解一下稿子的情况，便是抓紧写《发刊词》和自己要为创刊号写的第一篇稿子。他在该刊创刊前几天的日记上是这样写的"10月4日，写《〈民主〉发刊词》一篇"。"10月6日，晨起，写'民主政治'（即《走上民主政治的第一步》）……四时许，至通惠（即通惠印书馆），《民主》稿已不少"。"10月9日，四时半，即至通惠，晤民主社编辑诸人，第一期已印好，即可于明日出版矣，内容尚佳"。与此同时，他仍然在为《周报》写着连载的散文《蛰居散记》。"10月3日，作'散记'一篇（该文题为《鹈鹕与鱼》)"。10月4日，他写了《〈民主〉发刊词》。"10月14日，下午，精神很疲倦，写了'散记'一篇（该文题为《记陈三才》)"。"10月16日，中午，写《民主》一文……"尽管他这样拼命地工作有时也觉得"精神很疲倦"，但只要一拿起笔便忘了一切。公元1946年6月4日是农历端午节，当时全国文协为纪念屈原便把这天定为了"诗人节"。在此几天前，他诗兴大发而写诗一首，发表在上海《大公报》上，题为《诗人唱些什么——为三十五年"诗人节"作》，其中写道：

诗人唱些什么？

他不再唱献媚于一人的庙堂之歌；

他不再唱唐诗、宋词、元曲，学舌像鹦歌；

他不再唱渔翁独钓，烟雨一蓑；

他不再唱花前月下，耳鬓厮磨；

他不再唱"八纮一宇"挑动干戈；

他不再叹息的唱，人生如寄，日月如梭；

他不再傲慢的唱，杏花疏影，老子婆娑；

他不再自怜的唱，茜纱窗下，寂寞绮罗。

但他并不自甘寂寞，他要唱的是人民世纪的新歌。

……

诗人在诗中所向往的是"人民世纪"。在诗的最后，他以炽烈的语言写道：

光荣归于民主；

诗人是民主的光荣的嘉禾。

万千个诗人们齐声唱和：

为这人民世纪而歌；

为这世纪的人民而歌。

这是一首多么富有战斗性的诗歌！它使人又会回想起郑振铎当年写的那首《我是少年》来。它如同一首进行曲，号召着诗人们"齐声唱和：为这人民世纪而歌；为这世纪的人民而歌"。它和《我是少年》有着异曲同工的战斗性、鼓舞性和感染性，但是比起当年那个血气方刚的"少年"来就显得成熟多了。

这首诗的总体精神就是"民主"，和他主编的《民主》周刊是完全一致的。公元1945年10月13日，《民主》周刊正式在上海创刊了！一时间，大街小巷的书报摊都摆上了这份十分惹人注目的新杂志。在"创刊号"上，除了《发刊词》是他亲笔撰写，还发表了他写的《走上民主政治的第一步》和《我们的责任更加重》两篇，另外还有马叙伦的《思想解放》、周建人的《略论这回大战的性质与法西斯的歪曲事实》、景宋（即许广平）的《迎双十节》等约二十篇文章。他在《发刊词》中激动地写道："中华民国缔造了三十四年，曾经有过几年是名副其实的？人们惭愧，在中华民国三十四年的今日，还在谈民主……"在《走上民主政治的第一步》一文中，他写道："现在应该是'还政十民'的时候了。"他又提出："为了保障民主政治的实现，必须立刻保障一般国民的'自由权'——身体自由，信仰自由，出版言论自由等等。"

《民主》从诞生那天起，就高举和平与民主的旗帜，呼喊出了广大爱国同胞的强烈心声。著名的《中国民主促进会对于时局的宣言》就发表在《民主》第十四期上。它不仅在国内有广泛的读者，发行范围还远到南洋及欧美。它不仅有上海版，后来还有了北平版、重庆版，甚至香港版。它和当时的《周报》、《文萃》一起，被广大读者誉为国统区的"三大民主刊物"。因此，它也不可避免地要遭到反动当局的嫉恨。他们不仅扣发登记证，并且不断地采取禁售、没收和逮捕经售此刊的报贩等法西斯手段。进而在公元1946年8月，悍然下令把《民主》列在了要查禁的一百零九种杂志中。当时的读者又是怎样评价《民主》的呢？蒋天佐以贺依为化名写道："《民主》从诞生日起就知道迎接它的是多灾多难了。高举人民旗帜的和横了心与人民为敌的原是势不两立。一年来《民主》与这种知其不可为而为之的精神，那不仅是因为有足够的勇气，有不可磨灭的正义感，有真理终于要战胜的信心，而且有说了人民心坎里的话的欣慰呢。这是《民主》的无上安慰，也是《民主》的敌人的无上恐惧！全中国的每一个省份都有许多人在热烈盼待邮局检查下的脱险者，许多偏僻乡村奇迹般流传着它的踪迹，许多青年冒着带有大帽子的偷偷买了它偷偷的阅读，南洋的华侨响应它爱护它，美国的华侨也订阅它而且把它的文章和漫画在中文刊物上加以转载。这一切，使它的敌人震恐欲狂，却也恐惧得发抖了。那不是几个书生的勇气而已，不是书生们的正义和真理而已，而是中国人民的心声呵！它发自人民之心而又入于人民之心了。"

公元1946年10月31日，对《民主》来说是一个严峻的日子。反动当局继9月28日强行没收该刊三千余册后，又在10月19日以"上海市派报职业工会筹委会"的名义发出"筹字第14号通告"，禁止会员批发出售《民主》等进步刊物，同时又派人到《民主》总经售处没收该刊七百多本。接着，经售《民主》的报贩有的受到警告，有的被捕了。《民主》终于在走过了一年光辉而艰难的战斗历程后被迫停刊了。10月31日是出版终刊号（53、54期合刊）的日子。郑振铎在刊首《我们的抗议》中愤慨地疾呼"我们并无退缩，也不灰心绝

六六 郑振铎在《民主》终刊号上发表的《我们的抗议》

望"。"本刊虽然被活生生地扼杀了,但永远不死的是它的精神。它虽被扼杀,但不会是没有后继者的"。"它会复活的!凤凰从火焰中重生,那光彩是会更灿烂辉煌的"(图六六)!

《民主》被迫停刊了,而且再也没有复刊。斗争更加严峻了。一个与《民主》周刊密切相关的政治组织正在成长起来。那是在《民主》创刊不久,郑振铎和参与创办这个刊物的徐伯昕、蒋天佐等人

六七　中国民主促进会在上海爱麦虞限路（今绍兴路）中国科
　　　学社举行成立大会的会址

以及经常在该刊上发表文章的马叙伦、周建人、林汉达、许广平、傅雷等人为了不断研究时局，商讨文章策略，经常在联华银行旧址（现西藏南路26号）聚会座谈，共商国事。随着民主运动的发展，他们的活动更加广泛，联系也日益紧密。因此，他们逐渐形成了一股积极争取民主的政治力量。这就是"中国民主促进会"的前身。

　　公元1945年12月30日，中国民主促进会在上海爱麦虞限路（今绍兴路）中国科学社召开了第一次会员大会，正式宣告成立（图六七）。出席大会的有马叙伦、王绍鏊、林汉达、周建人等二十六人。郑振铎不知何故没有出席，但仍被推举为理事，并与马叙伦共同起草了《中国民主促进会对于时局的宣言》。这是中国民主促进会成立后发表的第一个政纲性的文件。《宣言》针对蒋介石"先统一后民主"的反动主张，义正词严地指出"现阶段的中国，民主实在是统一的基础，同时又是统一的内容，统一的目的"。"统一而不以民主为前提，决无法实现"。

严酷的现实把他再次推上了新的政治斗争的前列。不过，他始终是以淡泊名利的心态来参加这些斗争的。当时，他参加《文汇报》举行的一次座谈会上便谈了民进的宗旨和他自己的态度。他明确表示自己是一贯主张不做官，不谋名，本也不想参与"政治"，只希望能安下心来读点书，或是写点东西。"但是，现在的事实如此，也就不得不做点份外的事。这是关系千百年的大事，谁又能视若无睹呢"？正是郑振铎的这种以淡泊的文人本色参加政治斗争的心态，故而也就决定了在公元1950年中国民主促进会在北京举行建国后的第一次全国代表大会时，他就以"会章"上规定当民主政治实现、"国民代表最高权力机构成立之后"，本会即由"全体大会决议，宣告结束"为理由，建议解散"民进"。由于多数的反对，他便宣布退出了"民进"。另一位退出"民进"的便是傅雷……

在积极投入政治斗争的同时，郑振铎始终也没有改变他的文人本色。他深感当时的上海是一个文艺的荒漠，在二十种左右的刊物中竟没有一个文艺的刊物。这是他所不能容忍的。同时，他认为在当时的斗争形势下，办政治刊物固然重要，而通过文艺的手段进行斗争也是不可缺的。于是，再办一个文艺刊物的想法在他心中逐渐具体化了。公元1945年10月6日晚，他又在家里摆了一桌丰盛的酒席。除了李健吾，他还请了默存（钱钟书）、王辛笛、陈西禾、柯灵、唐弢等人，商谈要编一个文艺刊物的计划。他说："现在抗战胜利，该是'文艺复兴'的开始了。我们的文艺必须有一个新的面貌，新的理想，新的立场，才能有新的成就……"他滔滔不绝地讲完后又建议道："我们的刊物，我想就叫《文艺复兴》，大家以为如何？"李健吾第一个表示赞成，大家也都说"好！既有深刻含意，又有气魄"！然后他又谈了分工。他规定道："诸位这顿饭是不能白吃的，将来大家既要一起来编好这个刊物，都算是编委，同时也要多多地供稿，饭是经常有得吃的！"听了他这风趣的话，大家都被逗乐了："没问题！只要你经常请我们吃饭，不过一定要老太太亲手做的！"最后，大家根据他的建议，一致推举李健吾负责，他则负责中国古今文学的研究……

　　席终人散。他送朋友们至大门外，仰望天空，正是一个月白风清之夜，一钩新月悬在柳梢。他想起丰子恺的一幅漫画，悠然诵道："人散后，一钩新月天如水。"

　　当夜，他的心情格外好，回到书房就一气呵成地写下了《文艺复兴》的发刊词……

六八　郑振铎在上海创办的《文艺复兴》月刊

公元1946年1月10日，《文艺复兴》月刊正式创刊（图六八）。郑振铎在《发刊词》中写道："抗战胜利，我们的'文艺复兴'开始了；洗荡了过去的邪毒，创立着一个新的局势。我们不仅要承继五四运动以来未完成的工作，我们还应该更积极努力于今后的文艺使命；我们不仅为了写作而写作，我们还觉得应该配合着整个新的中国的动向，为民主，为绝大多数的民众而写作。""人民之友，人民的最亲切的代言人的文艺工作者，你必须为人民而歌唱，而写作；你必须在黑暗中为人民执着火炬，作先驱者。"

《文艺复兴》月刊从筹备那天起，由于李健吾这样的得力助手和他配合默契（健吾每编好一期，就去庙弄一趟，请他过目），又有钱钟书、巴金等许多朋友的大力支持，在该刊发表了许多名篇佳作，如有钱钟书的《围城》和巴金的长篇小说《寒夜》，还有曹禺的剧本《桥》、艾芜的《乡愁》和丁玲的《窑工》等，故而把该刊物办得有声有色，使它成了抗战胜利后国统区最优秀的大型文学刊物。

（三） 陶俑惊梦——《中国古明器陶俑图录》 出版始末

公元20世纪40年代后期，郑振铎的书斋中忽然平添了大量的充满了泥土气息的明器陶俑。朋友们都在猜测："这'傻子'又要搞些什么名堂了？"其实，他搜集陶俑几乎和他的藏书是同时开始的。

大约是公元1921年郑振铎到商务印书馆任编辑不久，一天去四马路一带旧书店闲逛，偶然在一家古董肆中看见几件非常精致的陶俑，而且要价不高，便买了下来。其中有一件唐三彩大马昂首挺胸作嘶鸣状，摆在客厅条案上，见者无不称羡，他亦颇为自得。不过，他这时的集俑还仅仅是一种爱好，并未和他的学术研究发生直接联系。后来，迭经动乱，时事变迁，这些俑不知在何时失去了。那匹三彩马则在乱中迁居时坠地成了碎片。惟有一具白釉马夫俑，却不知怎地幸存了下来。郑振铎最痛心的便是那尊三彩大马，每当回想起，总是叹惜不止。抗战胜利后，他又在肆中觅得一匹三彩马，造型与色彩都很出色，但他却说比起当年那匹来仍有些逊色，而且价格要昂贵得多了。

郑振铎大量集俑开始于公元1947年春天。为编印《中国历史参考图谱》，他大量搜集有关古代器物的书籍，见其中多载有古陶俑明器，觉得对研究古代文化生活大有用处，于是又萌生了集俑的念头。

和买书一样，他为了集俑是从来不惜花钱的，甚至为此而欠了不少债。郑振铎曾谈起有一年桂子飘香的季节，他独自去苏州访书。他在将要满载而归的前一天黄昏，在观前街上一家酒楼上痛饮了几盅桂花陈酿，饱餐了一顿著名的"鲃肺汤"，酒酣耳热以后仍意犹未尽。他挤过摩肩接踵的人群，又踱进了一家古董店。偶然间，一尊童俑吸引住了他的视线。"此童俑姿态活泼，汉式俑中之最上品也。头部前发作刘海式，一手一小鸟，一手牵衣作步行状，衣褶柔和，表情逼真"。他极想买下来，但店家要价十分昂贵。经过与店主几番讨价还价，最后是倾其囊中所有，换得了这一尊陶俑。他欣喜不已。当他兴冲冲捧着俑回到客舍，这才发现已无回沪的盘缠。最后，他只得摸黑找到住在阊门附近的一位旧友，才解决了回家的车费。

当时，在他本已是书满为患的书斋的书架顶上、桌上以及地上，到处都摆设着许多泥人、泥马和泥房子什么的。那带彩色而有光泽的鸡、牛、猪等被叫做"十二生肖"的东西都长着人的身子，十分有趣；那手牵骆驼的人，高鼻子，深眼窝，留着大胡子，很像外国人；那肌肉发达、横眉怒目的大力士，威风凛凛，令人生畏。还有十几个席地而坐的人，各自拿着一样像乐器似的东西，形态各异，栩栩如生，大概是一支乐队吧。它们各个形象生动，千姿百态，呼之欲舞。这间书斋不仅引起邻居和亲友的好奇，大家都要找个机会来"猎奇"一番，对孩子们更是充满了神秘、虚幻、甚至有些恐怖的色彩。单身一人是不敢进去的。夜晚，孩子们怀着一种恐惧而又好奇的心理，相约了几个小伙伴从窗外向书斋内窥视……假若是月色好时，你就会发现在朦胧的月光中，这些泥人、泥兽似乎突然都活了，个个神采奕奕、手舞足蹈起来，有的还好像在对着你发笑。这时，有人要是恶作剧地怪叫一声，这些小"探险家"就会吓得立刻四散，各自逃回屋里，紧紧把被子蒙在头上，久久不敢出声。事后他们又觉得"很有趣"，于是又相约再来一次"探险"。他自己也曾在睡梦中被这些突然活了起来而张牙舞爪扑向他的陶人、陶兽惊醒，吓出一身冷汗来。

陶俑不仅和书一样，成为郑振铎不可缺少的伴侣，也成为他研究古代文化生活的最好实物史料。例如，他曾同时得到六个汉式女俑的头部，虽然身部已不知去向，但"细眼，小口，唇上朱痕犹在，眉如新月，鼻若垂胆，面部丰腴，极为秀丽"，看了会使人联想起"张敞画眉"的故事和汉时盛行的画眉之风来。他曾这样写道："汉时画眉之风甚盛。观此俑长眉弯弯，犹可令人想见张敞画眉之风流余韵。"另有一西安出土的"朱彩立男俑"，束发于顶，身着窄袖紧身衣，足穿长靴，背负一剑，一手下垂，一手微扬，眼似刀刻，俨然一汉时游侠少年的写真，使人能想像到韩信少年时代的情景来。

郑振铎的集俑也和他的藏书一样，不仅是学术研究的需要。在上世纪40年代的动荡时期，他大量集俑还有更重要的一层意思，那就是为了使这些祖先留下的珍贵艺术遗产不致流失异邦。他当时曾对一位看到他忽然大量集俑而感到奇怪的朋友说："你大概很奇怪吧！最近几个月上海古董市场从北方涌现出不少古明器陶俑，外国人收买了很多，古董商人也纷纷收购盗运出国。为了减少这批珍贵文物流出国外，所以尽量收购一些，经济上已是罗掘俱空了。"一番话道出了他集俑的更深层的内涵。

郑振铎的六百五十多件从汉至唐代的精美陶俑，后来在公元1948年他编《中国古明器陶俑图录》时都照相制了版。那些日子，由郑振铎的一位学生方行带了一位摄影师朱伯申每天来给这些陶俑拍照。书斋里总是灯火辉煌，一反往常那种阴森的气氛。图片送来后，全家老小都忙碌起来，从粘贴图片到编号就足足忙碌了三四个月。可说是"万事具备"，只待序及说明一写好便可以出版了。但是，当时由于时局的紧张，国民党白色恐怖日甚一日，他的安全时时遭到威胁。公元1949年初，他响应中共中央召开政治协商会议的号召，匆促离沪，由香港转道去了刚解放的北平。编辑《图录》之事就此暂搁下来。

建国后，他又忙于公务，一时无暇顾及此书。后来，他的一位朋友郭若愚了解到此书之所以迟迟不出，是由于"说明"尚未写好，便主动表示愿为代劳。后来，"说明"终于成稿了，还请郭沫若先生题写了书名，全书完成有期了。不料，负责代管图页的刘哲民先生陷入了公元1957年的"反右"运动中，而他自己也在公元1958年遭空难殉职，此书的出版乃告中断。后来，幸亏他的学生当时的上海文化局局长方行将此《图录》的全部散页委托上海图书馆保管，从此便静静地在图书馆的书库里沉睡了二十多年……直到公元1986年，此书才在方行、刘哲民和上海图书馆顾廷龙馆长的帮助下，交给上海古籍出版社，使这部收入了六百五十多件珍贵陶俑的黑白及彩色图片的精美图集得以出版。此时离郑振铎编辑此书已是三十八个年头，离他去世也已是二十八个年头了……至于他的"序"，在当年只写了个开头，却是永远也无法完成了（图六九）。

六九　公元1948年郑振铎编撰的《中国古明器陶俑图录》，历
　　　经坎坷，终于在公元1986年由上海古籍出版社出版。

(四) "文物的事情问郑振铎"

"西谛是共产党"和"文物的事情问郑振铎"这两句话,在上世纪40年代后期上海的进步文化界人士中秘密地流传着。当一位与郑振铎来往密切的朋友悄悄地问起他本人时,他不置可否地只是笑笑。可是,当时关心着江南文物的徐森玉先生的确是关于文物的事,不分巨细,都要跑去找他商量。他虽然明知事出有因,但这出处又究竟在那里呢? 全国解放后,在第一届全国文代会期间,他和巴金、曹禺、靳以、唐弢等几位来自上海的朋友相聚在北海公园五龙亭饮茶聊天时,唐弢先生才道出了这个谜底:原来,当时郑振铎在上海大量抢救古籍及文物的事情,不知怎地传到了延安,传到了毛泽东那里。不久,国统区的黄炎培、褚辅成、冷遹、章伯钧、傅斯年和左舜生六位先生应中共中央之邀去过一次延安。在一次座谈会上,黄炎培先生十分关切地问周恩来副主席:"南方文物很多,应该怎样保护处理。"毛泽东主席当即插话说:"文物的事情问郑振铎好了。"因此,当时黄炎培先生就断定:郑振铎一定是共产党。他回到上海后,便告诉了同样关心着江南文物的徐森玉先生。徐森玉便又悄悄地告诉也都关心着江南文物的其他几位先生。于是,这个"秘密"便不胫而走地传开了……据唐弢说,他的确是听徐森玉亲口跟他讲的。由于他俩都常去东庙弄44号的郑振铎家,彼此便相识了。一次,他们在路上偶遇,便站着交谈了几句,话题不约而同地谈到了"西谛",谈到"西谛"正在从事的工作。这时,徐森玉突然既严肃又带着几分神秘地低声跟他说:"你知道么,振铎是共产党! "唐弢说:"当时我吃了一惊。心想'西谛'正在参加民主运动,会不会有人别有用心? 于是追问徐森玉,你是听谁说的?"徐森玉十分认真地说:"我是听任之(黄炎培)亲口跟我讲的。"于是,徐森玉便又跟唐弢讲了黄炎培一行六人访问延安以及他们和毛泽东、周恩来

七〇　公元1949年首届"文代会"期间，郑振铎和文学界朋友
们在北平北海公园五龙亭聚会时留影（前排左起为李健
吾、曹禺、郑振铎、巴金和唐弢，后排右起为靳以）。

座谈的情况……听了唐弢的一番话，郑振铎也恍然大悟。他笑着说：
"怪不得那时总有人来问我有关文物的事，我真有些摸不着头脑。甚
至有人还悄悄试探着问我是不是'那边'（指延安）的？原来我一直
是蒙在鼓里呵！"说完大笑起来。在座的众人也都笑着说："原来振
铎的这顶'红帽子'，是黄任之给他戴上的呀！"（图七〇）
　　这时，一轮红日西斜，湖面泛着瑰丽的红光。几个在湖边嬉戏

的孩子正在朝湖面投掷着小石块。随着"咚……咚……"几声后，湖面泛起了一圈圈涟漪。他想起了青年时代写的一首诗，便动情地朗诵道：

> 取了一块石，
>
> 抛入碧玻璃似的湖水中。
>
> 湖水漾荡了一会，
>
> 便又平静了。
>
> 映着夕阳的红光，
>
> 漾荡着的水也好。
>
> 明镜似的水也好。
>
> 总是说不出的美好。

（五） 乘风破浪　驶向新社会

公元1948年12月19日，郑振铎在上海家中度过了他的五十大寿。老母亲亲手操刀做了两桌酒席，亲属们欢聚一堂，并请来梅兰照相馆的摄影师留下了很多温馨的画面（图七一～七四）。这是他在沪的最后一次亲属大团聚，很快他就要整装北上了。这是他一生中最重要的一次抉择……

公元1949年初，解放大军解放了天津、北平后乘胜南下，蒋家王朝岌岌可危，正做着垂死挣扎。他们对国统区的人民采取了愈来愈严厉的高压政策，爱国民主人士随时有被他们杀害的危险。中共地下党为了这些进步人士的安全，采取了分期分批向解放区转移的措施。一天，党派了陈白尘同志来郑振铎家，动员郑振铎去解放区。他毫不犹豫地接受了党的关怀。当时，陈白尘同志还问他："你不是欠了不少债么？我们替你还吧。"他觉得当时正是解放战争时期，每一分钱都是很宝贵的。他怎么忍心接受党的这笔钱呢？于是，他便婉转地对陈白尘同志说："谢谢党对我的关心。但是，钱我不能要，我自己可以设法解决的。"后来，郑振铎只得卖掉了一些心爱的藏书，还清了债务，同时也解决了去解放区的路费。

当时，由于长江以北已陆续解放，南北交通中断。因此，去解放区必须先去香港，然后再由香港乘船北上。

经过一番准备，行期已定。他和夫人商量，老母年迈，爱子（指郑尔康）年幼，决定由夫人带尔康暂留在上海等待解放，他则带女儿小箴先走一步。

临行前，他与好友们一一作别。他在致刘哲民先生的信中告诉他将"乘舟破浪南行矣"，并意味深长地说"大约相见期不会太远"。他还单独约了唐弢先生到家中密谈。当时屋里并无别人，但他还是郑重其事地把唐弢先生拉到一边，带着充满感情的声音说："明天我就要出发了！"至于去哪里？他却没说，但是唐弢先生早已心领神会了。他在与学生孙家晋的谈话中吟咏了杜甫的咏马诗"竹批双耳峻，风入四蹄轻。所向无空阔，真堪托死生"，以寄托自己激动的心情和坚定的信念。他还说："最近重读了何其芳的《画梦录》，丁令威化鹤归来，城郭已非。将来我倒想重写这个故事，化鹤归来，城郭焕然一新……"暗示了他即将远走和革命即将胜利。

2月15日清晨，郑振铎带着女儿搭乘"盛京"号轮扬帆远航。他站在甲板上，望着远方，觉得既兴奋又感慨万端……二十多年前，他在北平送好友瞿秋白北去苏维埃俄国，寻求革命真理。他那时是多么羡慕秋白即将到达的那个"红光里"的"新世界"啊！现在，好友秋白已经作古，而他们青年时代所向往的一个在中华大地上出现的"新世界"正伸出热情的双臂，欢迎着他的到达……想到这里，一股暖流流遍全身，他感到"现在我是最幸福的人"！

"盛京"号轮乘风破浪向南航行，历时四天，于19日上午到达香港太古码头。先行抵港的叶圣陶等先生在码头迎接他。老友重逢自然格外愉悦。中午，徐伯昕特地挑了一家福州菜馆为他们接风。当晚下榻于九龙饭店。这时，曹禺、柯灵、阳翰笙、宋云彬等许多老友都已先期到达。在沪时，由于平时大家都忙，即使是好友，来往得也不多。现在大家为了一个共同的目标云集在一起，都有说不出的高兴。于是，今天你接风，明天他洗尘。酒席宴间，郑振铎更是满面红光，孩子似地逞强，拉这个，逼那个，一一的干杯。他怎么

七一　郑振铎五十大寿时在上海寓所书斋留影

七二　郑振铎五十大寿当日与家人合影（左起为女儿郑小箴、郑振铎、夫人高君箴、儿子郑尔康，中坐者为郑母郭宝娟）。

七三　郑振铎与风雨同舟二十五载的夫人合影

七四　郑家"四世同堂"合影

能不痛快呢！大半生来，他所朝思暮想并为之奋斗的"新社会"已离他愈来愈近。只是几天的路程了！不是吗（图七五～七七）？！

行期愈来愈近，风声也似乎愈来愈紧。因为他们的这次行动完全是秘密的。在港逗留的八天内最初几天一直住在九龙饭店，可是到了临启程的前两天竟连续换了两家旅馆，居住条件一家不如一家，但是为了躲过特务的跟踪也只得如此。离轮船码头愈来愈近，这样上船就方便了。

27日是上船的日子。同行者除了他和叶圣陶、曹禺、宋云彬等算中年人，尚有陈叔通、马寅初、柳亚子等数位老人及几位女士，总共一行二十七人。由于包的是一艘货船，乘客不可能太多，所以除了老人、女士充做搭客，其余的都伪装成"船员"。他化名"陈敬夫"。

登船的时间也是分批进行的。下午是"搭客"登船，晚间才是"船员"们登船。行前，"船员"们都换了船员穿的中式短打，只有宋云彬例外，因为他被分派做"庶务"，可以穿长衫。"船员"们穿上船员服，大家都彼此相视对笑。因为平时他们不是穿长衫，便是

七五 公元1949年初，郑振铎应中共中央之邀，秘密离沪北上，
准备参加第一届全国政协时的留影。

七六 公元 1949 年初，郑振铎转道香港赴解放区途中，抵达香港与先期到达的挚友叶圣陶在达德学院留影。

七七 "光明的世界"正在向他们招手。郑振铎与同行诸友在香港达德学院留下难忘的镜头（左起第二人开始为郑振铎、女儿郑小箴、张瑞芳和曹禺）。

穿西服，现在这样的打扮真有些觉得怪模怪样的。尤其是郑振铎，带
着深度近视镜，船上哪有这样的船员呢！于是，大家又奚笑了他一
番（图七五～七八）。

　　船原定在28日上午起锚的，但是整整一个上午快过去了，却不
见丝毫动静，大家都有些不安。这时，地下党的一位李某上船告诉

七八　化名"陈敬夫"的郑振铎身着船员服，与女儿郑小箴在
　　　　北上的货船上留影。

大家不要着急。因为这是一艘苏联货船，但却挂了葡萄牙国旗，必须要有葡萄牙领事馆的签证始能出港。葡国的领事因认为这不是葡国的船，故不肯签证。李某说：现在正在进行交涉，请大家静候。他嘱咐凡扮做"搭客"的尽量不要呆在甲板上，因为货船上乘客打扮的人多了，容易引起疑心。他还教给"船员"们，如果有人盘问，如何一一答对。种种安排可谓十分周到。郑振铎后来讲到这段经历时眉飞色舞，称之为"永远值得纪念的航行"。他对地下党周密妥善的安排简直佩服得五体投地。

上午11点50分，船终于启动了。大概是金钱起了作用吧？郑振铎心中暗想。行驶一小时后，船上的人说现在已经出了香港水警的警戒区，大家可以放心了。于是，大家欢呼着登上最高一层平台，望着渐渐向后退去的香港码头和那高高飘扬的米字旗愈来愈小……愈来愈小……"再见了香港！我们总有一天会再来的。到那时，在你的上空飘扬的将是我们新中国的国旗！"他心中默念着，双手紧握着拳头。

船行五六日，一路风平浪静。只有一天夜里遇到了国民党军舰的盘问，答复是去南朝鲜，故只得假作向朝鲜方向行驶。待那艘军舰远去后，再掉转船头向北，故而延误了一个多小时的行程。不过，当时大家都在睡梦中，不然又是少不了虚惊一场。早晨听船上人讲起昨夜的遭遇，大家都长长嘘了一口气。

船上的生活十分有趣。白天，郑振铎总是和叶圣陶、宋云彬等聚在一起饮酒聊天。他们已好久没有这样可以终日在一起的机会了。晚上，他们则举行娱乐晚会。郑振铎的女儿小箴能歌善舞，成了晚会的活跃分子。郑振铎的童话常使满座人感到返老还童。还有曹禺的京剧清唱，叶圣陶的笑话，包达三老先生谈蒋介石的琐事……这些都深深感染着每位晚会参加者。大家忘却了旅途的无聊，都觉得自己年轻了好多。因为他们很快，不，马上就要"解放"了！他们是长期生活在国民党统治区，精神上受到沉重压抑，肉体上受到痛苦折磨的人们啊！柳亚子先生兴奋得为同船二十七人每人都赠诗一首。他首先为自己吟道："六十三龄万里行，前途真喜向光明。乘风破浪平生意，席卷南溟下北溟。"他赠给郑振铎的诗曰："旧学新知各有闻，郑郎玉貌气干云。晒园遗著疑真伪，异见还应考订勤。"他赠郑小箴的诗云："谢絮陈椒重小箴，郑家娇女嗣清音。最难慈父还兼母，体贴长途宛转心。"接着，其他几位先生也诗兴大发。叶圣陶吟道："南运经时又北游，最欣同气与同舟。翻身民众开新史，立国规模俟共谋。篑土为山宁背后，涓泉归海复何求。不贤识小原其分，言志奚须故其羞。"陈叔通、宋云彬等也相继吟了自己的诗。惟独郑振铎自觉旧体诗功力较差，故而不敢在诸老面前"卖弄"。但每听完别人的诗，他都不住地喝采："好！好！"（图七九）

3月5日下午17时，轮船抵达烟台海面。夕阳西下，烟台港笼罩在一片红光中，许多朋友正在向他们招手。轮船渐渐靠岸，他们

七九　郑振铎在北上的货船上与同船友人合影（一排左起为曹禺
　　　夫人方瑞、郑小箴、包达三女儿包起亚；二排左起为包达
　　　三、柳亚子、陈叔通、马寅初；三排左起为傅彬然、沈
　　　体兰、宋云彬、张纲伯、郑振铎、叶圣陶、王芸生）

渐渐地"走向红光里去了"！啊！"新社会"，一个比他当年编《新社会》时所梦想的还要美好得多的"新社会"到了！他两眼模糊了。他，一个"有泪不轻弹"的铮铮铁汉，此时此刻也终于流下了两行激动万分的热泪……

他们一行在烟台受到当地党政军领导的热烈欢迎。他们在当地最豪华的一幢过去洋人居住的别墅里休息了一夜，次日便分乘几辆当地部队准备好的美式吉普车经莱西于3月9日到达潍坊，然后转乘刚修复通车的胶济铁路北上，最终于3月18日抵达北平前门车站。叶剑英市长以及比他们先期到达的郭沫若、沈钧儒、马叙伦、胡愈之等均到车站迎接。他们被安排住在东交民巷一家当时在北平仅次于北京饭店的六国饭店。

这以后，由于妻儿的到来，因为六国饭店的房间较小，组织上又安排郑振铎一家住到了北京饭店四楼的一个较大的套间，而他的近邻就是林彪……他和林彪有时在走廊相遇时也相互点头打个招呼。不过，他对林彪总是阴沉着脸，从未笑过，而且屋内整日拉着厚厚的窗帘，使室内昏昏暗暗的神情与生活习惯，觉得很是不解。

新中国成立后，郑振铎在北京曾搬过三次家：第一处是颁赏胡同13号，这是一个典型的北京小四合院。不久，由于他在上海的大量藏书要运来，小院实在容纳不下，组织上又安排他搬到了黄化门大街17号。随着他的藏书不断增加，公元1958年秋，他的家又搬到了宝禅寺（今护国寺宝产胡同25号）。不过，他在搬来前夕便率团出国了，因此他实际上一天也没有在这里住过。他的家属及最心爱的藏书则均已搬来。这是一座清朝贵族的宅院，日寇占领时期还是"超级女谍"川岛芳子的特务机关，可见不同一般。宅院内有假山、亭台、池塘、水榭，颇似一个"大观园"。尤其是有五六个院落，数十间房屋，足能容纳他的藏书了。这令他十分满意（图八〇～八三）！但又谁知，他这一走，竟是"黄鹤一去不复返"呢！留下了亲人们的无限惆怅，哀思悠悠……而这都是后话了。

八〇　解放初，郑振铎在北京的第一
　　　处寓所——西四颁赏胡同 13 号。

八一 公元 1951 年至 1958 年，郑振铎在北京居住最长的寓所
——黄化门大街 17 号。

八二 在繁重的工
作之余，郑振铎能
"偷闲"在自家花
园和他亲手栽植
的葡萄架下，读自
己爱读的书，是他
最惬意的事。

八三　郑振铎在北京的最后一处寓所——宝禅寺（今护国寺宝产胡同 25 号）

（六）　中国人民的代表——布拉格之春

　　在北平最初的几天，他参加了一系列的文艺界的活动，被选为中华全国文学艺术工作者代表大会的筹备委员（图八四）。后来，他又和郭沫若、曹靖华、田汉、洪深、曹禺、丁铃、艾青、徐悲鸿、古元、程砚秋、戴爱莲一起被推选为中国文艺界出席世界和平大会的代表。紧接着，在全国学术工作者协会理事会上，他又被推选为学术界出席世界和平大会的代表。朋友们得知后，当晚都聚到他的卧室内向他祝酒。比他小十多岁的曹禺连"干"了数杯茅台后，话也多了，不住地拿他开玩笑，一会儿称他"郑大教授"，一会儿称他"老兄"，一会儿又指着他的鼻子说"你是个名副其实的'双料货'，所以我们每人干一杯，你要干两杯"。最后，所有人都大醉而归。

　　公元 1949 年 3 月 29 日，以郭沫若为团长，刘宁一、马寅初为副团长的由四十人组成的出席世界和平大会代表团从北平启程。这是

八四　公元1949年3月22日，郑振铎以筹备委
员身份在首届全国文代会筹委会上发言。

新中国成立前夕，中国人民自己的第一个出席国际会议的代表团。中央领导对此十分重视。周恩来副主席考虑到他们要途经冰雪严寒的西伯利亚，特地批示为每人准备了一件厚厚的水獭领皮大衣和一顶水獭皮帽。这是他有生以来第一次穿如此考究的大衣，故而心里暖融融的。

他们先坐国内列车到满洲里，然后换乘国际列车，用了好几天才到了莫斯科。一路上，朋友们谈笑风生倒不寂寞。徐悲鸿和他同一车厢，忽然发现他的头部侧面很像一个古希腊雕像，便为他画了一张素描，现存徐悲鸿纪念馆（图八五）。朋友们发现了赞美不已，于是都争着要徐悲鸿也为自己画一张。徐悲鸿来者不拒，一时间车厢里热闹非凡。车上的伙食不错，只是缺乏新鲜水果。后来列车员来推销新鲜黄瓜和啤酒，大家都拼命吃起黄瓜来，而对啤酒却不敢问津。一位朋友似乎很有"经验"地说："国际列车上的饮料都很贵的。"因为大家身上的零用钱很有限，所以认为还是黄瓜好，既省钱，又可代替新鲜水果，真可谓经济实惠。可是最后一结账，方知一根黄瓜竟比一瓶啤酒要贵得多，大家都连呼："上当！上当！"

在莫斯科短暂停留期间，他和郭沫若等人拜访了苏联著名作家西蒙诺夫等人。在招待会上，他第一次喝到了俄罗斯有名的伏特加酒，宾主频频举杯，兴致极高。他看到餐桌上与美酒佳肴并列一起的除了酸黄瓜，也有新鲜黄瓜，方知在那里由于天气的缘故，黄瓜是十分名贵的食品。他想起列车上的尴尬，几乎要笑出声来。

几天后，中国代表团一行又由莫斯科转车到了布拉格，受到捷克人民的热烈欢迎。郑振铎还去拜访了上世纪30年代就结识的著名汉学家普实克，彼此畅谈甚欢。一切似乎都很顺利。但是，当中国代表团办理手续要去这次大会的开会地点巴黎时，一个令人极不愉快的事情发生了。原来，当时的法国政府无理地拒绝了中国代表团全体入境，而只准派几个代表去巴黎。为此，我方举行记者招待会，严辞拒绝了法方的条件。最后，在许多与中国友好的朋友们一致要求下，大会筹委会决定将大会一分为二，即 4月20日上午在巴黎和布拉格同时召开。当郭沫若代表中国代表团向大会致词时受到长时

八五　公元 1949 年 3 月，徐悲鸿在出席"世界和平大会"前往
　　　莫斯科的列车上为郑振铎画的素描。

八六　公元 1949 年 4 月，郑振铎出席"世界和平大会"期间，
　　　与其他中国代表漫步捷克首都布拉格街头（二排右二为
　　　郑振铎、右四为丁玲，三排左一为冯玉祥夫人李德全）。

间雷鸣般的掌声。郑振铎第一次感受到了中国人民在国际舞台上终
于挺直了腰杆，想起当年去法国时在"阿托士第二"邮轮上受到那
位瘦检查官无理刁难的情景，不由长长嘘了一口气。正当会议进行
到 23 日上午时，会议主席忽然宣布中国人民解放军已占领南京的大
好消息。全体代表立即起立欢呼，许多外国朋友都拥向中国代表的
席位，纷纷与他们拥抱握手，并把他们高高抬起扔向空中……晚餐
时，许多代表又过来向他们祝酒，郑振铎又是来者不拒地一杯杯干
着伏特加，而幸福的热泪却止不住地流下……他从来没有比此时此
刻更感到作为一个中国人有多么自豪！当晚，他刚睡下，又忽听到
街上不断地有"毛泽东！毛泽东！"的欢呼声。他本想走到阳台上，
向捷克人民挥手表示致意，但他实在喝得太多了，还未站稳便倒在

地毯上呼呼睡去……

大会在 4 月 25 日胜利闭幕。他在布拉格抽空会见了捷克的汉学家们，并参观访问了一些博物馆和大学。早春的布拉格到处一派生机盎然的气象。漫步街头，不时有友好的捷克人向他们热情地打招呼（图八六）。伏尔塔瓦河上的阵阵清风使人精神为之一振，河上穿梭往来的轮船时而发出的汽笛声似乎在向人们宣告"人民的新时代开始了"！

4 月 29 日，代表团乘飞机到达莫斯科。他在随后数日亲眼目睹了当年送好友瞿秋白前往的这个世界上第一个社会主义国家的风采。"五·一"国际劳动节，他们一行应邀出席了红场上的盛典，有幸见到了斯大林。5 月 5 日，他还应莫斯科大学的邀请，去那里做了讲演。5 月 12 日，代表团完成了这次出国的使命而回到祖国。一路上经过哈尔滨、长春、沈阳、锦州、唐山、天津等地时都像凯旋的英雄，受到成千上万群众的欢迎。他们在每个地方都要逗留几天，故而整整走了十三天，于 5 月 25 日才回到北平。刚一下火车，他们又立即被汽车送到了天安门广场，一个有周恩来等党政领导参加的十万群众的欢迎大会正等待着他们……

（七）　中国人民站起来了

公元 1949 年 7 月 2 日，中华全国文学艺术工作者代表大会在北平隆重召开。这是一次全国文艺界的空前盛会，堪称是一次"群英会"。各路文艺英杰八百二十四人荟萃北平，旧朋新友济济一堂，群策群力，为即将诞生的新中国文艺事业共同描绘美好的蓝图。一个文艺的春天来到了（图八七～九二）！

郑振铎以南方代表团成员、大会代表资格审查委员会成员、大会主席团成员的身份出席大会，聆听了朱德总司令代表党中央在开幕式上的讲话、周恩来副主席的政治报告和毛泽东主席的亲切讲话。毛泽东的讲话深深打动了他的心灵："你们是人民的文学家、人民的艺术家……你们对于人民有好处。因为人民需要你们，我们就有

八七 公元1949年7月2日，首届全国文代会在京隆重举行。
这是郑振铎与其他代表在会议期间的留影（前排左一为
戴爱莲、左二为凤子、左三为舒绣文，二排左二为张瑞
芳、左三为沈雁冰、左四为白杨、左五为许广平、左六
为田汉，三排左二为徐悲鸿、左三为曹禺、左五为马思
聪，四排左二为戈宝权、左三为郑振铎、左四为洪深）。

八八　几位主席团成员在一起（左三为郭沫若、左四为赵树理、
　　　　左五为郑振铎）

八九　郑振铎与几位代表同游太庙（今劳动人民文化宫），
　　　　左起为李健吾、唐弢、郑振铎、王辛笛和柯灵。

九〇 郑振铎与宦乡同游故宫

九一 郑振铎与宦乡（左）、柯灵（右）在故宫合影。

九二　郑振铎与友人在故宫合影（左为宦乡、
中为柯灵夫人陈国容、右为郑振铎）

九三　公元1949年8月，郑振铎参加第一届全国政协筹备工作
　　　　期间与文艺界其他代表合影（前排左起为艾青、巴金、史
　　　　东山、马思聪，后排左起为曹靖华、胡风、徐悲鸿、郑振铎
　　　　和右端的沈雁冰）。

九四　公元1954年5月，郑振铎出席政协全国委员会宪法草案（初
　　　　稿）座谈会后与第十组全体成员合影（前排右六为郑振铎）。

理由欢迎你们……"他在心中问着自己："'人民的文学家'这是一个多么崇高的称号呀！你够资格吗？"

大会于 7 月 19 日闭幕。他被选为中华全国文学艺术界联合会全国委员会委员、常务委员和福利部部长。接着，他又在中华全国文学工作者协会成立大会上当选为中国作家协会全国委员会委员、常务委员和研究部负责人。

这期间，他还参与了一项非常重要的政务活动。这就是第一届全国政治协商会议的筹备活动。因为一个崭新的中国和崭新的中央人民政府，就即将从这一届的政协大会上产生（图九三、九四）。6 月 15 日，他以文学艺术界代表的资格出席了全国政治协商会议筹备会。他和叶剑英、郭沫若、李立三、田汉等十六人被推举为该筹备会第六组成员，负责制定新中国的国旗、国歌和国徽。在一次会议上，当《义勇军进行曲》被通过为《中华人民共和国国歌》时，它的词作者田汉当即站起来，作了慷慨激昂的即兴发言。当田汉刚一结束他的讲话，郑振铎第一个抢上前去和田汉紧紧拥抱，向这位大家称之为"田老大"的老友表示热烈祝贺，两人都流下了激动的泪水。

公元 1949 年 9 月 21 日，他出席了中国人民政治协商会议第一届全体会议。在当年清代光绪皇帝变法维新失败后被囚禁的中南海瀛台不远处的怀仁堂里，六百六十二名政协代表正在为即将成立的新中国共商建国大计。他和全体代表坐在一起聆听毛泽东主席激动人心的开幕词："……占人类总数四分之一的中国人民从此站起来了……我们的民族将再也不是一个被人侮辱的民族了，我们已经站起来了。我们的革命已经获得全世界广大人民的同情和欢呼，我们的朋友遍于全世界。"

在这次大会上，还决定为纪念在民主革命和人民解放战争中牺牲的人民英雄，将在新中国首都北京的天安门广场建立一座雄伟的"人民英雄纪念碑"。彭真和郑振铎、梁思成三人被指定为该纪念碑兴建委员会正副主任。

当天下午 6 时，他和出席政协大会的全体代表在毛泽东主席率

九五　公元1949年10月1日，郑振铎参加了开国大典。这是他
　　　和毛泽东等国家领导人以及各界人士在北京天安门城楼
　　　上的合影（三排居中穿西服者为郑振铎）。

领下，在天安门广场上举行了纪念碑的奠基典礼。以毛主席为首的政协各方面代表执锹铲土，埋下了纪念碑的基石。郑振铎跟随在毛主席后面，为基石铲上了一锹黄土。此时此刻，他的眼前闪现出导师李大钊和好友胡也频、瞿秋白等革命先烈的身影……

9月30日是大会闭幕的日子。在暴风雨般的掌声中，大会宣布毛泽东当选为中央人民政府主席，朱德、刘少奇等六人为副主席，周恩来等五十六人为政府委员，郑振铎则被推选为第一届全国政协一百八十位委员中的一员。因为那时还没有全国人民代表大会，故而由政协来代行全国人大的职能。大会在毛泽东主席主持下，举行了隆重的闭幕式。朱德副主席致闭幕词，军队高奏《义勇军进行曲》，大会胜利闭幕。回到饭店已是子夜，但他丝毫没有睡意……独自坐在卧室旁的客厅里吸烟。不一会儿，吴晗拿着一瓶茅台酒和一包花生米走了进来，说是也睡不着，来和他共度良宵。两人就着花生米边饮边谈，谈了很多当年在燕京、清华时代的趣事。吴晗念念不忘郑振铎当年在东安市场五芳斋请他吃的清蒸鲥鱼，说这是他有生以来第一次吃到的人间美味，至今仍觉得余味无穷……当两人喝干了那瓶茅台，窗外已呈现出一片曙光。

新的一天，即10月1日下午，他和全体当选的政协委员吃完午餐就早早分乘几辆大轿车来到了天安门广场。当他登上雄伟的天安门城楼，环顾城楼下，四周已是鲜花和红旗的海洋……

下午接近15点，在《东方红》的庄严乐曲中，人民领袖毛泽东和周恩来、朱德等其他新中国的领导人登上了天安门城楼主席台（图九五）。这时，城上城下欢声雷动……15点整，在《义勇军进行曲》和二十八响礼炮的轰鸣声中，由毛泽东主席亲手按动电钮，新中国的第一面五星红旗冉冉升起……郑振铎似乎看到了那在烈火中重生的凤凰，正以灿烂夺目的辉煌形象，展翅飞向蓝天，翱翔！翱翔！欢唱！欢唱！

七 从政十年

（公元 1949～1958 年）

（一）　人民的重托

公元1949年10月9日，郑振铎出席了政协全国委员会第一次会议，被任命为全国政协文教组组长，直接受主席、副主席的领导，也可算是一个很重要的职务了。

几天后的一个晚上，他的老友沈雁冰来找他。当时，他们还都住在北京饭店，串串门是很方便的。沈雁冰告诉他：政务院即将成立，各部门正副部长已基本确定。文化部长为他本人，两位副部长一位是周扬，另一位原定是你。但是，一位刚从国外回来的同志也拟考虑为副部长，而根据当时政府各部委的编制只能是一正两副，因此，对另一位副部长的人选有些举棋不定。郑振铎听了沈雁冰的话，当即表示："我本来就不合适'做官'。这次北上时，也早就跟家里讲好，政协会一开完就回上海，还是去当我的'教书匠'或是写写稿子。何况我的那么多书在上海，搬一次家也是很不容易的。"他的话音刚落，沈雁冰便接过话头："铎兄，既来之则安之。你暂时屈就一下文物局长的位子怎么样？"文物局长是主管全国图书馆、博物馆和文物的，这当然对他是颇有吸引力的职位，但一想到也是"做官"，就还是以"平生不惯做行政事"来婉言相辞。沈雁冰见一时说服不了老友，就说"你还是好好考虑考虑，过几天再说吧"！

又是几天后的一次政协的会后，周恩来副主席请他留下来谈谈。恩来同志先是语重心长地谈了新中国是在国民党反动派留下的一个烂摊子上建立起来的，百废待兴，各方面人才奇缺，希望他能发挥自己所长来为党分忧，为国分忧，接着便转入正题，讲到了文物局长的人选。恩来同志说："我和一些同志掰着手指算，眼下国内最熟悉考古和文物的除了郭沫若同志就是你振铎同志了，而郭老已被任命为政务院副总理兼文教委员会主任，不可能再兼更多的职了。你要是不干，难道还要把台湾的专家请回来管不成？！"一番话说得

九六　这是中央人民政府文化部文物局的最初办公地点
　　　　——北海团城

九七 郑振铎在他办公的团城古籍堂前留影

九八　郑振铎在团城承光殿前与文物局部分专家及科处级干部
　　　合影（前排左二为郑振铎、右一为著名古建筑专家罗哲
　　　文、右三为书画鉴定家张珩，后排右四为谢辰生）

九九　郑振铎在团城承光殿前与文物局各处室工作人员合影
　　　（二排左六为郑振铎）

郑振铎哑口无言。这时，他忽然又想起几年前在上海流传的黄炎培说的那一句话："毛泽东说'文物的事情问郑振铎'。"他心想："知我者，毛泽东、周恩来也！"领袖们的信任代表了人民的重托，于是他心悦诚服地决定留下来"做官"了。他有些激动地双手紧握着恩来同志的手说："那我就试试吧！"

10月21日，中央人民政府政务院正式成立，周恩来任总理，沈雁冰任文化部长，郑振铎被正式任命为新中国第一任文物局局长。11月1日，他来到北海南门的团城（图九六），大门外悬挂着"中央人民政府文化部文物局"的木牌子。他端详了一下，然后拾阶而上，走马上任……团城成为了国家机关办公地，有些同志提出应在大门外挂上写有"机关重地，闲人免进"或是"谢绝参观"之类的牌子，但郑振铎知道后坚决反对。后来，按照他的意见只是在北面他的局长办公室古籍堂前（图九七）以及两厢各处室外用铁丝拦起，各立一块"谢绝参观"的木牌，而南半部供有玉佛的承光殿和大玉瓮则照常售票供游人参观。他觉得这才是人民的机关而不是"衙门"，既可办公又不影响群众参观，一举两得（图九八、九九）。

文物局是个专业性很强的部门。他上任伊始，首先就是组建一支专家队伍来担任文物局各科处的领导。他在副局长王冶秋的大力支持下，亲自出马，一家家登门，请来了"北京人"头盖骨的发现者裴文中负责筹建自然博物馆，请来著名学者向达负责图书馆处，请来他当年的学生、著名学者王天木负责博物馆处，还动员了从未参加过工作的江南世家子弟、著名书画鉴定家张珩来担任文物处副处长。他曾多次邀请文物鉴定界老前辈徐森玉来"屈尊就任"文物处处长，并亲自在办公室安放了一套极为考究的紫檀木桌椅，虚位以待。但令他遗憾的是，徐森玉年事已高，离不开上海，于是他又提议徐森玉担任华东文化部文物处处长，并多次写信给当时担任华东文化部文物处副处长的唐弢，要他好好向徐森玉请教、学习。他这种"求贤若渴"和为国广招天下英才的精神，感动了图书、博物馆、文物界的许多专家、学者纷纷参加到革命队伍里来，成为文物局的骨干力量。例如，字画鉴定家徐邦达、古铜器鉴定家傅忠谟等都在局里担任了科以上的干部。尤其受到感动的是后来担任了考古研究所副所长的夏鼐。夏鼐本来在南京原国民党的中央研究院历史语言研究所工作。他上任伊始便几次三番写信请夏鼐北上共事，主持考古发掘工作。夏鼐当时正在考虑去浙江大学任教，故多次回信婉辞。他知道夏鼐也是不愿"做官"，于是便以自己为例在给夏鼐的一封信中写道："弟生平不惯做行政事，但今日为了人民，为了国家民族，也不能不努力做些事。且既做了，则必须做好。"他还给夏鼐写信指出文物局是一个"空前的组织"，亟需网罗专家，把它办好，"对于国家文物的前途，大为光明"。

为了说服夏鼐，他还请了曾和夏鼐在原中央研究院共过事的陶孟和、王天木等先生去做"说客"。当他到上海出差时，还给当时在杭州的夏鼐写信，言辞感人地写道："弟等盼兄北上，如大旱之望云霓……将来集合'志同道合'的朋友们一起，一定可以有很大的成绩做出来的……"

他对朋友的坦诚、对事业的执著、对革命工作的拳拳之心，凡与他有交往的朋友都说："连草木都能被感动。"终于有一天，夏鼐被他说服了。这是在他公元1950年兼任了中国科学院新成立的考古研究所所长以后。在考虑副所长人选时，他首先便向院长郭沫若提出了夏鼐，并为夏向院方申请了一笔旅费，请夏先来北京面谈。他在6月27日给夏鼐的信中写道："所务会议要等兄来才能开，有关下半年的计划，必须兄来才能商定。"终于，夏鼐在7月间来到了北京，和郑振铎作了一次坦诚的交谈，并终于接受了考古所副所长一职。夏鼐在他后来写的一篇文章《纪念郑振铎先生逝世一周年》中专门回忆了此事："……公元1950年中国科学院成立考古研究所，由先生兼任所长。我现在还很明晰地记忆到那年7月10日我刚由南方前来北京初次去团城文物局会晤他时的情况。那天他正从局中一个会议散会出来回到他的办公室。两年多未见面，先生变得更为年轻了。神采奕奕，精神更为饱满了。我那时政治觉悟不高，一见面便先向他提出我自己想不担任行政工作，想推辞掉副所长的职务，专搞研究员的工作。他听后便笑了。那时他还没有戒烟，一面谈话，一面不断地把香烟一根接着一根燃点起吸着。他推开桌子上待他批阅的公文，隔着桌子向我说：'不用提了。党这样重视我们、信任我们。我们还能推辞吗？你是知道的，我也是生平不惯做行政事的人，现在还当这里的局长呢！'我隔着桌子朝他看去，在他的眼镜的后面，光彩炯炯的一对眼睛正透过眼镜的玻璃，透过眼镜前面的香烟所散发的白雾，和我的眼光相接触。我低下头来，深惭自己虽比他年轻十几岁，干劲比他差得太远了。从此后，我便不再提辞去行政职务的事了。"

在郑振铎担任文物局长直到去世（公元1958年）的整整九个年头里，他虽然担任了文化部副部长，但始终分管着图博文物工作。他和副局长王冶秋以及他的专家班子，一方面从事全国文物保护工作规章制度的拟订，如"文物保护工作条例"和全国重点文物保护单位的确定以及全国博物馆、纪念馆、图书馆方针任务的制定等。本来"不惯做行政事"的他，一旦做了起来，就几乎把全身心都投入到工作中。虽说他还有很多社会活动，不能做到事必躬亲，但只要能自己动手的，特别是许多工作报告、甚至有关文物工作条例、法令，他都亲手起草，从不依靠秘书。至今在文化部档案室里，人们仍可以看到《一年来"文物工作"纲要》、《文化部文物局1950年工作总结报告》、《为紧急收购与收集旧档案致文化部的报告》、《故宫博物院改进计划的专题报告》、《全国博物馆工作会议总结报告》等都是他用瘦金体写的钢笔文稿，共四十余万字。

另一方面，他还要忙于接收处理从各地源源不断汇集起来的重要文物，并举办一些不同类型的文物展览。虽然十分忙碌，几乎很少有时间来写他自己的文章了，但这些却也是他最为得意之事。许多社会上著名的藏书家、文物收藏家、鉴定家、古玩商和旧书店老板等郑振铎本来就熟悉的老朋友，现在与他有了更多的来往。北京的张伯驹、天津的周叔都是他家里的常客。郑振铎还趁去南方视察工作的间隙，专门去看望了有一百多年历史的著名藏书楼常熟铁琴铜剑楼的主人瞿绍基第五世传人瞿济苍、瞿旭和、瞿凤起三兄弟，并参观了藏书楼。其中所藏精品之多，实属当时国内私家藏书中最完整的宝库之一。瞿氏兄弟对郑振铎的学识和品格仰慕已久，在交谈中又被他不时在言辞中流露出的爱国情怀以及对共产党所领导的新中国建设事业的满腔热情所深深感动。在他的鼓励下，他们毅然将部分珍藏无偿捐献给了国家，其中包括宋元刊本及抄本五十二种，计一千八百余册。他们还将另外一些善本作价归了公。这是新中国成立后较早的一次捐献举动，在当时有很大影响。在捐赠仪式上，郑振铎代表政府颁发了奖状并亲自写了褒扬信，赞扬瞿氏兄弟"爱护文化、信任政府之热忱，当为世人所共见而共仰"，同时希望他们将其余全部藏书"将来能够在双方协议下陆续价购归公，以免散入私人手中"。这批捐献的图书不久便在他亲自过问下运回北京，入藏北京图书馆。郑振铎对瞿氏兄弟的爱国之举始终念念不忘。公元1952年初，当他得知早就盼望的上海图书馆和博物馆将要正式成立时，立即给陈毅市长及有关方面负责人写信，推荐了好几位图书馆、博物馆方面的专家，其中就有"邃于版本目录之学"的瞿济苍、瞿起凤兄弟。

提到藏书楼，就不能不提到中国现存最古的藏书楼——天一阁。这座位于浙江宁波由明嘉靖年间官居兵部右侍郎的范钦所建的私家藏书楼已历经四百余年沧桑。原有藏书七万多卷，后屡遭失窃，至解放时尚存一万三千多件，其中包括明代许多地方志和登科录等。新中国成立后，天一阁被文物局列为最早的重点文物保护单位，并又陆续搜集补充了不少藏书。这些情况，郑振铎当然是了如指掌的。从他任文物局长的那天起，就关心着这座藏书楼，多次给当地文化部门和范氏后人写信，请他们务必妥善保管好天一阁和它的藏书。公元1951年4月的杏花春雨时节，他借南下视察之机，在上海稍作停留后就去了杭州、宁波等处，视察当地文物保管的情况。在宁波时，郑振铎点名重点视察的就是向往已久的天一阁。据这次从上海陪同他完成整个旅程的唐弢回忆："西谛先生一路上谈笑风生。他毫无名人习气，其待人的真诚都给接触过他的人留下难忘的印象。"他们到了杭州，便去了浙江图书馆，看望了鲁迅的旧同事张宗祥先生。接着，他又去文物保管委员会看望马一浮，对这位老先生为新中国文物、图书事业所作的贡献表示感谢。他后来又到绍兴，视察并研究了鲁迅故居的保护和维修。当晚，绍兴地委为他洗尘时拿出一坛上好的绍兴花雕。当地委书记向他介绍说，这是土改中从地主家搜得的百年陈酿时，他大喜过望，一下子连饮了三大杯，赞不绝口道："好酒！好酒呀！"微醺之下，他以"酒"为话题，大谈自己童年时看到祖父喝酒吃螃蟹时那种陶陶然飘飘欲仙的样子以及年轻时自己第一次和朋友们饮酒，酩酊大醉后被许地山等人抬回家中，像"死猪一样"地被扔到床上的狼狈相。他的绘声绘色，像个"大孩子"似的"天真"的表情，引得在坐的人笑声不断。大家本以为他是一位名作家、大学者，又是中央下来的"大"干部，起先都有些拘束。他的一番"酒话"，顿时使酒席上的气氛活跃了起来。到宁波后，稍事安顿，他就去视察天一阁。他见到这座数百年名楼年久失修，已岌岌可危，深感忧虑，当即找了范氏后人以及宁波市领导和文化界人士举行座谈，与大家研究了修缮楼舍、充实设备、加强保管等问题。大家对他初到这里，便对天一阁的情况了解得如此详细，讲起来如数家珍，佩服不已。一位当地文化界人士事后说："郑先生真不愧是藏书大家，对天一阁知道得比我们还多。"

这次在宁波时，郑振铎还有一个意外的收获。他偶然听说了当地一位李姓藏书家藏有一部明刊原版《天工开物》。《天工开物》是明末宋应星著的一部著名的科技百科全书。该书从初版到一百多年后出现的石印本已非原来面貌，因此原刻本极其珍贵。据他所知，当时仅台湾及日本尊经阁各藏有一部，因此李氏所藏的这部书真可谓海内的"孤本"了。如能把此书收归国家所有，对于我国研究自然科学史的人来说是大有用处的。他几经周折找到李家时，这座古老宅院已人去楼空，"重门深锁"。向邻居打听，方知这家主人李庆城早已举家迁移上海。返回上海后，他又到处托人打听李庆城下落，甚至求助公安部门，在对户籍档案中的数十名"李庆城"进行筛选后才找到了这位李庆城先生。

原来，李庆城是藏书楼"萱阴楼"的传人。他家的藏书多为天一阁、大梅山馆、抱经楼、墨海楼等处所流散者，故颇有善本、珍本，但鲜为人知。李氏所藏，不仅有初版《天工开物》，还有明抄本《明实录》、《国榷》以及不少的方志、词曲等，都极有价值。他听到派去了解情况的人向他汇报了上述情况后，又如同发现了一座金矿一样的欣喜万分！当即亲自多次去李家拜访。经过一番周折，他找到了李氏传人李庆城，动员他将《天工开物》等部分或全部藏书出售或捐献给人民政府。李氏被他这位千里迢迢从京里来的"大官"和大学者的几次专程造访所深深感动，终于决定将全部祖传古籍二千八百余种共三万余册全部捐献给国家。他代表政府亲自接受了捐献，并颁发了书面褒扬信。郑振铎亲眼看着工作人员把这批珍贵图书装入箱内，共分装成二百三十六箱。在他回京后不久，这些书也安全运抵北京，并按照他的指示全部入藏北京图书馆。通过这次捐书活动，他在与李氏接触中对李庆城的一片爱国心十分赞赏，又得知他对书目文献也有所专长，于是便给唐弢写信，请华东文化部文物处给李庆城安置了工作。

新中国成立之初，像以上这样的捐献是举不胜举的。例如，张菊生（张元济）先生不仅将自己收藏十多年的《翁文端公日记》二十五册和清初文学家的屏条、书轴等文物多种，甚至把家传三百年的张氏先九世祖张惟赤于清初顺治甲午科顺天乡试中举时所得的"鹿鸣宴杯盘"作为"国家数百年来典章之遗器"悉数交给他捐献给国家。著名藏书家傅增湘之子傅忠谟将傅氏"双鉴楼"藏宋刻本《资治通鉴》、宋钞本《洪范政鉴》以及其他大批珍贵藏书也通过他捐献给政府。尤其值得一提的是安徽刘氏捐献的"虢季子白盘"。这件西周晚期青铜器呈长方形，长130.2厘米，宽82.7厘米，高41.3厘米，清道光年间出土于陕西宝鸡虢川闲司，上有铭文一百一十字，记述了虢季子白奉周王命征伐犷狁的经过，是流传下来的西周最大的青铜器。其珍贵可想而知。当这件"国宝"运到北京后，他和副局长王冶秋专门在团城举办了一次特展。许多领导人及专家如董必武、郭沫若、沈雁冰、马叙伦、陈叔通、范文澜、唐兰、马衡等都应邀前来参观。他一边接待来宾，一边兴奋得滔滔不绝地向大家讲述着这件稀世珍宝的来龙去脉。大家边听边观赏，"啧，啧"之声不断。

　　一〇〇　新中国成立后，一些爱国人士将珍藏的文物、古籍献
　　　　　　给国家。这是在团城上举行的一次捐献仪式（左起为
　　　　　　郑振铎、马衡、王冶秋、郭沫若、文物捐献者、周
　　　　　　扬、沈雁冰和丁西林）。

　　这是建国以后，在他主持下的第一个文物展览。此后，随着文物局
接受私人捐献和收购的图书、文物愈来愈多，一些领导人和专家们
都想先睹为快，因此还不到公开陈列或展览的时候他就要工作人员
们在团城承光殿或是北京图书馆展览室先办一些书画、陶瓷或善本
图书的小型展览，邀请有关人士参观（图一〇〇）。像这样的小型展
览每年总要办多次。每逢这个时候，局里的干部们就打趣地说："我
们的局长又要献宝了。"他要求每件展出的精品都要写好说明卡片，
凡属私人捐献的都要在卡片上仔细交代清楚。这样一再"献宝"的
结果，关心文物保护工作的人愈来愈多了。大批官宦世家和民间收
藏家纷纷把祖传数百年或自己收藏的文物、古籍无偿捐献给人民政
府。上述局面的出现，当然首先是中国共产党在人民群众中的崇高
威望和人民对祖国社会主义建设的支持，郑振铎作为文物局长，作

为政府与民间的桥梁，其功绩也是不可磨灭的。

当然，他的工作还包括了对全国图书馆、博物馆的领导和组建。解放初，北京图书馆是惟一的国家图书馆，而且就在他身旁，因此也关心得最多。上述许多藏书家的捐赠或收购到的珍贵古籍，他都首先考虑到了划归给北图收藏。而对上海这么大的一个城市，直到解放初竟没有一个像样的公立图书馆，这是他所不能容忍的。于是，他在公元1951年4月7日给唐弢的信中写道："此事必须早日办，上海市实在不可一日无图书馆、博物馆也。"后来，郑振铎多次到上海视察，都要和有关领导谈及此事。终于在他的督促下，上海办起了图书馆、博物馆。像这样的由他亲自出马在全国建立起图书馆、博物馆的例子，实在太多太多了。

为了及时了解全国文物的保护情况并及时给以指导，郑振铎亲自指挥了建国初期几次最大的文物实地调查和考古发掘。例如，对雁北的文物调查，调查团发表了建国后第一个科学的文物调查报告《雁北文物勘查团报告》。他对此十分重视，亲自撰写了序言："在过去反动派政权的时候，有的时候也曾做过若干勘查工作。但其结果大部分藏于专家学者的个人胸中，懒得提笔写报告或者可以说不屑向人民做报告。往往隔了好久好久，不肯泄露出一点秘密消息。材料独占，古物尘封。像西北考察团的二万多根木简，为了研究报告不曾写出来，连那么重要的材料也被'保密'了二十多年而无缘与中国史学家们见面。这便是一典型例子。雁北文物勘查团不仅辛勤的做了那么多的工作，而且迅速而负责的把报告写了出来，向人民做了应该做的事。这便是新中国专家、学者们为人民服务，为科学工作服务的最光荣的成绩……"

此外，为了取得第一手资料，郑振铎还多次亲自去南京、苏州、扬州、杭州、绍兴、宁波、西安、洛阳、郑州、开封和敦煌等地作实地考察。公元1956年3、4月间，他在视察过陕西、河南等地后于4月10日从上海到达杭州。浙江省派了文化局局长即他在学生时代就认识的许钦文陪同他完成这次视察。据许钦文回忆："在排视察的日程时，帮我做接待工作的施科长惊异地说'怎么郑部长这样熟悉

一〇一　公元 1954 年 10 月 10 日，徐悲鸿纪念馆在北京开馆。
　　　　郑振铎主持开馆仪式并致词（右起为罗隆基、刘开渠、
　　　　李济深、徐悲鸿夫人廖静文，左一为郑振铎）。

一〇二　郑振铎在聂耳生平展览开幕式上留影（前排右起为查
　　　　阜西、李伯钊、夏衍、吕骥，后排右二为李长路、右四为
　　　　郑振铎、右五为周巍峙）

我们浙江的文物！哪里有五代的寺院塑像，哪里有南宋的碑石，哪里有晋朝的经幢，他头头是道。有些地方我们还没有明确究竟是怎样的，他指点得一清二楚'。"4月14日，他一到宁波，首先又是去天一阁看书。此后的几天里，他先后到董孝子的坟旁去看汉墓，又去观察了天封塔的倾斜度，又召集当地藏书家来座谈，研究天一阁的维修和消防等问题，然后又几乎一刻不停地查看了阿育王寺和天童寺等处。他在绍兴仅逗留了一天，主要是为了看鲁迅故居和纪念馆。因为鲁迅逝世二十周年快到了，他要求当地主管人员整理好故居，充实纪念馆内容，筹备好纪念会。匆忙中，他还去了徐文长的青藤书屋，到了陆游的快阁和沈园。在禹迹寺前春波桥畔，他静静地站立良久。他大概是在想像着《钗头凤》描写的陆游与唐婉的爱情悲剧，暗诵着"沈园柳老不吹绵"或是《剑南诗稿》中壮怀激烈的爱国诗篇……

从郑振铎第一步登上团城的磴道那一天起，大门外那块"中央人民政府文化部文物局"的木牌就注定了他这个"生平不惯做行政事"的人，在答应了周恩来总理"试试吧"以后，一试就是整整九年，一直到他生命的终点。在短短几年里，他从文物局长到文化部副部长，同时又兼任了中国科学院考古研究所和文学研究所的所长以及这个协会那个研究会的会长、副主席、理事、委员……总之，党和人民给了他很高的荣誉，不断往他的担子里增加分量，而他都挑了起来。据说，在他走马上任之初，一位老友在向他祝贺时问道："你想怎样来当好这个'官'？"他回答很干脆："做事不做'官'！"也许这就是他的"为官之道"吧（图一〇一、一〇二）。

（二） 毛泽东的"误会"

团城是一座面积仅4500平方米的圆形小城。人们从昭景门循磴道而上，凭着城垛口可以向北俯瞰碧波漾荡的北海，南眺波光粼粼的中南海，西望远山如黛，东览紫禁城金碧辉煌的宫殿。凡是来过这里的人，无不认为它是画中的诗和诗中的画，是世界上最小最美的城。郑振铎在担任文化部文物局局长的最初几年，就在这里办公。城上苍松翠柏，绿荫覆盖。尤其是一棵金代的白皮松，宛如巨大的天然华盖。清时，乾隆皇帝把它封为"遮荫侯"。他的局长办公室——古籁堂就在供奉着著名玉佛的承光殿东北侧，隔窗便可望见北海的湖光塔影，令人心旷神怡。

在这如诗如画的环境里，人们流传着这样一件趣事：有一天早晨，郑振铎刚到办公室，忽然中南海毛主席办公室派人来请他去，说是有要事相商。郑振铎回来后，便把文物处长张珩请去谈话。张珩回到办公室，便和人们说要出差几天。人们问他去哪里，他却闭口不言，脸上露出神秘的笑容。次日一早，张珩便真的"出差"去了，直到傍晚才回来。连续两个整天，他都是这样的早出晚归。有人问起时，他总是正色地说："不该问的别问，不该说的别说。"他脸上却总是掩饰不住那神秘的微笑……

和平解放西藏不久，有一天班禅来到团城，向玉佛敬献哈达。局里的人都跑出来，怀着一种好奇心鼓掌欢迎活佛。一向埋头工作的张珩竟也丢下了正在鉴赏的展子虔《游春图》，跑出来欢迎活佛了。大家都感到诧异，向他投以询问的眼光。他却依然是面含神秘的微笑，不作回答。不一会儿，他又回去默默地鉴赏那幅刚收购到的名画了。又是好几个月过去了，中央把签订和平解放西藏条约时所用的毛笔和西藏笔等文具交给文物局，要转交给革命博物馆作为革命文物保管起来。张珩知道了高兴得跳了起来，脱口而出道："想不到我用过的东西也要进革命博物馆啊！"这一语泄露了天机，大家才恍然大悟，原来张珩那次两天的"出差"，就是去中南海抄写和平解放西藏条约的汉文本。但令大家奇怪的是，毛主席怎么知道张珩擅长瘦金书，而把他选中呢？原来事情的起因发生在郑振铎身上。他在编印《敦煌壁画选》时为这本画册写了序言，但他觉得自己的字不好看，印出来效果不好，便请写得一手好字的张珩来代笔。这本画册出版后，毛主席看了，十分欣赏用瘦金体书写的序言。恰好不多久，中央要和西藏签订和平解放条约，条约要用汉藏两种文字书写，一式两份。在中央商议汉文本由谁来写时，毛主席忽然想起了

《敦煌壁画选》的序言来，便说"汉文叫郑振铎写吧，他的瘦金体很好"。于是便派人来请他。经郑振铎说明后，毛主席才知道是弄"误会"了。这才发生了张珩的"二进宫"。

（三）　城墙的拆与留

公元1949年11月，开国大典后的第一个深秋到了。香山的黄栌满山遍野，多得似烂漫的山花，红得像火烧的云霞。

这是郑振铎全家移居北京不久的一个周末，他带领全家去香山观赏红叶。他们分乘几辆三轮车——他那时虽配有专车，但私事是很少乘坐的。到达西直门后，全家再在那里换乘一种车后背了一个黑色大锅炉，内烧木炭的一种"小巴"。车一走，"突……突……"直响，车速恐怕比人力车快不了多少。不过，这比起当时很多人还是骑毛驴去郊游，就要快捷得多，也要舒服些。

他们在西直门换车时，大家看到了北京的城门和城墙。城外还围着一座四方形的小城。无论是出城还是进城，都必须经过两道城门。在城外还有一道很宽的石桥，也是进出城的必经之路。桥下则是一道长长的宽宽的看样子很深的河流，两岸是一眼望不到尽头的垂柳……

"小巴"像蜗牛似地爬行着，于是郑振铎便以城墙为话题，向大家讲了在古代战争中所起的重要防御作用。那箭楼和城墙上的垛口和矮墙叫雉堞，都是守城的士兵向入侵者射箭或发射火枪用的。那绕城的河流，叫"壕堑"，俗称"护城河"，是阻止敌人接近城墙的。而那石桥，原本是用铁索悬吊的木桥，可以随时吊起或放下，也是阻挡敌人直接靠近城门用的。至于那城外围着的小城，则叫"瓮城"，是一种"诱敌深入"的战术。当敌人误入此城后，便把两道城门都紧闭了，然后在城墙上四面向下射箭或往下投掷滚木、垒石等，把入侵者围而歼之，如同"瓮中捉鳖"一般。他说这就是为什么叫"瓮城"的缘故。大家听得津津有味，便又问道："那么在现代有了飞机大炮的时代，城墙还能起什么防御作用呢？"他讲道："在现代打起仗来，城墙是没有什么用了，但它是祖先留下来的文物。现在的北京城墙是明朝建筑的，是名胜古迹，是北京的重要风景线……"接着，郑振铎又向大家讲了他作为新中国首任文物局长，对如何保护城墙的打算。他设想将来在这些城墙上都栽遍花草，搞成一个环城公园，既保护了城墙又给市民们提供一个游览、休息的园地。他的美好设想像一幅壮观宏伟的蓝图，展现在大家眼前……他还说：将以北京的"环城公园"作为试点，向全国推广。他真是想得比诗、比画还要美啊！

公元1953年夏天，当郑振铎听说北京城为了开宽马路而要拆除古城墙时心急如焚，几天几夜睡不好觉。无奈之下，郑振铎以文化部和文物局的名义，在北京南河沿的欧美同学会邀请吴晗（当时的北京市副市长）、梁思成、林徽因、陈从周、刘敦桢等考古与古建筑界的知名人士一起聚餐，共同为保护文物与古建筑献计献策。他们一致要求政府保护北京的城墙。他说："推土机一开动，我们祖先遗留下来的文化遗产就此寿终正寝了。"这是他绝不希望看到的。

但是，后来随着城市的发展，许多地方的城墙被拆除了。"绿杨城郭是扬州"的扬州城墙没有了，郑振铎深感痛惜！"亡羊补牢，犹未为晚"。对于拆除城墙的问题，郑振铎在公元1957年写了《拆除城墙问题》，发表在当年《政协会刊》第3期。郑振铎认为："凡是可拆可不拆、或不是非在今天就拆不可的东西，应该'刀下留人'，多征求意见，多展开讨论……人死不可复生，古迹名胜消灭了岂可照样复建！在下笔判决之前，要怎样地谨慎小心，多方取证啊。城墙也便是属于风景线的一类。'绿杨城郭是扬州'。（如今扬州是没有城的了！）城墙虽失去了'防御'的作用，却仍有添加风景的意义。今天拆除城墙的风气流行各地。千万要再加考虑，再加研究一番才是。除了那个城市发展到非拆除城墙不可的程度，绝对不可任意地乱拆乱动。三五百年以上的城砖，拿来铺马路，是绝对经不起重载高压的。徒毁古物，无补实用。何苦求一时的快意，而糟蹋全民的古老的遗产呢？"此文写好了，他曾请多位专家朋友们看过。尽管郑振铎已写得很"留有余地"，但当时反右运动已开始，看过他文章

一〇三　古老的北京东便门城楼

的专家朋友们都劝他不要发表，但他还是执意拿去发表了（见附录二）。

在距他牺牲之前不久的日子里，郑振铎还曾专门就在基本建设中如何保护古迹名胜与保护北京的城墙等问题，向毛泽东主席作了详细的陈述。毛主席听后，当即笑着对他伸出了一个手指头，表示可以让他在全国列出一千个重点文物保护单位，问他是否满意？郑振铎当时并未点头，这表示了他觉得"一千"太少了的意思。当毛主席表示支持他尽可能不拆北京城墙的意见，并表示要以中央人民政府的名义将此精神下达给北京市时，郑振铎欣然地点了头。

可是，就在郑振铎逝世后没过多少年，北京市的城墙开始逐个拆除了。这也许是城市建设的大势所趋。可是，如果郑振铎地下有知的话，一定会痛心疾首的（图一〇三）。

（四）情系莫高窟

上世纪50年代初的一个夏夜，天气异常闷热，时钟已敲过了十二下。郑振铎从院里葡萄架下回到卧室，躺下后刚有些睡意，忽然，床头的电话铃声急促地响了。他急忙拿起话筒，里面传来局值班员急促的声音：敦煌来了急电，研究所被乌斯满匪帮围困。现内无粮草，外无援兵。虽然研究所有少量自卫武器，但土匪人数很多，寡不敌众，已很难坚持，请求中央即令地方派兵解围……

郑振铎闻讯后，当即起床，趋车直驶团城。一路上他在想，中央不久前刚决定把敦煌文物研究所划归他的文物局管辖。几天前，他还和当时在京的敦煌文物研究所所长，他当年在法国时就认识的老友常书鸿做过一次长谈，研究怎样借鉴当时苏联保护文物的先进经验，更好地保护敦煌的石窟艺术。他还考虑到当时解放不久的西北边陲仍有一股股残余匪帮流窜，决定与公安部联系，要求派驻地方部队保护……可是没想到事情会来得这样快！

当郑振铎走到局会议室时，副局长王冶秋同志以及局里的其他几位负责人都已到了。紧急会议决定，由他立即向文化部沈雁冰部长报告，请求政务院立即命令公安部队剿灭围困敦煌文物研究所的匪徒……

这以后一连几天，郑振铎白天寸步不离他的古籍堂办公室，夜间则守在他卧室的电话机旁，随时等待着来自敦煌的消息……他几个夜晚都是正襟危坐在他的皮转椅上，像一个整装待发的战士。实在困了，他才斜靠在床头稍合一会儿眼。就这样，眼圈黑了，眼珠红了，丰满的两腮瘦了……到了大约是第四天，他在办公室内望着太液池碧波中白塔的洁白倒影，心里却波涛起伏地牵挂着莫高窟的安危。救援部队到了没有？研究所的损失有多大？同志们有无伤亡……正在这时，冶秋同志兴匆匆地闯了进来，喘息未定就忙着跟他说:"敦煌常所长来电了,围困在那里的匪徒已被公安部队歼灭。研究所由于同志们英勇抵抗,没有什么损失。除了一名突围出去请救兵的同志牺牲,其他人员均安然无恙……公安部已决定长期驻扎一支部队在那里保卫。"他心头的一块巨石这才落了地。

这天晚餐时,郑振铎一杯又一杯地饮了很多绍兴加饭酒,兴奋地和一家人大谈特谈解放军如何与乌斯满匪徒们作战,如何解救被围困的敦煌文物研究所的经过以及研究所的全体同志又是怎样在援兵来到以前奋勇抵抗和保卫石窟的等等。好像他都亲身经历了一样。饭后,他早早地就上了床,因为他已经好几天没睡安稳觉了。这天晚上,他睡得又香又甜。

（五） 给周总理的一封信

就在郑振铎上任不久,他首先想到的是自己绝不能辜负党和人民的信任。他多年来,为了中国的珍贵文物不流失到国外,节衣缩食,千方百计抢救下了六百多件汉、魏、隋、唐的古明器陶俑(其中不乏国宝级文物),现在应该无偿地献给国家了。他毅然给周恩来总理写了一封信,表示了自己的意愿,得到总理的赞赏和支持,并派人协助他从上海全部运往北京故宫博物院。其信函全文如下:

恩来总理:

我在1947年时编印了《域外所藏中国古画集》一书,深切感到我国古画流落中外者日多,涓涓不息,将成江河。故发奋陈编,辑为是书,以提高人民的警惕心。同时,又觉得雕塑艺术,其重要不下于绘画,而汉唐之石雕和陶俑,流出国外者尤多。云冈、龙门和天龙山之雕刻,佳者已尽在各国博物院和私人手中。汉魏六朝隋唐各代古墓出土之陶俑,尤为国外公私收藏家收购目标。帝国主义者和盗墓匪、古董贩子们相互勾结,物一离土,便作出国打算。而国内收藏者,注意此者极少。他们每以"俑"为不祥之物,听任流散。我以为汉唐古画,今已绝不可得,而与古画有同等重要性的雕塑则尚不难得到,且为值亦尚低廉。因发愿搜罗陶俑,阻止其外流。计自1947年春天到1948年冬天两年之间，在上海购得汉魏六朝隋唐俑凡四五百件。架上地上，莫非是"俑"。有人说，这屋子大有泥土气。有的说，"如入墟墓"。其中有绝精者，足为我国雕塑艺术的最好的代表作。但我很穷，是举乃大类愚公移山。时时有举鼎绝膑之虞。负债累累，至今未能清偿。然亦从帝国主义者夺回不少好东西。因于1948年的秋天，编印《陶俑图录》二册（因"说明"未写好迄未出版）。其中除一小部分取材于外文书籍及国内各公私收藏家摄影者外，都为我自己的收藏。近见首都各博物院，内容极为空虚，雕塑尤少。市上所见，非伪品，即"移花接木"的东西（以此俑的头部拼接于他俑之身上等等）。我个人收藏这些陶俑，无甚用处，而各博物院、特别是故宫博物院则极为需要。因拟将个人收藏的全部陶俑（其中有一部分为唐三彩盘），贡献给中央人民政府，俾能放在各博物院里陈列。一方面补充其"不足"，一方面也提供了研究古代社会生活衣冠制度的真实可靠的材料。陈列出来，对普及历史知识是很有用处的。盼望中央人民政府能够接收我这个微薄的捐献。我这些陶俑还都保存在上海寓所中。如果政府肯接收我的捐献的话，希望能够装箱运京。陶俑的包装是很麻烦的事，需要专门的技术。包装不好，中途一定会破碎损坏的。这笔费用相当的大，我个人是负担不起的。还有几件很精美的俑，因为当初借款之故，还押在他处，此次亦拟赎回，一并运京捐献。很盼望政府能够给我若干奖金，俾能清偿我的债务。在总理国务百端待理之时，我把这件事来麻烦，心里甚为不安！尚乞于百忙之中，赐以指示。

即致

敬礼！

郑振铎上

6月16日

这封写于公元1952年的坦诚朴素的信，使人感到了一个爱国知识分子的赤子之心。信中对他当年欠下债务收集陶俑的目的和决定全部捐献给国家的心愿，都交待得很明白（图一〇四）。

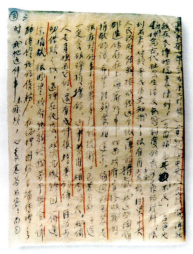
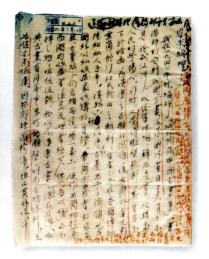
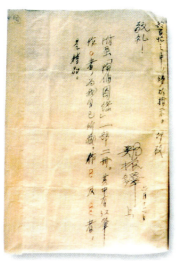
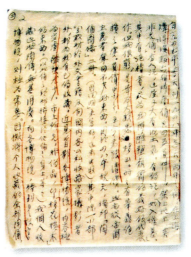

一〇四　公元1952年6月16日，郑振铎为捐献陶俑以私人名义致函周恩来总理。

一○五　唐三彩马

一○六　唐三彩骆驼

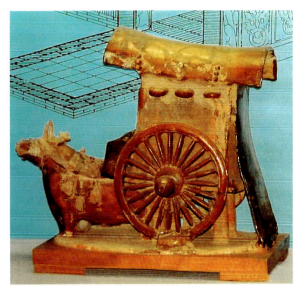

一〇七　隋代红
　　　　陶黄绿
　　　　釉牛车

一〇八　唐三彩
　　　　天王俑

一〇九　唐三彩
　　　　文吏俑

一一〇 公元2005年出版的《捐献大家郑振铎》

周总理在看了此信后十分感动，当即批示："送郭副总理、周扬副部长商办。"他还指示他的一位工作人员："不仅要负责解决包装运费，其债务也应予一并偿还。如陶俑确须收藏，今后国家应注意收购。请郭老召集周扬同志研究提出意见。对郑先生的好意应予鼓励。"

郑振铎在写了给周总理的这封信后，便委托在上海的徐森玉先生帮他为这些陶俑整理造册，有些还需要请人修理后才能装箱。后来，徐森玉一个人实在忙不过来，又请了他的另一位朋友——当时上海出版公司的刘哲明先生帮忙。大约是当年的9、10月份，由中央文化部派了专人去上海，将这批陶俑装箱后用火车运至北京，然后直接拉进了故宫博物院，成为故宫陶瓷馆的第一批陈列品。在这批陶俑中有一匹高约1米的唐三彩骆驼，是他从一位姓朱的医生那里买来的，朱要价黄金十二两，他当时只付了十两。这次由文化部替他付清了欠款。另外还有一匹与那匹三彩骆驼大小相仿的唐三彩马，则是从一位姓丁的医生那里买来。当年他因与卖家在价格上没有谈妥，故而一直没有取回。这次也由文化部替他从丁医生那里买了回来。这两件精美绝伦的文物与其他陶俑一起运到北京故宫后，都安上了考究的硬木座架，陈列在太和殿的两擎柱旁，见者无不赞美不已（图一〇五～一〇九）！

从此，郑振铎遵照"瓜田李下"的古训，自己再也不收集文物、字画。由于他的以身作则，以后在文物局里形成了一条不成文的规定：局里的干部个人都不再收藏文物。

最后要高兴地告诉读者诸君的是，为了纪念这位"捐献大家"，故宫博物院于公元2004年4月至12月从郑振铎捐献的上至两汉下至宋代的六百五十七件陶俑中精选了一百三十六件在故宫斋宫向公众特展，并由紫禁城出版社出版了十分精美的图册，题名为《捐献大家郑振铎》（图一一〇）。

（六） 书比命重要——"宝礼堂"的回归

公元1951年5月，郑振铎正在上海视察工作。忽然有一天，他收到了一封上海圣约翰大学校务委员会副主任潘世兹的来信。他以前并不认识此人，只是这次在上海搞调研时在几次座谈会上看到潘都很积极地发言才认识了他，但并无什么交往。当郑振铎展读此信后才得知，原来潘世兹是他的朋友——已故藏书家"宝礼堂"主人潘明训的儿子。他不由得兴奋起来！提起"宝礼堂"藏书，若以量来论，并不算多，但却号称"百宋一廛"。何谓"百宋一廛"？"廛"的意思就是房屋，就是说在他的那间屋里拥有百种以上的宋版书籍。

我国虽然自唐代已有了雕版印刷，但由于连年兵燹战乱、天灾人祸等诸多原因，唐至五代的书籍流传下来的残本书也是凤毛麟角，且大多流落到了海外。自宋代开始有了活字印刷后，宋刻本书籍质量精美，但传世者也极为稀少。据说，明清时代的书商就已按页数来论其宋版书价。现今的海内外任何一家图书馆，如有宋版书均要列为"特藏中之特藏"、"善本中之善本"。而潘明训的藏书中竟有宋版一百一十部和元版六部，且都是内容十分重要的书，不能不令人羡煞！他想起他在"孤岛"时期为国家抢救的那部古代的"戏曲宝库"——《脉望馆钞校本古今杂剧》来，在总共二百四十二种元明杂剧中，由于包括了元人所作二十九种，就被认作是"惊人的发现"。他当时的心情就如同一位攻占了一座城池的将军那样的骄傲和自豪！那么面对着一百多种的宋版书，又将是相当于多少座城池呢？他还记得，潘明训先生在公元1937年的时候，还将他的"百宋一廛"刊印了一部《宝礼堂宋本书录》，共四卷。可是书刚印好，潘明训便作古了。该《书录》由其家人封存，仅送了极少数几位潘明训的友人。郑振铎与潘明训家人素无往来，故几次托张元济先生去潘府索取，均遭到婉拒。后来，还是由郑振铎的另一位友人李紫东先生把自己的一部转送给了他，才使郑振铎得以进一步了解到了"宝礼堂"的全貌及其真正的价值。它们简直是无法用"价值连城"或诸如此类的语言来形容的！为了经常查阅方便，他还亲手将原来分作四卷本的《书录》抄录成了一本，足见他对"百宋一廛"是何等的重视了。

后来，郑振铎听说潘氏的后人在抗日战争爆发后，为了保护这批家传瑰宝免遭战火之劫，便把它们全部转移到香港密藏起来。抗战胜利后，他又曾听说潘氏后人有出售"宝礼堂"的意向，最低开价50万美元。他闻讯后，便问当时中央图书馆能否购下？而当时"中图"以无钱为理由，婉言答复了他。他为此急得要命，但又无能为力，只得默祷上苍"千万别让潘氏的后人把这批奇书异籍卖给外国人"！此后又是好几年，他再未听到这批书的下落。不过，这批书却时常出现在他的梦境中……

　　今天，潘明训的后人终于给他来信了，他怎么能不激动呢！当他一口气把长达四五张信纸的来信读完时，眼泪都要夺眶而出了！"多么可爱的人哪！"在潘世兹的字里行间，他似乎看到了一位普通的中国读书人怦怦跳动着的一颗火红的爱国之心。潘世兹在信中告诉他："宝礼堂"在香港的秘密之处已被泄露。不久前，有美国人找上门来表示愿意以50万美元收购。潘世兹却在给他的信中明确表示：无论美国人出多少钱，他也决不会卖给外国人的。潘世兹在信的结尾诚恳地表示：为了这批无价之宝的安全，他希望政府能帮助他将"宝礼堂"运回大陆来，并愿无偿地献给新生的祖国。这简直是从天而降的喜事啊！放下来信，郑振铎立即与潘世兹联络，并于次日亲自去潘宅与世兹先生长谈了一次。几天后，郑振铎又专门在新雅酒家宴请了潘世兹先生，还请了"铁琴铜剑楼"的后人瞿氏三兄弟、著名文物收藏家丁医生和上海人民政府图书、文物方面的负责同志黄源、徐森玉、唐弢等人作陪。席间，他一再代表中央人民政府举杯对潘先生的爱国壮举表示感谢和敬意！那天，郑振铎太兴奋了，竟然自己喝干了一瓶茅台。后来是怎样回到他下榻的上海大厦的，他都一无所知……

　　又过了几天，郑振铎提前结束了在上海的视察，匆匆赶回北京。行李一放下，他便驱车去找他的两位老友，即当时的政务院副总理郭沫若和文化部部长沈雁冰，将潘世兹先生的事向他们作了汇报。他们研究决定：立刻把在香港帮助政府收购文物古籍的徐伯郊先生召到北京来。又过了几天，徐伯郊先生奉召来到北京，郑振铎和郭沫若、沈雁冰、徐冰（全国政协秘书长）等在南池子的文化俱乐部设宴为徐伯郊先生接风。郑振铎在席上正式代表政府委托徐伯郊先生去香港，代表国家接受潘氏的"宝礼堂'百宋一廛'"，并负责运回大陆。席间，周恩来总理也被他请来了。周总理亲切地代表政务院感谢和勉励了徐伯郊先生，因为还有其他的要事，便连饭也未及吃又匆匆地走了。对日理万机的周恩来总理如此关怀和重视他的工作，郑振铎深受感动。在当天的日记里，郑振铎激动地详细记述了此事，兴奋地和家人大谈特谈。然后，像一个得到了大人们满足后的孩子似地"呼……呼"睡去。

　　正当徐伯郊先生在香港料理"宝礼堂"的事情期间，郑振铎于当年的10月7日随同以丁西林为团长的我国文化代表团出访印度、缅甸两国，直到次年初才回到祖国。他在国外一直魂牵梦绕着远在香港的"宝礼堂"，"也不知伯郊处理得怎么样了"？在印度的一天夜里，他出席完一个招待会后回到了下榻的总统府卧室。一天马不停蹄地参观访问，他已是十分疲倦，未及漱洗便倒头睡去。忽地，他觉得有人在轻轻呼唤着他："郑先生……郑先生！"他猛地睁开惺忪睡眼，看见原来是徐伯郊站在他床前，而他也不知何时已回到上海了，就在他原来下榻上海大厦的那间屋里。徐伯郊先生待他起床后，兴奋地告诉他："'宝礼堂'全部藏书已经安全运到上海！"……又过了一会儿，他好像已经亲自押着分装好几箱的"宝礼堂"正在回北京的飞机上。他就坐在一个书箱上，几个随他一起回京的工作人员也都分坐在几个书箱上。因为他要求大家，一定要防止这些国宝被颠出飞机……接着，不知何时，忽然耳边"轰"地一声炸雷似的巨响，他和那几箱宝书都坠入了一个无底的深渊！他"哇……哇"地大声惊叫起来："快保护书！快保住书呀！"就在这时，他忽又听到耳旁有人在叫他："振铎！振铎！"他赶忙一睁眼，却发现自己仍睡在印度总统府的床上，身旁站着睡在他隔壁的副团长李一氓。虽说已是12月份了，印度的夜晚仍很炎热，加上惊吓，这时他才觉得浑身上下已被汗水湿透了。这虽说是一场梦（他记在了当天的日记里），但所谓"日有所思，夜有所梦"，说明他始终惴惴不安地惦记着"宝礼堂"。尽管印度有着他向往已久的阿旃陀石窟，有着那种神话般迷人的"泰姬玛哈尔"，还有着古老的阿育王塔和埋藏着目莲"舍利"的塔等许多许多吸引着他"永远也看不够"的名胜古迹，可是郑振铎还是盼望着早日结束访问。因为在他的祖国那边有着一个吸引力强大的磁场，在把他的整个身心往回搋，往回搋……

　　代表团终于在公元1952年元月13日回到了广州。本来，他完全可以与全团一起乘粤汉线北上的，完全可以在北京等待迎接"宝礼堂"的回归，但是他不放心，一定要到上海港码头去亲自验收这批国宝。

当"宝礼堂"在徐伯郊先生亲自押运下，安全抵达上海港的那天，郑振铎一清早就赶到上海港码头等待。他还把上海有关的市政府官员和文化界人士以及著名藏书家金仲华、方行、唐弢、徐森玉、丁惠康、瞿氏三兄弟等都请去了。上海港如逢盛典……

由于书的数量较多，分装了好几箱。在他和大家商量如何运往北京时遇到了难题：由于箱子体积较大，火车上是不能随身带的。而要当行李托运，他又不放心，坚持一定要亲自携带。于是有人便建议："还是乘飞机走吧！"谁知话音刚落，他瞪大了眼，喊叫起来："不行！绝对不行！万一飞机出了事，这些书就全完了！"他当时忘了，书完了，人当然也一起完了，但他脑子里想的却只有"书"。"书"就是他的一切！比生命更重要！后来，还是请示了周总理，由政务院命令铁道部将这批"国宝中之国宝"作为"特件"，由他亲自押运，安全抵京。

没过多久，国庆节快到了，郑振铎在北京图书馆主持了"中国印本书籍展览"。展出的书籍中，宋版共二百二十种，其中选自"宝礼堂"的就占了三分之一。开幕时，郑振铎特邀了上海的潘世兹夫妇来京参观，并代表文化部给他们颁发了奖状和奖金。郑振铎在开幕典礼的讲话中高度赞扬了潘氏崇高的爱国主义精神。后来，在他向上海有关方面建议下，潘世兹担任了复旦大学图书馆副馆长，并当选为上海市人民代表。

（七）　团城的命运

老北京人有句话，叫做"先有团城，后有北京城"。这话不假，因为团城始建于金代章宗年间，那时的北京是金代的"中都"。据说，当时的团城是皇家御苑中太液池（今北海、中海和南海）上的一座小岛，是用挖掘太液池的泥土堆聚而成的。今天的北京城，则是明永乐年间开始兴建的，大约要晚二百余年。这也就说明了团城古老的历史。

公元1954年6月，这座世界闻名的最小而最美的古城堡却面临着将被拆除的厄运。这是因为紧靠团城南门有一座东西向名为"金鳌玉蝀"的石桥，桥窄坡陡，从桥上过的车经常发生与桥东的"金鳌"和桥西的"玉蝀"两座牌楼相碰撞的事故，严重地影响了这一带东西向的交通。特别因为这是从当时中央人民政府所在地的中南海北门出来的中央领导的汽车向东行驶的必经之地，汽车一旦撞到牌楼或直接撞向团城，其后果将不堪设想。因此，当时便有一些领导提出要拆除"金鳌"、"玉蝀"牌楼，将桥的坡度减小，并将桥身向北加宽。但是，这个计划如果实行起来，团城就必须要被拆除。这消息传到了当时正在团城上办公的中央人民政府文化部文物局，顿时局里上上下下一片哗然。这更是急坏了身为文物局长的郑振铎。他得知此事后焦急得寝食难安。他每日都要站在向南的城堞旁，向东、西、南三个方向张望好几次，也曾找了几位古建筑专家一起研究既加宽桥面而又不拆除团城的两全良策。惟一的办法是将桥身向南加宽。可是，那里是中南海，是神圣的中华人民共和国的核心所在呀！想到此，大家都哑然了……这时，他的内心思潮起伏，一会儿想到这，一会儿想到那。他忽然又想到了延安时代毛泽东对黄炎培先生说的"文物的事情找郑振铎"的话，又想到了中央人民政府成立后周恩来总理亲自委他以文物局长的重托。他想党和政府既然把保护全国文物的重任让他来担当，他怎能让就在自己脚下的这座世界古城堡中的一颗明珠在一夜之间消失殆尽了呢？左思右想，万般无奈。最后，他决定把一线希望寄托在周恩来总理身上了。郑振铎决定豁出这个局长不当，也要保住团城。他说干就干，立即写了一个给总理的报告，直言陈述了他对保护团城的意见。他的报告很快得到了他的好友、文化部长沈雁冰的赞同，并以最快的"特急件"直送政务院总理办公室。

报告送出后的几天，也是郑振铎坐卧不安的几天。他每天都要在团城上向中南海那里观望数次，真恨不能一下子插翅飞到总理那里去，向他当面陈述一切啊……终于，几天后的一个深夜，郑振铎似睡非睡地在床上苦熬着等待天明。忽地床头电话铃响了。他急忙拿起了电话，话筒里传出自称是"总理办公室"的声音，通知他总理一会儿要去视察团城，请他前去陪同。出乎意外的消息，竟使他如在梦中。他定了定神后，急匆匆地起床整衣，唤醒了住在院内的司机。他的汽车穿过夜幕，以最快的时速驶向团城。当他登上最后一级台阶时，副局长王冶秋早已等候在那里。不一会儿，周恩来总理就来了。他们相互亲切握手问候后，便陪同总理绕城观望了一周。最后，总理的脚步停在了中南海方向，用亲切的语气向他和王冶秋同志说："你们放心吧。我已经跟有关方面研究过了，团城的一砖、一瓦、一树、一石都决不能动！决定把桥面向中海海湖面上扩展，只是需要拆掉'金鳌'、'玉蛛'两座牌楼就可以了。"周总理还表示要以政务院的名义向全国发一个文：今后凡在基本建设中遇到文物古迹时，必须与有关文物主管部门商议后才能进行。总理的一番话，使他心头顿时豁然开朗，几天以来压在心头的愁云雾时间被一阵和煦的春风吹得消散殆尽了……

总理离开团城时，东方已是一片瑰丽的朝霞。当局里的同志们陆续都来上班后，郑振铎立即召开了全局大会，向大家宣布这一特大喜讯。他满面红光，越说越激动。最后，他向管食堂的同志说"今天中午加个肉菜，记在我的账上"（那个年代的机关生活都十分清苦，只有逢年节才能吃到一次肉，名为"打牙祭"）。整整一天，全局上下笑语欢声，如逢盛典。

这天晚上，郑振铎的心情仍然难以平静。他激动地失眠了……

（八） 长陵与定陵

北京的天寿山东麓以苍翠的群山为屏障，错落有致地排开十三座气势恢弘的明代皇陵。这就是人们熟悉的明"十三陵"风景区。明代的皇帝除了第一代朱元璋死后安葬在南京明孝陵和第二代建文帝生死不明，其余的十四个皇帝都安葬在了北京。其中除了明景泰帝朱祁钰因政治上的缘故另葬它处，另外十三个明代皇帝就都安葬在天寿山下。在明代的这十三个皇陵中，规模最大者当属明代第三代皇帝——永乐帝朱棣的长陵。享国最久的明万历帝朱翊钧整整做了四十八年皇帝。他从登基之日起便开始兴建他的"万年吉地"，因此他的定陵的规模仅次于明永乐帝的长陵。

公元1956年5月，中央决定由郑振铎和当时的北京市副市长吴晗、中科院考古研究所副所长夏鼐共同主持对定陵的发掘工作。当时，有些朋友不解地问他：既然长陵规模最大，地下宝物肯定最多，那么为什么不先发掘长陵呢？他笑道"这是中央的决定"，并无再作其他解释。因为这件事对他这个文化部主管文博的副部长，岂是三言两语就能讲得清楚的呢！

早在公元1955年5月，以郭沫若为首，包括沈雁冰、范文澜、邓拓、张苏等六人曾联名给国务院打了一个报告，要求发掘十三陵中的长陵。最初这份报告拟好后，郭沫若先生当然也少不了给郑振铎看了，并表示如果他同意的话，就请他在上面签名。但是，他与一些专家慎重研究后认为以当时人们的文物保护意识、文物保护手段以及研究方面的科技水平，再加上当时国家的财力等诸多具体问题，急于发掘长陵都是不妥的。因此，他没有顾老朋友的面子而拒绝了，没有签字。同时，郑振铎郑重地向周总理另打了一个报告，陈述了自己的意见，并表示如果一定要挖的话，建议先发掘定陵，以定陵为试点，总结出经验以后再考虑发掘长陵。郑振铎的理由是长陵地宫的规模肯定要比定陵大得多，地下的宝物也肯定要多得多，一旦发掘后而缺乏妥善的万无一失的保护办法，那么后果将是不堪设想的。其实，他当时发掘定陵的建议也是由于郭沫若、沈雁冰、吴晗等那么多人都建议发掘长陵的情况下不得已求其次的一种回应。平心而论，以当时的条件来发掘定陵，郑振铎认为也是一种冒险的行为。理解他的周总理看了他的陈述，经慎重考虑，决定采纳他的意见。

但是，定陵的发掘也并不是一帆风顺的。因为当初修陵时，帝王们为了防止后人掘墓，地宫的入口是绝对保密的。据说，地宫竣工后所有的民夫都被秘密处死了。因此，首先是面对着这样一座数十米高的像小山般的充满了神秘色彩的陵墓，从何处下手，专家们意见纷纷。有人提出爆破，那当然是他和吴晗、夏鼐他们所坚决反对的，因为那样很容易使地宫的内部结构和文物都遭到破坏。又有人提出像发掘露天煤矿那样的采取"揭顶"式的方法，他们也认为不妥，因为那也是要破坏地宫的整体结构的。一连提了几个方案都被否决了……最后决定还是边挖掘边探索。有鉴于此，工程的进展自然是十分缓慢的……

终于有一天，一个极偶然的机会使地宫的入口之谜被解开了。原来，公元1957年9月2日上午刚开工，一个挖陵的民工一镐刨下去，传出了钝器的撞击声。他心想："咦，什么东西这么硬？"为了不损坏这东西，他用镐头轻轻刨开周围积土，于是一块小石碑状的东西出现在他眼前。他大声喊道："快来看呀，这是什么东西？"一位姓白的副队长和附近的几个民工都围了过来。一个民工拿了一根竹片小心翼翼地刮去它上面的浮土。这时一行字出现了："此石至金刚墙前皮十六丈深三丈五尺"。这"金刚墙"就是地宫的墙，找到"金刚墙"就等于找到打开地宫的钥匙了。老白刚念完这一行字，在场的人们都欢呼雀跃起来，真是应了"踏破铁鞋无觅处，得来全不费功夫"这句老话了！原来这块小石碑是当时修陵的工匠为了以后帝后入葬时能够顺利打开地宫而暗暗埋下的标记。因此，石碑上刻的字是应该可信的。于是，按照那块碑上指明的位置，数百年不见天日的朱翊钧地宫终于在公元1958年7月被打开了。

郑振铎毕竟是热爱文物考古事业的。尽管他对定陵的发掘也是不得已而为之，但是，如今既已打开了，他和他的"同僚"——专门研究明史的吴晗和考古学家夏鼐都为此而十分兴奋！他们亲自下到地宫，亲自察看了打开墓门以及揭开已部分腐朽了的朱翊钧和他的两位皇后的棺木的整个过程。后来，郑振铎专门写了《朱翊钧和他的"地下宫殿"》一文，其中有一段是这样写的"把深深地埋藏在地下的'宫殿'，使之重见天日，把几百年前很精美的许多工艺品、日常用品再行和我们见了面，这不仅是供给了研究历史的专家们的可靠的'实物史料'，而且也是使广大人民了解古代工艺品的精美和从前劳动人民的成就，并能从之而对制作新工艺品有很大的参考价值和帮助"。

"化无用为有用，让'地下宫殿'和其藏品来为今天的人民服务，那就是我们发掘朱翊钧的'定陵'的意义和作用"。这表明在当时的形势下，面对着既成的事实，他也只能是这样写了。

可是，以后的事实是地宫里的许多精美丝绸和成匹的织锦，由于当时尚无很好的保护办法，一经出土便很快风化变脆，一触即破了。金丝楠木制的棺木板，虽本来已有些腐朽散架，但是有些木质仍却很坚硬。由于未充分重视，管理人员素质不高，在复制的棺椁做好后，这些棺木被任其散落在陵墓四周，被附近农民搬走打成卧柜了……因此，周总理根据他的意见，把对长陵的发掘计划无限期地搁置了下来。

直到今天，一些有识之士感慨地说：历史已证明当年周总理和郑振铎先生不发掘长陵的决定是非常正确的。

（九）　三代总理

郑振铎每次从事外事活动以及出国访问，随团的记者都为他摄下许多珍贵的照片。他把这些照片都珍藏在几大本相册里（图一一一～一三〇）。其中一张是郑振铎访问印度时拍摄的。这是在观看一场演出。照片上前排就座者从左二往右依次为郑振铎、印度总统普拉沙德、印度总理尼赫鲁、尼赫鲁的外孙拉吉夫·甘地和尼赫鲁之女英迪拉·甘地。拉吉夫当时是十岁左右的孩子，英迪拉也还是个风华正茂的少妇。有意思的是，若干年以后，英迪拉和拉吉夫继尼赫鲁之后都担任了印度的总理，成就了祖孙"三代总理"的政坛佳话，并且最后都死于他们的政敌之手。这个"上帝安排"的巧合，恐怕照片上所有的人在当时是绝对预料不到的。

公元1954年11月，郑振铎奉命率团访问印度和缅甸。这是他

一一一 上世纪50年代后期，周恩来总理在中南海紫光阁接见
印度电影艺术家时的合影（前排右六为周恩来、右八
为陈毅、左二为冰心，后排右五为夏衍、右七为阳翰
生、右八为郑振铎、右九为田汉）。

一一二 公元1953年9月27日，郑振铎在中南海怀仁堂举行的
纪念屈原、哥白尼、拉伯雷、马蒂四位世界文化名人大
会上作报告。

一一三　公元1956年，郑振铎陪同印度总理尼赫鲁游览天坛。

一一四　公元1956年，郑振铎陪同印度总理尼赫鲁参观敦煌壁画展。

一一五　郑振铎
陪同柬埔寨西哈
努克亲王参观故
宫博物院陶瓷馆

一一六　郑振铎
陪同也门王国巴
德尔王太子参观
故宫博物院陶瓷馆

一一七　公元 1956 年国庆节，郑振铎（前排左三）陪同缅甸文
　　　　化代表团团长、缅甸文化部长吴温（前排左二）在天
　　　　安门观礼台观礼。

一一八　公元 1951 年 9 月，郑振铎随中国文化代表团访问印度、
　　　　缅甸。这是代表团途经武汉时在东湖合影（第二排左
　　　　二为郑振铎、左三为冯友兰、左四为刘白羽）。

一一九　公元 1954 年 11 月，以郑振铎为团长的中国文化代表
　　　　团一行六十七人出访印度和缅甸。这是在印度新德里
　　　　机场受到尼赫鲁总理爱女和"欢迎委员会"主席英迪
　　　　拉·甘地等人热烈欢迎的情景。

一二○　访印度期间，郑振铎与印度总统普拉沙德博士亲切交
　　　　谈（右起为郑振铎、普拉沙德、周而复）。

一二一　郑振铎访问印度期间，与尼赫鲁夫人合影（左起为郑振铎、周而复、尼赫鲁夫人、楼适夷、歌唱家周碧珍和京剧演员李少春）。

一二二　郑振铎访问缅甸期间，陪同缅甸总理吴努到后台接见演员。

一二三 郑振铎访问缅甸期间，与当地华侨领袖亲切交谈。

一二四　公元 1955 年 7 月，郑振铎率领中国文化代表团访问印度尼西亚，受到苏加诺总统热情接待（左起为我国驻印尼大使黄镇、郑振铎、苏加诺、戴爱莲、周而复）。

一二五　印尼总理沙斯特罗阿米佐约接见中国文化代表团

一二六　雅加达市长苏迪罗与郑振铎在招待酒会上

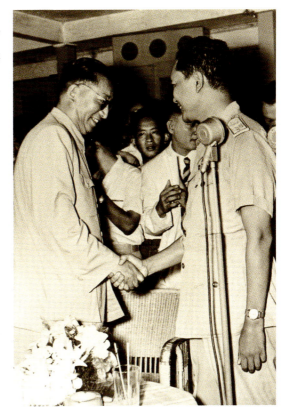

一二七　郑振铎在我国使馆举行的招待会上,与东爪哇省省长夫妇亲切交谈。

一二八　郑振铎在印尼参观举世闻名的"婆罗浮屠"

一二九　公元 1957 年 9 月，郑振铎在保加利亚参观访问。

一三〇　郑振铎访问捷克期间，与捷方人员座谈。

一三一　公元1954年12月9日，郑振铎陪同印度总统及总理观看
　　　　中国演员的演出（前排左二起为郑振铎、普拉沙德总统、
　　　　尼赫鲁总理、拉吉夫·甘地和英迪拉·甘地）。

第二次访问这两个国家了。他的这个团的阵容要比上一次大得多，副团长是以长篇小说《上海的早晨》而家喻户晓的著名作家周而复，全团共有六十七人，大多是京剧、舞蹈及歌唱等方面的著名演员，如袁世海、戴爱莲、周碧珍等。这可以说是新中国成立以后最早派出的一个大型文化艺术代表团。当时，正是中印、中缅友好关系的黄金时期，两国政府都以政府级代表团的高规格及礼仪来接待这个文化艺术代表团。印度总理尼赫鲁为了接待他们的来访，专门成立了一个"中央接待委员会"，并任命他的女儿英迪拉·甘地夫人为这个委员会的主任，可见其重视的程度了。当12月6日下午代表团飞抵新德里时，英迪拉亲往机场迎接。在机场的欢迎仪式上，郑振铎和英迪拉都讲了话。机场上，除政府官员外，聚集了成千上万的欢迎人群，挥舞着中印两国国旗，高呼着"印地、秦尼、巴依巴依"（即"中印友好万岁"）！他和副团长的脖子上被群众和当地华侨的代表们一下子挂上了二十多个色彩艳丽的花环……这时，郑振铎这个从旧社会过来的知识分子感触很多很多……也许他想到了解放前在上海英租界上，"印度阿三"们狐假虎威，随意欺压中国百姓，殴打三轮车夫的可悲情景；也许他又想到了二十多年前"四·一二"政变后，他孤身一人流亡海外，在轮船驶过吴淞口时所看到的情景。当时，他看到沿海泊着许多美、英、法、日等帝国主义的军舰，不由怒火中烧，热血沸腾。在当时写的《离别》一文中，他写道"当我归来时，我希望这些……的军舰都已不见了，代替他们的是我们最喜爱的悬着我们旗帜的伟大舰队"。他表示"如果他们那时还没有退去中国海，还没有为我们所消灭"，那么他就要以"更勇猛的力量"投入战斗，"去压迫他们，消灭他们"。

　　看今天，中国、印度这两个同样有着古老文明的国家，这两个饱受了殖民主义、帝国主义奴役压迫的民族，都已经成为了独立自主的国家。印度是世界上最早承认新中国的友好国家之一。在两国的友好史正在揭开崭新的一页时，郑振铎是作为数亿从此站起来了的中国人民的友好使者来领受这些殊荣的……也许他的感触太多太多，什么也顾不上去想了！但是，他一边在向欢迎的人群频频挥手示意的同时，这个"有泪不轻弹"的中华男儿的双眼里已是一片模糊了……

郑振铎和副团长周而复被安排住到了总统府——这是国宾级的待遇，其他团员则安排在别的住处。这以后是一连几天的参观访问、总统的接见和总理尼赫鲁的欢迎宴会……日程安排得满满的。而总理的爱女英迪拉始终以"接待委员会"主任的身份，陪同着他们所有的活动。

12月9日是中国文化艺术代表团在印度的首场演出暨开幕式。印度总统普拉沙德、总理尼赫鲁以及政府部长、军政要人、华侨代表都出席了。英迪拉·甘地还带来了他的两个儿子。在开幕式上，英迪拉和郑振铎先后致词。

就座观看演出时，郑振铎坐在印度总统的旁边，而隔着一条通道则依次坐着总理尼赫鲁和两位未来的印度总理拉吉夫·甘地和英迪拉·甘地。在摄影师闪光灯一闪的瞬间，留下了这十分有意思的珍贵照片（图一三一）。

（一〇） 终圆敦煌梦

作为一位作家和学者，郑振铎一辈子都在和祖国有着悠久历史的文化艺术打着交道。他热爱古籍，热爱各种出土文物，热爱古老的书画艺术，当然也非常热爱分布在我国各地的石窟艺术。他认为石窟艺术是我国古老艺术中的"精英"，是"瑰宝中之瑰宝"。例如，他在一篇专门谈石窟艺术的文章中写道："从新疆的高昌、库车，甘肃的敦煌、天水，大同的云冈，洛阳的龙门，太原的天龙山，峰峰矿区的南北响堂山，济南的千佛崖，南京的栖霞山到义县的万佛堂，是一连串的石窟寺，点缀在我国境内的各个名胜地区，把我们的锦绣河山装饰得更为富丽宏伟。这些石窟都具有丰富的石雕像或塑像或壁画。它们是中国艺术史上的精英……"

在另一篇也是关于石窟艺术的文章中，郑振铎写道："随着佛教的输入中国，我们的石窟艺术寺也相继开凿出来，正和民族形式的崖墓相结合，创造出辉煌的石窟艺术。这些石窟寺从西边的新疆各地，到……连绵不断，各各呈现出光彩不同的万丈光芒……它们是中国古代艺术的瑰宝中之瑰宝！"

早在上世纪30年代，郑振铎和谢冰心夫妇等初次游览山西云冈石窟时，便被北魏时代佛教艺术的"伟大宝库"所慑服。他在这次的游记《西行书简》中写道："云冈石窟的庄严伟大是我们所不能够想像得出的。必须到了那个地方，流连徘徊了几天几月，才能够给你以一个大略的美丽的轮廓。你不能草草地浮光掠影地跑着走着地看。你得仔细地去欣赏。猪八戒吃人参果似地一口吞下去，永远地不会得到云冈的真相。云冈决不会在你一次两次的过访之时，便会把整个的面目对你显示出来的。每一个石窟，每一尊石像，每一个头部，每一个姿态，甚至每一条衣襞，每一部的火轮或图饰，都值得你仔细地流连观赏，仔细远观近察，仔细地分析研究。七十尺、六十尺的大佛，固然给你以宏伟的感觉，即小至一尺二尺、二寸三寸的人物，也并不给你以藐小不足观的缺憾。全部分的结构，固然可称是最大的一个雕刻的博物院，即就一洞、一方、一隅的气氛而研究之，也足以得着温腻柔和、慈祥秀丽之感。它们各有一个完整的布局。合之固极繁赜富丽，分之亦能自成一个局面。"他们一行在这里一连徘徊了三天，尤其是他已是"全身心地沉酣于和震慑于此了"。不过，他仍只能是浮光掠影地走马观花而不能去仔细欣赏品味，仍只能带着几分眷恋地依依离去……

这以后的二十多年岁月里，特别是在郑振铎担任了主管全国文博工作的领导职务以后，他的足迹遍及全国各地的文物古迹、藏书楼、图书馆和博物馆。当然，凡有石窟的地方，他也是必定要去的。洛阳的龙门，甘肃的炳灵寺、麦积山，济南的千佛山……凡是能去的地方，他都去了，并且都留下了精彩的文字。在游过洛阳龙门后，他认为："这是值得在那里停留十月、八月，或一年、两年的时光，应该写出几本乃至几十本的专书来的一个伟大的古代艺术宝库。"他甚至连印度的阿旃陀，都在两次访问时去过那里两次。可是惟独自己国内的堪称世界石窟艺术之最的敦煌，却由于地处边陲的那个连春风都难以到达的地方，虽然是属于他的管辖之下，他的好友敦煌文物研究所所长常书鸿也多次邀请他去视察，可是终因工作忙和交通不便等多种原因始终未能如愿。啊！"敦煌"这个他在梦魂中多次亲历其境的"千年之美，毕集于斯"的地方，他时常在向往着它，在心灵中呼唤着它……终于，一个机会来了。公元1957年的春天，这个"不平常的春天"，一场政治大风暴正在神州大地电闪雷鸣地掀起来。郑振铎依然按照原计划率领一个全国政协的视察团去西北视察。视察团副团长是翁文灏，团员有狄超白等以及两位秘书，总共十一二个人。他们从4月17日出发，18日深夜到达西安，受到了陕西省省长和省统战部、文化部门官员的接待。从次日起，他们便开始视察大雁塔、半坡遗址等文物古迹和图书馆、博物馆，并和省里的官员进行座谈。八九天以后，他们又到达了兰州。这里离他向往已久的敦煌已愈来愈近了。他们一行受到了甘肃省长邓宝珊将军的盛情接待。

"五·一"节那天一早，兰州市张灯结彩，欢庆建国后的第八个劳动节。郑振铎率领的视察团部分团员在当地官员的陪同下，分乘几辆小轿车，从兰州出发，直奔敦煌。这一路要跨过黄河，经武威、张掖、酒泉、安西及"春风不度"的玉门关。他们沿途晓行夜宿，顺路视察。

他们的车队整整走了五天，才到达古代通往中亚和欧洲的交通要道——敦煌县城。继续向东南行，远处可见"西出阳关无故人"的阳关遗址已笼罩在夕阳余辉下，呈现一片苍凉景象。再行约20公里，他们才到达了处于一个大峡谷之中的莫高窟。此时，已是5月5日的傍晚，莫高窟正好在一片黄金般的暮霭中，显得更加神秘莫测，使人更增添几分思古之幽情。他们尽管是坐在门窗都紧闭的小轿车内，但人人脸上都是灰蒙蒙的，只有两眼露出了兴奋的光彩。车刚停稳，敦煌文物研究所所长常书鸿以及全所工作人员已在敲锣打鼓地列队欢迎他们。他大概是建国后去敦煌石窟的第一位中央的"大干部"，又是他们的"顶头上司"，全所工作人员对中央的关怀无不感到欢欣鼓舞！他对长期在这片荒漠中默默无闻地献身于敦煌文物事业的老友常书鸿以及全所工作人员也倍感亲切，并充满了感激之情。他除了频频挥手向大家致意，见到常书鸿所长时竟用了一个西方式的礼节，紧紧把常书鸿拥抱在自己怀里，泪眼模糊，哽咽得连一句寒暄的话都说不出来了……

郑振铎在临时安排的"招待所"刚一放下行李，便不顾已是夕阳西沉，一手拉着常书鸿所长就去看望那些时常在他梦境中忽隐忽现的千年古窟。在渐渐暗下来的余辉中，他借着工作人员为他高举着的汽灯，看了壁画，又看了塑像，一连看了好几个石窟（图一三二），不断地用"美极了！好得不得了！"这些他所惯用的形容词来表达他的赞美和感叹。他已完全沉醉在了这"世界艺术之最"的"宝库"中了……当夜，他完全忘却了旅途的疲劳，在昏暗的灯光下给

一三二　公元 1957 年 5 月，郑振铎（左）在敦煌文物研究所所长
　　　　常书鸿（中）的陪同下视察敦煌石窟。

朋友们写了信。他一封接着一封地写，要使他的朋友们及时与他分享当时的感受。他在一封信中写道："'百闻不如一见'，见到了才知道其宏伟，美丽。"是啊，如果不是身临其境，是根本无法感受到莫高窟的真正壮美的！其实千佛洞又何止"千佛"？这所谓"千佛洞"共有洞窟四百九十二个。从北魏到元代，整整一千年间无数的民间艺术家们"绵绵不绝地遗留着他们的宏伟无比的作品"。这四百九十二个石窟上下蜿蜒，共有4公里之长。尽管那里历遭帝国主义分子和国内盗窟者的糟蹋破坏，但是至今若把所有洞窟内的那些精美绝伦的彩色壁画连接起来，还足足能有25公里之长。那些栩栩如生而又呼之欲舞的高者十丈、小者仅三寸的彩塑佛像，仍存有二千四百多尊。世界上哪里还会有这样伟大的一所美术馆或是画廊存在着呢？难怪，在他参观这些石洞的第四天夜晚，在给一位友人的信中说"要细看，得住三年"！

然而，他们的时间却只允许在那里逗留四天……他们除了参观视察，还和研究所的同事们开了三次座谈会。郑振铎认真听取了大家对如何更好地保护石窟艺术提出的各种意见和要求。临别时，他还应常书鸿所长的要求为研究所写了题词。他写道"……走马看花地看了四天，尚未能及其半。千年之美，毕集于斯，诚可谓为民族艺术的大宝库也。研究民族艺术的人，如不到这里来细心学习，至少是一年半载罢，则决不能说是已经明白了中国艺术的优良传统。每一个洞窟的壁画，每一尊丰满圆润的塑像，乃至佛的背光，金刚座的饰图，供养人的大小画像，无不足令人欣赏无已，站在那里，久久地走不开去。若移任一洞窟的壁画到任何一地去，将无不会大为哄动，成为一城一省之绝大骄傲。某一个地方如果存在着像这里所有的任何一堂唐宋塑像，则也将立即成艺术家巡礼的一个中心了。这使我们不能不羡慕住在这里的同志们的大好幸福。然千佛洞乃是戈壁滩上的一个绿洲，四十里内外无人烟。研究所的同志们在此坚守岗位，努力工作，获得巨大的成绩，这又使我们不能不对他们艰苦卓绝精神，致以衷心的钦佩，并加以恳挚的慰问"（图一三三～一三六）。

5月10日清晨，他们又是在一片欢送锣鼓声中与全所同志一

一三三　郑振铎与敦煌文物研究所全体员工合影
（前排右四为郑振铎，左一为常书鸿）

一三四　郑振铎为敦煌文物研究所的题词（一）

敦煌千佛洞，心響往之者久矣。一九五七年五月一日，始得從蘭州到此視察。途經武威張掖酒泉安西玉門，五日始達。行裝甫卸，即在夕陽的黃金光裏，到古洞裏巡礼心意。沈酣喜歡讚嘆，古今中外，得未曾有。洞凡四百八十，均有北魏隋唐五代宋元的壁畫及塑像走馬看花，地看了四天，尚未骺及其半，千年文美畢集於斯，誠可謂為民族

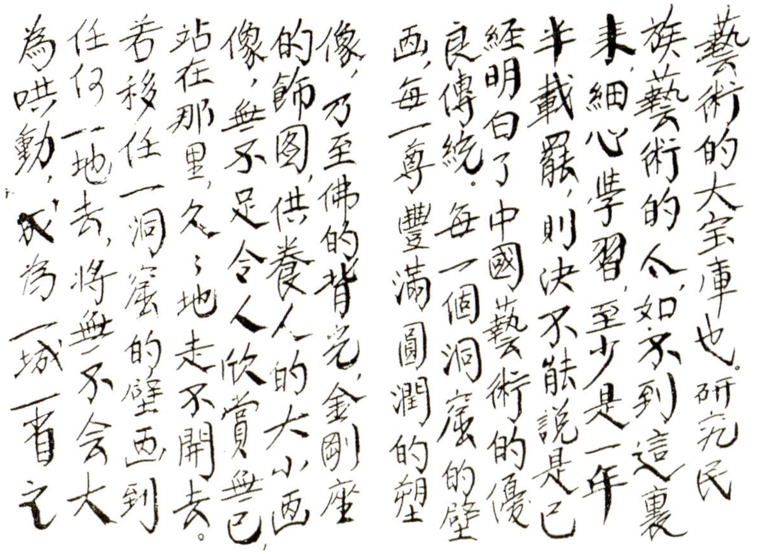

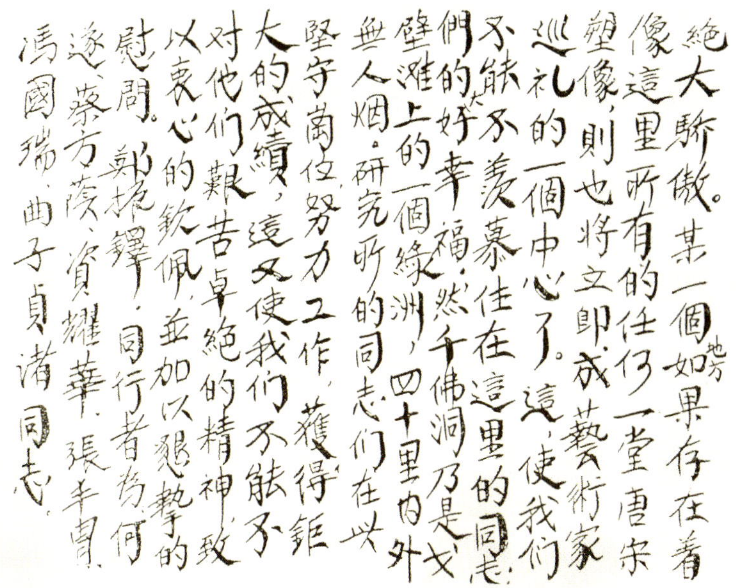

一握手，与常书鸿所长又是一次紧紧拥抱。随后，他们便踏上了漫长的归途……

郑振铎在小车内不断地回头，望着渐渐地被甩得远远的愈来愈小的莫高窟，恰好在一轮朝阳中放出灿烂的光彩。他从车窗内向外环顾着四周茫茫的戈壁沙海，小车在丘陵起伏的道路上不停地颠簸。他心中暗自盘算着到了省里，一定要和当地领导商量，尽快修筑一条由兰州直通敦煌莫高窟的公路。这样便可大大缩短去那里的路程，使更多的向往敦煌艺术的人可以去那里参观。他还遐想着将来还应该在那里修建一个飞机场……他又想自己再过几年，就该退休了，到那时他就可以有时间来敦煌石窟住上一年、两年、三年……

（一一）生命不息　笔耕不辍

对郑振铎来说，笔耕了大半生，一旦做了"官"，要他把手中的笔只是用来批批文件，简直是不可思议的事。对工作有关的信件、报告和工作计划，甚至起草与文物有关的法律和法令，他都亲自动手，从不依靠秘书。而凡是来向他约稿的报社、杂志社和出版社，只要他觉得是有意义的，对发展祖国社会主义文化事业有益处的，他都乐意接受。当然，繁重的行政工作占去了他的不少时间，但只要一有时间，他就坚持写作。正如他在给一位朋友的信中写道："我有许多材料压在那里，想写出来，不知有没有时间？只要有半月或一月的'整段'的时间，就可以写出不少来（我每天平均可写五千字，如果材料现成的话）。"

公元1951年初春，《文艺报》约郑振铎开辟一个旨在弘扬民族传统文化，对人民进行爱国主义教育的专栏，名为《伟大的艺术传统》。他觉得很有意义，便欣然接受了。按照他起初与该报商定的是此专栏要以图片为主，文字说明为辅，系统介绍上自商周，下迄清代的重要的雕刻、建筑、绘画以及其他优秀艺术品。文字由他一人撰写，以免流于散漫而无系统，文体亦可一律，而图片等资料的搜集整理则可请一些专家共同承担。但是，后来工作进行起来才感到专家们都各有各的研究任务，不可能大家一起坐下来搞这个专栏，于是便决定由他一个人把撰文和提供图片的工作都承担下来。他亦因他编的《中国历史参考图谱》即将出齐，正在兴头上，而且《图谱》与这一专栏又有许多相同之处，于是一拍胸脯便单干了起来。从公元1951年4月到10月，逐期在《文艺报》的这个专栏一共发表了关于商代到两汉的十一篇文章和不少图片。他以翔实简明的文字（约三万字）和精选的图片，向广大读者介绍了商代工艺高超的青铜器和著名的"司母戊鼎"以及精美的玉器，西周的"毛公鼎"和"虢季子曰盘"，春秋战国时代的铸铜、雕塑、金银镶嵌制品以及漆器、绢画，两汉的大量壁画、浮雕和石刻等。这使读者对祖国几千年的优秀艺术传统，有了一个生动、概括而形象的认识。然而遗憾的是，由于《文艺报》篇幅的限制及图片制版技术较差，每次刊出的图片只占他交去的一半或三分之一。这一专栏自两汉以后的部分并未能按原计划继续发表。他虽然为此事也一度烦恼，停笔数日。在足足抽完了一整条"恒大牌"香烟（这是他当时最常吸的烟）后，终于又一个新的"大计划"在他脑海中构成了。原来，他在为《文艺报》编撰《伟大的艺术传统》专栏时，已搜集到大量珍贵而难得的陶器、铜器、雕刻、绘画等文物图片。这些图片有很多是冲着他的"面子"，从一些从不示人的私人收藏家或公立博物馆借来原件拍摄的。长期在家中陈放，不仅这些照片容易变质，也容易散失。于是郑振铎便趁去上海出差之机，与刚为他出版了《中国历史参考图谱》的上海出版公司提出了打算编一部《伟大的艺术传统图录》的设想。他在设想中说：此图录不但可以向读者们展示中华民族数千年文明所达到的高度水平，而且也是一部形象化的爱国主义教材。上海出版公司负责人刘哲明很快表示了接受这一工作。于是，他从公元1951年6月便开始编辑这套《图录》，中间虽因出国而一度暂停，但总共也不过花了一年时间便"神速"地全部告成。他一边编，而上海出版公司也以最快的速度一边印。这样几乎同步进行。从公元1951年9月至公元1952年7月，这部共十二辑，内有图片一百五十八页的大型精美《图录》便全部出齐。此书初版只印了一千套，很快就卖完了。后来再版时又印了一些精装本、线装本及普及本，以适应不同读者的需求，受到许多中外读者的好评。一批精致的精装本还作为代表国家级水平的图书，送给了印尼总统苏加诺等外国元首，充分展示了中华优秀的古代文明成就。

此后的几年里，郑振铎又编辑（或与他人合编）了《楚辞图》、《宋人画册》和《中国古代绘画选集》等大型图集，形成了他建国后编辑图书的一大特色。这些图书中有些是他生前编定的，却在他去世数年后才得以出版。例如，《中国古代绘画选集》是公元1958年8月编定，并写了序言，由于种种因素，到了公元1963年才由人民美术出版社出版。

这期间，郑振铎还主持了一项功德无量、荫及后世的大型丛书《古本戏曲丛刊》的编辑工作。早在上世纪50年代初，郑振铎就和商务印书馆谈起希望把张元济先生影印《四部丛刊》的事业继承下来。公元1953年春，商务印书馆派专人来征求他首先印些什么？他说："还是先印戏曲吧！"因为他一直认为中国戏曲在人民群众中有广泛深厚的基础，为群众所喜闻乐见。从宋、金开始以后的八百多年间，单有名目可知的剧本就至少有四千多种。然而，由于它不为文人学士们所重视，虽然后世也有人搜集整理，如明代常熟赵氏的"脉望馆"收有元明杂剧三百种以上，藏氏的《元曲选》有百种，毛氏汲古阁编有《六十种曲》等，但却只占所知剧本的很小比例。后来历经战乱，当时要研究古代戏曲想找一本《六十种曲》都很难觅得。因此，他发愿要有系统地汇集影印古代剧本，将数千种古剧编成一个丛书，并完全保留原来面目，以供今人及后世研究"岂非一大快事"？！他的想法得到了商务印书馆的同意，于是便成立了一个以他和赵万里、傅惜华、吴晓铃等专家组成的《古本戏曲丛刊》编委会。在实际操作上，编辑工作几乎全部由他一人承担，其他编委则是提供藏书和参与商榷每集所选剧目以及提些具体建议等。

该丛刊的初集于公元1954年2月出版，共十二大函一百二十册；二集于公元1955年7月出版，又是十二大函一百二十册；三集于公元 1957 年 2 月出版，规模与前两集相同；四集于公元 1957 年 10 月编好待印，由于当时的政治气候等原因，在他生前却未见出版。他在公元 1958 年最后一次出国前夕（10 月 16 日）为此集写的序成为他的绝笔之作。他原计划要出的五、六、七、八诸集，却是在上世纪 80 年代以后由社会科学院文学研究所和上海古籍出版社通力合作才陆续出版的。李一氓先生在纪念他的一篇文章中说："特别值得敬佩的是他以个人力量编印了《古本戏曲丛刊》四集共四百八十册。但是由于他因公殉难和十年浩劫，第五集以后就没有人编印下去了……我非常欢迎社会科学院文学研究所和上海古籍出版社继续密切合作，把《古本戏曲丛刊》第五集编印出来了。我希望他们继续密切合作，把第六、第七、第八集陆续编印出来。这件事不仅是中国戏剧界的大事情，也是中国文化界的一件大事情……对于郑先生，我认为他是中国文化界最值得尊敬的人……"

由于工作的关系，这段时间郑振铎经常去外地出差或出国访问，写游记或观感式的散文便形成他作品的一大特色。例如，《石湖》、《苏州游记》等。尤其是他的几篇考古游记，如《长安行》（见附录一）、《春风满洛城》、《郑州，殷的故城》等。他以渊博的考古历史学知识，把所见所闻写成一般作家难以写出的游记或散文，谈古论今，使读者犹如亲历其境，既得到美的感受，也丰富了历史知识。

《汨罗江》是郑振铎建国后写的惟一的也是他一生的最后一篇小说。此作写了屈原在楚国危亡之际所表现出的"生是楚国人，死是楚国鬼"的崇高爱国主义情操以及以身报国投入滔滔大江的壮举，引起读者的无限缅怀和崇敬。这篇作品生动地描绘了两千多年前生活在汨罗江两岸的楚国人民的劳动、生活等情景，是当时历史小说中不可多得的一篇佳作（图一三七）。

公元 1956 年，他还应《人民日报》之约，在该报开辟了一个以"书"为主题的专栏——《漫步书林》，共发表"读书笔记"十六篇。他在《引言》中说："书林是一个最可逛，最应该逛的地方，景色无边，奇妙无穷。不问年轻年老，不问是不是一个专家，只要（他或她）走进了这座景色迷人的书林里去，只要他在那里漫步一会儿，准

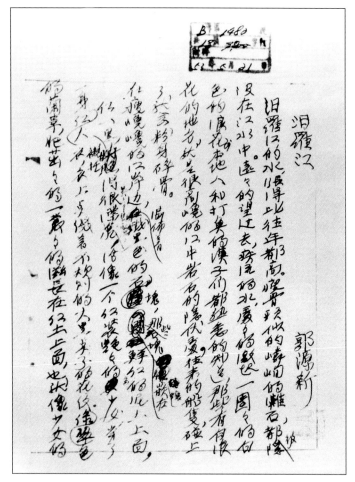

一三七　郑振铎的最后一篇署名郭源新的小说《汨罗江》

保他会不断地到那儿去的，而每一次的漫步也准保会或多或少地有
收获的。”

　　总之，郑振铎的晚年如同一头在文艺的田野上耕作的老黄牛，
吃的是草，挤的是奶，直到流尽了最后一滴乳汁……

（一二）　他成了一面“白旗”

　　“阶级斗争，一些阶级胜利了，一些阶级消灭了，这就是历史，这就是几千年的文明史……"这是毛泽东关于阶级斗争的一段论述。建国后的历次政治运动，实际上就是阶级斗争在推翻"三座大山"以后的延续。郑振铎在这些运动中由于始终地"站在党的一边"，故而都平安度过了。在"反右"运动中郑振铎虽然对冯雪峰等的所谓"反党活动"并不了解，但他始终单纯地保持着与党的一致。这是由于他当时所学到的革命理论，大多是通过某些领导人的讲话、报告、著作以及有关辅导材料等获得。出自郑振铎对中国共产党的绝对信赖，怀着一颗虔诚地追求思想进步的心，对那些虽被称作为"马列主义"实际上却并不那么正确，甚至是错误的"理论"与"思想"，他都毫不怀疑地接受了。在"反右"批判冯雪峰的一次会上，他也发了言。他讲了解放前党对自己的关怀帮助，并表示"我虽然还不是一个党员，但一向是和党站在一起，走在一道的"，"除了党的工作和事业之外，我不明白还会有什么可关心的"！这个发言后在《光明日报》的一再索取下，刊载于8月28日的该报，题为《把一切献给党》。此后，他又参加了他任所长的文学研究所、考古研究所批判"右派分子"陈涌、陈梦家的会。不久，他便去保加利亚参加中保文化协定签订五周年纪念活动，后又赴捷克、苏联讲学，历时三个月，回到国内已是大雪纷飞的严冬岁尾了。当时，"反右"斗争也已接近了尾声。

但是，郑振铎怎么也不会想到，当公元1957年春去冬来的大规模的"反右"运动刚告段落，一场针对学术界、文艺界的所谓对"厚古薄今"错误倾向的"批判"接踵而来。郑振铎的《中国古代版画丛刊》已印成的四种图籍，因有"厚古"与宣传"封建迷信"等问题而在北京、上海的报纸上连遭批判。接着，便是9月14日《光明日报·文学遗产》上突然发表署名"北京大学中文系二年级一班瞿秋白文学会"写的整整一版洋洋一万余字的长文《评郑振铎先生的〈中国俗文学史〉》。该文认为他的《中国俗文学史》不是一部学术著作，而是"一堆混乱的资料"，"大量贩卖胡适那套货色……"尽管郑振铎也感到震惊，但他在日记中仍真诚地写道："《光明日报》的《文学遗产》上，今天刊出了北大学生的瞿秋白小组的对我的《俗文学史》的批评，十分地尖锐。这是'一声大喝'，足以使我深刻地检查自己，并更努力地改造自己。是痛苦的，但也是一贴良药。"在这贴"良药"中他们还认为他这部书"是彻头彻尾的伪科学"，"成为统治阶级服务的工具"，对它"必须冲破资产阶级专家的迷障，攻破一切资产阶级伪科学的堡垒，拔掉白旗"。

不久，"瞿秋白文学会"又在公元1958年人民文学出版社的《文学研究与批评专刊》第四辑上，发表了《郑振铎著〈插图本中国文学史〉批判》及《〈中国俗文学史〉批判》等长篇文章，内容依然是什么"反动的世界主义"、"为帝国主义的文化侵略服务"等连篇累牍、上纲上线的论调，高嚷着要"拔掉郑振铎先生这面白色大旗"。

不久，郑振铎所在的文化部及文学研究所也对他进行了批判。他在9月24日的日记上记道："八时半，到沈部长住宅，漫谈我的思想、工作作风等。先由我自己检查，说明自己是一个半封建、半殖民地社会所产生的典型的知识分子，有许多缺点。欢迎同志们多提意见，多帮助。发言者有茅盾、吴仲超、徐光霄、刘芝明诸同志，最后由钱俊瑞同志作总结发言。光霄和俊瑞二同志的话，极为尖锐，但也最击中要害。我表示愿意大力地改造自己的思想，下决心不再买书，并清理积欠，作为改造思想的基础。书籍也是'物质基础'之一也。"

10月10日上午和13日上午，郑振铎参加了文学研究所对他的批判。在13日的批判会后，他在日记中说："关于学术思想的批判，是十分重要的。有批判，才能提高。"

与此相矛盾的是，郑振铎在被称作"白旗"要"拔掉"的同时，他依然在正常地工作和参加一些外事活动。例如，他在参加文化部对他的批判会的次日（9月25日）中午，应陈毅副总理的邀请，以中缅友好协会会长的身份，携夫人到中南海紫光阁，参加钱别缅甸大使的宴会。不久，他又出席了周恩来总理举行的国庆招待会。10月8日上午，郑振铎在文学研究所对他的批判会上刚要发言，忽然接到对外文委的电话，陈毅同志要接见即将出国访问的他和代表团其他成员。因为他正受命组团执行出访任务。因此，他相信当时对他"错误"的批判，无论是学术思想还是生活作风方面的，都是在"帮助"他和"挽救"他，而党和国家对他依然是一如既往地信任并委以重任的。因此，他确确实实是心悦诚服和真真实实地接受一切人对他的种种批判。这有以上所引的他的日记可以证明。因为日记是写给自己看的，只有它才能表达自己的真实思想。郑振铎正是怀着这样的想法度过了他一生的最后几个月……

（一三） 这次是真的"走"了

公元1958年9月初，郑振铎和国家体委副主任蔡树藩中将领受了国务院命他们二人组团出访阿富汗和阿拉伯联合共和国的任务。当郑振铎从东交民巷陈毅副总理的住所受命后，在乘车回家的途中就一直在心里念叨着"埃及"、"阿富汗"……古老的金字塔、神秘的狮身人面像、号称世界第一大佛的帕米央立佛——浮现在他的眼前。这是两个令他向往了很久很久的国家呀！他作为著名的考古学者，不仅热爱自己祖国的历史文物，对世界各地的历史文物也都有浓厚的兴趣。早在上世纪20年代，郑振铎就访遍了英、法、意等国的大小博物馆及著名古迹，并且对尼罗河及美索不达米亚的文明进行了初步的探索，写了《近百年古城古墓发掘史》。近些年，他不仅走遍了山西的云冈、甘肃的敦煌以及古城"长安"与洛阳，还实地考察了祖国各地古老的石窟艺术以及历史名城。与此同时，他还有幸一睹了印度的阿旃陀石窟、阿罗拉高大的石刻佛像和被称为世界七大奇迹的阿格拉皇陵以及印尼的波罗浮屠、缅甸的金塔等世界闻名的历史文物的风采。何时能有机会去看看金字塔和神秘的"司芬克司"呢？这个想法在他心头已埋藏了多年。如今这个夙愿眼看就要实现，怎能不叫他喜出望外呢！回到家里，他就执笔给他远在开罗的好友、中国驻"阿联"大使陈家康写信，说他很快就要去了。很快，陈家康就回了信，对他表示欢迎，并且说还特意藏下了两瓶好酒，等他来后共饮呢！

行期一天天逼近了。他的团已组成。他是团长，副团长蔡树藩是一位久经沙场的独臂将军,团员中包括了著名的语文学家谭丕模、维吾尔族优秀的学者阿不都热合满、外交战线的老战士林立。他对这支由十几个人组成的十分精捍的队伍非常满意。

10月16日是出发前的一天,郑振铎除了整理随身行装,还为由他主持编辑的《古本戏曲丛刊》第四集赶写了序言。这篇序言也就成了他一生中最后的一篇文章。

10月17日是启程的日子。拂晓,天色乌黑,郑振铎就起床了。几十年如一日,习惯于清晨工作的他,这天似乎起得更早些。他写完当天的日记,便赶着给靳以等几位朋友写了辞行的信。尽管他当时正受着批判,而党和国家仍然把这样重要的任务交给了他,使他痛苦和委屈的心灵有了很大的安慰。他一时觉得有很多话要和朋友们说说。他在给靳以的信中写道:

靳以兄:

我就要动身到阿富汗去访问。是经过苏联。先到莫斯科,再转塔什干,然后换机直飞卡布尔。麻烦的是,四季的衣服都要齐。虽只有三天的旅程,却似整整地过了一年。我很抱歉,这些时候都没有替《收获》写稿子。这次出去,一定会替她写些什么。听巴金说,你的血压颇高。我很不放心! 千万珍摄为要! 家宝也是整年地在病着。中年以后,便不能特强苦干了。体力劳动,可能是例外。农村中为什么少见患高血压的患者呢? 工厂里为什么少见患高血压的人呢? 可见用脑过度的人会容易患这个病的。你到了工厂,千万要放下"写作"什么的心肠,只是完全地成为一个普通的劳动者,按照厂规做工,可能会治疗好你的病呢。唐弢、柯灵是否都到了工厂或农村去? 罗荪的近况如何? 只有深入工农之间,才会有创作的源泉。否则,写出来的东西,乃是无根之木,无源之水,乃是虚伪不实的。全民在党的领导下,一日千里地向共产主义前进,我们将怎样赶得上呢? 将怎样站在这个时代的前头呢? 文艺在这个时代最能,且最应该发挥宣传、鼓动作用。得写点什么出来才好呢! 大约年底可回。回后盼能来信。致

　　敬礼！

郑振铎启

10 月 17 日

　　我到塔什干时，茅、周、巴他们想早已走了。如果提前几天动身，就可以见到了。

　　从郑振铎这一生中写给朋友的最后一封信中，可以见到他当时是多么虔诚地接受着党对知识分子的改造政策。他又是多么地关心着比他小十一岁的靳以的身体。他还惦念着茅盾、周扬、巴金等他的另外几位正在塔什干出席亚非作家会议的朋友。他想如果早几天动身，那么他就会在那里见到他们了。然而，令人们不敢想的是，靳以竟会在收到他这封信的同时（10 月 20 日）也从报纸上看到了他的噩耗。这样的巧合，恐怕在世间是少有的了。

　　在家里一切都安排妥当后，郑振铎才去吃早餐。年近八旬的老母每当儿子要远征的时候，都要亲手做一两样福州家乡风味的菜点，来为儿子饯行。这次也不例外，肉丝海米炒的米粉丝、蛋皮紫菜汤，虽是极普通的家常便饭，但都是他从小就最爱吃的。年迈的母亲坐在桌旁，慈爱地看着两鬓已有些灰白的儿子，不时劝他多吃些。妻子则在一边，检查他的旅行包，看看有什么遗漏……多年来，这已成为他远行时例行的一种简单但又是极其亲切而充满了温馨的家庭送别"仪式"。7 点，郑振铎向母亲辞了行，说："妈，我走了。"又和妻子说了声："我走了。"他便驱车前往机场。那天下着好大的雾，白茫茫的什么也看不见。车到机场后，代表团其他成员也都到了。大家闲聊着等候起飞。大约 10 点左右，代表团的秘书来告诉大家，上午不能起飞了，什么时候起飞请大家回去等通知。于是，郑振铎又回到了家，见到母亲和妻子。他笑嘻嘻地说："老天爷留我在家多呆会儿。"午餐后，他又睡了一个十分香甜的午觉。下午 3 点，代表团秘书来电话，说机场通知可以起飞了，他才又重新启程。临行时，他又笑嘻嘻地对母亲和妻子说："这次，我是真的走了！"这是他给亲人留下的最后一句话。他确实"真的"走了，一去不复返地"走了"……他"走"的时候，大概连头都未及回一下。

他"走"的时候，离60岁生日还差两个月。因为这次远行，恐怕赶不回来过六十大寿，一家人在他临行前几天就聚在一起为他预先祝了寿。餐桌上，老母亲除了摆满了丰盛的酒菜，还不忘家乡风俗，特地在儿子面前放了一碗带有两个大红蛋的鸡丝汤面。这晚，他喝了很多绍兴酒，还兴奋地跟大家描绘着埃及的金字塔，讲了关于"司芬克司"的神话，还讲到陈家康，还有两瓶美酒。在这最后一次"家宴"上，他醉了。带着幸福美好的憧憬，他幸福而甜美地进入了梦乡……

六十年的年华，古人称作"花甲"，离"古稀"之年已不远，应该说已是步入了老年的行列。但是，对一位学者来讲，却还正是大有作为的黄金时代呢！君不见那无限美好的夕阳吗？它虽然不如初升的太阳那样朝气蓬勃而跃跃向上，却能够放射出瑰丽无比的异彩。对郑振铎来讲，有多少像玫瑰色的晚霞一般美好的愿望在等着他去实现啊！他的文集计划要出十卷，还刚刚只编了一卷；他主持编辑的《古本戏曲丛刊》一共有八集，也还只编到了第四集；他还说过打算在这次出访回来后，要根据云南白族的一个民间传说，写一部比《阿诗玛》的传说还美丽动人的电影剧本（他生平还未写过电影剧本，但是他觉得只要人民需要，他都愿意尝试）。但是，一个突如其来的事故，使他匆匆地去了，竟连一句要交待的话都没有，抱着许多许多的遗憾去了。应该说，郑振铎最大的遗憾大概就是最终也未能成为中国共产党的一员。自从他在公元1950年退出了中国民主促进会以后，就曾多次向周扬和周恩来总理口头表示过这个愿望。但是，当时中央考虑到像他这样有国际影响的学者还是暂时留在党外，更有利于进行工作，因此多次用"要以大局为重"说服他。在他牺牲的消息传到国务院时，周恩来总理通宵未眠，并十分惋惜地对一位同志说："振铎同志要是再晚去世一年，他就是中国共产党党员了！"由此可见，中央在当时对一些民主人士和著名学者入党，是有通盘考虑的。

"出师未捷身先死,常使英雄泪满襟。"那么郑振铎在生命的最后一刻都想些什么?是他未能完成的出访使命吗?是那些等待着他出访归来要去做的很多很多工作吗?是舍不下他的亲人们——年迈的老母、数十年患难与共的妻子和他所疼爱的孩子们吗?是他大半生含辛茹苦积攒下来的近十万册藏书吗?是他最最热爱的毕生为之奋斗的祖国吗?是……在他即将离开这个世界的时候,舍不下的东西真是太多太多了!但是,有人说,在那种事故发生的时候,只是一刹那的时间,是什么都来不及想的。那么,但愿如此,这样活着的人会好过一些。

随着郑振铎的去世,对他的"批判"便不了了之。然而有意思的是,原先他任主编的刊物《文学研究》特地赶编了一期悼念他的专号。而就在同期刊物上,却仍有两篇批判他的文章"未及撤下"。在同一期刊上,对同一个人既悼念又批判,这大概也是史无前例的"奇事"了!据说,陈毅同志还特意跑到北京大学,找到校领导,也找了当时批判郑振铎"火力"最猛的"瞿秋白文学会"的几位同学,气呼呼地厉声质问:"谁让你们批郑先生的?郑先生死不瞑目啊!"说得那几位同学低着脑袋,无言以对……

在郑振铎逝世不久,就有许多书商把目光瞄向了他的藏书。接连几天,就有许多旧书店纷纷登门来要高价收购他那些令人羡慕的藏书(大部分为善本书)。有一家书店愿以四十六万元巨款全部收购他的藏书。"四十六万!"在当时多数人的工资是四五十元的水准,一斤猪肉不过七八角钱的年代,这无疑是个天文数字啊!但他的妻子和儿女商量后,婉言谢绝了所有的书商。郑振铎虽然没有留下一个字的遗嘱,但作为一位藏书家,他生平最爱说的话题就是他的"书"。而在他晚年,说得最多的一句话也是"我死后,这些书全都是国家的"。想起了郑振铎的这句话,于是家属就把这句话当作他的遗嘱,在他逝世后遵照他的遗愿将其近十万册珍贵藏书全部献给了国家(图一三八、一三九)。

郑振铎生前被人们称为"藏书家",但他却说:"我不是藏书家。我从来没有想到为藏书而藏书。我收藏古书,是为了自己研究方便

褒奖状

高君箴同志暨其子女
郑小箴 郑尔康同志继承
郑振铎同志毕生为文化
服务的精神衍其生平收
集的中外文图书全部捐献
国家 除在北京图书馆设
立专藏外对高君箴同志
等化私为公的精神特予
表扬并资纪念此状

中华人民共和国文化部

部长 沈雁冰

一九五八年十一月五日

一三八　郑振铎牺牲后，夫人高君箴及子女将他的极其珍贵的
　　　　藏书全部捐献给了国家。这是当时由文化部颁发的《褒
　　　　奖状》。

一三九　北京图书馆根据郑振铎家属捐献的藏书编辑了《西谛
　　　　书目》一书，由文物出版社出版。

和手头应用需要。"正因为如此，郑振铎对历代文学作品总是按照中国文学发展过程，大力进行搜访工作。从诗经、楚辞到戏曲、小说、弹词、宝卷，面面俱到，齐头并进，四十年如一日。其中小说、戏曲、弹词、宝卷等所谓"不登大雅之堂"的古书，当年图书馆里是很少收藏的。他为了研究，常常舍去大经大史和别处容易借到的书而搜访于冷摊古肆，以求得一本两本自己所需要的东西。另外，他对于历代版画也有丰富的收藏和深邃的研究。对于政治、经济史料，也很留意收集。他的藏书以明清版居多，其藏书就数量和质量论，在当代藏书家中可算是首屈一指的。

他，人是"走"了，然而留下的是一大笔宝贵的精神和物质财富（即他的著作、他的分别捐献给国家图书馆和故宫博物院的藏书以及珍贵文物）。人们对他崇高的思想境界和品格，决不会因他"走"了而忘却，相反地会永远地怀念他，学习他。

（一四） 魂兮归来

几乎就在新华社发布了郑振铎等人乘坐飞机失事的消息的同时，苏联塔斯社也发布了苏联部长会议的公报："苏联部长会议就图104客机失事发表公报如下：今年10月17日，由北京往莫斯科正常航线飞行的图104客机一架，在楚瓦什苏维埃社会主义自治共和国的卡纳什地区失事。飞机由于失事炸毁，乘客和飞行人员全部牺牲。为调查事故的原因组成了政府委员会，委员会的成员有赫鲁尼切夫（主席）、日加列夫、鲁金科、杰明捷夫、伊瓦舒京和列季泽。委员会的成员已飞往失事地点进行调查。"

另外，为了处理这次遇难者的后事，苏方还专门指派了空军元帅热沃隆科夫主持这项工作。

遗体在当地火化后，于10月26日下午由苏军方的专机护送到北京南苑机场。由于护送者中有苏空军元帅热沃隆科夫，中方委派了空军副司令员吴法宪前往机场迎接。

机场上秋风萧瑟，天空暗淡，无数的花圈在低声呜咽。

郑振铎的好友沈雁冰、夏衍等人都去机场迎接他的骨灰回国。夏衍手捧着他们相交数十载，被朋友们一贯戏称作"大孩子"或"老天真"的老友的骨灰盒，想起郑振铎生前常爱跟朋友们开玩笑说的一句话"坐飞机从天上掉下来死掉，大概是一种最痛快的死法"。现在这句话竟不幸言中了，不由悲从中来。他眼含热泪，手捧"安眠"在小小木盒中的老友，在哀乐声中缓缓步出机场。

郑振铎，他回来了，

他的肉体化成青烟回来了，

他的心回来了，他的灵魂——一个永远忠于祖国和人民的灵魂回来了！

10月20日，政府有关部门成立了"郑振铎、蔡树藩等十六位同志治丧委员会"，由陈毅、贺龙、郭沫若、陈叔通、包尔汉、廖承志、张奚若、沈雁冰、丁西林、王冶秋、卢绪章、齐燕铭、刘芝明、陆平、何其芳、屈武、马寅初、蔡廷锴、楚图南、张劲夫、徐森玉、萨空了等三十八人组成。文化部、对外文委、考古研究所等单位相继举行了追悼会。

10月31日上午，"郑振铎、蔡树藩等十六位同志追悼大会"在首都剧场隆重举行。会场四周摆满了首都各界、各有关部门和遇难同志生前友好赠送的花圈。主席台上悬挂着十六位烈士的遗像，郑振铎和蔡树藩的遗像并排挂在正中央。首都各界代表一千四百余人怀着沉重的心情参加了追悼大会，其中也包括了一些曾经无情地"批判"过他的人……9点整，追悼大会开始。在沉重的哀乐声中，陈毅、郭沫若、沈雁冰、张奚若等领导人缓步走到遗像前，敬献了花圈。参加追悼大会的还有彭真、薄一波、包尔汉、叶季壮、周扬、廖承志、章汉夫等。张奚若致悼词，沈雁冰报告了郑振铎的生平事迹。追悼会结束后，十六位同志的骨灰被护送到北京西郊，安葬在八宝山革命公墓。

公元1958年严冬，寒风凛冽，在北京八宝山革命公墓通向礼堂的甬路左侧矗立起一座大理石的崭新墓碑，碑顶上镌刻着党徽及和平鸽与地球。它的正面碑文为"郑振铎、蔡树藩等十六位遇难同志

一四〇　郑振铎一行牺牲后，他们的遗骨由苏联空军热沃隆科夫元帅于公元 1958 年 10 月 26 日用专机护送到北京南苑机场。好友夏衍（右）手捧他的骨灰步出机场。

一四一　公元 1958 年 10 月 31 日，郑振铎和其他十五位遇难同志的追悼大会在北京首都剧场隆重举行。

一四二　在哀乐声中全体默哀　　一四三　在追悼会上，郑振铎
　　　　（前排左三起为陈毅、　　　　　　的老友、文化部部长
　　　　郭沫若、蔡廷锴、沈　　　　　　　沈雁冰致悼词。
　　　　雁冰、张奚若）

一四四　位于北京八宝山革命公墓的"郑振铎、蔡树藩等十六位
　　　　遇难同志之墓"

一四五 墓碑上的铭文记述了郑振铎等遇难同志的光辉业绩

一四六 郑振铎牺牲后，中央人民政府毛泽东主席亲自签署了"革命烈士证明书"。公元1983年6月由民政部统一换发了新的"革命烈士证明书"（原件现由中央组织部收藏）。

之墓"。此碑背面镌刻的碑文为"由郑振铎、蔡树藩率领前往阿富汗
王国、阿拉伯联合共和国访问的中国文化代表团十人和外交部、对
外贸易部的出国工作人员六人，在1958年10月17日从北京乘飞机
赴莫斯科途中，于18日因所乘飞机遭遇到不可克服的气候原因，不
幸失事，郑振铎、蔡树藩等十六位同志全部遇难。郑振铎、蔡树藩
等十六位同志是为增进中国和亚非各国人民之间的友谊、中外文化
交流、经济合作和保卫世界和平的崇高任务而牺牲的。他们当中有
的长期参加革命对革命有过卓越的贡献，或者在文化、学术方面有
着重要的成就，有的是杰出的社会活动家或者是矢志忠于革命事业
的优秀干部，他们对祖国社会主义建设和保卫世界和平事业表现了
无限的忠诚和忘我的劳动，直至贡献出自己宝贵的生命。遇难同志
的精神永垂不朽"！碑文下镌刻着十六位烈士的名字"郑振铎、蔡
树藩、马适安、阿不都热合满、谭丕模、刘仲平、林立、姜燕、钟
兆榕、陈重华、肖武、刘崇富、李福奎、宁开逸、孙英璞、陈朔"。
墓的四周围绕着苍松翠柏，显得庄严肃穆而令人望而起敬。

　　几天后，郑振铎的家中领到了一张由中央人民政府主席毛泽东
亲自签署的"革命烈士证明书"，上面写着"郑振铎同志，在革命
斗争中壮烈牺牲，经批准为革命烈士。特发此证，以资褒扬"，落
款为"中央人民政府主席毛泽东"。郑振铎成为新中国成立以来，被
中央人民政府毛泽东主席追授为"革命烈士"的惟一的著名作家
(图一四〇～一四六)。

结　　语

　　一个大写的"人"，他的生命是永存的；对他而言，"死"只是一种躯体的消亡，而生命却如同江河之水奔腾不息，永远地向前延伸……我们的主人公郑振铎就正是这样的一个"人"。"郑振铎"这三个字将会永载我们共和国的史册！我们的人民将永远记着他！景仰他！本书结尾的一组图片就是很好的说明（图一四七～一五六）。

　　一四七　公元 1998 年 12 月 10 日，福建长乐市举行了有数千人参加的郑振铎诞辰一百周年纪念大会。

一四八　公元1998年12月19日，在北京人民大会堂举行了郑振铎
　　　　诞辰一百周年纪念座谈会，会议由文化部长孙家正主持。

一四九　出席纪念座谈会的雷洁琼副委员长（右五）亲切地接见了
　　　　郑振铎亲属等有关人员（右一为郑尔康）

一五〇　公元 1998 年 12 月，河北花山文艺出版社出版了二十卷本《郑振铎全集》，其中收入了作者大部分诗歌、散文、小说及各类文史著作近千万字。公元 1999 年 10 月，《郑振铎全集》获第四届中国国家图书荣誉奖。

一五一　公元 2001 年 9 月 15 日，郑振铎铜像在母校北方交通大学（原北京铁路管理学校）落成。北方交通大学领导与郑振铎之子郑尔康（左一）合影留念。

一五二　公元 2003 年 1月，"郑振铎公园"在福建长乐市风景绮丽的闽江入海口处落成。

一五三　依山傍水、林木繁茂的"郑振铎公园"。

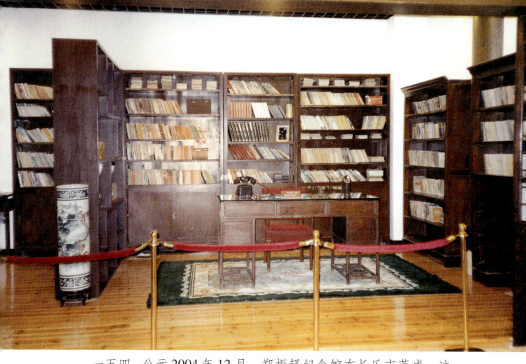

一五四 公元 2004 年 12 月,郑振铎纪念馆在长乐市落成。这
是按原样布置的书房,陈列家具均为他生前所用实物。

一五五 公元 2004 年 4 月 28 日,"郑振铎捐献陶俑特展"在北
京故宫博物院斋宫开幕。

一五六　这是文化部副部长兼故宫博物院院长郑欣淼在特展开
　　　　幕式上致词。中国文物学会会长罗哲文（前排左一）、
　　　　国家文物局顾问谢辰生（前排左二）、中国民主促进会
　　　　中央委员会副主席王立平（左三）等出席。

附　　录

（一）长 安 行

——考古游记之一

编者按：郑振铎是上世纪初新文化运动中成长起来的著名作家和才华横溢的学者。他当过编辑，任过教授，痴迷收藏，始终追求民主，向往光明。建国后，他在担任文化部文物局局长时仍然笔耕不辍，利用在各地考察之机，以文化人敏锐的感觉和渊厚的学识，写下了一篇篇清新的游记。现择其一篇，以观全貌。

住的地方，恰好在开"陕西省先进生产者代表会议"，碰到了不少位在各个生产战线上的先进工作者的代表们，个个红光满面，喜气洋洋，看得出是蕴蓄着无限的信心与决心，蕴蓄着无穷的克服任何困难的力量。社会主义的工业建设是一日千里地在进展着，眼看见的将是一个崭新的大西安城，一个空前的宏大的工业城市。灰色的破落的西安，将一去不复返。我想，明年今天再来时，将很难认识现在的街道形式了。许多久住在这个古城里的朋友们和我一同出城一趟，便说："变得多了。已经连道路也认不出来了。前几个月来时，哪里有那么多的建筑物！新房子叫人连方向也辨不清了。"的确，这是最年轻的工业城市，就建筑在一座中国最古老的文化城市的基础上。

说起长安，谁不联想到秦皇、汉武来，谁不联想起汉唐盛世来，谁不联想到司马相如和司马迁就在这里写出他们的不朽的大作品来，谁不联想到李白、杜甫、王维、韩愈、白居易、杜牧来，他们的许多伟大的诗篇就在这里吟成的。站在少陵原上的杜公祠远眺樊川，一水如带，绕着以浓绿浅绿的麦苗和红馥馥的正大放着的杏花，组成绝大的一幅锦绣的高高低低的大原野，那里就是韦曲、杜曲的所在，也就是一个大学的新址的所在。杜甫的家宅还有痕迹可找到么？

每一寸土，每一个清池的遗迹，都可以有它们诗般地美丽的故事给人传诵。相隔不太远的地方，就是蓝田县，就是辋川，也就是有名的诗人兼画家的王维所留恋久住的地方，就是有名的辋川图和裴迪联吟的"诗中有画，画中有诗"的地方。从少陵原再过去，就是兴教寺的所在了。那是三藏法师玄奘的埋骨之地，一座高塔建筑在他的墓地上，旁有二塔，较小，那是他的大弟子圆测和窥基的墓塔；关于窥基曾流传过很美丽而凄恻的一段故事。这个地方的风景很好，远望终南山白云封绕，唐代的诗人们曾经产生出许多诗的想像来。

　　站在长安城的中心——钟楼的最高层上，向北看是大冢累累的高原。刘邦、吕雉的坟，以及他们的子孙的坟都在那里，晓雾初消的时候，构成了一幅像烽火台密布似的沧荒的奇景。向南向东望，是烟囱林立，扑扑突突地尽往天空上吐烟，仿佛蕴蓄着无限的热与力；就在那儿，十分重要的仰韶文化（新石器时代）遗址是相当完整地被保存着。再向东望，隐隐约约地可指出骊山的影子来；秦始皇帝就埋身其下。华清池依旧是最好的温泉之一。七月七夕，唐明皇和杨贵妃站在那里私誓"在天愿为比翼鸟，在地愿为连理枝"的长生殿也就在那里。向南望，双塔屹立，尖细若春笋的是小雁塔，壮崛而稳坐在那里似的是大雁塔。终南山在依稀仿佛之间。新建筑的密密层层的一幢幢的高楼大厦，密布在那里。向西望，那就是周文王、武王的奠立帝国的根据地，丰京和镐京遗址所在地。灵台和灵囿的残迹还可寻找呢？读着《诗经》，读着《孟子》，不禁神往于这些古老的地方了。就在这些最古老的地方，新的建筑物和工厂，纷纷地被布置在沣水的两岸。还可望到汉代的昆明池，大的石雕的牛郎、织女像还站在那里，隔着水遥遥相望呢。——当地称为石公、石婆，并各有庙。

　　没有一个城市比之今天的西安更为显著地揉合着"古"与"今"的了。在没有一寸土没有历史的古老文化的基础上，建立起了新的社会主义工业和新的社会主义文化。新的长安城，毫无疑问地，将比汉、唐盛世的长安城，更加扩大，更加繁华。点缀在这个新的工业大城市里的是处处都可遇到的赫赫有名的名胜古迹和古墓葬、古文化遗址。从新石器时代的仰韶文化起,中国历史的整整大半部,是在这个大都城里演出的。它就是历史的本身,就是历史的具体例证。这些,将永远不会泯灭。社会主义社会里的人民都知道将怎样保护自己的光荣的古老的文化和其遗存物。在林林总总的大工厂附近,在大的研究机构和学校的左右,有一处两处甚至许多处的古迹名胜或古墓葬或古代文化遗址,将相得益彰,而绝对不会显得有什么"不调和"。他们在休假日,将成群结队地去参观半坡村的仰韶遗址,那是四千多年以前的原始社会人民的居住区域。他们看到那些圆形的、方形的住宅,葬小孩子的瓮棺。他们看到那个时代的艺术家们,怎样在红色陶器的上面,画出活泼泼两条鱼在张开大嘴追逐着,画出几只鹿在飞奔着,画出一个圆圆的大脸,却在双耳之旁加画了两条小鱼,仿佛要钻进人的耳朵里去。他们看到那时候人民所用的钓鱼钩、鱼叉、鱼网坠。他们会想像得到:在那个时候,半坡这地方是多水的,多鱼的——那时候的人从事农业生产,但似以捕鱼为副业。他们看到骨制的鱼钩,已经发明了"倒钩",会惊诧于那时的人民的智慧的高超的。他们将远足旅行到汉武帝的茂陵去。在那里,会看见围绕着那个大土台,有多少赫赫的名臣、名将的墓。霍去病、卫青、霍光都埋葬在那里,还有李夫人的墓也紧挨着。在那里,还可以捡拾得到汉砖、汉瓦的残片。霍去病墓的石刻,正确地明白地代表了汉武帝那个伟大时代的伟大的艺术创作。现存着十一个石刻,除了两个鱼的雕刻——似是建筑的附属物——还在墓顶上外,其他九个石刻都已经盖了游廊,好好地保护起来。谁看了卧牛和卧马,特别是那一匹后腿卧地而前蹄挣扎着将起立的马,能不为其"力"与"威"震慑住呢!"马踏匈奴像"是那样的真实。一个胡人在马腹下挣扎着,手执着弓和箭,圆睁双眼,简直无用武之地,而那匹马却威武而沉着地、坚定勇猛地站着不动。那块"熊抱子"的石头,虽只是线刻,而不曾透雕,但也能把子母熊的感情表达出来。那两千多年前的中国雕刻家们的作品,是和希腊、罗马的雕刻不同的,是别具一种民族风格,是世界上最高超的艺术品之一部分。谁能为这些石刻写几部大书出来?有机会站在那里,带着崇高的欣赏之心,默

默地端详着它们的人们，是幸福的！他们还将到华清池去，过个十分
愉快的休沐日。他们还将到唐高宗的乾陵去，欣赏盛唐时代的石刻，
一整列的石人、石马，一对鸵鸟，一对飞马，还有拱手而立的许多
酋长、番王的石像(可惜都缺了头)，都值得看了又看，看个心满意足。
长安城的内外，是有那么多的名胜古迹，足资流连，足以考古，足
以证史的地方啊。一时是诉说不尽的。韦曲、杜曲、王曲以及曲江
池、樊川等古人游乐之地，今天只要稍加疏浚，也就可以成为十分
漂亮的人民公园。我想不久的将来，我们就会看到那个宏伟而美丽
的大公园在长安城南出现的。"古"与"今"，古老的文化和社会主
义的工业建设，结合得如此的巧妙，如此的吻合无间，正足以表现
我们中国是一个很古老的国家，同时又是一个很年轻的国家。不仅
西安市是如此，全国范围内的许多城市也都是同样地把"古"与"今"
结合起来的，而西安市是一个特别突出的、值得特别提起的，一个
典型的好例子。

公元 1957 年 1 月 12 日

(原载《政协会刊》1957 年第 1 期)

（二）　拆除城墙问题

编者按：郑振铎担任建国后首任文物局局长以后，始终面临着日新月异的大规模建设与妥善保护祖国丰富多彩的古代文明遗存的现实而尖锐的矛盾。他尽职尽责，高瞻远瞩，大声呼吁，在人们盲目"革故鼎新"而要拆除各地城墙时，不顾背上防碍建设的"罪名"，勇敢地站出来，直抒诤言，体现了一位有良知的中国知识分子坚持真理的风采。

古老的城墙在古代是发挥了它的保卫人民生命、财产的作用的。在现代的战争里，城墙是没有什么用处了，于是有人主张拆除，也还有人举出几十条理由来助长拆除之风的。我不是一个保守主义者。该拆除的东西，非拆不可的东西，那一定得拆，而且应该毫不犹豫的主张拆。可是城墙是不是非拆不可的一类东西呢？是不是今天就要拆除干净了呢？我主张：凡是可拆可不拆、或不是非在今天就拆不可的东西，应该"刀下留人"，多征求意见，多展开讨论，甚至多留几天、或几年再动手。举一个例。北海前面的团城，是北京城里最古老的古迹名胜之一。当决定要改宽金鳌玉蝀桥的时候，有好些人主张拆除团城，连根铲平，否则，这道桥就没法修宽。但经过专家们的仔细研究的结果，团城是保留下来了，金鳌玉蝀桥的工程也按照计划完成了。这不仅不矛盾，而且还相得益彰，为北京市维护了这个十分美好的风景地，同时，也绝对地没有妨碍交通。

许多名胜古迹或风景区，都应该照此例加以十分的周到的考虑，予以同情的保护，万万不可人云亦云，大刀阔斧的加以铲除，像对付最凶狠的敌人似的，非使之从地图上消灭掉不可。要知道古迹名胜是不可移动的，都市计划是由专家们设计施工的，是可以千变万化，因地、因时、因人制宜的。最高明的城市计划的专家们是会好好地把当地的名胜古迹和风景区组织在整个都市范围之内，只显得

其风景美妙 ，历史久长，激发人民爱国爱乡之念。只有好处，没有任何坏处。不善于设计的，不懂得文化、历史、艺术的人，则往往认为有碍建设计划，非加以毁坏不可。小孩们走路跌倒，往往归咎于路石，而加以咒骂踢打。仰面向天，大摇大摆的行者，撞到牌坊的柱子上了，就以为那柱子该死，为何不让路给他。古迹名胜或风景区是不会说话的，但人是会动脑筋的。如何技巧地和艺术地处理一个城市的整个发展的计划是需要很大的辛勤的研究，仔细的考虑，广泛的讨论，而决不应该由几个人的主观主义的决定，就操之过急地判决某某古迹名胜的死刑的。人死不可复生，古迹名胜消灭了岂可照样复建！在下笔判决之前，要怎样地谨慎小心，多方取证啊。城墙也便是属于风景线的一类。"绿杨城郭是扬州"。(如今扬州是没有城的了！) 城墙虽失去了"防御"的作用，却仍有添加风景的意义。今天拆除城墙的风气流行各地。千万要再加考虑，再加研究一番才是。除了那个城市发展到非拆除城墙不可的程度，绝对不可任意地乱拆乱动。三五百年以上的城砖，拿来铺马路，是绝对经不起重载高压的。徒毁古物，无补实用。何苦求一时的快意，而糟蹋全民的古老的遗产呢？

公元 1957 年 6 月 3 日

(原载《政协会刊》1957 年第 3 期)

（三）　生　平　简　表

1898年　　祖籍福建长乐。12月19日，出生于浙江永嘉县（今温州市）乘凉桥一座名叫"盐公堂"的古老院落里。祖父郑允屏是一位小官吏，父亲郑庆咸曾为扬州知府幕僚。

1911年　　毕业于永嘉第一高等小学。

1916年　　毕业于浙江省立第十中学。

1917年　　12月，考入北京铁路管理学校。

1919年　　5月，作为学生代表，积极参加"五四"爱国运动，并被选为"福建学生抗日联合会"领导人。此时，认识了协和女子大学预科一年级学生谢冰心。11月，在北京与瞿秋白等人创办了《新社会》旬刊，并开始文学活动。第一首诗《我是少年》发表于《新社会》创刊号。

1920年　　12月25日，由北京铁路管理学校毕业。

1921年　　1月4日，我国最早的新文学团体——"文学研究会"在北京中山公园来今雨轩举行成立大会，郑振铎为主要发起人。3月，被分配到上海火车站南站当见习生。5月，《文学旬刊》创刊后任主编。经沈雁冰介绍，进商务印书馆任编辑。

1922年　　1月，《儿童世界》创刊，担任主编整一年。10月，所译泰戈尔诗集《飞鸟集》由商务印书馆出版。

1923年　　1月，接替沈雁冰主编《小说月报》。10月10日，与商务印书馆编译所所长高梦旦之女高君箴结婚。

1925年　　"五卅"惨案期间，作为商务印书馆职工参加全市性的罢工、罢课、罢市运动。6月3日，与叶圣陶等人创办

《公理日报》，抗议英、日帝国主义的血腥罪行。此报于6月24日被迫停刊。

1927年　1月，第一部散文集《山中杂记》由上海开明书店出版。4月，第一部传世力作《文学大纲》由上海商务印书馆出版。4月12日，蒋介石发动"四·一二"政变。与胡愈之等人联名给国民党中央写抗议书，要求严惩凶手。5月21日，为暂避反动派迫害，乘法国邮轮"阿托士第二"前往法国马赛。随后转辗法、英、意等国一年半时间。

1928年　10月中旬，由欧洲回国，仍在商务印书馆主编《小说月报》。12月，短篇小说集《家庭的故事》由上海远东图书公司出版。

1929年　编著《恋爱的故事》，由上海商务印书馆出版。

1931年　1月17日，殷夫、柔石、胡也频等被国民党反动政府逮捕。19日，为营救胡也频，借了二百元，托沈从文转交丁玲，并与陈望道署名写信给邵力子，设法营救。同年秋，任北平燕京大学中文系主任，兼清华大学教授。

1932年　1月，上海战事爆发，《小说月刊》停刊。12月，代表作《插图本中国文学史》（共四册）由北平朴社出版。

1933年　秋，与巴金、靳以等创办《文学季刊》，编辑部设在北平三座门大街。

1934年　9月，短篇小说集《取火者的逮捕》署名郭源新，由生活书店出版。冬，因力主聘请几位进步学者到燕京大学任教，与校方产生分歧，遭人身攻击，愤而辞职。

1935年　6月初，举家迁回上海，住地丰路地丰里6号。20日，好友瞿秋白在福建被反动派杀害。噩耗传到上海后，沈雁冰、陈望道等曾在郑振铎寓所举行悼念活动。

1936年　6月7日，与沈雁冰、叶圣陶等四十人发起成立"中国文艺界协会"。10月16日，悉鲁迅逝世噩耗，次日即赴万国殡仪馆向鲁迅先生遗体告别，并在送葬时执绋。

1937年	7月，参加文化界抗日救亡协会。本年，与胡愈之、周建人、许广平等二十人组织"复社"，出版《西行漫记》、《鲁迅全集》等书。
1938年	春，应聘在社会科学讲习所讲授中国文学史。该所实际受中共地下党领导。3月，当选为"中华全国文艺界抗敌协会"理事。8月，《中国俗文学史》由长沙商务印书馆出版。
1939年	参加由上层知识分子组成的以"聚餐会"为名的地下组织，并为收购和保存民族文献而奔走。
1940年	在极为艰难的条件下，坚持自编自印《中国版画史图录》，为中国美术史上一大创举，受到美术史家的重视。
1941年	夏，国际形势日紧，把所收图书转入安全地带。首先将其中最珍贵的八十多种"国宝"图书托徐森玉带到香港后转运重庆。12月，上海全部沦陷。他化名"陈世训"，伪装成文具店职员，在居尔典路小楼内开始长达四年的"蛰居"生活。
1942年	为不引起四邻怀疑，每天照旧挟皮包入市"办公"，所去之处多为旧书店。与当时在邮局工作的唐弢交往密切。每隔一个星期，唐弢将他的一些书函文件设法逃过邮局日本特务的检查，转发外埠。
1943年	"蛰居"中，以整理古籍为主，撰《艺文藏书再续记》、《素园石谱》等书。
1944年	7月，悉邹韬奋病重，在徐伯昕陪同下赶往上海医院探视。
1945年	8月，抗战胜利，结束"蛰居"生活，着手写《蛰居散记》。10月，创办《民主》周刊。
1946年	10月，《民主》出版到第54期后被反动当局查禁。本年，与马叙伦、周建人等发起成立"中国民主促进会"，当选为第一届理事会理事。
1947年	2月12日，闻耿济之逝世噩耗，"伤心至极"！至耿宅吊

慰。3月8日下午,至郭沫若宅为沈雁冰夫妇自苏联归来接风。3月下旬,赴南京与夏鼐相识。11月,著《鲁迅与中国古版画》,载《文艺复兴》4卷2期。

1948年　主持翻译《美国文学丛书》。

1949年　2月15日,响应中共召开新政协的号召,在中共地下党的帮助下,乘"盛京"号轮离沪赴香港。2月28日,与叶圣陶、柳亚子等改乘挂葡萄牙旗的苏联货船赴烟台,随后乘汽车、火车,于3月18日抵达北平,受到叶剑英市长等的欢迎。3月底,赴布拉格出席第一届世界和平大会。7月2日,出席首届文代会当选为全国文联常务委员。9月21日,出席中国人民政治协商会议第一届大会,被选为全国委员会委员。10月1日,登上天安门城楼,参加开国大典。新中国成立后,被任命为中央人民政府文化部文物局局长。

1950年　年初,参加董必武率领的中央工作团赴上海接管文教事业,为文教组负责人。中国科学院考古研究所成立,兼任所长。

1951年　9月20日,参加中国文化代表团,赴印度、缅甸访问。

1952年　兼任中缅友好协会会长和中印友好协会理事。

1953年　2月,兼任中国科学院文学研究所所长。9月,出席第二届全国文代会,当选为中国文联主席团委员、中国作家协会理事。秋,率中国人民保卫世界和平委员会代表团赴波兰参加屈原纪念会,并做演讲。

1954年　6月,任文化部副部长。9月,当选为江苏省出席第一届全国人民代表大会代表。11月,率中国文化艺术代表团出访印度、缅甸,次年春回国。年底,当选为第二届全国政协委员。

1955年　6月,率中国文化代表团赴印度尼西亚访问,8月回国。

1956年　3月1日下午16时,赴中南海出席最高国务会议。

1957年　6月,被任命为国务院科学规划委员会委员、考古学组組长。9月，赴苏联及捷克讲学，并访问保加利亚。

1958年　　6月22日，参加由周恩来总理领队的中央国家机关义务劳动大军赴十三陵水库。7月，当选为中国民间文学研究会副主席。10月16日，为《古本戏曲丛刊》第四集作序，成为绝笔。10月17日，率中国文化代表团赴阿富汗及阿拉伯联合共和国访问。18日凌晨，代表团所乘图—104客机飞经楚瓦什苏维埃社会主义自治共和国时，因突然爆炸而遇难。此时离他六十岁寿辰，还差两个月。

后　　记

"燕子归来寻旧垒"。春天来了。春是一年的开端，春是一年的希望，春风还为我捎来了今年的第一个好消息：前几天文物出版社的周成先生来电说《中国文博名家画传·郑振铎》一书近期将可付梓。为此，我甚感欣慰！为父亲编写一本图文并茂的画传，是我多年的一个夙愿。

记得大约在上世纪80年代，我也曾为文物出版社编过一本《郑振铎》的书。限于当时的具体条件，该书不仅图片全部为黑白的老照片，文字也只是配合图片的一种图解式的说明。因此，充其量它只能算是一本尝试性的画册而已。不过，说心里话，当时我对文物出版社约我来编写这本画册已经很满意。书出版后，除了出版社给我的样书，我又买了不少，而且很快就都送光（有的朋友一次就向我要了三四册）。因为在那时这毕竟是第一本介绍郑振铎的画册，不少朋友都想先睹为快，其中不乏景仰他的人。

不少朋友在看过此书后，对书的图片质量有些不够满意，同时也觉得文字过于简单。我对此也感到有些遗憾……为弥补上述不足，多年来，我一直发愿要在条件具备的情况下，为父亲重新编写一本图文并茂的画传，还要尽可能地增补一些彩色图片。

终于在去年的一天，周成先生和我联系，约我来编写这本《中国文博名家画传·郑振铎》，并赠我一本一看就很喜欢的《中国文博名家画传·王世襄》来作参考。

经过数月的辛劳，我在去年深秋完成了这本包括十余万字及一百六十幅左右黑白和彩色图片的画传。当我向出版社送交了书稿后，归途中有一种心愿终于实现的难以言表的愉快感觉！

本书在忠于史实的前题下，力求文字上的可读性。同时还需要说明的是，由于父亲生活的那个年代（上世纪中叶以前）几乎没有彩色照片，有些早期的照片因年代久远已十分模糊，这就必然在一定程度上会影响出书后的画面效果。因此，我尽可能把近些年拍的一些与父亲有关的彩照（如父亲当年的几处旧居、母校的父亲铜像、家乡以他命名的公园以及百年诞辰的一系列纪念活动）增补进书里。我觉得这样会使本书更好看些，更亮丽些，使凝重的历史更生动些。未知读者诸君认同否？

当我为本书画上最后一个句号的今天，申城春意盎然，窗外绿柳依依，园中迎春、玉兰、桃花竞相绽放。小寓门前一条长长的小河，泛着涟漪流向远方，接上了白云，接上了蓝天……我忽然仿佛看见了父亲正在他曾经描述过的天堂中孩子般地向我笑着，笑着……瞧，他笑得多灿烂啊！

2007 年 4 月 11 日于上海万科城市花园优诗美地

中国文博名家画传

王世襄

晨 舟 著　

目录

序　言

公元 20 世纪的北京，有这么一个人，总爱在东城芳嘉园的老宅里（图一），仰望蓝天，以超然物外的心态，聆听他从小到老都百听不厌的悠扬鸽哨。

他曾经深情地写道："在北京，不论风和日丽的春天，阵雨初霁的盛夏，碧空如洗的清秋，天寒欲雪的冬日，都可以听到从空中传来央央琅琅之音。它时宏时细，忽远忽近，亦低亦昂，倏疾倏

一　北京东城芳嘉园王家老宅庭院一角

二　王家上空盘旋飞翔的鸽子

徐，悠扬回荡，恍若钧天妙乐，使人心旷神怡。它是北京的情趣，不知多少次把人们从梦中唤醒，不知多少次把人们的目光引向遥空（图二），又不知多少次给大人和儿童带来了喜悦。"

正是怀着这种纯真和情趣，他才以顽强的生命力经历了公元 20 世纪由乱到治、跌宕起伏的历史变革，在乱与治、旧与新、中与西、雅与俗交织的复杂环境里逆来顺受，坦然面对。也正是由于有了这种物我两忘的心境，他才能像蓝天上飞翔的鸽子一样，升降起伏，顺其自然地享受少年的欢乐，促成青年的转变，忍受中年的坎坷，笑迎老年的硕果，并在新世纪来临之前不经意地哼出了几段"世纪绝唱"，为自己年近九旬的人生谱写了起承转合的壮丽乐章……这位在大俗大雅的人生变奏中乐天知命的人物，就是本书的主人翁——王世襄（图三）。

三　王世襄站在老宅的信箱前，坦然自若地面对大起大落的人生……

一　少年玩家

（公元 1914～1934 年）

> "髫年不可教，
>
> 　学业荒于嬉。"
>
> ——摘自畅安《大树图歌》

　　王世襄的少年时代是无忧无虑的。他出生于书香门第，长在京城的官宦之家。明代，先祖从江西迁至福建，是福州的望族之一。进入清代，王世襄的高祖、祖父、父亲均在朝中做官。高祖王庆云，《清史稿》有传，曾任陕西、山西巡抚和四川、两广总督及工部尚书等职，著有《石渠余记》一书，讲述清初至道光年间的财政，至今仍为研究清代经济的重要史料。祖父王仁东，曾任内阁中书、江宁道台，为官后举家从福州搬到北京。祖父的哥哥王仁堪，清光绪三年（公元1877年）丁丑科状元，出任镇江、苏州知府，是有名的清官，曾上条陈劝阻慈禧太后修颐和园。清末著名维新派人士梁启超是他的门生。父亲王继曾，毕业于南洋公学，公元1902年随中国驻法公使孙宝琦赴法国进修，由此开始他的外交生涯。公元1909年，王继曾一度担任军机大臣张之洞的秘书，旋即改任留法学生监督，偕夫人再度赴法国巴黎。民国初年，他回国后供职于北洋政府外交部。公元1914年，就在王世襄快要出生的时候，父亲买下了北京东城芳嘉园的一座四合院，有四层院子。这就是王世襄随后居住约八十年的京城老宅（图四）。公元1920年，王继曾出任墨西哥使馆公使兼理古巴事务。两年后，他任满归国。随后，他曾经在孙宝琦执政的北洋政府担任过国务院秘书长。祖上三代，有进士出身、威震一方的重臣，有状元及第、直陈时弊的循吏，也有跻身洋务、从事外交的使节。他们的官宦生涯，尤其是在鸦片战争后内外交困的时局中养成的"通达时事"、兼备中西、注重实际的办事作风，无疑对王世襄的成长和后来的治学产生了潜移默化的影响。

四　王继曾先生抱着 1 岁的王世襄

　　王世襄母亲的家位于江浙两省交界处的南浔小镇。此镇不大，濒临太湖，住有不少大户人家。金氏家族就是其中之一。据王世襄回忆："母亲家有钱。外公在南浔镇。发了财的是他的父亲，做蚕丝生意。外公没有出过国，但很有西洋新派思想，办电灯厂，投资创办西医医院，把几个舅舅和我母亲一起送出国，到英国留学。"公元 1900 年，金家兄妹漂洋过海，前后历时五载。这在当时是少有的。公元 1905 年，他们学成归国后均各有成就。王世襄的大舅

五　公元 1920 年，王世襄的大舅金城与周肇祥等人发起创办
　　中国画学研究会。此为会员们在北京中山公园的合影。图
　　中前排左起第三人为金城（号北楼），前排左起第五人为
　　周肇祥（号养庵），前排左起第八人为金章（号陶陶），中
　　排左起第七人为管平（号平湖）。其他会员还有吴熙曾、
　　胡佩衡、刘子久、李上达等。

六 公元1906年，金章23岁，随兄弟们从英国留学归来不久，
正在南浔老家的画室里绘扇面，颇具才女风范。

金城，号北楼，是公元20世纪初北方画坛的领袖，公元1920年创
办中国画学研究会（图五），工画山水、花卉，精于摹古，有《藕
庐诗草》、《北楼论画》等著述，对近现代美术史影响甚大。母亲金
章，号陶陶，兄妹中排行老三，公元1898年14岁时入上海中西女

七 金章善画鱼藻。从这幅作于公元 1909 年的《金鱼百影图卷》的局部，可见其笔墨神韵。

八 公元 1910 年冬，金章在法国巴黎的留影。

塾，此后曾随长兄、丈夫远赴英、法诸国，善画鱼藻，有《金鱼百影图卷》等佳作传世，编撰有画鱼专著《濠梁知乐集》四卷(图六～八)。二舅金东溪、四舅金西厓也都是著名的竹刻家。优裕的生活、中西兼备的文化背景和浓厚的艺术氛围，构成了王世襄成长特有的家庭环境。一辈又一辈的文化传承，细雨润无声般地在王世襄的心田播下了热爱艺术、热爱生活的种子。

　　王世襄出生于公元 1914 年，有长兄王世富和二哥王世容。当时，推翻清朝帝制的辛亥革命刚刚过去两年多。极目欧洲，第一次世界大战的硝烟初起，炮火正酣。回顾古老的北京，却有一种"异样"的平静。袁世凯当上北洋政府总统后，正在悄悄地酝酿着当皇帝的美梦。王继曾夫妇在乔迁北京东城的芳嘉园新居后，又生下了第三个儿子（图九）。四合院外面的时局似乎离他们还很遥远。家

九　母亲生王世襄时难产。此为产后不久的金章，显得幸福而宁静。

一○　王世襄 10 个月时长得虎头虎脑，机灵有趣。

庭殷实，欣欣向荣。刚刚出世的王世襄长得虎头虎脑，逗人喜爱
（图一○）。此时，父亲任职外交部条约司，勤奋工作之余喜逛古玩
店，买些残缺的古瓷标本。母亲娴雅高贵，持家之外，寄情绘事。
王世襄就在这样温馨的家庭里度过了婴幼儿时期（图一一、一二）。

　　公元 1920 年，王世襄 6 岁时，父亲受命出使墨西哥。本来，
全家要一起随父亲赴任，但此时二哥王世容不幸夭折，王世襄又患
猩红热初愈而不宜远行，母亲只好带着他留在上海。两年后，父亲
任满回国，全家在上海重聚（图一三）。公元 1924 年，王世襄 10
岁时重新回到了出生地北京。自此以后，他除了抗战南行、赴美考
察和“文化大革命”下干校的数年离别，其余几十年都在这座古城
度过，算得上一位地道的“北京人”。

　　王世襄小的时候，父母对他的学业是很关心的。家中有私塾老
师教古汉语、经、史和诗词等。他喜欢的是诗词，对其他学科不太
感兴趣。父亲出使归来，可能再度出使。为此，公元1924年父亲

一一　王世襄（右）3岁时和二哥王世容（左）在一起。瞧，他们
　　　哥俩目光炯炯，真是有模有样。

一二　4岁的王世襄盘腿而坐，已露出一股顽皮劲儿。

一三　公元 1924 年，王世襄随父母游览杭州灵隐寺前的飞来峰。

一四　公元 1932 年的芳嘉园王家庭院，鲜花盛开。金章坐于
　　　其间，显得娴雅而宁静。有这样的一位慈母，王世襄自
　　　然过得快活自在，无忧无虑。

又专门送王世襄到北京干面胡同美国人为他们子弟办的学校去读书。他从三年级开始，一直到高中毕业，学得一口流利的英语，使人误以为他是在国外长大的。不过，作为一个世家子弟，优越的环境和年少时好奇好动的性格，使王世襄特别喜欢和京城诸多玩家交游，崭露出"燕市少年"的特有风貌。王世襄晚年在《北京鸽哨》自序中曾经自嘲道："我自幼及壮，从小学到大学，始终是玩物丧志，业荒于嬉。秋斗蟋蟀，冬怀鸣虫，撞鹰逐兔，掣狗捉獾，皆乐之不疲。而养鸽飞放，更是不受节令限制的常年癖好。"

从公元 1924 年回到北京，到公元 1934 年考入燕京大学，十年之间，王世襄在父母营造的宁静而闲适的家庭氛围里（图一四），活得无忧无虑，快活自在。京城的各类传统玩意儿，除了京剧、养鸟这两项，他没有"深情投入"，其余杂七杂八的玩意儿都玩得有板有眼。他先养鸽子，用掉了大量的时间和精力。多年后，他曾经趣味盎然地回忆道："犹忆就读北京美侨小学，一连数周英文作文，篇篇言鸽。教师怒而掷还作业，叱曰：'汝今后如不再改换题目，不论写得好坏，一律 P（即 poor）！'"由此可见，王世襄当时对养鸽入迷到什么程度。稍大，他又秋捉蛐蛐，冬养鸣虫，还学会了在葫芦上烫花的技艺。除此之外，他又拜清代善扑营布库（宫廷摔跤的功勋运动员）为师，学习摔跤，还从他们那里学会了只有赳赳武夫才玩的放大鹰和养獾狗……其间，北洋政府的垮台，国内的连年内战，日本人在东北、华北的步步紧逼，似乎都没有触动这个京城少年。玩，成为他这一时期生活中的主旋律。

当然，王世襄的玩法也非同一般。由于他深厚的家学和文化素质，加上专注、好奇和勤于思考，使他在玩中总能独具见解，琢磨出一些道道，并在诸多玩家中脱颖而出，获得了"少年玩家"的美誉。在他这段洒脱自在的经历中，有几件趣闻逸事不妨一提：（一）斗蛐蛐战胜老行家。王世襄玩蛐蛐的经历在他后来所写的《秋虫六忆》一文中有极为生动的记述。其中最能展示其金戈铁马般豪迈气概的是他初生牛犊不怕虎，18 岁读中学时就在一次对局中战胜了当时名声显赫的老行家李桐华先生，一时传为美谈。此事发生在公元1933年10月，他与时年33岁的李桐华在大方家胡同对局。当时，李桐华的职业为中医眼科，以"金针李"闻名，但他却酷爱蛐蛐，选、养、斗无所不精，上局报名"山"字。因他的蛐蛐凶猛无比，故有"前秋不斗'山'字"之说。王世襄出宝坻产重达一分的黑色虎头大翅与李桐华的麻头重紫交锋，结果是闻名遐迩的"山"字的蛐蛐竟被中学生的蛐蛐咬败。京城玩家一时议论纷纷，王世襄由此也显示出玩蛐蛐时精选善养的才能。（二）养鹰的思索。王世襄喜爱养鹰，在喂养的过程中发现一个有趣的现象：鹰吃猎物时连皮毛一起吞噬，因羽毛不能消化，也无法排泄，最后只能压缩成一团吐出。这是它天然的消化规律。为此，玩家们平时在喂鹰时一定要加喂一些类似羽毛的线麻在饲料中，使其吞食。这个问题萦绕在他的脑海里，总想得到一个满意的答案。一次，他就读的学校请来一位美国的鸟类专家，专门以《华北的鸟》为题发表演讲。待演讲结束后，王世襄向这位专家提出了两个问题：鹰吃了不能消化的羽毛怎么办？养鹰为什么要专门喂它一些不能消化的东西来代替羽毛？这位鸟类专家因闻所未闻而目瞪口呆，不知所云。青少年时的王世襄在玩中显示了他喜爱琢磨的钻研劲头。（三）《獾狗谱》的流传。王世襄时常自嘲年轻时"玩物丧志"。其实，仔细回味王世襄的治学道路和学术成果，就会发现他身上早已具备的玩物不丧志、求学无意间的特质。据他回忆："我十七八岁时学摔跤，拜善扑营头等布库瑞五爷、乌二衮为师。受他们的影响，开始遛獾狗，架大鹰，并结识了不少獾狗养家。为了学习相狗，请荣三口授，把《獾狗谱》笔录下来，后又请其他几位背诵，把荣三口授所无的及字句有出入的记了下来，合在一起，在分段上稍加整理，居然成篇，不下百数十行。"玩中如此"有心"，这是一般玩家所不具备的。六十年后，历尽劫难的王世襄从"文化大革命"时被抄走的一捆资料中意外地发现了中学时代认真记录而成的《獾狗谱》，喜出望外，玩时的欢乐洋溢心间。经过进一步整理、注释和配图，一部玩家们口碑相传的绝无仅有的《獾狗谱》，终于成为可以广泛流传的民俗学方面的珍贵遗产。从以上诸例可见，玩有高下之分，玩有文野之别。王世襄在玩中陶冶了情操，在玩中孕育了志向，在玩中成就了后来的事业。

这一时期的王世襄，除了对各类玩意儿入迷，自然也结交了京城各阶层玩得有名气的不少朋友。正是在这些广泛的交游中，他逐渐消除了世家子弟身上的傲慢习气，多了一些平民气质。这对他后来起伏跌宕的人生经历大有裨益。据他自己讲：小时候"认识很多当时中下层的人，做生意的。甚至于从前清朝宫廷里的运动员，摔跤的扑护，去跟他们学。他们有的喜欢鹰、狗的，所以就跟他们磕头拜老师"。他在与这些善良质朴的平民百姓称兄道弟后，学到了许多玩的艺术以及人生哲理。他真切地感受到就是贩夫走卒身上都有值得学习的东西。除了下层平民，比王世襄年长一二十岁，学有专长而应尊为师长的，也有几位对他有较大的影响。（一）父亲的同事赵老伯。此人姓赵，名李卿，武进人，久居北京，任职于北洋政府的外交部，是王世襄父亲的老同事。赵李卿除了收藏文物，更酷爱养蛐蛐，对相虫颇有心得。他对此喜爱入迷的程度，用他相敬如宾的老伴的一句话可见一斑："我要死就死在秋天，那时有蛐蛐，你不至于太难过。"赵家距王家不远，来往密切。赵老伯乐于教王世襄如何识别蛐蛐，并在他受父母责备时替其说情。因此，王世襄几乎每天都去找赵老伯，尤其是到了秋天。他向赵老伯学习相虫，领略其中的乐趣。两人的忘年之交甚深。后来，王世襄对铜炉的研究和收藏也是受他的传授。（二）古琴国手管平湖。此人博艺多能，因善抚古琴而名满天下，对鸣虫粘药也冠绝当时。他喜欢冬日养野生的蝈蝈，求其身强体硕，力大声宏。公元20世纪30年代，他在隆福寺见到一只西山产的大山青。其声雄厚松圆，是真所谓"叫顸"者。惜已苍老，肚上有伤斑，足亦残缺，明知不出五六日将死去，他仍然以五元购回（当时此款能购两袋白面），笑曰："哪怕活五天，听一天花一块也值！"其实，他此时靠卖画为生，日子十分拮据。他这种执著的精神，对王世襄的影响极大。后来，他们两人都供职于中国音乐研究所。（三）不打不相识的李桐华。有关李桐华与王世襄那场老行家与中学生的较量前已述及。公元1933年11

一五　17 岁的王世襄，已经流露出专注与执著的神情。

月，李桐华特选宁阳产白牙青与王世襄的虎头大翅再度对局，大翅
不敌，李桐华始觉挽回颜面。不打不相识，两人自此订交。此后，
王世襄时受李先生指教，养虫又有长进，并蒙惠赠小恭信盆及万礼
张过笼等。王世襄亦将自己所有的一具敬斋盆奉送给李先生，凑成
一桌二十四具。两人的交往在此后的四十余年间，从未间断。每到
秋日，只要王世襄没有离京，都要前往问候，并观赏所得之虫。李
桐华常笑曰："你又过瘾来了。"他们的友谊一直持续到李桐华谢
世。

　　享有"少年玩家"之誉的王世襄，曾经自嘲年轻时"玩物丧
志"，但细究其成长过程以及儿时的种种爱好，睹物思人，那些玩

家，那些玩意儿，又何尝不是在帮他"玩物立志"呢？他在顺其天性的玩中，增长了见识，强壮了体魄，为未来的人生道路奠定了坚实的基础。他在真诚无邪的交往中，陶冶了性情，领悟了人生，培养了专注、痴情与执著，铸就了豁达乐观的性格，形成了坦然面对生活的态度（图一五）。王世襄的青少年时代，也许不像一般同龄的孩子那样"两耳不闻窗外事，一心只读圣贤书"，但正是这种不同的生活态度与生活方式，才水到渠成地成为他日后独辟蹊径的学术之路的根基和起点。人的一生就是这样，没有固定的模式，顺其自然，执著前行，大千世界总会有你的位置。

二　求学燕京

（公元 1934～1943 年）

"行年近而立，放心收维艰，
择题涉文艺，画论始探研。"

——摘自畅安《大树图歌》

　　年逾 20 岁的王世襄，在度过幸福而快乐的童年、顺乎天性而玩意无穷的少年后，凭着天资、家学和一口流利的英语，于公元 1934 年考入燕京大学（图一六）。当时，燕京大学的校园就位于今日的北京大学，环境幽雅，文理兼备，尤其是医科更名扬海内外，是读书深造的好地方（图一七）。求学燕京，是王世襄人生的新阶

　　一六　燕京大学的办公楼（又称贝公楼），前面两根华表来源于
　　　　　清代的圆明园遗址。

一七　王世襄当年曾经在未名湖嬉戏游玩，放飞的鸽群也曾经在湖畔的塔周围盘旋。看到未名湖，他就会想到大学时代的美好时光。

段，也是他从"少年玩家"到"青年学者"的人生转折点。

刚进大学校园时，王世襄尚未收心，仍然沉醉于京城的各类玩意儿中。他还没有感到时事的艰辛，更没有真正体察到东北沦陷后日寇的铁蹄正在临近，有的只是母亲的无限爱意和容忍以及衣食无忧后的轻松自在。稍感不悦的是父亲从宦海沉浮中体会到仕途的不易，力主他学习一门技术，走科学救国之路。这却不是王世襄的兴趣所在。他天性不喜爱理科，看见数学的 X、Y 和化学元素的符号就头疼。由于父命难违，他不得已开始了医预科的学习，但心中并没有想发愤苦读而成为一名悬壶济世的医生。

碰巧的是，王家在燕京大学附近的成府路刚秉庙东，有一个二十余亩地的园子。这就自然而然地成了王世襄躲避枯燥无味的医学课程，放松身心的"世外桃源"。他在这里种葫芦，养鹰，养狗，养鸽子，邀请各类玩家雅聚。王世襄养狗开始于公元 1932 年。第一条是德胜门大街小崇送来的"黑花"。它半长毛，黑头，身上有三块黑，白腿，长得壮硕雄伟，圆呼呼的，又名"浑子"。后来，他又养了一条名叫"乓子"的黑花狗。此后，王世襄就经常到城墙东北角内的空地上去溜狗、训狗，以达到生狗咬獾的目标。他与京城著名的养狗家荣三过从甚密，同时结识了小崇、白纸坊的聋李四、南苑的李宝宸、小红门的郑三等养狗家。公元 1933 年春分前几天，他在荣三的带领下第一次逛獾。他们在三间房一带用三天三夜的时间蹲守，最后取得了三条生狗咬回獾来的显赫战绩，在京城行家中传为佳话。公元 1934 年，王世襄就读燕京大学后，在王家园子朝南的十间花洞子拴狗，除了浑子、乓子，又添了青花雪儿，三条狗可自成一围了。养狗家荣三、小崇也搬到园子里来住。大学期间，他曾多次逛獾，战绩不凡。除了养狗，他还养鹰捉兔。初入燕京时，他曾在大沟巷鹰店花十多元买了一架醹豆黄和一只长相极好的老破花。公元 1936 年，他又在鹰店，以百金购得一架白色儿鹰子。一时养家争看，轰动京城。当年某日，他与朋友放鹰归来，还专门拍摄了一张头戴毡帽、脚扎绑腿、右手举鹰、左肩挂着野兔的十分豪爽的照片（图一八），足见当时的玩兴有多么高！

一八　好一身"燕市少年"的打扮！公元 1936 年的某日，王世
　　　襄架鹰捉兔归来，在燕京大学附近的王家园子里留下了这
　　　一志得意满的瞬间。

　　要知道，三心二意是很难应付燕京大学医预科的繁重学业的。
开心的结果是他在医预科中的数、理、化成绩均不及格。按校方的
规定，他不能继续学医。要么转学别科，要么退学回家。这时的王
世襄仍有些"执迷不悟"。他凭着聪慧的天资和书香门第的熏陶，

转入国文系，躲过了学业上的"一劫"。即使这样，有一次，刘盼遂先生上《文选》课，要求交作业，王世襄仍然"一本正经"地以《鸽铃赋》为题，撰成骈文一篇，可谓故态复萌。他曾在大学四年级以明人笔法"戏作"的《燕园景物略》中得意地写道："予来燕京四年，不惮霜雪，不避风雨，不分昼夜，每于人不游处游，人不至时至，期有会心，自悦而已。"玩得如此尽兴和别具一格，大学的生涯可见一斑。除此之外，他还与燕京大学东门外一家小饭馆的老板常三交上了朋友。此饭馆因价钱公道，菜肉新鲜，保质保量，同时擅长做一种"许地山饼"（即许地山先生从印度学来传授给此店的一种面点），在当时颇有名气。大凡燕京的同学都曾光顾过。王世襄周末偶尔也来此改善伙食，并特意在琉璃厂的书画店装裱了两副自撰的对联悬于店堂："葱屑灿黄金，西土传来称许饼。槐阴涤绿玉，东门相对是常家。""葛菜卢鸡，今有客夸长盛馆。潘鱼江豉，更无人问广和居。"公元1938年夏天，他轻松愉快地拿到了燕京大学文学本科的毕业文凭，而父亲让他学医的愿望也只好付诸东流了。

如果是这样下去，王世襄可能过得逍遥自在，但却不可能有更大的作为。他只能像京城中许多官宦与世家子弟一样，在碌碌无为中度过一生。命运在这时却发生了转折。公元1938年秋，他考入燕京大学研究院，成为一名三年制的研究生。如果像小学到大学那样，以玩为主，三年应该说是弹指一挥间。但是，对他爱护备至的慈母在公元1939年春天逝世了。这对已经25岁的王世襄而言，犹如晴天霹雳，其心灵受到了极大的震撼！他在后来的回忆中动情地说道："1939年母亲的去世，对我打击很大，觉得家里这么重视我的学习，我愧对他们。于是，我开始研究《画论》。燕京大学没有美术系，我在文学院做的算是跨学科题目，学校同意了，三年后获硕士学位。我一直到进研究院才开始认真念书。"猛然的"顿悟"与"开窍"，为王世襄的学业和成长开辟了一个崭新的天地，使他的人生也进入了更为成熟而理智的境界。爱玩的天性受到理性的约束，各类玩意儿被束之高阁。他凭借渊源深厚的家学和中西兼备的学识，以玩时养成的执著与专注，在学术研究领域内刻苦钻研，挥洒才情。一个新的王世襄出现在亲朋好友面前。

三年的学习与研究，王世襄是在充实与忙碌中度过的。公元1939 年至 1940 年，他结合捕鹰、驯鹰、放鹰的实际体验，在《华光》杂志上分三次连续发表了有关玩鹰的文章，显示出他从过去迷恋的玩意儿中收集素材，进而将这些京城的民俗提炼与升华的治学特征。公元 1940 年，他又在燕京大学研究院用英文发表了学术论文《关于姚最〈续画品〉中的一个错字》（图一九）。王世襄立志苦读后，最重要的变化是选择了自幼受母亲熏陶而颇感兴趣的中国古代绘画这一研究领域，以初生牛犊不怕虎的劲头，确定了一个十分难写的题目《中国画论研究》。不知他是在报答慈母的养育之恩，还是试图从古代艺术家言论中探寻中国绘画的发展轨迹。总之，他一如既往，在哲学、历史、艺术等诸多学科中博采众长，潜心研究，取得了一个又一个阶段性成果，并以《中国画论研究》（先秦

一九　公元 1940 年 5 月，王世襄在燕京大学研究院发表的一篇英文论文，体现出中西兼备的才华。

至宋代）的论文获得燕京大学文学硕士的学位。公元 1941 年春，哈佛燕京学社的委员们讨论派送研究生去哈佛深造的事宜。因为王世襄专心写作三年，玩物丧志的形象在师生中有所改变，所以有人提出燕京还没有研究美术史的，是否可以考虑送王世襄去哈佛攻读美术史博士。主持人洪煨莲先生立即发言。他说："王世襄资质不差，今后如专心治学，可以出成果。但他太贪玩，今后如何，是一个未知数。派送哈佛的名额有限，决不能把有限的名额押在未知数上。"一语定音，大家称是。几天后，洪先生与王世襄在校园相遇，特意告诉他开会的经过。王世襄心悦诚服地认为老师的决定是正确的，回家还禀告了父亲。他父亲说："我要是洪先生也会这样做的。"公元 1948 年，王世襄赴美国考察博物馆时曾去拜访洪先生。当时，他还没有著述奉献老师。此后整整过了三十多年，直到公元 1980 年，王世襄才有机会随同国家文物局主办的青铜器展览到了美国波斯顿。费正清夫人费慰梅开车送王世襄再次去看望洪先生。

二〇　王世襄立志苦读后在公元 1943 年完成的第一部学术力作《中国画论研究》（未定稿）

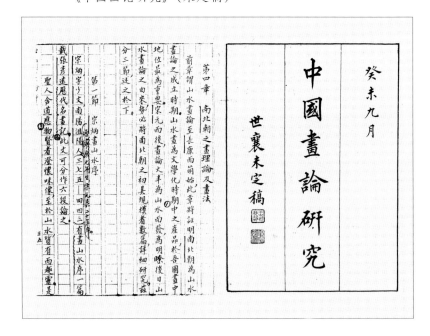

此时，王世襄仍很可怜，只有一本油印的《髹饰录解说》可以呈送老师。洪先生很愉快地向费慰梅说起当年反对送王世襄去哈佛的往事，还哈哈大笑地说："我没有说错，他不再贪玩，还是可以写出书来的。"

公元 1941 年 6 月，他研究生毕业时，心中早已构想好的《中国画论研究》一书仍未完成。离开燕京大学回家后，他在父亲的鼓励下，又用了近两年的时间，于公元 1943 年夏天，才最终写完《中国画论研究》（元、明、清）。此书洋洋洒洒，共约七十万言，前后历经五载。全书完成后，他与另外两位社会青年一道用毛笔抄写，线装成册（图二〇）。同年秋天，当他准备整装南下时，为保险起见，特意将书稿晒蓝复制一份留在家中，而将手稿随身携带。也许是他太看重这部书稿在人生转折中的意义，也许是他觉得太难表达对母亲的思念，也许是他想把这个题目做得更深更透，也许是时局的艰险还没有提供让此书出版问世的机遇。总之，王世襄对这部学术上的处女作始终不太满意，总觉得它还太幼稚，一直想修改，但由于种种原因又未能修改，从而使它在后来的岁月里被"尘封"了近六十年。尽管如此，从王世襄的成长历程来观察，正如作家李辉所评论的那样："撰写《画论》的过程，也就是王世襄真正完成未来道路选择的过程。处在沦陷区的北平，未来局势并不明朗，民族与个人的生存仍在危机之中，但学术性格既然形成，学术方向既然确定，像王世襄这样的文人就会义无反顾地往前走去。"

这里还应该着重提到的是，当王世襄"脱胎换骨"、埋头苦读、立志学术之时，他遇到了与自己志同道合、相濡以沫的终生伴侣袁荃猷同学。她在燕京大学教育系读书，比王世襄低几级（图二一）。公元 1940 年，袁荃猷为准备毕业论文拟编写一部中国绘画教材。因为没有合适的导师，教育系主任周学章先生就介绍袁荃猷去找王世襄，请他在研究之余指导教材的编写。共同的志趣，使他们两人心心相印。随后的五年，尽管有别离，有动荡，有曲折，王世襄却表现了在玩物与读书中那种特有的专注与执著。结识袁荃猷，应该说是王世襄求学燕京中极为浪漫的篇章。

三　到大后方去

（公元 1943～1945 年）

　　　　　　　　　　"辞家赴西蜀，营造结胜缘。"

　　　　　　　　　　"日寇竖降帜，重任负在肩。"

　　　　　　　　　　　　　　　　　——摘自畅安《大树图歌》

　　《中国画论研究》完成后，王世襄的父亲对他说："你已经到了自谋生活的年龄。北平沦陷，自然不能再呆下去。"他深思熟虑后决定到西南大后方去。事业的风帆应该从那里升起。

　　公元 1943 年 11 月，王世襄离别居住近三十年的北平，穿过皖北界首的日军封锁线，绕道河南、陕西，辗转到达四川。据他回忆："行程一两个月。我到成都燕京大学分校，校长梅贻琦留我当中国文学助教。我不愿意，到了重庆。"此时，已是公元 1943 年底。在这一段经历中，有三位前辈对他一生从事文物研究工作产生过极为重要的引导作用。

　　王世襄首先来到位于重庆南岸海棠溪的故宫博物院办事处，求见马衡院长，表达了献身文博事业的热切愿望。马衡，号叔平，著名金石学家，曾任北京大学教授，从公元 1933 起，到公元 1953 年止，一直担任故宫博物院院长。他与王世襄的父亲是南洋公学的同学，交谊甚深。王世襄说："记得我从小就知道有一位马老伯。他也曾几次对我说：'我是看你长大的。'故宫有外宾参观时，我父亲常被邀陪同接待，遇有外文函件，也曾代译并拟复。故宫古物南迁之前，马衡在北京期间，我父亲受聘为该院顾问。"马衡先生当即表示："青年人有此志愿的不多，值得欢迎。"因为当时正处在抗战期间，故宫南迁的文物都保存在四川乐山、峨眉山和贵州安顺的山洞里，文物的整理和研究无法正常进行，所以马衡院长答复王世襄："如愿在故宫工作，目前只能从事秘书之类的行政管理。"王世襄不愿坐在办公室里应酬，并把想法爽快地告诉了马衡先生。马先生痛快地说："那也好，将来故宫复原，肯定要增加人，那时你可参加。"应该说，从王世襄在重庆求见马衡先生那一刻起，他就与故宫结下了几十年事业与情感的不解之缘。他后来能够一度在故宫大展宏图，也与马衡先生的提携密不可分。对这位引路人，王世襄可谓终生不忘（图二二）。

二二　马衡先生像

　　离开故宫办事处，王世襄又来到重庆聚贤新村的中央研究院办事处，想求见历史语言研究所所长傅斯年。由于王世襄和傅先生素不相识，正在犹豫，恰好在办事处遇见了梁思成先生。梁先生的父亲梁启超是著名的维新派人士，也是王世襄伯祖王仁堪的门生。梁思成与王世襄的长兄王世富是清华同学，后来又同时留学美国。梁思成的大妹梁思娴是王世襄母亲金章的好友。他的外甥周同轼是王世襄在燕京大学的同学，两人还住过一间宿舍。王家与梁家可谓世交。他们两人尽管在北平时只见过几面，但在重庆相遇时，彼此却

二三　梁思成先生像

一见如故。在梁先生的介绍下，王世襄见到了傅斯年先生，并表达了想到历史语言研究所工作的愿望。他得到的回答直截了当："燕京大学出来的人根本不配进我们的史语所！"王世襄求职的希望落空了。就在这时，梁思成对王世襄说："你的志愿是搞美术史，如对古建筑有兴趣，可以到中国营造学社边学习边工作，职位是助理研究员。"面对傅斯年的冷遇，辗转求职的王世襄欣然接受了梁先生的召唤（图二三）。王世襄后来深情地说："思成先生长我十几岁，论世交是平辈，论学古建筑则是我的启蒙老师。"

提到营造学社，就不能不谈到它的创办人朱启钤先生。朱启

二四　朱启钤先生像

钤，号桂辛，民国初年曾任交通总长及内务总长。他政务虽忙，对
传统文化却十分重视，有提倡建树之功。正是在他的主张与筹划
下，在故宫武英殿成立了我国最早的艺术博物馆——古物陈列所。
公元 1919 年，他在南京江南图书馆发现了久已失传的《营造法式》
丁氏钞本。为研究这本当时无人能解的"天书"，他于公元 1929 年出资在北京中山公园创办了中国第一个专门研究古代建筑的机构——中国营造学社。他广揽贤才，聘请有志研究古建筑的梁思成、刘敦桢先生主持该社工作。王世襄的父亲与朱启钤先生有来往，母亲金章还为朱夫人画过一把金鱼的团扇。王世襄的大舅金城是朱先生的下属，曾参与筹备古物陈列所。进入营造学社后，王世襄对早有世交的朱桂老在中国传统文化上的贡献更加崇仰，并为他收藏和著述的热情深深地感染。此后，王世襄时常去拜谒朱桂老。作为王世襄学术发端的《髹饰录解说》，就是朱桂老授其古籍、嘱其完成的一项文化使命。正是从这个角度来评价，朱启钤先生对王世襄确有点石成金之功（图二四）。

公元 1944 年 1 月，王世襄跟随梁思成先生乘江轮来到长江上游，距离重庆 200 多公里，离宜宾城不远的李庄。尽管这是一个寂寞偏僻的川西小镇，抗战时却云集了许多著名的学术机构。例如，中央博物院、同济大学、历史语言研究所和营造学社等。漂泊异乡的王世襄在这个学者、图书资料相对集中的环境里，沐浴到了当时少有的学术氛围，感受到了心灵的充实与温暖。李庄，无疑是进入而立之年的王世襄在抗战环境里寻觅到的一个扬起事业风帆的新起点。

来到营造学社，当时社内的人员有梁思成的夫人林徽因，还有刘致平、莫宗江、卢绳、罗哲文等人。大家在极其艰苦的环境里仍然在孜孜以求地从事各自的研究工作。尤其是梁思成先生身患脊椎钙硬化，全靠铁架子支撑身躯，仍然坚持写作与研究。他们对事业的献身精神感染了王世襄。他开始从两个方面来研究古代建筑。一方面，他时常与营造学社的同仁一起进行野外调查。他在参加李庄唐家湾宋墓的考古调查后，撰文探讨了该墓的结构、雕饰等，并将图文发表在公元 1944 年 6 月出版的《中国营造学社汇刊》第七卷第一期。另一方面，他又尽可能地阅读有关建筑的古籍，对《营造法式》中的小木作和清代工匠则例中有关室内装修的条款颇感兴趣。他后来对明式家具长达半个世纪的搜集与研究，可以说从这时已经略有端倪。王世襄还利用业余时间，在油灯下用小楷认真抄录

二五　王世襄抄录母亲金章撰辑的《濠梁知乐集》(部分)

母亲金章编撰的画鱼专著《濠梁知乐集》四卷（图二五）。除此之外，他又翻译了费正清夫人费慰梅所写的有关山东武梁祠的文章，并把它刊登在《中国营造学社汇刊》。这一切，使他的学术视野更加开阔，从事文物研究的方向更加明确。

就在王世襄与营造学社的同仁在李庄艰苦求索之时，中国的抗日战争与世界的反法西斯战争已经露出了胜利的曙光。为了迎接即将来临的大反攻，公元 1944 年，国民政府的教育部在重庆专门成立了清理战时文物损失委员会（简称"清损会"）。由教育部次长杭立武担任主任委员，马衡、梁思成、李济等担任副主任委员。从这一年的下半年起，梁先生就常去重庆，主要是开列沦陷区内古建筑、石窟寺等重要文物的名单，编写鉴别文物的原则，并在地图上标明方位，准备印成中英文对照的手册，以备反攻时避免炮击或轰炸。由于王世襄懂英文，梁先生便让他负责校对中英文对照的《战区文物保存委员会文物目录》。他在校阅这份目录时，真切地感觉

戰區文物保存委員會

Chinese Commission for the Preservation of
Cultural Objects In War Areas

文物目錄 List of Monuments

第一號　建築與窟巖	No. 1 - Architecture & Cave Temples
附木博物，磚石塔，其他磚建築鑒別總原則	With General Principles for Identifying and Dating of Wooden Structures, Pagodas and Masonry Structures other than Pagodas.

民國三十四年五月刊　May 1945

二六　王世襄校对过的中英文对照的《战区文物保存委员会文
　　　物目录》

到研究古代文物与保护祖国文化遗产的紧密联系，意识到了自己的光荣使命和历史责任。此时此刻，他已不是个人的孤灯苦读，而是在为保护祖国的文化瑰宝而战斗。这份目录在抗战胜利前夕的公元1945年5月正式刊行，成为一份包含中国知识分子对祖国一片赤诚的珍贵的历史文献（图二六）。

随着抗战胜利的临近，清损会开始配备文物工作人员随军。梁思成问王世襄是否愿意前往。王世襄回答说："愿意去，最好是去北方，因为北方尤其是北平一带比较熟悉。"公元1945年8月，日寇投降，八年的浴血抗战终于赢得了胜利。林徽因告诉王世襄："梁先生来信说，由于局势急转直下，清损会正在选派人员去各地工作。"王世襄再也按捺不住胜利的喜悦和奔赴沦陷区工作的激情，给马衡、梁思成两位先生写了信。随后，他告别了共事约一年零八个月的营造学社的同事，于9月到达重庆。在马衡、梁思成两位副主任的引见和推荐下，王世襄见到了素不相识的杭立武主任。杭主任同意派王世襄到清损会平津区办公处工作。当时，重庆的教育部已派原故宫博物院文献馆馆长兼北京大学教授沈兼士先生任教育部特派员和清损会平津区代表。9月间，教育部在一次会上又公布唐兰和傅振伦先生为平津区副代表，王世襄为平津区助理代表。

终于盼到了抗战的胜利，久别故乡的人们都渴望尽快返家，王世襄也不例外。他除了肩负着重大使命，还惦念着家中的老父亲和离别近两年的袁荃猷。当时，飞机十分紧张，一般人即便坐轮船到武汉或上海，再转往北平，也要长期等候。一个偶然的机会，使王世襄离渝北上的日期得以提前。时任美国纽约大都会美术馆副馆长的翟荫来到重庆。他持有联合国文物保护组织的函件，向杭立武主任提出要求：希望到成都、西安、北平三地考察文物损失及保护情况，并盼望能有一个懂英文的人随行。清损会研究后认为派王世襄最合适。一是他英文熟练，又懂文物；二是他正待北上。公元1945年10月6日，他们两人搭乘美军的便机离开重庆，两小时后到达成都。6日至13日在成都，13日至20日在西安，20日至27日在上海，最后于27日从上海飞往北平。

　　掐指一算，王世襄阔别故乡正好两年。前年离开北平时，日寇的铁蹄正无情地践踏着这座古老而美丽的城市。此时，这座东方名城又重新回到了祖国母亲的怀抱。王世襄也从一位辗转求职的漂泊者，成为肩负重任的"接收大员"。大后方的两年，使王世襄的生活与事业之路发生了戏剧性的转折。

四 追寻国宝

（公元 1945～1947 年）

"辇入故宫阙，重宝累百千。

当年惭丧志，此差赎前愆。"

——摘自畅安《大树图歌》

　　战火熄灭了，漂泊结束了，王世襄又回到了他儿时嬉戏、年少求学、魂牵梦绕的北平。令他最为欣喜的除了与家人团聚，就是与相恋五年的袁荃猷于公元 1945 年冬喜结良缘（图二七）。此时，王世襄 31 岁，刚过而立之年。新婚的喜悦与事业上的扬帆起航，确实令他春风得意，踌躇满志（图二八）。当然，已经十分成熟的王

二七　公元 1945 年冬，王世襄与袁荃猷女士喜结良缘，成为
　　　终生伴侣。

二八　王世襄与袁荃猷婚后的生活甜蜜而温馨

世襄，并没有忘记肩负的重要使命。他很快就以极大的热情，开始
了卓有成效的工作。其间，尽管经历曲折，他却百折不挠，以自己
的胆识，完成了功勋卓著的国宝追寻任务。王世襄在回首自己走过
的人生征程时，对来之不易的十分丰硕的学术成果比较淡然，但对
这段为祖国索宝的经历和业绩却十分看重，将此誉为"自己一生中
所做的重大事情之一"，表达出对祖国文化遗产的挚爱和忠诚。

出身书香门第、经历战乱颠沛的王世襄，已把耳濡目染、自然天成的对文物的喜爱，升华为一种历史的责任。在渝期间，清损会将他们的职责界定为成立办事机构，查询文物损失，公私藏家开列失物清单，对日军及德国纳粹分子匿藏文物查获没收。离开重庆北上之前，马衡、梁思成先生均嘱咐再三。特别是梁先生还十分郑重地交给他一份正式刊行不到半年的《战区文物保存委员会文物目录》，希望他尽快了解平津一带古建筑的保存情况，并及时汇报。沈尹默先生因与王世襄的舅父金北楼有乡谊，故将王世襄亲切地视为子侄辈。他鼓励王世襄在沈兼士先生的领导下好好展开工作，并欣然在王世襄出示的扇面上题词两首以壮其行。路过成都时，王世襄拜访了居住在昭觉寺的张大千先生。当张先生得知他将参加文物清理工作时，立即另眼相看，给予热情的鼓励。他在王世襄随身携带的沈老书扇背面即席挥毫，不长的时间就把峨眉全景绘入尺幅之间，并题款道："畅安先生将之北平，因写此以赠其行，并请法教。"前辈大师的信任和嘱托，使这位年轻有为的后起之秀更加信心百倍。

回到北平的次日，王世襄就赶到位于东厂胡同的教育部特派员办公处，向清损会平津区代表沈兼士先生汇报清损会有关会议商定的事项与北上经过。沈先生嘱咐一切按商定的事项办理。因他的工作太忙，所以特别指示清损会的具体事务让王世襄代劳，可再找一两人帮忙。由于沈先生的介绍和马衡院长的信函，清损会平津区办公处设在了当时由故宫博物院管理的北海团城。

公元 1945 年 11 月，追寻国宝的工作正式展开。刚开始时，似乎一切都比较顺利。办公处地点确立，人员到位，公元 1945 年 12 月 17 日又在《华北日报》第二版刊登了通告，向社会各界明确了登记损失文物的地点和申请追寻的截止时间。时隔不久，有关机构和个人的申请函件及登记报表便纷纷寄到北海团城。王世襄在冷静分析寄来的有关报表后发现：其中可用作追寻文物依据的材料甚少，追寻工作并不那么容易。重要的文物单位，例如故宫，报损的文物只有室外的清代消防贮水铜缸。私人报损的大多是一般版本的

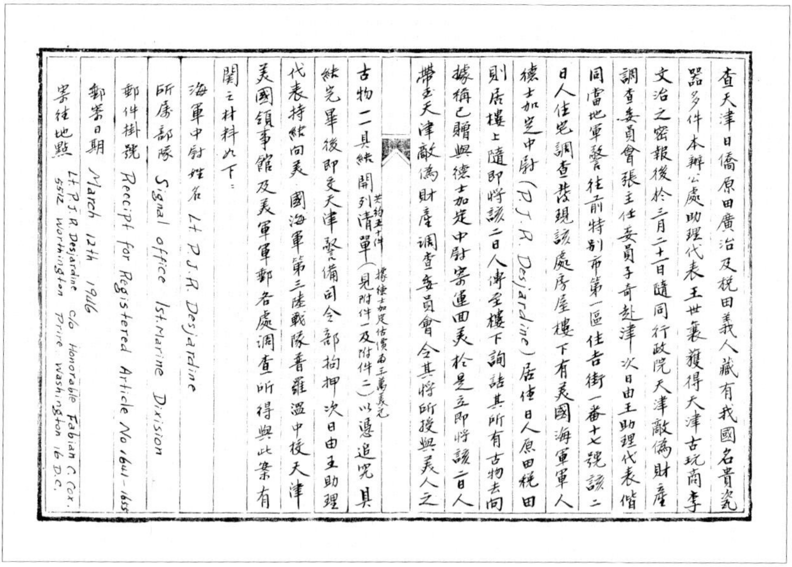

查天津日僑原田廣治及梲田義人藏有我國名貴瓷器多件本辦公處助理代表王世襄獲得天津古玩商李文治之密報後於三月二十日隨同行政院天津敵偽財產調查委員會張主任委員子奇赴津次日由王助理代表偕同當地軍警往前特別市第一區住吉街一番十七號該二日人住宅調查發現該處房屋樓下有美國海軍軍人德士加定中尉(P.J.R. Desjardine)居住日人原田梲田則居樓上隨即將該二日人傳至樓下詢詰其所有古物去向據稱已贈與德士加定中尉寄運回美於是立即將該二日人帶至天津敵偽財產調查委員會令其將所接與美人之古物二具(共約五十件 據德士加定估價為三萬美元)然開列清單(見附件一及附件二)以憑追究具然完畢後即交天津警備司令部拘押次日由王助理代表持然向美國海軍第三陸戰隊香羅溫中校天津美國領事館及美軍軍郵各處調查所得與此案有關之材料如下:

海軍中尉姓名 Lt P.J.R. Desjardine

所屬部隊 Signal office 1st. Marine Dixision

郵件掛號 Receipt for Registered Article No 1641-1655

郵寄日期 March 12th 1946

寄往地點 Lt P.J.R. Desjardine c/o Honorable Fabian C. Cox. 5512 Worthington Prire Washington 16 D.C.

二九 此为王世襄查到美军德士加定中尉非法接收天津日侨所藏我国名贵瓷器实据后向南京清理战时文物损失委员会所写的信函

多卷本图书，如《古今图书集成》、《二十四史》、《四部丛刊》之类。王世襄决定改变策略，把追寻重点放到清查日本人、德国人隐匿的文物上面。他的想法得到沈兼士先生的支持。他广泛走访北平城内的古玩商，打消他们的顾虑，宣传立功获奖的政策，由此获得了一些重要线索。公元 1946 年 2 月 25 日，王世襄在中山公园董事会设宴招待北平城内的四五十位比较知名的古玩商，请他们进一步提供对追寻文物有用的情况。方法得当，重点突破，从而使局面大为改观。

据王世襄撰文回忆，从公元 1945 年 11 月起，到 1946 年 9 月止，约在一年的时间内，他在平津地区经手清理的文物主要有以下六项：（一）没收德国人杨宁史青铜器二百四十件；（二）收购郭觯斋藏瓷二三百件；（三）追回美军德士嘉定少尉非法接受日本人的宋、元瓷器一批（图二九）；（四）抢救面临战火威胁的长春存素堂丝绣约二百件；（五）接收溥仪留在天津张园保险柜中的珍贵文物

三〇 战国宴乐渔猎攻战纹青铜壶

约一千八百件；（六）收回海关移交的德孚洋行的一批文物。以上他经办的六批文物，除了德士嘉定的瓷器在南京交接和存素堂丝绣的具体转交因他出国未能参加，其余四批文物的交接工作王世襄都参加了。应当指出的是，清损会平津区办公处及其人员所处的地位相当于联络员，具体的接收单位为故宫博物院。每批文物接收完毕，清损会平津区办公处都要会同故宫博物院写成报告，寄南京的清损会备案。此类报告，故宫留有副本，以便存档。

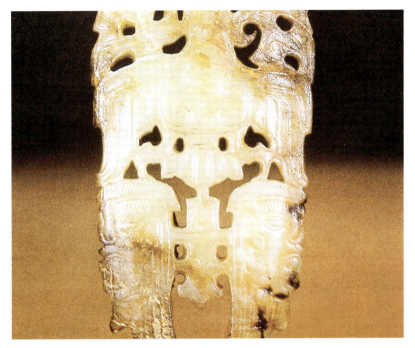

三一　商代鹰攫人头玉佩（局部）

　　大批文物的失而复得，使故宫博物院又增加了许多精品，其中
有不少还堪称"国之重宝"。如果以行家的眼光来审阅这六批文物
的清单，人们就会惊奇地发现：杨宁史交出的青铜器中，有战国时
代的宴乐渔猎攻战纹铜壶，极为形象地反映出两千多年前的社会生
活场景，价值连城（图三〇）；郭觯斋藏瓷中的宋瓷极为精美，像
清官窑古铜彩牺耳尊，当时连故宫都没有；长春存素堂丝绣，民国
前期为朱启钤先生搜集与收藏，制作时代自宋至清，约二百余件，
均著录于《存素堂丝绣录》，张学良用巨款收购后存于东北边业银
行，伪满洲国时将此定为"国宝"而名扬海内外；溥仪留在张园的
藏品，大多属细软一类，件头小，数量多，价值高，像商代的鹰攫
人头玉佩（图三一）、宋元时的四件书画手卷均是无上精品（图三
二～三四）。

　　谈起这些国宝的回归，每次追寻都有一段曲折而离奇的经历。
例如，在追寻德国人杨宁史所藏的青铜器时，就经历了一个十分曲

三二　宋代马和之《赤壁赋图卷》

三三　元代赵孟頫《秋郊饮马图卷》

三四　元代赵孟頫《老子像道德经卷》

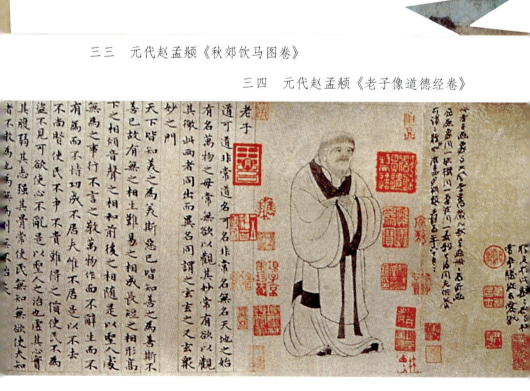

折而又颇具戏剧性的过程。王世襄从古玩商的嘴里得知，日伪统治时期河南等地出土的重要青铜器大多被德国人杨宁史买去。他决定顺藤摸瓜，亲自前往查看。公元1945年11月上旬的一天，王世襄来到位于东城干面胡同杨宁史经营的禅臣洋行，恰好看见一位外籍女秘书正在打一份青铜器目录。他拿过目录，声明是为查寻文物而来。女秘书说："这份目录是德国人罗越交给她打的。"碰巧，这个名叫罗越的德国人是辅仁大学教授，就住在芳嘉园王世襄家的东隔壁，他们早就认识。王世襄找到罗越，他承认目录是他编的，而器物为杨宁史所有。寻宝工作显露出一线希望。11月14日，王世襄与有关方面办好一切手续后，带着罗越，满怀希望地前往天津找到杨宁史。经过对质，杨承认有这批青铜器，但却诡称全部铜器均封存在当时已被九十四军占用的天津的住宅内，如果想要接收，请与军方接洽。由于军方不配合，王世襄只好于11月20日返回北平，追寻杨宁史铜器之事初次遇挫。此后，直至公元1945年底，王世襄又通过教育部特派员沈兼士先生，甚至是当时的教育部长朱家骅出面干涉，两次赴天津，仍无结果。这真是秀才遇到兵，有理说不清。公元1945年12月下旬，王世襄在多方努力而无效时，将此事面告朱桂老。过了几天，桂老电召王世襄去他家后说："宋子文今天将来看我，你立即写一份材料，陈述查寻杨铜的困难和郭葆昌藏瓷之重要，我将面交宋子文，你可在旁补充说明。"那天，宋子文这位国民党大员果然来到朱桂老家，问明缘由后，答应派人去办理。杨宁史在宋子文的直接干预下，被迫同意"呈献"这批文物，但条件是在故宫为他布置专门的陈列室。公元1946年1月22日，当时的行政院驻北平办公处派车，故宫派人，王世襄也在场，终于从北平台基厂外商的运输公司百利洋行，将这批珍贵的青铜器运到故宫御花园绛雪轩清点交接。事后得知，杨宁史早已将铜器送到托运公司，企图伺机外运。他对王世襄陈述的这批文物封存在天津军方占用的住宅内的说法，纯属谎言，意在增加中方索宝的困难。追寻国宝之难，由此可见一斑。

收购郭觯斋藏瓷也颇费了一番周折。王世襄在离开重庆回北平时，马衡先生曾专门嘱托他留意郭葆昌收藏的这批极为重要的瓷器，最好让他的家人将它们完整地归公家收藏才好。但是，如何化私为公，因要花费巨资收购，却是一个难题。郭葆昌，号觯斋，西城羊市大街古玩铺学徒出身，为人精明干练，曾为袁世凯烧制洪宪瓷和管理景德镇窑，因大量收购古瓷，故鉴定颇有心得，编有《觯斋瓷乘》二十册，堪称民国时最著名的陶瓷收藏家。郭氏于公元1935年前后逝世。他的藏瓷随后长期存放于北平中南银行的仓库内。为了得到这批瓷器，王世襄多方努力，正如上文所述，最后还是通过朱启钤先生找到宋子文，由他用10万美元"收购"，才在公元1946年2月20日至23日从郭葆昌的儿子郭昭俊手中点交给故宫博物院。

此后，王世襄于公元1946年7月又在驻平津美军的协助下，从溥仪留在天津张园的保险柜内顺利取回二十一匣珍贵文物，并连夜在故宫绛雪轩开匣、清点、造册、有关方面代表签名（图三五）

　　三五　取出天津张园溥仪保险柜内文物时，由中美各方会签的凭据。此纸有王世襄的亲笔签名。

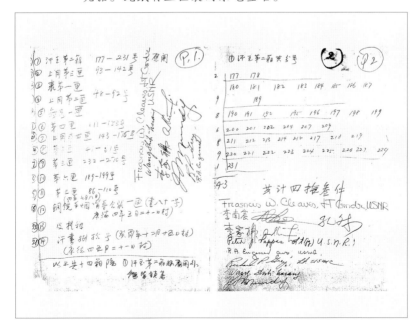

后送入故宫延禧宫库房。公元 1946 年 9 月，他又在各方合作下，从海关将扣留的德孚洋行的一批文物从东城本司胡同运往故宫御花园存放……王世襄忙碌着，从亲手点交的一批又一批文物瑰宝中，感受到了不辱使命的欣喜，领略了从事自己心爱的事业后那种特别的充实与舒畅。

公元 1946 年秋，沈兼士先生突然中风逝世，清损会平津区办公处改由马衡先生兼管。此时，追寻国宝的工作暂告一个段落。王世襄的工作精力开始转向他向往已久的故宫博物院。就在这前后，另一项重要的使命又逐步放在王世襄的肩上。这就是向日本交涉赔偿文物。早在公元 1946 年春，清损会秘书郭志嵩就从南京来函，要王世襄编一本在日本的中国重要文物的目录，注明名称、尺寸、藏处、藏者、材料来源等。他赶快从《现在日本支那名画目录》、《泉屋清赏》、《爽籁馆藏画》等书中辑录，让人抄写后送去。同年 9 月的一天，马衡院长对王世襄说："接南京清损会来信，准备派人去日本，交涉赔偿文物。因为你懂外文，打算派你去，不知愿意否？"王世襄当时考虑到追寻国宝的诸多事务以及正在接手的故宫古物科的工作，有些为难。但是，他又想到如果真正能从日本弄些我国的文物回来，也是值得的。于是，他答应快去快回。

公元 1946 年 10 月下旬，王世襄利用押运故宫文物参加《胜利后第一届文物展览》的机会来到南京。此次展览 11 月初举行，为期一周。展览结束后，王世襄参加了杭立武主持召开的有二十多人参加的清损会年会。各区汇报了一年来清理文物的情况和收获。大家讨论了去日本开展清理文物工作的步骤与方法，并将赴日的使命概括为三项：（一）从东京运回日寇公元 1941 年底侵占香港时掠去的中央图书馆的一批善本书；（二）向日本政府追查战争期间中国各地损失的公私文物的下落；（三）与日本政府进一步交涉，以期达到"以类赔偿"的目的。这次会议决定派王世襄为赴日专员，到中国驻日本代表团文化教育组工作。至此，他完成了清损会平津区助理代表的使命，又将东渡日本，开始另一段追寻国宝的历程。

王世襄从南京外交部领到赴日本的护照后，前往上海。他在中国驻日本代表团上海办事处的协助下，于公元1946年12月中旬飞抵日本东京羽田机场。当时，中国驻日本代表团的团长是朱世明，第四组的组长是张凤举，同在代表团的还有吴文藻、谢冰心、徐敦璋和吴半农先生。王世襄在日本进行了两个月的文物清理工作。

刚到东京不久，王世襄就了解到中央图书馆被掠到日本的善本书的一些情况。这批善本大多是抗战初期江浙、两广一带的藏书世家，如吴兴张氏适园、刘氏嘉业堂、金陵邓氏群碧楼、番禺沈氏等，为避战乱而放到上海旧书摊出售的旧藏珍籍。中央图书馆购得这批善本书后，大部分运至香港，准备装箱再寄存美国国会图书馆。不幸的是，这批书竟遇香港沦陷而被日本海军掠去。公元1946年，经过中国驻日本代表团查访，这批书终于被顾毓秀先生在东京市郊的帝国图书馆地下室及伊势原乡下发现，随即转存东京上野公园和驻日本代表团的住地。王世襄利用中央航空公司的专机回国的机会，把代表团住地的十余箱善本书先行运回了上海，随即开始向日本政府正式交涉。

出人意料的是，追偿工作并不顺利。问题主要出在联合国关于赔偿文物的条款与规定上面。其中要求必须确实能"证明"是抗战期间被日寇掠夺和盗窃的文物方能偿还；对战争中损失的文物要列举名称、年代、形状、尺寸和重量等，最好附照片；对掠夺的文物要开列原有人、原在何处、何时被掠夺；如被日军掠夺，则要说出番号……王世襄查阅完国内寄来的材料，可以说没有一份够得上这些"要求"。因为在国破家亡的危急时刻，在战火硝烟的恶劣环境下，又有谁能留下文物损失的完整材料呢？至于要中国人写明保密的日军番号，更是岂有此理。身为赴日专员的王世襄对如此苛刻的条款，自然十分气愤。他清楚地认识到：这些规定只对日本有利，对中国不利，而且已经到了偏袒庇护的程度。他不明白：作为战胜国的中国，为什么在外交上却是处于如此弱势的地位？究竟是谁让联合国作出这样荒唐的规定，从而为追查偿还中国文物设下了一道事实上不可逾越的障碍。他一方面大声疾呼，一方面竭尽所能向日本政府提出追寻中国文物的要求。但是，无数次努力均告失败，追寻的希望变得十分渺茫。

王世襄仍不死心。他继续向驻日代表团请示，准备向日本政府提出"以类赔偿"的要求。这就是日本侵略者劫夺的中国文物，原件已毁坏，或长期查不到下落，中国政府有权要求日本用同类或等价的文物来赔偿。令人不解的是，这个有充分理由的正义要求，在中方内部却产生了不同意见。有人认为：现在中方有求于联合国的事情太多，怎么可能在追还文物这个问题上斤斤计较呢？王世襄怎么也不明白：还有什么比追回祖国的文化瑰宝更重要的事情呢？确实，作为有满腔爱国热情的一介书生，对当时特定环境下的政治与外交是难知其奥秘的。也许只有时过境迁，历史才会做出公允的回答。

一再碰壁后，王世襄又想到在国内追寻德国人杨宁史青铜器的经历。他决定亲自到美国设在日本的管理调查文物的机构去了解一些中国文物的线索，从调查文物的下落入手，再提出偿还的要求。第一天前往该机构时，因两位负责人不在，下面的一位工作人员十分热情，带他去看了他们编好的日本所藏文物的卡片。可是，第二天的情况却突然发生了变化。这个机构的美方负责人要求正式约定，方能拜访。此后，实际上就拒绝了王世襄提出的要求。其目的明显是防止中国方面打听有关在日本的中国文物的线索。种种迹象表明，当时确有那么一些不怀好意的人，不愿意让中国在抗战中流失到日本的文物归还原主。这里面除了政治、外交的因素，某些个人的因素也发挥了作用。据说，当时美方机构的一位负责人战后不久便摇身一变，成了一名古玩商。

至此，王世襄感到凭借个人的力量，在当时的环境下，面对如此复杂的政治、外交和某些利益因素，再继续追偿更多的中国文物已经不可能。呆在此处，只能是空耗时日。他想到了战后亟待重新恢复的祖国，想到了自幼向往的故宫博物院的工作。呆在日本，应该说是轻松而自在的，这也是许多人梦寐以求的美差，但他的使命感却告诉他：应该回到祖国去扬起事业的风帆！公元1947年2月，他经过多方努力，克服重重困难，才把存放在东京上野公园内的中央图书馆的一百零七箱善本书，用汽车运到横滨码头，再用轮船运回上海，最终使这批经过战火洗礼的国宝完璧归赵。当时，到码头来接书的是郑振铎先生派来的谢辰生和孙家晋两位先生。

　　王世襄在完成运送善本书的最后一项使命后，旋即到南京的清损会复命，并马不停蹄地从上海坐船到天津，然后乘火车回到北平。此时，已是公元 1947 年 3 月初。王世襄为追寻国宝在国内外已经奔波忙碌了约四百五十个激动人心的日日夜夜。尽管当时他和周围的人也许并没有过多地看到这项工作的意义和价值，王世襄本人不仅没有因为这份历史功劳而受到彰扬，反而因其接收回大量文物而蒙受不白之冤达二十五年之久。但是，半个多世纪过后的今天，人们却越来越清楚地认识到王世襄当时的努力是如此的珍贵，他的工作成果蕴含了不可低估的历史与文化的价值。当时的王世襄急匆匆地从日本回来，可能什么也没有想就一头扎进了故宫的日常事务中。他奔忙着，因为他脑海里又有了一个美丽的梦。

五 梦中的博物馆

（公元 1947~1953 年）

　　"想想从抗战胜利后，我在故宫不搞研究，而去修库
房，做柜子，整理卡片和资料分类等基础工作，一心想搞
成一个现代的博物馆。"

——摘自畅安自述

　　当王世襄结束燕京大学研究院的三年苦读，完成人生的重大转
折以后，他就把自己未来的事业锁定在弘扬中华古老而优秀的文化
上。他情不自禁地把自己与京城中心的那座金碧辉煌的紫禁城联系

三六　北京故宫博物院全景

起来。当然，他梦寐以求的已不是那座旧时的皇宫和儿时常去玩耍的雄伟壮丽的宫殿。步入而立之年，王世襄的脑海里正在孕育一个美丽的梦。这个梦最初朦胧，日渐清晰。这就是要把父辈们已经创办起来的故宫博物院，建设成为一座巍然屹立于世界东方的第一流的博物馆（图三六）。

王世襄的梦，自然不是空穴来风。从他的家庭背景和文化传承来分析，王世襄的心灵深处早与故宫结下了不解之缘。仔细考察可见，王家在清朝为官三代，世居北京，紫禁城在他们心中的位置是不言而喻的。不过，处于晚清动荡环境内的王氏家族，又具有务实、维新、开放的特征。高祖王庆云官至封疆大吏，却十分注重时政。伯祖王仁堪为光绪初年状元，为官清廉，颇具新派思想，反对慈禧修颐和园，培养出维新派首领梁启超。父亲王继曾毕业于南洋公学，供职于清末民初的外交界，曾出使欧洲与南美，是走向世界的先行者。王家父辈们的这些品质已潜移默化地影响到王世襄对这座旧时皇宫未来蓝图的描绘。更为直接的感情因素是，民国初年，王世襄的大舅金城曾经跟随朱启钤先生，将清朝热河行宫的珍贵文物运至故宫前庭陈列，随后又参与筹办古物陈列所，开了将清宫文物供民众参观的先河。公元 1924 年冬，冯玉祥将溥仪驱逐出紫禁城后，故宫博物院于公元 1925 年 10 月正式成立。王世襄的父亲与曾任故宫博物院院长二十年的马衡先生是同学，交谊甚深，因外事之需，时常进出故宫，抗战之前还被聘为故宫博物院的顾问。这一切，使年少的王世襄能够在这座雄伟壮丽的宫殿内玩耍嬉戏，并在长大后十分自然地把故宫的发展视为己任。萦绕在王世襄脑海里的梦，实际上包含了父辈们多少的希冀（图三七）。

正是为了圆这个美丽的梦，王世襄在公元 1943 年 12 月到达重庆后，第一个求见的就是马衡院长。他真切地表达了献身故宫的志愿，只是由于战争环境而无法开展工作才未能如愿。抗战胜利后，他重新回到北平，朝夕工作在这座美丽宫殿旁边的北海团城，经常出入于故宫内外，并为故宫博物院奉献上一批批"国之重宝"。他想圆梦的心日益迫切。公元 1946 年 7 月 10 日，对王世襄来说是一

三七　蕴含了无数希望与梦想的故宫

个非常重要的日子。由于他热爱故宫，既懂文物，又精通英文，加上在追寻国宝，尤其是没收杨宁史青铜器和收购郭觯斋瓷器时的辛勤工作，他当之无愧地兼任了故宫博物院古物馆科长。尽管这时他的正式名义仍为清损会平津区助理代表，在故宫不领工资，但他却十分看重这个新的职务，经常去故宫工作。他心里明白，万丈高楼平地起，古物馆的工作正是建立一座具有现代意义的博物馆的最初平台。

理想与现实，往往存在着不依人的意志而转移的距离。献身于理想的人，都会坦然地面对现实，通过对生活与事业的不懈追求去实现理想。王世襄也不例外。当他走进故宫后，面对的是从日常点滴而细微的小事做起。据他回忆说："故宫博物院从成立之日起到抗战胜利虽已有二三十年，但频年战乱，没有也不可能做多少工作。有些宫殿，文物与非文物混杂在一起，甚至竟覆盖在尘土之下，使我产生自己被压在尘土下的感觉。至于分类编目和妥善保管，就更谈不到了。"为此，他在公元1946年的夏、秋之际，利用清损会工作之隙，以极大的热情组织人员开始着手故宫文物分类、藏品登记、卡片设计及修缮房屋、开辟库房、清理院落、制作储藏柜架等最基础的工作。同年10月，王世襄与故宫古物馆的人员一道，在景阳宫后院御书房布置了新入藏故宫的杨宁史铜器、郭觯斋瓷器两个专门的陈列室，使抗战结束后故宫的文物陈列工作开始步入正轨。

就在王世襄埋头工作，准备在故宫大显身手的时候，赴日本追偿文物的使命又落在他的肩上。是去？还是留？两项任务，同样的目的，都是为了保护祖国的文化遗产。对此，他都义不容辞。经过深思熟虑，他决定快去快回，不为个人的利益而在日本长期逗留。公元1946年12月，王世襄飞抵东京后，在向日本有关方面追偿中国流失文物已经无望的形势下，他多次主动向中国驻日本代表团提出回国的要求。当时，有人见到正在为运回中央图书馆的善本书而日夜奔波的王世襄，曾以讽刺的口吻说道："真没有见过你这样的人。你现在有清理文物的职务，正可借机会去日本各处观光观光。

给你时间，给你旅差费，何乐而不为？为什么偏要冒着风险急急忙
忙去运这批善本书呢？现在国内的人挤破头想到代表团来，而你却
忙着要回去，真是不可理解！"是的，常人是难于理解王世襄的想
法和行为的。只有他自己明白，这一切都是为了他心中的那个美丽
的梦，为了那座他已经终生相许的举世闻名的故宫。

公元 1947 年 3 月，王世襄从日本回到故宫。此时，他已经辞
去了清损会的职务和差事，可以全身心地投入到故宫的怀抱中。他
的兴趣、志向和工作岗位，从此水乳交融般地结合在一起了。王世
襄的心中是快乐的。他决心把梦想一步步地变成现实。面对百废待
兴的局面，应该从哪里入手呢？在马衡等老前辈的指导下，王世襄
与故宫的同事们一道，紧紧抓住保管与陈列这两个最基本的环节
（图三八）。为了把保管工作建立在真正科学的基础上，对收藏的每
件文物进行系统而规范的记录是必不可少的。为此，他准备对国宝
级文物《平复帖》进行著录方面的试点。当时，《平复帖》藏在著

三八　王世襄公元 1947 年拟定的前所未有的文物分类表，共
　　　有五十三类之多。

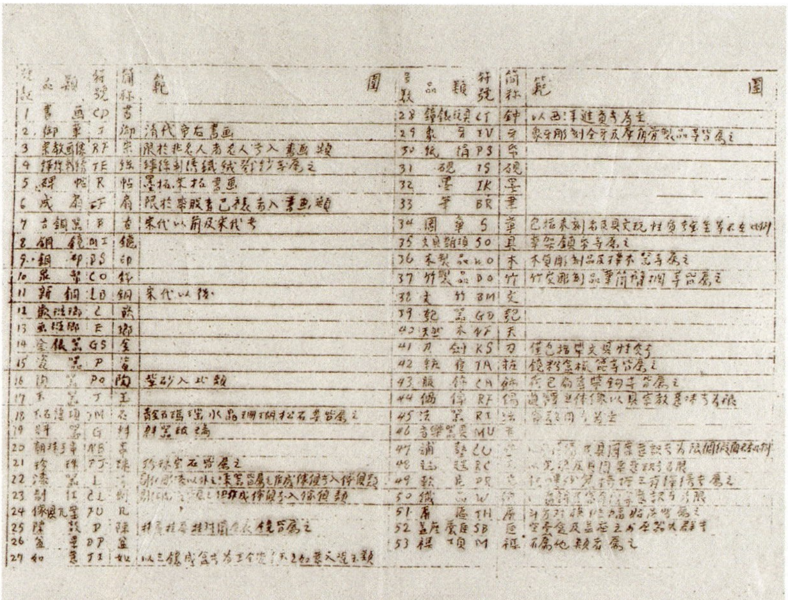

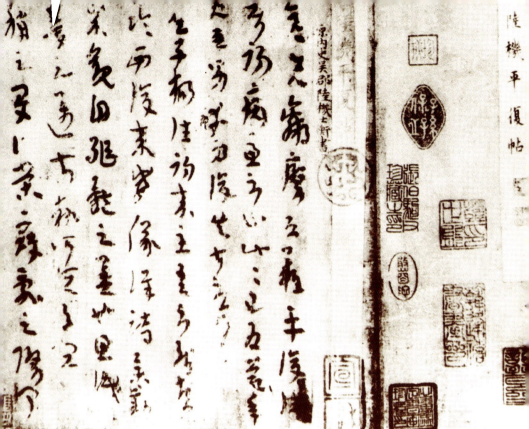

三九　西晋陆机《平复帖》

名收藏家张伯驹先生家里。王世襄选定这件书法作品，是因为除去
战国竹简、缯书和汉代木简，历代流传于世的法书墨迹，以西晋陆
机的《平复帖》为最早，且流传有绪，堪称稀世奇珍（图三九）。
作为晚辈，他登门拜访，并把自己的想法告诉了张先生，希望得到
支持。出乎王世襄意料的是，张先生不仅爽快地答应让他看，而且
还说："你一次次到我家来看《平复帖》太麻烦了，不如拿回家去
仔细地看。"被张先生视为"头目脑髓"的宝中之宝，就这样由王
世襄小心翼翼地捧回了家。面对大师的提携，王世襄感激万分。他
以虔诚的心态，经过一个多月的反复观察、仔细阅读和认真笔录，
才把《平复帖》上诸家观款，董其昌以下溥伟、傅沅叔、赵椿年等
家题跋，永瑆的《诒晋斋记》及诗等抄录完毕，并尽可能记下了历
代印章。其间，钤在帖本身之后的唐代鉴赏家殷浩的印记，方形朱
文，十分暗淡，只有"殷"字上半边和"浩"字右半隐约可辨。正
是经过这样仔细地著录，才终于完成了一份具备质地、尺寸、装

裱、引首、题签、本文、款识、印章、题跋、收藏印、前人著录、
有关文献等项目，并记有保存和流传经过的完整记录，从而为当时
故宫文物的整理与建档提供了范本。

　　他山之石，可以攻玉。在故宫实际工作一年多以后，王世襄深
切地感到：中国的文博事业源远流长，公私藏家历代不衰。但是，
近代博物馆的科学体系却发端于西方。从公元1905年清末著名实
业家张謇创办中国第一座具有近代意义的博物馆——南通博物苑算
起，时间仅有四十余年。由于历经战乱，中国文博界对博物馆的科
学理论与实践尚处在一知半解的感性认识阶段。只有走出去，在考
察与比较中才能看到自己的差距，进而迎头赶上。机遇往往提供给
有准备的人。公元1948年5月，美国洛克菲勒基金会提供故宫一
个去美国及加拿大考察博物馆一年的名额。马衡院长在衡量再三
后，决定派年富力强、熟悉文物、在故宫当时的职员中惟一不需要
过英语关的王世襄前往。为了心中的梦，王世襄于公元1948年夏
踏上了赴北美的行程。

　　他先后访问了美国纽约、波士顿、华盛顿、芝加哥、堪萨斯、
圣路易斯和加拿大等地的博物馆及美术馆，特别留意收藏有中国文
物的公私博物馆。王世襄拜访旧朋，结交新友，对各馆藏品考其形
制，追其源流，仔细欣赏，认真笔录（图四〇）。与此同时，他还
对博物馆建设和管理以及文物修复技术表示出极为浓厚的兴趣。公
元1948年9月，他来到加拿大的托朗多博物馆，利用三个星期的
时间，向该馆修整部的陶德先生学习壁画粘布托裱的方法。通过讲
授和实习，王世襄基本掌握了用麻布和木板来代替壁画背后泥层的
"脱胎换骨法"。他在华盛顿弗利尔美术馆，还潜心浏览了流传至此
的宋人摹顾恺之的《洛神赋图卷》、宋郭熙的《溪山秋霁图卷》、宋
龚开的《中山出游图卷》、元赵孟頫的《二羊图卷》、元吴镇的
《渔父图卷》等十余幅宋、元绘画精品。公元1948年冬，他专门用
了两个多月的时间，认真参观和仔细研究了波士顿美术馆的中国书
画作品，对唐阎立本《历代帝王像图卷》、五代董源《平林秋霁图
卷》、宋李成《雪山行旅图轴》、宋徽宗摹张萱《捣练图卷》、宋徽

甘澤滋城奈尔遜氏藝術館 (William Rockhill Nelson Gallery of Art, Kansas City, Missouri)

前言

奈氏藝術館成立迄今，不過十五六年，在美國博物館中也算是比較年淺的。因為他成立得晚，所以一切設備，非常之新。據稱全美博物館中通風濾塵冷熱防潮完全用機器控制，而且以種二方法利用電光來代替天然光者，除華盛頓的中央藝術館外 (National Gallery of Art Washington DC) 沒有可以與此館比擬的了。

奈氏藝術館搜羅物品的目標著重在藝術家最高的成就，所以重質而不重量。陳列的方法注重在如何能將某一藝術品的美點完全呈現出來，是以系統方面往三不能兼顧。他的宗旨可以說是徒藝術的，而不是文化史的。假如有人問美國的博物館中以那一處最具有近代科學設備，而其宗旨又是純藝術的，奈尔遜氏藝術館可以當之而無愧。

暑史

甘澤滋城明星報 (Kansas City Star) 創辨人奈尔遜氏因從事新聞事業而致富。他在遺囑中寫明將其所辨的報紙及一大部分的財產劃作基金，而以每年所生的利息作收購藝術品之用。他不願意這橋事受政治或地方人事的影響，所以他現定以甘澤滋 (Kansas) 米蘇里

一

四〇　公元 1948～1949 年，王世襄考察了美国、加拿大的十余座重要的博物馆，作了十分详细的记录。此为他的调查手稿《甘泽滋城奈尔逊氏艺术馆》(部分)。

一九四八到四九這一年中，筆者在美國考察博物館和閱讀他們所藏的中國畫，後面定就當時的讀筆記整理出來的一個很簡略的記載。由於受了時間和篇幅的限制，僅僅選了三十幾件元代以上的畫。收藏印記和題跋人的小傳，都來不及詳考，跋法也未能細說。希望以後有機會將在美所寓目較重要的中國畫，都詳細的著錄一下，連照片一齊印出來作成一個比較完整的紀錄。

記波斯頓美術館所藏七件

流到美國去的中國畫，實在已經太多了。後面所說的三十幾件中，許多都是有歷史藝術價值，甚至是唯一無二的罐質。美國所有的宋元畫，還不止這三十幾件，明清兩朝的作品，自然為數更多，這些珍貴而無法彌補的文化遺產，已經被人家拿去了，這是一件令人非常痛心的事，同時也是我們每一個做中國人的恥辱。

文物出口，雖有明令禁止，但直至目前的尚未能完全有效制止，這是一個極端嚴重的問題。我認為今後除了加強管制之外，唯有對於經營文物業的人，一方面予以教育和說服，使其能自覺自願的將重要文物保留在中國，一方面應當出合理的價值收購，否則是無法抵制美帝狡猾的利誘，偷運出口，還是會繼續下去的。

唐閻立本歷代帝王像圖卷

絹本設色無款。高五一.三公分，長五三一.〇公分，蓋自漢昭帝起至隋煬帝止帝王十三人。用筆古拙，線條的起迄轉折處，輕重頓挫沒有顯著的差別，還保持了一些頑愕之的筆法，所謂「春蠶吐絲，始終如一」的遺意。人物面貌很奇古，衣冠服飾及日用器物如扇輿等等，有許多可以幫助考證的地方。我國唐代的繪畫，敦煌保留下來了一大部份，但因敦煌遠在西北，那些甚未必出自京都諸家之

—— 67 ——

四一　新中国成立后，王世襄公开发表的第一篇文章《游美读画记》。

宗《五色鹦鹉图卷》、宋陈容《九龙图卷》等佳作留下了极为深刻的印象。公元1948年秋和1949年春，王世襄还两度前往纽约，在大都会美术馆等多家博物馆流连忘返……

故宫的实践，北美的考察，使王世襄有一种要使美梦成真的强烈冲动。他遥望东方，归心似箭。恰好就在王世襄赴美期间，北平于公元1949年初和平解放。面对正在孕育的新中国，王世襄作为一位对祖国充满深情的正直的中年知识分子，表示出由衷的喜悦。他从自己十分尊敬的马衡院长毅然留京而感受到了故宫的召唤。王世襄回忆说："1948年我获得美国洛克菲勒基金会的资助到美国考察。我在国外时几所大学请我去当助理教授，我没有考虑，还动员一个堂弟去学习文物保护。他是学化学的，我也动员他回来搞文物保护。"公元1949年8月，王世襄离开美国，转道香港，毫不犹豫地回到了已经解放的北平。此时，距离新中国成立已不到两个月。王世襄又重新回到故宫博物院的工作岗位上。他坚信新生的共和国，将会把自己的梦想变成现实。

新中国成立的最初两年，王世襄这位老北京的文化人，目睹新旧社会的巨大变化，尤其是社会各个领域焕发出的蓬勃生机，对党充满了崇高的敬意。人到中年、学贯中西、胸怀大志的王世襄，以忘我的工作热情投入到故宫的各项事务中，一心想把故宫博物院建设成为一座现代化的博物馆。工作之余，他还将考察美国、加拿大各博物馆时所作的读画笔记整理成《游美读画记》，发表于《文物参考资料》1950年第11期（图四一）。此文涉及流失到美国波士顿美术馆、华盛顿弗利尔美术馆、堪萨斯奈尔逊美术馆、纽约大都会美术馆、芝加哥美术馆、圣路易斯美术馆等处的三十六幅唐、宋、元时的绘画佳作，述其形制、内容、技术、风格和收藏源流，极具史料价值。天时、地利、人和，学识、志趣、身体，似乎一切有利于事业发展的因素与条件他都已经具备。王世襄准备在故宫这座心中的圣殿内大展宏图（图四二）。

天有不测风云，人有悲欢离合。王世襄在故宫干得正欢，却突然莫名其妙地遭受了一场政治运动的洗礼，度过了一段让他难以面

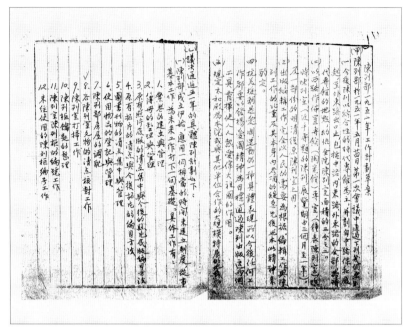

四二　王世襄拟定的故宫博物院陈列部1951年工作计划草案

对、又不得不面对的屈辱经历。想想王世襄抗战胜利后在北平文博界金戈铁马的辉煌历程，这真应了那句"乐极生悲"的老话！事情是这样的，公元1952年，国家各机关开展大规模的反贪污、反盗窃、反浪费的"三反"运动，由于他有抗战胜利后作为清损会平津区助理代表追回大量国宝的"特殊经历"，便自然成为故宫的重点审查对象，成了这场运动中要打的"大老虎"。有关办案人员主观地臆测道：作为"接收大员"，难道还有不贪污的？几十年后，王世襄痛苦地回忆道："'三反五反'时我在故宫，被关押到东岳庙。逼供信，穷追猛打，疲劳轰炸……在东岳庙我被关押了四个月，然后又关到公安局看守所，上手铐脚镣。在那里我被关了十个月，得了肺病。他们把北京所有的古玩铺查遍了，没有找到我的问题，家里的东西全抄走，也查明没有问题，后来才全部退还。我终于被放了，因为我确实清白无辜。"（图四三）无端的猜疑，不注意政策的逼供，长达一年多的拘禁，使王世襄的身心受到极大的摧残。尤其

四三　王世襄购买文物时
　　　都有十分详细的登
　　　记。此表记录了他
　　　公元1951年购买的
　　　部分文物，来源清
　　　晰，甚至有价款和
　　　评点。这些登记表
　　　"三反"运动中被
　　　取走，逐件查对，
　　　划"√"后发还。
　　　这是他清白无辜的
　　　明证。

四四　故宫博物院院长吴
　　　仲超签署的聘请王
　　　世襄为历代艺术专
　　　门委员的聘书

兹聘

王世襄 先生为 故宫博物院

历代艺术专门委员

故宫博物院 院长 吴仲超
　　　　　　　副院长 陈乔

一九五七年四月一日

是把他追回国宝的功劳反诬成盗宝，更使他清白的人生受到玷污。自身人格的被屈辱，使他一向高傲的内心极度痛苦，难以忍受。当历经磨难和证明其无辜后，王世襄本来盼望能够得到理解，得到公正的待遇，但是，历史的老人此时此刻却闭上了眼睛，命运给王世襄开了一个无情的玩笑。尽管审查结果是没有贪污盗窃问题，被释放回家的王世襄却接到了原单位的一纸通知：他已经被开除公职，令他去劳动局登记，自谋出路。苍天如此无情，王世襄真是万念俱灰！

事过境迁，作为后话，王世襄的故宫之梦几年后曾经出现过一丝转机。公元1956年，吴仲超出任故宫博物院院长。这位热爱文物的领导可谓知人善任。他通过文化部想把王世襄调回故宫，但此时的王世襄心有余悸，他工作的音乐研究所又坚决不放，所以没有调成。公元1957年4月，吴院长聘请王世襄为故宫博物院历代艺术专门委员（图四四）和文物修复委员会委员，并在御花园安排了中午休息的地方。当时，王世襄每周都到故宫协助工作，并曾向故宫推荐收购市上出现的明代家具精品。可惜好景不长。就在那年年底王世襄又被错划为"右派"，自然不便再去故宫，所谓委员也就不了了之……

心中的梦彻底破灭了。由于特定的历史环境所产生的社会氛围和一个又一个政治运动的冲击，故宫最终弃用了愿为它终生奉献的王世襄。这是对故宫充满深深眷恋的王世襄的悲哀。因为离开了心爱的故宫，失去了接触文物瑰宝的机会，他的壮志难酬，事业无基，前途难卜。这也是故宫的一种悲哀。因为它失去了一位自愿奉献、学贯中西、业务熟练、精力充沛、怀有振兴故宫远大志向的领军人物。历史有时慷慨，有时又如此吝啬。王世襄只能把那座描绘过无数次的理想中的博物馆深藏心底了。大喜大悲，这似乎已经预示了王世襄的一生！

六 化泪为苦学

（公元 1953~1962 年）

"苍天胡不仁？问天堪一哭！

欲哭泪已无，化泪为苦学。"

——摘自畅安《大树图歌》

　　人生的这次重大挫折，令王世襄刻骨铭心。时过境迁，当他已经是 80 岁的老翁时，还专门写过一首诗来描述那种悲愤至极的心情："人事不可知，无端系牢狱。只因缴获多，当道生疑窦。十月证无辜，无辜仍弃逐。苍天胡不仁？问天堪一哭！欲哭泪已无，化泪为苦学。"

　　在如此的屈辱面前，王世襄困惑，愤懑，丧气，欲哭无泪，甚至万念俱灰……好在他有一个温馨的家庭，有一位荣辱与共、相濡以沫的贤惠的妻子。知书达理的袁荃猷女士，在顺境与逆境时始终支持丈夫，理解他的追求，并对他的品德和才华深信不疑。她成为王世襄躲风避雨的最好的港湾（图四五）。坠入谷底的王世襄感到了生活的希望。理智使他做出了一个负有使命感的文化人的最佳选择："化泪为苦学"。

　　乐极生悲，因祸得福。人生的辩证法就是如此。公元 1953 年，王世襄离开故宫后在家养了一年的病。生活与事业的种种不幸，使他有可能静下心来，反思自己走过的人生道路，并对未来的发展做出符合实际的调整。公元 1954 年，他接受李元庆、杨荫浏所长的邀请，到中央音乐学院民族音乐研究所工作，开始了埋头苦读、整理古籍、实地考察的学术生涯。他想通过忘我工作来寻找慰藉，来证明自己，并重新找回自尊。

　　王世襄把研究的重点放在了与自己身份相适应的两个古籍整理的领域。首先，他供职于民族音乐研究所，自然可以利用自己对古代文物典籍比较熟悉的条件，在古代音乐的研究方面做些事情。从

四五　不管世事多么难以预料，王世襄的家总是温暖的。知书
　　　达理的妻子与他志趣相同，荣辱与共，一道度过了那些
　　　艰难的岁月……

公元1954年至1957年，他用三年的时间为人民音乐出版社编辑了
五册《中国古代音乐史参考图片》，向国内外热爱和研究中国古代
音乐史的读者与研究者提供了一套珍贵而形象的图片资料。其间，
他还着力研究了我国著名古曲《广陵散》以及战国以来两千年间与
它有关的文献，写成《古琴名曲广陵散》一文发表于公元1956年
4月的《人民音乐》杂志。随后，他又将此文修改补充，放在管平
湖先生用几年时间才发掘出来的《广陵散》曲谱前面，交由人民音
乐出版社于公元1958年出版了《广陵散》单行本（图四六）。公元
1956年9月，王世襄还在人民音乐出版社出版的《民族音乐研究

四六　王世襄参加编写的古琴专著《广陵散》，他担任考证此曲
　　　的流传经过。

四七　王世襄自费刻印的《髹饰录解说》

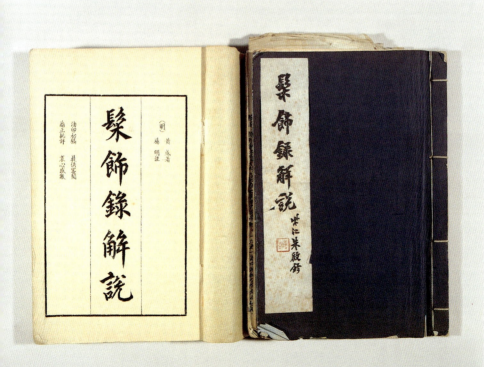

论文集》（第一集），发表了通过汉代词赋和画像砖石来考证当时流行的一种歌舞的《傅毅〈舞赋〉与般鼓舞》一文。上述成果体现出王世襄旁征博引、推陈出新的扎实功底。

其次，王世襄开始利用业余时间，全力以赴去完成从公元1949年冬天就开始的对我国仅存的一部古代漆工专著《髹饰录》的解说工作。《髹饰录》由明代黄成撰写，杨明注释，到公元20世纪上半叶只有孤本藏在日本，朱启钤先生几经周折录得副本后才得以刊印流传。公元1949年8月，王世襄从美国考察博物馆归来后，朱桂老亲授《髹饰录》。他郑重地说："你现在回到故宫工作，是个有利条件，应该下些工夫注释此书。"从此，王世襄就担负起这项学术使命。最初接触这部书，王世襄就发现：尽管《髹饰录》只有两卷，但名词、术语甚多，加之成书于三百多年前的明代，因此，这部书中提到的漆器究竟为哪一类，所讲的技法具体如何操作，它们现在如何称呼，对阅读它的人来讲都有云山雾罩的感觉。王世襄决定从观察实物、访求匠师和文献记载三方面入手，通过编辑索引找出其专门术语，然后拿上述三方面的材料与之对照印证，用"对号入座"的方法来求解今人能够明白的正确含义。建国之初，故宫编目、陈列、开辟库房等日常工作十分繁忙，王世襄只能利用工作间隙看些院藏漆器，增加感性认识，为解说此书做些准备。公元1953年，王世襄被剥夺了工作权力而在家养病之时，又开始着手这项工作。进入民族音乐研究所后，这项工作的进度明显加快。他一方面利用空隙到古董店、挂货铺、晓市、冷摊和收藏者的家里观摩实物，另一方面又遍访北京髹漆匠师。在王世襄的眼中，技艺最精、所知甚广、又乐于教人的是老漆工多宝臣师傅。王世襄向他执弟子礼，经常去他家请求讲述漆器的各种做法和具体的操作过程，有时也请多宝臣师傅来自己家里修补描金柜架等古代家具。后来，经他介绍，多师傅去了故宫，修复了不少文物。王世襄从中观察、记录，收获良多。为注释好《髹饰录》一书，他还十分注意搜集古代髹漆实物，尤其是可以看见胎骨层次的残缺的标本，仔细阅读朱桂老汇辑的《漆书》。公元1957年，他与夫人袁荃猷在《文物》当年第 7 期发表了《扬州名漆工卢葵生》一文，展示出他们在这方面卓有成效的工作。公元 1958 年，《髹饰录解说》初稿完成。迫于当时的特定环境，王世襄只好以王畅安的署名，自费刻印了二百部，分赠博物馆、图书馆、漆器厂及不吝赐教的师友。历时九载的《髹饰录解说》的问世，是王世襄学术生涯的重要奠基石（图四七）。在解说此书的过程中，王世襄广览实物（结交玩家、收藏博览），注重制作（寻访名师、细录口碑），旁征博引（遍阅典籍、详加考释）的治学"三部曲"已经初步形成。

除了埋头于古籍整理，王世襄还在公元 1956 年、1957 年两次被派到外地去考察。公元 1956 年 4 月底，他与民族音乐研究所的同志到了长沙，并和当地文化局的同志组成十八人的湖南音乐采访队。他们从 5 月 8 日至 6 月 25 日，历时五十天，跑遍湖南大半个省，调查四十四个点，接触到四百五十一种不同的音乐形式，搜集到的音乐材料大体可分为歌曲、风俗音乐、宗教音乐、歌舞、说唱、戏曲、器乐、其他共八类。王世襄漫游在民族音乐的海洋中，眼界大开。尤其是在湘南江华瑶族自治县的音乐采风，更使他感受颇深。公元 1956 年 11 月初，他在《光明日报》发表了《普查民族音乐的开端——记湖南音乐的普查工作》一文。公元 1957 年初，他似乎已经逐渐淡忘了自己的不幸，又热情洋溢地在当年第 3 期《旅行家》杂志发表了《我爱江华》一文。公元 1957 年 6 月下旬，王世襄又受音乐所的指派，前往郑州，与同事合作，利用十天的时间对河南信阳战国楚墓出土的乐器进行考察、测音和录音，并在《文物》1958 年第 1 期发表了《信阳战国楚墓出土乐器初步调查记》一文，总结了当时的工作成果。

不管发生了天大的事，人总要生活下去。这时的王世襄通过忘我的工作，好像已走出蒙受冤屈的阴影。他学术成果丰硕，工作热情高涨，家庭温暖，生活情趣也恢复如常。研究与收藏，成为他生活的主旋律。王世襄的书画情趣不时流露出来。他在公元 1957 年第 1 期的《文物参考资料》上发表了《西晋陆机〈平复帖〉流传考略》一文，在公元 1957 年第 1 期的《中国画》创刊号上发表了

《谈展子虔〈游春图〉》一文，显示出他自年轻时起就逐渐积累起来的画论功底。王世襄回忆起这段时间的生活时曾说："我本来就喜欢小文物，释放回家后，反而买得更多了。"虽然受经济能力的限制，王世襄当时只能买一些小的、破烂的旧家具等，但他却慧眼识金，乐此不疲，沉醉于自己的收藏天地里。他在近些年写的《捃古缘》一文中讲述了一段当时发生的十分有趣的收藏经历：公元20世纪50年代初，他在北京通州鼓楼北小巷一个回民老太太家中，看到一对黄花梨机凳，无束腰，直枨，四足外圆内方，用材粗硕，十分简练质朴。尽管藤编软屉残存不多，但总体上没有伤筋动骨。王世襄非常喜欢，便向老太太表示了购买之意。老太太说："我儿子要卖二十元，打鼓的只给十五元，所以未卖成。"王世襄掏出二十元急欲买下，可惜老太太家里当家的儿子直到天黑也没有回来。他只好骑车回家，准备两三天后再来。不料，两天后他却在东四牌楼挂货铺门口看见打鼓的王四坐在那对机凳上。他问多少钱，王四说："四十元"，翻了一倍。他因为没有带钱，故没有立刻买下，待取钱后再去，机凳已被红桥经营硬木材料的梁家兄弟买走了。自此以后，他每隔些天就去梁家一趟，希望他们能够转让。前后历时一年多，去了将近二十次，花了四百元才把这对机凳买到手，恰好是通州老太太要价的二十倍。痴迷如此，可见一斑。其中的苦与乐，也只有王世襄自己知道。除了业余时间自己收藏一些古代家具，他还对保护古代家具的问题十分关心。面对各地许多名贵的古代家具被拆散来做秤杆、算盘珠子等现实情况，王世襄大声疾呼，并在《文物》1957年第6期发表了《呼吁抢救古代家具》一文，体现出一位身处逆境的知识分子对祖国文化遗产的关爱之心。

公元1957年，对于王世襄来说，又是一个乐极生悲的年头。随着公元1956年党的"八大"提出以经济建设为中心的指导思想后，全国各项事业呈现出欣欣向荣的景象，文化界也出现了百花齐放、百家争鸣的繁荣局面。受到时代气息的感染，王世襄的情绪也为之一振。当时，他响应党的大鸣、大放的号召，真诚地想要帮助党整风。他十分中肯地提出了"三反"中不该没有确凿证据便长期

四八　物以类聚，人以群分。王世襄主动邀请画家黄
　　　苗子一家住进东城芳嘉园老宅。

拘押他，不应违反党的政策而采用"逼、供、信"，更不应该查明
他没有问题后仍然将他开除公职等意见，希望能够改正对他的不适
当的处理。提完意见后，他的心舒坦多了。就在这个时候，他居住
的东城芳嘉园老宅也热闹起来。先是艺术家黄苗子、郁风夫妇住进
了东厢房（图四八），随后艺术家张光宇一家也住进了西厢房。除
此之外，聂绀弩、启功、叶浅予、沈从文、张正宇、黄永玉等书画

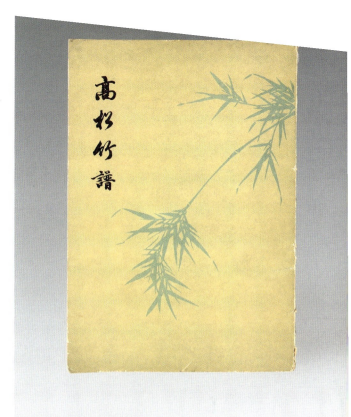

四九　王世襄年轻时
　　　临摹的明代《高
　　　松竹谱》

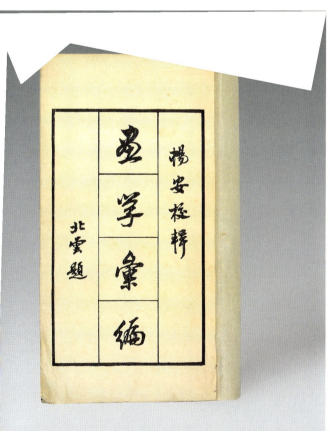

五〇　王世襄自
　　　费刻印的
　　　《画学汇
　　　编》

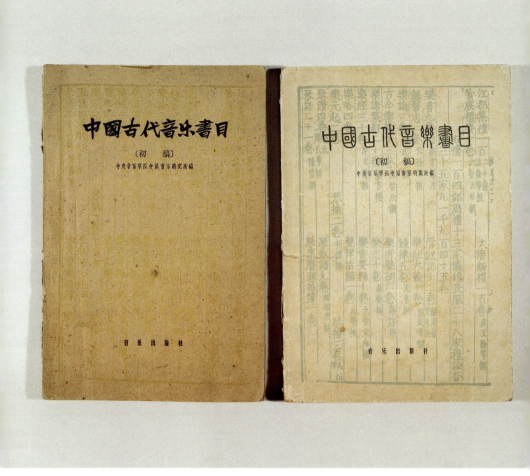

五一　王世襄编著的《中国古代音乐书目》

五二　公元 1961 年 11 月，王世襄有幸参加了朱启钤先生的九十
　　　岁庆典。此图前排居中为朱启钤先生，中排左五为梁思成
　　　先生，中排左一为王世襄。

畅安同志留念
九十叟朱启钤
持赠
一九六一·十二月日录
北京

家和作家也经常来往于此。他们说文谈艺，吟诗作画，海阔天空……尽管职业不同，但是大家的心灵相契，志趣相同。芳嘉园一时间成了京城文化人聚集的"世外桃源"。王世襄后来回忆道："我是个书呆子，从不问政治。我到西观音寺去看盛家伦。听说黄苗子他们正想找地方住，我说我有，到我这儿来。当时已经开始反右了，但我没有想到这些。这说明我这个人头脑简单。不过，物以类聚，其实没有别的什么。"正当芳嘉园高朋满座、"物以类聚"之时，反右的政治风暴席卷而来。王世襄因言得祸，堂堂正正的意见转而变成了新的"罪状"。他不幸又被错误地戴上了"右派"帽子，受到了人生的第二次重大打击。同院的黄苗子，还有启功等先生也都成了"右派"。热闹一时的芳嘉园重新沉寂下来。

面对新的不公正的待遇和歧视，王世襄没有了公元 1953 年"三反"后那种"万念俱灰"的绝望心情。因为他已经懂得了怎样面临挫折和打击，怎样在逆境中生存。"化泪为苦学"，又一次成为他治愈新创伤的一剂良药。他照常地埋头苦读，照常地撰文著述，照常地收藏古代家具与一些小玩意儿……他不是为环境和别人活着，他活在自己的天地里，他用心活着。默默无闻地耕耘，收获的当然是一串串硕果：公元 1958 年 5 月，他临摹、整理的《高松竹谱》由人民美术出版社出版（图四九）；公元 1959 年，他自费刻印了《画学汇编》（图五〇）、《雕刻集影》两本书稿；公元 1960 年，他撰写了《宋陈旸〈乐书〉——我国第一部音乐百科全书》一文；公元 1961 年，他编著的《中国古代音乐书目》由人民音乐出版社推出（图五一）……上述学术成果，无疑是王世襄"苦中作乐"的结果，是他向社会的真诚奉献。与此同时，王世襄也赢得了文博界前辈和许多有识之士发自内心的尊重（图五二）。

七　磨难岁月

（公元 1962～1978 年）

"风雨摧园蔬，根出茎半死，
昂首犹作花，誓结丰硕子！"

——摘自畅安《畦边偶成》

　　公元 1962 年，王世襄被摘掉"右派"帽子，调回文物部门工作。想到十年前的那段痛苦不堪的经历，面对当时特定的政治环境，他已经不敢奢望再回故宫去实现一直萦绕在脑海里的那个美丽的梦。国家文物局征求他的意见，王世襄选择了局直属的文物博物馆研究所。老老实实地做人，自得其乐地生活，这也许是他当时惟一的想法。

　　公元 1962 年至 1966 年，他的生活相对平静。由于回到了文博领域，王世襄把精力转到了他在营造学社时就培养起来的古建兴趣上。他首先把研究重点放在前两年已经开始的对清代匠作则例的汇编上面。他认为搞清楚清代部院衙署纂修的有关营建制造的各作工匠的成规定例，再结合实物与匠师经验，对研究清代建筑是至关重要的。为此，他先利用业余时间从北京图书馆、北京大学图书馆、故宫博物院图书馆、中国科学院图书馆、文物博物馆研究所等单位和自己的藏书中搜集到清代匠作则例七十多种，其中包括建筑和工艺美术的"作"（即工种）四十多个，估计有两三百万字。接着，他从七十多种则例中又辑录出漆作、油作、泥金作、佛作、门神作、石作、小木作、铁作、画作、铜作等十多项条款。为了示范，王世襄还将佛作、门神作汇编完成，专门作序来讲明意图，并于公元 1963 年 6 月自费刻印问世。同年秋，他向自己工作的文物博物馆研究所正式呈送了《清代匠作则例汇编》的编纂计划，拟将《汇编》全书编成十册，还打算对每作结合实物及做法详加注释与插图。他请求把这一研究专题列入自己的工作项目中，并得到了所里

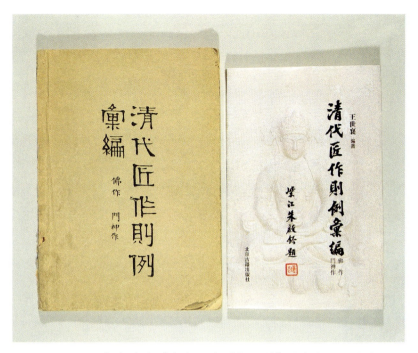

五三　王世襄编著的《清代匠作则例汇编》（佛作、门神作）

批准。正当王世襄准备铺开摊子来大干一场时，公元 1964 年的
"四清"运动，公元 1966 年开始的"文化大革命"，接踵而至，后
况如何，不言而喻。在随后的岁月里，由于种种原因，他没有把抗
战时从四川宜宾李庄的营造学社就已经开始的古建研究深入下去，
故常引为憾事！值得庆幸的是，公元 2000 年，河南大象出版社推
出了王世襄主编的《清代匠作则例汇编》（各处藏本影印丛书）。今
年，北京古籍出版社还要将他的《清代匠作则例汇编》（佛作、门
神作）正式出版（图五三）。这些应该是对他几十年努力的一个回
报，也可以让人们了解他在这方面的工作与思路。当然，这些都是
后话。

　　这一时期，山西永济的元代建筑永乐宫，因修水库整体搬迁到
芮城。王世襄在欣赏完永乐宫精美的元代壁画复制展览后，在《文
物》1963 年 8 期专文介绍了永乐宫纯阳殿、重阳殿的壁画（图五
四、五五）。公元 1965 年，他撰写了《赵州大石桥题记汇编》。摘

五四　山西芮城永乐宫纯阳殿元代壁画（游寒山寺）

五五　山西芮城永乐宫重阳殿元代壁画（局部）

了"右派"帽子的王世襄,刚刚回到熟悉的文博界,本希望埋头于古籍整理和文物研究中,能多过几天安心的日子,可是,席卷全国的急风暴雨般的政治运动,使他的希望又落空了。

公元1966年至1976年的"文化大革命",王世襄身为"黑五类"(即地、富、反、坏、右)中的一种人,遭受大字报、大批判等"革命"的洗礼是难以避免的。不过,作为一只已被揪出来十余年的"死老虎",王世襄已学会顺其自然地生活,学会了以平常的心态在不公正和遭受歧视的环境里度日。尽管他在轰轰烈烈的运动中被横扫到"阴暗"的角落,不能著书立说,也无书可读,但作为"另类",在那个群情激昂的年代却客观上成了被"革命"队伍排除在外的"局外人",并由此获得了被人冷落后苦中作乐的那份"自在",产生出那个特定年代才会有的哭笑不得的人生经历。

公元1966年,"文化大革命"的风暴席卷之初,王世襄耳闻目睹京城红卫兵"破四旧"的"壮举",已经预感到家里多年精心收藏起来的明式家具、佛像、铜器、鸽哨、古籍善本和自己的手稿,都会不容分辩地被划入"四旧"之列,并在随时可能发生的乱哄哄的抄家中遭受无情地毁坏。尤其是那些年幼无知的中学校的红卫兵更难弄清楚这些文物的珍贵价值。在他们的"革命"行动中,家中的心爱之物肯定会遭到灭顶之灾。既然无法抗拒这种疯狂,只好乐天安命地顺应,并使这种疯狂的代价尽可能少一些。王世襄被迫起来"自我革命"。他主动地跑到国家文物局,请接管国家文物局的大学的红卫兵前来"破四旧"和抄家。他从心里不愿意与这些朝夕相处的文物分离,但又不忍心看到它们毁在家里。身处当时那个特定的社会环境,将自己心爱的文物交给国家有关部门完好地保存,使后来的人还能够欣赏与传承,应该说是一种最为明智的选择。不知是什么提示了他,使他面对"浩劫"能够如此的理智。也许是抗战胜利后追寻国宝的经历在潜意识里暗示了他;也许是他历经磨难后遇乱不惊的机智帮助了他;也许是要让祖国文化传承不息的信念驱动了他……不管怎样,他"自我革命"的客观效果是非常好的。当时,从国家文物局来的红卫兵,文化修养还不错。他们知道这些文物的价值，抄家和搬运上车时都非常小心，并将其封存到了规定的地方。十余年后，当这场"浩劫"结束时，无数文化瑰宝荡然无存，王世襄却在落实党的政策时重新收回了绝大多数自己的心爱之物，使它们躲过了一劫。王世襄的"自我革命"之法，还影响了同院居住的黄苗子、郁风夫妇。他们效法王世襄，主动请所在单位的造反派来抄家，使家中珍藏的一大批善本、书画得以保存。"申请抄家"，在当今的人们看来，或许觉得如此荒诞而难以置信，但在当时却是如此的真实，真实得让当事人都觉得有些意外，事实上也取得了意想不到的效果。

　　"文化大革命"初期的风暴过后，各地稍显平静了一些。公元1969年，已经55岁的王世襄与国家文物局系统的一部分干部和职工一道，被下放到湖北咸宁的"五七"干校参加劳动锻炼。他在那里牧牛、放鸭、养猪、种菜、栽水稻……什么活都干过，什么苦也吃过。这时的他，除了头上那幅眼镜还透着一丝文化人的痕迹，从神态装束看上去，已经是一位地地道道的村野老夫（图五六）。早过了天命之年的王世襄，在领略了人生的悲欢后，显得更加从容而自信。据他回忆："'文革'中我肺病复发，且有空洞，发着烧来到咸宁干校。一天来到菜地，望着倒在地上的油菜花，做了一首小诗《畦边偶成》：'风雨摧园蔬，根出茎半死，昂首犹作花，誓结丰硕子！'"从这首以菜花为题、借物喻人、抒发壮志的诗中，人们可以看到年过半百、拖着病体、下放劳动的王世襄，身处是非颠倒的混乱环境，内心是多么坚强，信念是多么坚定，志向又是多么远大！在南方的田间干农活，扁担是必不可少的。王世襄也有一根心爱的扁担。劳动间隙，他总爱如同鉴赏古物一般来把玩自己的扁担，随口哼出了五首《扁担铭》："其一，与尔伍，三寒暑，向阳湖，学稼圃。其二，不作简，不为屏，肩头日日随吾行。其三，破粉节，留青筠，两端颤颤如有神。其四，海可填，山可夷，此君劲节不可移。其五，莫低莫昂，莫抑莫扬，平允正直，无往不臧。"这就是他始终保持着一位正直的文化人应有的气节，坚守自珍，没有自暴自弃，没有在那个动乱的年代浪费生命的原因所在。同时，《扁担

五六　王世襄牵着自己心爱的水牛，悠闲地走在湖北咸宁五七
　　　干校的田间地头。瞧，经过艰苦的磨炼，他的身体摆脱
　　　病魔而变得如此强壮，神态又是如此坦然而自信。

五七　画家张广为王世襄绘制的一幅水墨国画，真实地记录了
　　　他在湖北咸宁养牛时的音容笑貌。

铭》中也在喻示世人做事要公正、平直,不能忽左忽右,任意胡来,将国家推到崩溃的边缘。在干校的日子里,无论环境如何,劳动之余,他总是忙里偷闲,赋诗明志,撰文记趣,把自己的生活安排得津津有味。让他尤感欣慰的是,繁重的劳动,艰苦的生活,不仅没有压垮他,反而使困扰他近二十年的肺病居然不治而痊愈。身体的康复,给了王世襄极大的信心。在他看来,自己命大福大,没有理由不顽强而乐观地生活下去。乐极生悲,又因祸得福,人生的辩证法已经多次在王世襄大喜大悲的坎坷经历中得到了证实。

大难不死的王世襄,更加热爱生活,更加亲近自然。湖北咸宁位于长江以南的濒湖地区,山明水秀,气候炎热,好一派典型的南方田园风光。王世襄出生书香门第,自幼生活在京城,常居乡间的机会不多。三年来的干校生活,尽管劳动艰苦,生活清贫,但是也使他有机会全身心地投入到大自然的怀抱。王世襄在这里抚慰受伤的心灵,强壮患病的身躯,开阔生活的视野,满足好玩的天性,在苦中寻找到了应有的乐趣。他后来在一篇题为《百灵》的散文中动情地回忆道:"我被安排住在围湖造田的工棚里,放了两年牛。劳动之余,躺在堤坡上小憩,听到大自然中的百灵,妙音来自天际。极目层云,只见遥星一点,飘忽闪烁,运行无碍,鸣声却清晰而不间歇,总是一句重复上百十次,然后换一句又重复上百十次。如此半晌时刻,蓦地一抿翅,像流星一般下坠千百仞,直落草丛中。这时我也好像从九天韶乐中醒来,回到了人间,发现自己还是躺在草坡上,不禁嗒然若失。这片刻可以说是当时的最高享受,把什么抓'五·一六'等大字报上的乌七八糟语言忘个一干二净,真是快哉快哉!"

以如此物我两忘的心态来环顾四周,王世襄感到周围的山水,放养的牛、鸭、猪,都是那么亲切可爱,那么充满情趣,那么富有诗意。他感到的已不再是枯燥无味的劳作,而是妙趣横生的创造。他更加尽职尽责,成了养牛、放鸭、养猪的行家里手。他在咸宁牛棚里养了一条名叫"阿旋"的水牛,还产下一条活蹦乱跳的小牛犊(图五七)。王世襄用四首纪实风格的诗词,饶有趣味地描述了这一段真实的生活：其一，"阿旋爱吃长茭白，歪角偏耽匐地青。草味薰莸心渐识，牵来无不惬牛情。"其二，"日斜归牧且从容，缓步长堤任好风。我学村童君莫笑，倒骑牛背剥莲蓬。"其三，"架竹栽篱覆草茅，为牛生犊筑新牢。但求母健儿顽硕，慰我殷勤数日劳。"其四，"初生犊子方三日，已解奔腾放四蹄。他日何当挽犁耙，湖田耕遍向阳堤。"王世襄放的鸭子也颇为争气，下的鸭蛋有如小孩子的拳头那么大。他在诗中自豪地写道："浴罢春波浅草眠，又缘堤曲下湖田。往来莫笑蹒跚甚，生卵皆如稚子拳。"作为猪倌，王世襄谈古论今，妙想不断，更有一段不凡的战绩："夕阳芳草见游猪，妙句曾嗟旷古无。可惜诗人非牧竖，未谙驱叱兴何如。""池塘一片水浮莲，日日猪餐日日鲜。自笑当年缸里种，只知掬月照无眠。""版墙灯挂圈帷遮，为辟宵寒炭屡加。诘旦村童招手问，猪婆添了几多娃？""劝君莫笑养猪儿，送食倾浆景色奇。振鬣忽惊龙噀水，争槽似见象奔池。"

有了好的心情，劳动之余的生活就更加丰富多彩。王世襄在京城就有向三教九流的行家里手拜师学艺的习惯，到了乡下更是乐意向老乡求教。调查、采集、品尝野生蘑，成了他在咸宁干校时的一大乐趣。尤其是公元1971年以后，干校的戒律稍见松弛，他采蘑菇的劲头就更大了。经过了解和实地采集，他知道了当地的食用菌有长在树林里，呈绿色，其味甚佳，不易找到的绿豆菇；有呈黄色，味道稍差的黄豆菇；有体大色红，须经灶火熏才能吃的胭脂菇；还有味佳难得的冬至菇和丝茅菇。他从干校"四五二"高地进入湖区牧牛时，还在沟渠边上发现了一种呈紫色的平片蘑菇。起初，他不敢吃，后来请教同在干校的秦岭云先生后，才放心把它与鱼同煮，结果发现它味鲜质嫩，与众不同。除了采蘑菇，王世襄有时还跑到干校旁的西湖边上，向打鱼的老韩求教。咸宁的西湖，南北长百里，鱼场密布。湖边的专家湾，离干校住地约1.5公里，老韩一家世居于此。王世襄与老韩交往熟了，老韩打鱼有时就带着他。他们一般是"未曙出湖，日上而返"，并不影响一天的劳动。这件干校生活的乐事，也许触动了他儿时的玩兴，也许是他这段平淡生活中泛起的浪花。总之，它使王世襄感触颇深，专门写了十首题为《西湖观鱼》的诗词。其中开始的两首这样写道："西行斜月照人怀，三里村蹊独自来。拂面馨风浑欲醉，金银花正遍山开。""专家湾下是渔家，半住茅庐半泛槎。多谢打鱼将我去，顿时欢喜放心花。"在描述各种捕鱼的场景和方法后，最后的两首抒发了他在捕鱼中体会到的返老还童的喜悦和品尝佳肴时对远方相亲相爱的老伴的思念之情："斑斑白发我犹童，捉鸟张鱼兴尚浓。此夕中宵拚不寐，西湖学作老渔翁。""花鳜提归一尺长，清泉鸣釜竹烟香。和盐煮就鲜如许，只惜无由寄与尝。"

不能读书和著述、只好苦中作乐的干校生活，一晃就是三年半。王世襄他们不知这样的日子还有多久。他在一首即兴而成的诗中写道："春搴兰草秋芝草，朝唊团鱼暮鳜鱼。日日逍遥无一事，咸宁虽好却愁予！"身体已经恢复的王世襄，对干校中无数精英空耗时日、痛失岁月的现状极为忧虑和惆怅。他的心中时刻渴望着结束咸宁的这份"逍遥"。因为一个文化人，他的使命和事业毕竟不在这一片绿色的田野上。

扭曲的历史迟早会恢复如初，需要的只是无情而公正的时间。公元1973年夏，王世襄终于从咸宁五七干校回到了北京，回到了芳嘉园。有了朝夕相处的老伴，有了自己的小天地，他就是住在被黄苗子先生戏题为"移门好就橱当榻，仰屋常愁雨湿书"的"漏室"，也仍然感到充实而有意义（图五八）。公元1973年至1976年，"文化大革命"到了尾声。此时此刻，人们的狂热已经过去。他获得了相对"宽松"的生活和工作环境。在注意"影响"的前提下，他把工作的重点放到了《髹饰录解说》的修订上面。此书曾于公元1958年完成初稿，并刊刻油印问世。公元1962年，他回到文物部门后着手补充修订，直至"文化大革命"前夕。据王世襄回忆："1973年夏，我从咸宁干校回京，把《解说》又作了一次较大的修改补充。"为什么要这样一改再改呢？其中最为重要的原因是湖南长沙马王堆汉墓的发掘，尤其是大批精美漆器的出土，使王世襄大开眼界。他认识到："当代考古发掘报告、文物鉴赏文章有关

五八　"文化大革命"时期，只给王世襄在芳嘉园旧宅内留一间
　　　房。他身居这间以橱当榻的"漏室"，心情依然乐观，笑容依然是如此灿烂。

漆器的材料甚多。我们可以看到的唐代以上漆器远远多于黄大成、杨清仲。"出于责任感和使命感，他不再满足于已有的研究成果，他要超越自我。他在后来描述修订此书的过程时曾深有感慨地说："在那些年月里，我是多么想能外出采访，核实材料呀，可那是不可能的。拉上窗帘，围好灯罩，像做'贼'似的闭门写作，还生怕被发现扣上'白专道路'的帽子，开批判会。夫复何言！夫复何言！"

　　尽管有些恐惧，尽管感到压抑，但是发自心底的对中国传统文化的兴趣却难以抑制，几十年读书与写作的习惯难以改变。确实，王世襄如果没有了这些，他还能有什么呢？几十年来，他总是读啊，写啊！把玩中看到的写下来，把从匠师口中听到的记下来，把从古籍中读到的录下来，把从脑海中思考的展示出来……这是他从小到大、深入骨髓的一种生命的冲动。发表与否，出版与否，对他并不十分重要。事实上，由于特定的背景和身份，他65岁以前几乎没有正式出版过一本像样的学术专著，有的仅仅是一些零星发表的散篇文章、少得可怜的古籍整理类图书以及自费油印刊出的《髹饰录解说》、《画学汇编》和《清代匠作则例》（佛作、门神作）。他的大部分书稿都只能是束之高阁，压在箱底，尘封待刊。对王世襄来说，不停地思索，不停地写作，不停才是最重要的。就是报着这样的信念，他在"文化大革命"中始终没有停笔。就是在公元1976年初，"四人帮"最为嚣张的时候，他还在《文物》1976年第5期发表了《唐张嘉贞〈石桥铭序〉译注》一文，介绍了河北赵州桥上这篇不复存在的唐人所撰的《石桥铭序》，让人们了解到唐代初年赵州桥已有很高的声誉。王世襄舞文弄墨之心，于此可见一斑。

八　老树新花

（公元 1978 年至今）

"少年燕市称顽主，
老大京华辑逸文。"

——杨宪益题句

公元 1976 年，"文化大革命"结束。历经磨难的中国知识分子，都有一种获得重新解放的感觉。公元 1978 年，党的十一届三中全会以后，沐浴改革和开放的春风，祖国大地迎来了科学昌明的春天。王世襄的命运与国家的命运一样，有了历史性的转折。让他长期抬不起头的不白之冤得到昭雪，噩梦般的日子宣告结束。他成为国家文物局恢复职称评定后的第一批研究员，公元 1985 年 12 月又获得文化部颁发的"全国文物博物馆系统先进个人"的光荣称号（图五九），并连续被推举为第六届、第七届全国政协委员，近年来

五九　公元 1985 年 12
月，王世襄获得
文化部颁发的"全
国文物博物馆
系统先进个人"的
光荣称号。

六〇　噩梦醒来是春天，王世襄与老伴站在芳嘉园北屋窗前会
　　　心地笑了。他们终于赢得了尊重，可以理直气壮地开始
　　　自己的学习与研究了。

又被聘为全国文史馆馆员，赢得了很高的社会地位。他终于可以不
受任何歧视、理直气壮地开展自己的学术研究工作了（图六〇）。

　　这一天，王世襄盼望了许久。可是，这一天到来之时，王世襄
已经年逾花甲。就这个年龄而言，一般人看来，这已是退休享清福
的日子，最多也仅仅是临近黄昏的夕阳，放射出几缕灿烂的晚霞罢
了。可是，王世襄不这么想。他等得太久了，要做的事也太多了。
他用历经磨难后练就的强壮体魄为本钱，以学贯中西的学术底蕴和
埋头实干的行动，将来之不易的宝贵时光变成了他实现学术抱负的
一个又一个新起点（图六一）。随后的二十余年，王世襄老树开新
花，以一般学者难以企及的惊人速度，实现了他在"化泪为苦学"
时立下的"昂首犹作花，誓结丰硕子"的诺言。

　　站在新世纪的门槛，回首公元20世纪最后的二十年，王世襄

六一　老伴的一幅速写，真实地描绘了王世襄与时间赛跑，
　　　在"漏室"紧张工作的情景。

六二　王世襄著述
　　　的"全家福"

六三　袁荃猷创作
　　　的剪纸《大
　　　树图》,十分
　　　形象地概括
　　　出王世襄几
　　　十年的学术
　　　成果。

先生在文博研究的众多领域内可谓根深叶茂，硕果累累，令人目不暇接（图六二）。追寻其学术征程，梳理其研究成果，往往使人有一叶障目、难见森林的感慨！知夫莫如妻。与王世襄先生几十年同甘共苦、相濡以沫的老伴袁荃猷心有灵犀。她在王世襄八十寿辰之际，运用灵巧的双手，刻出一幅鲜红的剪纸《大树图》，简练而传神地概括出王世襄的学术成就。对此，王世襄喜爱有加，除了用心吟诵出一百三十六韵的《大树图歌》，还特意将这幅剪纸编选到自选集《锦灰堆》的卷首，以此作为世人按图索骥，了解他的学术成果的形象指南（图六三）。

按照《大树图》的分类，王世襄所涉及的收藏与研究领域有家具、漆器、竹刻、葫芦器、卷轴画、铜佛、蛐蛐罐、鸽哨、养鹰、养狗和美食等。将袁荃猷女士的形象刻画稍加归纳，人们就可以看到王世襄经过几十年不懈求索而构建起来的面貌清晰的治学体系。它们可以说是点面结合，以小见大，雅俗兼备，自然天成。有些研究领域非王世襄不能为，因而颇具王世襄的学术特征。下面拟从五个方面，对王世襄的治学成果加以阐述：（一）对明式家具的收藏与研究；（二）在古代髹饰领域的上下求索；（三）继承竹刻家学的再创造；（四）始终不曾忘情的书画与雕塑；（五）玩出来的"世纪绝学"。

（一）对明式家具的收藏与研究

对古代家具，尤其是对明式家具的收藏与研究，是最能体现王世襄文物研究成果的重要而典型的学术领域。王世襄曾这样谈到明式家具："约当公元 15 至 17 世纪之际，中国家具发展到了它的历史高峰。由于其制作年代历明入清，不受朝代的割裂，故一般称之为'明式家具'。这一时期的制品有很高的艺术价值，不仅为我国人士所喜爱，世界各国也十分重视。"

王世襄对古代家具的收藏与研究，始于公元 20 世纪 40 年代初期。当时，他在四川宜宾李庄读了《营造法式》和清代匠作则例，

对小木作及家具产生了兴趣。后来，他又读到德国人艾克
（G.Ecke）所著的《中国花梨家具图考》，在惊叹之余，暗暗立下
赶超的志向。历经时代变迁，收藏得失皆有，研究断断续续，但是
他乐此不疲，遇有铭心美器，不惜倾囊以求，困境中甚至以柜为
榻，兴趣始终不减。经过近四十年的不懈努力，王世襄搜集的明式
家具已达七十九件。其中的传世重器有明代宋牧仲紫檀大画案（图
六四）、明紫檀黑鬃面裹腿霸王枨画桌、明代黄花梨独板面心大平
头案（图六五）、明代紫檀牡丹纹扇面形南官帽大椅四具成堂（图
六六）、明代黄花梨圆后背交椅成对、明代黄花梨透雕麒麟纹圈椅
成对（图六七）、清前期绦环板围子紫檀罗汉床，其他的柜、架、
几、杌、镜台、滚凳等亦不乏精品。从他拥有的明式家具的数量、

六四　明代宋牧仲紫檀大画案。此案制作古朴，自晚清以来，
　　　一向被推为第一紫檀画案。

六五　明代黄花梨独面心大平头案。此案长达 3 米，面心用一
　　　块莹润如玉的整板装成，工良材美，在北京久为人知，
　　　是一件传世重器。

种类和价值来评价，堪称海内外最重要的明式家具收藏之一。公元
1978 年以后，王世襄首先在这个收藏甚丰、颇有心得的领域内开
始了文物研究的重大突破。他先后撰写了十余篇有分量的学术论
文，编著了几本颇有特色的明式家具图集，在海内外文物界产生了
广泛的影响，掀起了一股"明式家具热"，一举改变了长期存在的
"明式家具制作于国内，明式家具的研究与出版却在国外"的不正
常局面。

　　回顾近二十余年来王世襄家具研究的历程，人们可以看到一条
独特的学术研究之路。他首先采用自己十分熟悉的治学方法，广泛
接触个人珍藏和国内馆藏的明式家具的精品，进行比较研究。他除
了对家藏的明式家具进行考据、拍照和绘图（图六八～七〇），还
通过各类图书资料深入分析了故宫博物院等文博单位的家具藏品。
除此之外，他利用自己的社会关系，逐一拜访和观摩了公元20世

六六　明代紫檀牡丹纹扇面形南官帽椅。此椅四件一堂，尺寸
　　　硕大，堪称明前期紫檀家具的无上精品。

六七　明代黄花梨透雕麒麟纹圈椅。此椅成对，就艺术价值而言，
　　　在明代同类圈椅中堪称第一。

六八　王世襄收藏了许多珍贵的明式家具。为满足拍摄的需
　　　要，他必须脱鞋将家具放在背景纸上。这活儿既艰苦又
　　　要耐心。

纪前期京城家具收藏名家定兴觯斋郭世五（葆昌）、苍梧三秋阁关伯衡（冕钧）、萧山翼盦朱幼平（文均）和满族大收藏家庆小山等的珍品佳作。

公元 1979 年，他率先在《故宫博物院院刊》发表了《略谈明、清家具款识及作伪举例》一文，其中明确指出："有款识家具和其他文物一样，也有人作伪，而且是比较容易作伪的。因为家具款识经过镌刻，不像墨迹那样容易看出笔致的妍媸劲弱，更无从分辨墨色的沉浮古新；所依附的质地是木材不是纸绢，木材的新旧也比纸绢难分辨。所以有的家具款识虽为翻刻，和原件竟无大异。"在对家具的真伪经过多年的摸索和思考后，他总结道："一般说来，家具的使用者和题识者越有名越有人作伪；器物不大，越容易找到旧家具来混充原件的越容易作伪；器物硕大精美，越难找到相似的旧家具来混充原件的越难作伪。"他举例说："周公瑕是一位比较有名

六九　王世襄正在搬他的五足圆几

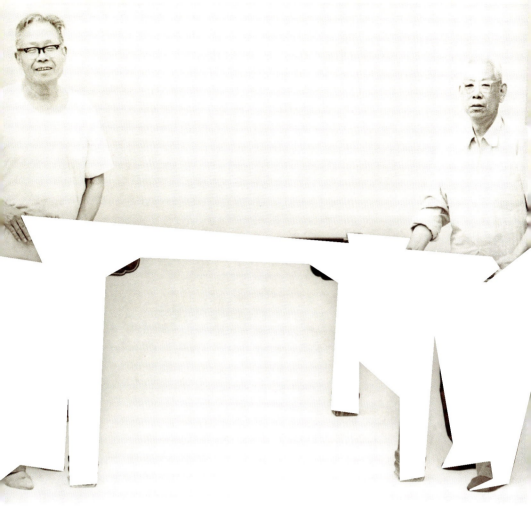

七〇　王世襄与祖连朋师傅站在背景纸上面组装明代宋牧仲紫檀大画案

的书画家，明式椅子并不很难得，所以容易有人作伪……紫檀大柜的定制者冯鹤庵可能是一个不知名的县知事，大柜不会因有他的题名而抬高身价，所以不致有人去作伪。宋牧仲大画案是一件重器，再找一件不容易，故难作伪。"此文慧眼独具，见解颇深，显示出他在这一研究领域的深厚功力。公元 1980 年 3 月，他又在这本院刊上发表了《〈鲁班经匠家镜〉家具条款初释》一文，追根溯源，从公元 1961 年国家文物局征集到的极为珍贵的明万历年间刊本《鲁班经匠家镜》辑录出家具条款五十二条、图式十九幅，对真正属于家具内容的三十五条进行录文、标点、校对、解词、释文、配图，使之成为明式家具研究必读的篇章，并为自己对明代家具的深入考证奠定了坚实的文献基础。有鉴于同属明式家具，并非件件都好，其中又有优与劣、美与丑之分，他还撰写了《明式家具的"品"与"病"》一文。他在此文中借鉴唐代司空表圣的《诗品二十四则》与梁代沈约论诗的"八病"之说，将"品"与"病"的评价方法，成功地运用于对明式家具艺术成就的品评之中，提出了不同凡响的一家之言。他认为："统计一下，得'品'十六。它们是：（一）简练，（二）淳朴，（三）厚拙，（四）凝重，（五）雄伟，（六）圆浑，（七）沉穆，（八）秾华，（九）文绮，（十）妍秀，（十一）劲挺，（十二）柔婉，（十三）空灵，（十四）玲珑，（十五）典雅，（十六）清新。得'病'八。它们是：（一）繁琐，（二）赘复，（三）臃肿，（四）滞郁，（五）纤巧，（六）悖谬，（七）失位，（八）俚俗。"

公元 1982 年，香港三联书店看到王世襄的多篇家具文章后，有意与文物出版社合作，请王世襄编写一本以明式家具为题的专著。王世襄兴奋地捧出经过三十多年辛勤耕耘而成的《明式家具研究》一书。香港三联书店比较了解社会需要和国际行情，认为《明式家具研究》虽内容丰富翔实，但过于专门。倘能先出一本全部彩图的欣赏价值多于研究价值的图录，必将更加受到欢迎。《明式家具研究》不妨稍后再出版。当时年近七旬的王世襄全力以赴，用了两年时间访求实物，延聘名匠，将家中所藏修饰整理，全部用彩片拍摄。同时，他还以广阔的视野，撰写了《明式家具概述》一文，胸有成竹地指出："我国起居方式，自古至今，可分为席地坐和垂足坐两大时期。席地坐，包括跪坐，都以席和床为起居中心。大约从商、周到汉、魏，没有太大的变化。所用家具都比较低矮……到了宋代，人们的起居已不再以床为中心，而移向地上，完全进入垂足高坐的时期，各种高形家具已初步定型。到了南宋，家具品种和形式已相当完备，工艺也日益精湛。我国家具在这个优良而深厚的基础上发展。至明代而呈放异彩，成为我国传统家具的黄金时代。这个高峰延续至清前期。"公元 1985 年 9 月，王世襄以这篇繁简适度而又面面俱到的文章为前言，以自己收藏的明式家具为基础，遵

七一 王世襄出席香港三联书店举行的《明式家具珍赏》首发式

循明至清前期的特定范围，编选了各类材质、造型、品种、结构和装饰的家具，并作了高屋建瓴的精彩点评，由此推出了题为《明式家具珍赏》的力作。这本精美的大型图录问世后，很快就受到大陆、港、澳、台和欧美热衷于中国传统文化的学术界、出版界以及收藏家们的广泛关注（图七一、七二）。此书从公元 1985 年至1988 年，共有香港与大陆合作出版的中文本、台湾中文本与盗印本以及英、美、泰国等不同出版社的英文本、法文本、德文本等九个版本与中外读者见面，成为中国改革、开放以来在海内外最具影响力的文物图集。《明式家具珍赏》一书与它所展示的文物一样，成了书家乐于珍藏的善本（图七三）。

就在《明式家具珍赏》一书轰动海内外之时，王世襄又日以继夜将《明式家具研究》一书补充完毕，并把老妻开了多年夜车才绘成的数百幅线图依次插入此书的上下两卷，还将从工匠口中和则例等古籍收集到的家具名词、术语一千多条依汉语拼音的次序编成一

七五　香港三联书店橱窗内《明式家具研究》及《明式家具珍
　　　赏》的宣传广告

七六　英译《明式家具珍赏》时，因为美国来的韩德乐女士不
　　　能阅读中文，所以王世襄每天用英语讲明书中内容、韩
　　　德乐夜晚回去写成英文译稿，故翻译的进度甚快。

七七　美国来的梅生先生英译《明式家具研究》时，王世襄与
　　　他同样采用了英译《明式家具珍赏》的方法。

七八　公元 1990 年 7 月，王世襄夫妇访美时向堪萨斯城奈尔逊
美术馆赠送《明式家具研究》（英文本）。

部名为《名词、术语简释》的小词典置于卷末。《明式家具研究》
由香港三联书店与台湾南天书局于公元 1989 年 6 月至 7 月在港、
台两地同时推出，随后又出版了英文本（图七四、七五）。此书在
大量实例、文献和经验的基础上，概括优劣，探索规律，提出独
见。书末所附的《名词、术语简释》更成为此后出版的所有中外有
关家具的文章和图书的依据，从而规范了传统家具的语言词汇。
《明式家具珍赏》和《明式家具研究》的先后问世，确实奠定了这
门学科的研究基础，故而被海外学者称为明式家具的"圣经"。

　　《明式家具珍赏》与《明式家具研究》的出版，使海内外人士
知道了王世襄，反过来，王世襄也据此将中国古代家具的研究成果
推向了世界（图七六、七七）。公元 1990 年夏秋之间，他应邀赴香
港及美国几个大城市参加《明式家具研究》英文本的首发式时（图
七八），就曾用英语宣讲了专题论文《谈几种明代家具的形成》（图

Philadelphia Museum of Art
Lectures

Friday, October 12, 1990
2:30 p.m.
Van Pelt Auditorium
free after Museum admission

ASPECTS OF CHINESE FURNITURE

presented by

Wang Shixiang
author of *Classic Chinese Furniture* and the forthcoming
Connoisseurship of Chinese Furniture

Wang Shixiang is a native of Fujian Province although most of his life has been spent in Beijing. Born into a distinguished family of scholars, public servants, diplomats and artists, he was educated at the Peking American School, entering Yenching University in 1934. In 1941 he received his master's degree and during the War of Resistance against Japan was an assistant fellow of the Society for the Study of Chinese Architecture in Chongqing under Liang Sicheng and was later transferred to work in the Palace Museum.

Wang was sent in 1948 to the United States and Canada for a year of study and museum inspection as a Rockefeller Foundation scholar. He returned to China on the eve of the establishment of the People's Republic of China, and became Head of the Exhibition Department of the Palace Museum in the new Chinese republic.

In 1953 Wang was falsely accused of wrongdoing which resulted in his departure from the Bureau of Relics. He continued his antiquarian research in other areas and after his exoneration in 1957 he wrote an article called *"Save the Ancient Furniture"*.

His interest in the art and craft of Chinese furniture through the ages led to his publication of *"Classic Chinese Furniture-Ming and Early Qing Dynasties"* which has subsequently been translated into French, German and English. A sister volume, *"Connoisseurship of Chinese Furniture"*, with 800 drawings and a glossary of more than 1,000 technical terms complements *"Classic Chinese Furniture"*. *"·Connoisseurship"* is now available in an English translation by Wang in collaboration with Lark Mason, Jr. The two publications represent the most definitive study of Chinese furniture from the Ming through the Qing Dynasties available today.

七九　美国费城美术馆张贴的邀请王世襄作学术报告的通知

八〇 公元 1990 年 10 月，王世襄在美国费城美术馆作有关家
具的学术报告。

41 Winthrop St, Cambridge, MASS
02138
January 2, 1991

Dear Shixiang,

Your two volume Connoisseurship of Chinese Furniture
was the most beautiful, spectacular and cherished of my Christmas
presents. Your kind friend delivered it to me a few days before.
I had no idea that you had been creating this extraordinary
presentation of your life work. And to have it available to the
outside world in English ....which must have been a mighty under-
taking in itself...is a gift to furniture lovers everywhere. That
includes joiners and cabinet-makers who never before heard of China !

Your wife's drawings are truly incredible, so many,
so detailed, so instructive. Plus her life-history in the field
of music, which I did not know before. In fact as you see I am
very very out of touch with you who were one of my earliest friends
in China. I do continue to regret that we did not meet when you were
here this autumn. I have always felt indebted to you for your
translation into Chinese of my Wu shrines article. That was many
years ago and I am now 81, indebted to you again for this treasured
gift. Because your beautiful book is dedicated to the memory
of Larry (how he would have cherished it) I am sending you a small
token, my obituary of Larry which is actually more a personal
celebration of his friendship when we first knew him in the 30s
and our admiration of his accomplishments through the years. I can
imagine how much you and he enjoyed sharing your enthusiasms in
your time at Kansas City so long ago.

John and I, both in our 80s, are not getting any younger
but keep busy. He is working on 3 books and I am revising my manuscript
on the lives of Sicheng and Wheiyin, hoping to find a publisher to
turn it into a book this year or next.

Affectionately and with many thanks

Wilma

八一　公元 1991 年 1 月，美国著名历史学家费正清的夫人费慰
梅用英文致信王世襄，盛赞《明式家具研究》，并回忆了
几十年前在宜宾李庄和重庆与老友相处的美好时光。

八二　公元 1990 年秋，王世襄夫妇为美国加利福尼亚州中国古
　　　典家具博物馆鉴定家具。

八三　王世襄正在为美国加利福尼亚州中国古典家具博物馆鉴定
　　　家具

八四　公元 1997 年，王世襄与夫人袁荃猷在上海博物馆的专门
　　　展厅参观他们收藏过的明式家具。

七九、八〇）。公元 1991 年 1 月，王世襄收到了老朋友费慰梅女士从海外寄来的一封热情洋溢的书信，其中谈到了她读到《明式家具研究》一书后兴奋而美好的感受（图八一）。同年 9 月，他还在香港中国古典家具国际座谈会上用英语宣读了《明式家具实例增补》一文，向海外汉学界阐述了明式家具深厚的文化底蕴。除此之外，王世襄从公元 1990 年秋至 1995 年还三次赴美国加利福尼亚州的中国古典家具博物馆，鉴定实物，指导陈列，受到热烈欢迎（图八二、八三）。

为使他喜爱的明式家具的研究能够延续下去，他除了著书撰文以及在海内外发表演讲，还以博大的胸怀提携后学，真诚地指导他们，希望这项事业后继有人。其中最突出的例子就是他与中年学者田家青的交往。当他感受到田家青对清代家具的浓厚兴趣和极大热情后，便在学术上给予他始终不渝地指导，从而促成了《清代家具》一书在香港的出版。他在特意为此书所写的序言中热情地谈道："这是第一部关于清代家具的学术专著，研究、著述从填补尚付阙如的空白开始，并能达到如此规模，值得赞贺！"他接着评述道："研究任何一门学问，持严肃的科学态度，十分必要。家青先生是学科学的，本书可以证明他把严肃的科学态度带到了家具研究中。列入附录的《紫檀与紫檀家具》一文，可以说是迄今所见对这一木材及其制品讲得最清楚、最实事求是、不模棱两可、不哗众取宠的一篇文章。他把实物观察、匠师经验、档案记录三者结合起来，再加上科学试验才写出来的。"这是对后学的充分肯定和公正评价，也是借此对自身研究方法的总结和阐述。

王世襄对明式家具的钟情难以言表，他所取得的学术成果也异常突出。正是以他的研究为标志，中国古典家具走出了传统玩家的狭小天地而步入科学的大雅之堂。难怪乎，时至今日，海内外文博界人士一提到王世襄，就会想到明式家具，就会想到他对明式家具研究的贡献。尽管如此，当他年事已高、无力再与明式家具须臾相伴的时候，仍毅然做出一个深思熟虑的抉择：这就是将他前后搜集、收藏达半个世纪的全部明式家具，化私为公，交由国家博物馆保管陈列。这对王世襄来说，既难舍难分，却又是十分明智的。他后来曾撰文详述过此事的经过："时上海博物馆新厦在修建中，机缘巧合，吾友庄贵仑先生正筹划用捐献文物、开辟展馆之方式报效国家，并借以纪念其先人志宸、志刚两先生昔年在沪创办民族工业之业绩。承蒙不弃，枉驾相商。喜其志愿，契合素旨；更感其为公解囊，不为私有。于襄则但祈可以所得易市巷一廛，垂暮之年，堪以终老，此外实无他求。故不计所藏之值，欣然将七十九件全部割爱。1993 年 2 月上海博物馆饬员来京，点收运沪。"王世襄与明式家具的情缘，终于画上了圆满的句号（图八四）。

（二）在古代髹饰领域的上下求索

对中国古代漆器源流和形制的精辟阐述，是王世襄几十年学术研究中始终未曾放松的极为重要的工作，同时也充分展示了他以古代典籍的考释为出发点，密切结合传世与出土文物，辅以匠师世袭相传的口碑与示范操作而形成的"三位一体"的治学风格（图八五）。

王世襄对古代漆器的研究，开始于对明代漆工专著《髹饰录》的解说。此书由明代黄成撰，杨明注。它的现行本是根据我国古建筑、髹漆、丝绣等学术研究领域的奠基人朱启钤先生几经周折从日本得到的孤本副件而刊印的。其学术价值与古建经典《营造法式》相同。公元 1949 年秋，当王世襄从美国考察博物馆归来后去拜谒朱启钤先生时，便接受了这项光荣而艰巨的学术使命。他后来在追忆这个过程时曾题诗自述道："蠖公（即朱启钤）授漆经，命笺《髹饰录》。两集分乾坤，字句读往复。为系物与名，古器广求索。为明工与艺，求师示操。始自捎当灰，迄于洒金箔。款彩陷丹青，犀皮灿斑驳。更运剔厥刀，分层剔朱绿。十载初稿成，公命幸未辱。"限于当时的环境与条件，王世襄的第一部学术力作《髹饰录解说》在公元 1958 年未能正式出版，而是以自费油印本的形式少量流传于世。此后的二十五年，他并未满足于已经取得的研究成果，而是以文献与实物相印证，口碑与实际操作相结合，不断完善

八五　王世襄几十年来在中国古代漆器园地辛勤耕耘，成果非
　　　凡。此为他公元 20 世纪 90 年代初在美国博物馆库房内
　　　鉴定漆器的情景。

自己的解说。其中公元 1963 年至 1966 年、公元 1973 年至 1979 年
对此书做过两次重大修订。公元 1983 年，此书由文物出版社正式
出版，成为国内外学者研究中国古代漆器必备的工具书。学术研究
没有止境。关于此书最新的一次修订，完成于公元 1998 年。他把
何豪亮教授对《髹饰录解说》提出的九十多条意见，全部收入修订
本中，并表示衷心的感谢！这说明他在学术上既虚心接受别人的正
确意见，又决不掠人之美。当人们回首王世襄在近半个世纪的时间
内反复解说《髹饰录》的学术历程时，既为此书的学术水平所深深
折服，又为它经历的曲折的出版命运而扼腕叹息，从中也看到了王
世襄独辟蹊径、锲而不舍、严谨求实的治学风范。翻阅《髹饰录解
说》一书，人们就不难理解，为什么王世襄能够在中国古代漆器的

研究园地内培育出根深叶茂的学术之树了（图八六）。

在深入浅出的解说《髹饰录》的同时，王世襄把目光放到了追寻中国古代漆器的发展脉络上面。"文化大革命"结束后，他很快恢复了对古代漆器的研究工作。公元 1979 年，他在《文物》当年第 3 期发表了《中国古代漆工杂述》一文，着重论述了以下三个方面的问题：（一）我国漆器最早出现于何时；（二）关于髹饰用油；（三）几种髹饰工艺的早期形态。他在谈到漆器出现的时间时，列举了公元 1978 年刚从浙江余姚河姆渡新石器时代遗址发现的一个距今已有七千年的朱漆木碗，并信心十足地推断："我国商代已有

八六　王世襄所著《髹饰录解说》的三个版本（从左至右：公元 1958 年自费刻印本、公元 1983 年文物出版社初版本、公元 1998 年文物出版社再版本）

八七　这是迄今所知我国最早的一件漆器。从这件距今已有七
　　　千年的朱漆木碗上，王世襄看到了中国古代漆器起源的
　　　一缕曙光……

高度文饰的漆器。在此之前，漆器肯定已经经历了一个相当长的发
展阶段，我们相信它最早出现于原始社会。实物材料近年已有所发
现。"这应该是当时有关漆器产生于何时的十分及时而权威的论断
（图八七）。公元 1983 年，他又在《福建工艺美术》第 2 期发表了
《中国古代髹饰工艺与当代漆画》一文，从古今两个方面简明扼要
地勾勒出漆工艺的演变轨迹。这两篇文章的发表与《髹饰录解说》
的正式出版，拉开了他追溯中国古代漆器源流和编著大型漆器图录
的序幕。

　　公元 1985 年 10 月，王世襄参加编选的《故宫博物院藏雕漆》
一书由文物出版社正式出版（图八八）。他在这本大型图录中对自己
十分熟悉的故宫所藏雕漆进行了重点研究，亲自撰写了元、明部分
的二百六十六条图版说明。在这些简短的说明中，人们仍然可以看
到王世襄渊博的学识、深厚的功底和精彩的点评。例如，他在评点

故宫博物院藏雕漆

八八　王世襄参加编选的《故宫博物院藏雕漆》

元代著名漆工张成所造的剔红栀子纹盘时，简单明确地写道："栀子纹肥腴圆润，布满全盘。盘正中刻一朵盛开的双瓣栀子花，旁刻四朵含苞微绽，枝叶舒卷自如。空隙处露黄色漆地，不施锦纹，是《髹饰录》所谓'繁文素地'的雕法。背面雕香草纹，足内有'张成造'针划款。"他在辨识元代另一位漆工杨茂所造的剔红观瀑图八方盘时，果断而自信地说："盘心雕殿阁长松，老人面对栏外石上流泉。天、水和地，都用锦地刻成。这种处理方法，也被用作永乐时的剔红花纹。盘边刻以仰俯花朵组成的图案。足内有'大明宣德年制'款，系后刻。足边的'杨茂造'针划款尚隐约可见。"他在考证一件元代的剔犀云纹盘时，慧眼独具地判断道："黑漆中露朱色漆层，是《髹饰录》所谓的'乌间朱线'的做法。盘底正中刀刻填金'乾隆年制'四字款。但通体漆色沉穆，而足内黑漆浮躁，可知乾隆款为重髹后所刻。安徽省博物馆藏有张成造剔犀盒（图八九），曾取对比，不仅漆色相同，刀工图案亦如出一手，故现定此盘为元代制品。"（图九〇）每条百余字的说明，看似平常无奇，其实包含了他对每件器物的无数次观摩、长期的积累和去伪存真的勇气。

公元1987年12月，王世襄编著的八开精装本图录《中国古代漆器》问世。此书由文物出版社与外文出版社同时推出中、英文两种版本（图九一）。这是当时国内第一部系统展示中国古代漆器源流的大型图录。它是在《髹饰录解说》未刊图版的基础上充实而成，填补了这方面的学术空白，为研究者提供了十分珍贵的形象资料。公元1989年7月，王世襄又领衔主编《中国美术全集·漆器》一书，向国内外学术界第一次全面展示了中国古代漆器研究的整体水平。这是在《中国古代漆器》基础上，具有全新意义的突破。他联络和协调全国文博单位有关漆器方面的研究人员，以广阔的视野，编选国内外所藏的中国古代漆器的精品二百余件，对中国古代漆器的源流和特色有了更加深入而全面的研究和展示。尤其是此书的概论，体现出王世襄对中国古代漆工艺发展脉络最为全面的认识。他在这篇四万余字的文章中，洋洋洒洒，以艺术史家的眼光，遵循中国古代历史发展的基本线索和漆工艺演变的特殊规律，第一次明确地把

八九　安徽省博物馆藏元代张成造剔犀云纹漆盒

九〇　北京故宫博物院藏元代剔犀云纹漆盘

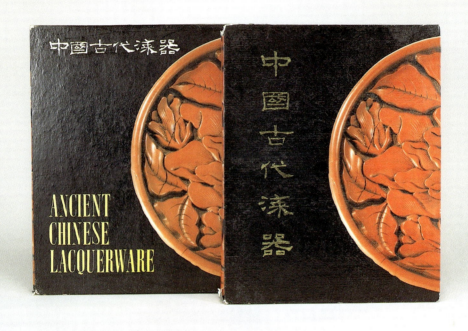

九一　王世襄编著的《中国古代漆器》（中、英文本）

中国古代漆工艺的发展过程划分为六个阶段：（一）新石器时代——上溯七千年，尚未找到用漆的起源；（二）商、西周、春秋——镶嵌、螺钿、彩绘漆器已达到高度水平；（三）战国、秦、西汉——五百年的髹漆繁盛时期；（四）东汉、魏晋、南北朝——漆工业的衰微并未影响漆工艺的发展；（五）唐、宋、元——主要髹饰品种已基本齐备，雕漆登上历史的顶峰；（六）明、清——不同髹饰的变化结合，迎来漆器的千文万华。这篇概论中的分期和对每一阶段典型品种及工艺特点的认识，构成了中国古代漆器完整的发展体系，充分显示出他的学术成就和治学风格。由国内多家出版社联合出版的

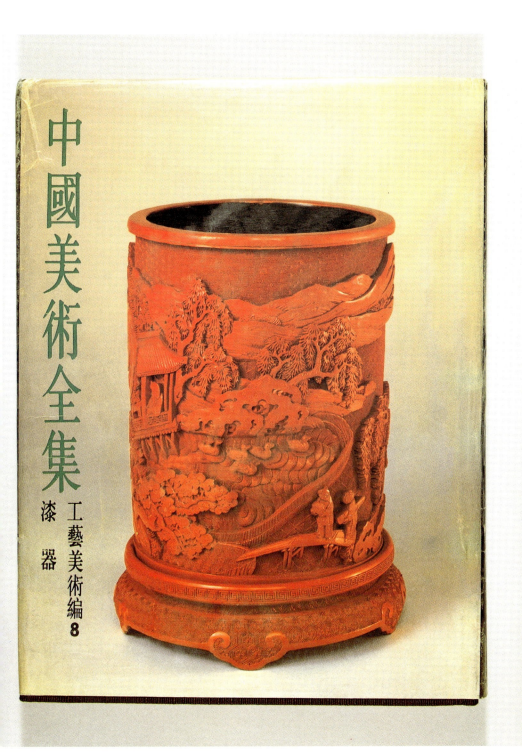

九二　王世襄与朱家溍合编的《中国美术全集·漆器》

《中国美术全集》是一个系统的出版工程，展示出公元20世纪中国美术界的总体水平。这套书中《漆器》卷的成功编撰，既体现了当时中国古代漆器研究的最高水平，也是对王世襄四十年漆器研究成就的充分肯定（图九二）。

这一时期，王世襄除了规模浩繁的大手笔，还不时有一些体现智慧火花的小品问世。他在《文物》1986年第3期发表的《对犀皮漆器的再认识》一文，就颇值得一读。他通过观察公元1985年安徽马鞍山三国孙吴时朱然墓出土的犀皮漆器，联想《髹饰录》中的有关记载，再结合历代实物和匠师做法，终于确认了何为"犀皮"，发

九三　三国孙吴朱然墓出土的犀皮漆耳杯。王世襄慧眼识金，茅塞顿开，据此弄清楚了文献中提到的"犀皮"为何物，并将这类漆器的起源上推了一千三百多年！

现了"它的出现比现知最早的有关文献记载早六百年，比现知最早的犀皮实物早一千三百多年！"文章不长，却视野开阔，联想丰富，结论令人信服。它以小见大，从一个侧面体现了王世襄的学术风貌（图九三）。

当王世襄经过勤奋努力，逐步攀登上古代漆器研究的学术高峰之时，他没有陶醉其中，而是着眼于继往开来，希望学术界后继有人。他在公元 1989 年 3 月专门为《漆艺髹饰学》一书所写的序言中曾经充满激情地说："我喜见何豪亮同志经过多年的辛勤耕耘，结出了丰硕的果实。谨赋七绝一首，聊当祝词，并作为这篇短序的结尾：'朱经劫后散如烟，黄录灵光硕果传，继往开来昌漆艺，喜看今哲有新篇！'诗以言志，王世襄的志向不就是为了"继往开来昌漆艺"吗？

（三）继承竹刻家学的再创造

我国植竹甚早，是世界上最早用竹和最善用竹的国家之一。竹刻的历史源远流长，早在战国、秦汉之间，已有专门的竹刻制品问世。不过，据行家讲，竹刻真正成为一种专门的艺术却是在明代中期以后。明、清两代见诸典籍的竹刻家就有二三百人之多，真可谓名家辈出，流派纷呈，佳作不断。王世襄对竹刻艺术的研究兴趣，源于两位舅父的影响。他在受嘱整理他们的文章和藏品中，结合相关的文献和当代匠师的佳作，推而广之，下了一番功夫，才终于取得了一串丰硕的成果。

王世襄的母亲金章出生于江浙交界处的南浔小镇，家境殷实，兄妹四人均留学英国。二舅金东溪、四舅金西厓均擅长竹刻，勤于著述，富有收藏（图九四、九五）。公元 20 世纪中叶以后，金西厓的年事已高，遂嘱托王世襄为他整理《刻竹小言》的手稿（图九六）。这成为王世襄竹刻研究的发端。他在自述诗中这样写道："外家才艺殊，两舅工刻竹。小言命编校，敢不忠所托。从此癖此君，耽爱情颇笃。"诗中的"此君"之说，源于晋人王羲之。据说，当年

東湛刻少梅畫

九五　金西厓刻金北楼画扇骨（三件）

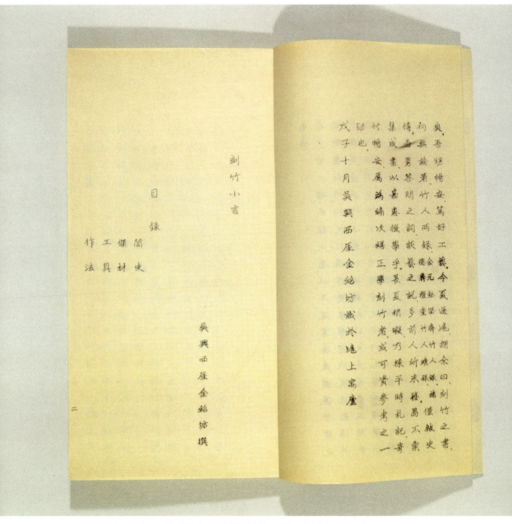

九六　金西厓撰写、王世襄整理的《刻竹小言》

王羲之寄居空宅，便令下人种竹，曰："何可一日无此君！"此后，文人雅士便多称竹为"此君"矣。王世襄喜爱"此君"，既非喜植，也不爱刻，而是好鉴赏。他运用独特的治学方法，倾注感情，穷究源流，慧眼独具，点石成金，使竹刻研究登上大雅之堂，成为中国美术史上的一个重要分支。

王世襄的竹刻研究，与他探索其他门类的文物一样，同样起步于对古代竹刻源流的考证及演变规律的阐述上面。他在对四舅金西厓所撰《刻竹小言》的文、图进行认真编校的基础上，专门撰写了前言《试论竹刻的恢复和发展》一文，开宗明义便谈到了竹刻艺术的起源和独特的审美价值。他写道："竹子的用途极广，专就施加雕刻的竹制工艺品而言，大约起源甚远，唯因不易保存，很难传下来。现知较早的实物是西汉马王堆一号墓出土的雕龙纹髹彩漆的竹勺柄。汉以后各个时期都有竹制工艺品，并积累了丰富的雕刻经验……到了明代，文人艺术家们在前人的基础上又有所发展，把竹刻从比较简单的、以实用为主的工艺品，提高到比较细致的、以欣赏为主的艺术品，并逐渐形成了一种专门艺术。"在追根溯源以后，他继续评价道："自明中叶以来，名见典籍的竹刻家有二三百人之多，并有专书刊载他们的传记。姓名不彰而技艺颇高的也代有其人。他们不少都工书善画，通诗能文，既吸取了前代工匠的雕刻技巧，又融会了其他文学艺术因素，创造出适宜表现多样题材的种种刀法。遗留下来的作品，许多是穷年累月、惨淡经营才雕成的；在传世文物中，竹刻可以自成一类。讲到雕刻史，也不能无视这方面的成就。竹刻形成这样一种专门艺术，是世界上其他国家所没有的。"除此之外，他还在此文中专门探讨了古老的竹刻艺术在新时代发展需要解决的题材、品种、工艺、技法、原料、保存、人才、陈列、研究和出版诸问题。公元 1980 年 4 月，由他编辑的《刻竹小言》，包括他的前言，以《竹刻艺术》为名正式出版，并成为新中国第一本有关竹刻艺术的研究性图录。

对舅父文、图的整理和修订，拉开了王世襄纵横驰骋于竹刻艺术研究领域的序幕。他除了在有关的学术问题上钩沉探微，还为自己订下了一个宏大的编辑计划。他在《竹刻艺术》一书的前言中就明确地表示："有几种竹刻专著如《竹人录》、《竹人续录》、《嘉定的竹刻》等，应加标点、注释，辑成《竹刻丛书》出版。散见于前人诗文集、笔记杂著中的竹刻材料，也可以汇辑成书。对全国传世竹刻精品应进行调查、著录、拍摄，编成图录；并对不同时期及有代表性作家的刀法、风格等进行分析研究。"为此，他以更加积极的姿态加速工作。

公元 1983 年 3 月，他利用中国竹刻展览在美国举办之机，与侨居美国的翁万戈先生合编了英文本的《中国竹刻图录》。此书由美国纽约华美协进社出版，使东方古老的竹刻艺术在西方产生了相当大的影响。公元 1985 年 7 月，王世襄站在鉴赏和审美的高度，在全国范围内精选了从西汉、西夏，历明、清，至当代的五十五件作品，编成《竹刻》一书交由人民美术出版社。他在此书中指出："竹种类甚繁，故此君之貌多异。斫而制品，并施雕镂，又因制者性情、意匠、技法、题材之异而异，于是此君之貌不可胜述矣。以下记竹刻五十件，皆近年所见之不可不记者，名之曰《此君经眼录》。"正是

九七　明代朱三松竹根残荷洗

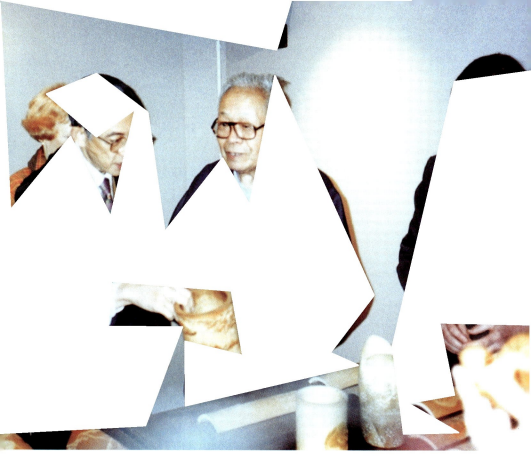

九八　公元 1994 年 12 月，王世襄在香港陶瓷学会作关于竹刻
　　　的报告。

在《此君经眼录》一文中，他对早在西汉马王堆汉墓中出土的彩绘
髹漆龙纹竹勺、明代朱三松残荷洗（图九七）以及刘阮入天台香筒、
明代濮仲谦古松形壶、清代吴鲁珍松荫迎鸿图笔筒、清人封锡禄竹
根罗汉像、清人潘老桐寿星臂搁、近人金西厓枇杷臂搁等竹刻精品
细加评价，论述深刻，妙思无限，把读者带进了一个琳琅满目的竹
刻艺术世界。公元 1987 年 12 月，他与老友朱家溍先生合编的《中
国美术全集·竹木牙角器》一书由文物出版社推出。这是竹刻艺术纳
入中华博大精深的美术体系后第一次全面而深入的图文展示，尤其
是前言中的竹刻部分堪称一部竹刻简史。他在此文中从远古的原始
竹器至西汉彩漆竹勺、唐人王倚藏竹画管，再到宋代竹刻家詹成、
西夏王陵所出竹雕人像残片，娓娓道来，脉络清楚。时至明中期以
后，又据清人金元钰所著《竹人录》将嘉定的朱松邻、金陵的濮仲

谦推为开山之祖，相应地将竹刻艺术的发展大致分为明、清前期和清后期三个阶段。明中期以后的竹刻名家有嘉定派的朱鹤（号松邻）、朱缨（号小松）、朱稚征（号三松）祖孙三辈，还有金陵派的濮阳澄（字仲谦）以及专刻留青的江阴人张宗略（字希黄）。清代前期的竹刻名家有嘉定的吴之璠（字鲁珍）、封锡禄（字义侯）、周颢（字芷岩）和寓居江苏扬州的浙江人潘西凤（号老桐）四人。清代晚期的竹刻名家史载甚多，但卓然独立的大家罕有其人，造诣较高者为善刻留青的尚勋和浙江黄岩的方絜（号治庵）。王世襄的这篇概述竹刻历史的文章，无疑代表了公元20世纪末我国工艺美术史界对古代竹刻演变的最为清晰而透彻的认识。乘势而上，公元1992年，王

九九　王世襄编著的各类竹刻著述

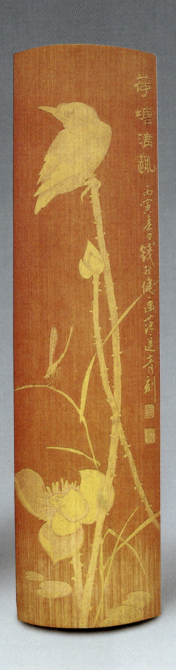

一〇一　范尧卿署名"遥青"而作的丛竹雉鸡图臂搁与荷塘清趣图臂搁

世襄交稿近七年的《竹刻》一书由人民美术出版社出版。此后几年，他先后在港、台等地以竹刻艺术为题发表演讲（图九八）。公元1996年9月，他还在台湾先智出版公司出版了《竹刻鉴赏》一书，为其编著竹刻艺术系列图录的宏大计划画上了一个圆满的句号（图九九）。

王世襄在竹刻艺术的领域追根溯源，但他并非厚古薄今。为了恢复和发展古老的竹刻艺术，他大声疾呼，并对公元20世纪的竹刻名家和收藏家推崇备至。其中既有公元20世纪初年常州的父子竹刻家徐素白、徐秉方，又有香港著名的竹刻收藏家叶义大夫，还有雕塑家刘万琪、常州竹刻家白士风（图一〇〇）、学者周汉生。其中最为感人的是他与常州的农民竹刻家范尧卿的一段交往，体现了他身上极为鲜明的"平民意识"。他在公元1985年发表于《文化与生活》杂志的《琅玕镂罢耕春雨》一文中深情地写道："范尧卿不同于我所知道的任何一位竹刻家。他是一个中年农民，一位贫农出身，现在承包着八亩半水田的真正农民。他只上过半农半读学校，由于刻苦自学，文史知识竟相当丰富，艺术修养也有较高水平。他性格内向，重于听而讷于言，结结巴巴，半天说不出一句整话来。年复一年，什么也不想，只想种田和刻竹。种田是为了糊口，刻竹是为了精神上的安慰，因此真正用心的还是刻竹。他就是这样乃凝于神，一心一意、一刀一凿地想把竹子刻好，通过自己的劳动，得到艺术上的享受。"如此高的评价，不知王世襄与范尧卿有何交往？其实，他们素昧平生。范尧卿酷爱竹刻，去信索要香港著名收藏家叶义编印的《中国竹刻艺术》一书，叶义与王世襄相识，便托他在大陆打听此人。王世襄受命后与他书信联系，两人因此订交。在王世襄的推荐下，范尧卿的竹刻作品于公元1983年被送往美国展览，公元1984年又被英国伦敦维多利亚·艾尔伯特博物馆收藏。王世襄在寄赠范尧卿的一首七言绝句中欣喜地写道："妙手轻镌到竹肤，西瀛珍重等隋珠。赠君好摘昌黎句，'草色遥看近却无'！"诗余还意犹未尽地题跋道："范君尧卿，毗陵农家子，自称草民，而刻竹精绝，当在南宋詹成上。顷已蜚声海外，第吴中鲜有知者，可谓'草色遥看近却无'矣！设以'遥青'为字,讵不音义两谐？戏作小诗,以博一粲。"自此以后,范尧卿果然以"遥青"为字,并时常用作竹刻的署名,两人的忘年之交日益深厚(图一〇一)。一位来自田间的农民竹刻家和他的作品,通过王世襄的慧眼"遥看",最终享誉海内外。据此,王世襄提携后学、尊重人才的学者风范可见一斑。

（四）始终不曾忘情的书画与雕塑

出生于书香门第的王世襄,受颇具艺术修养的母亲的熏陶,自幼习文练字（图一〇二）,对书画与雕塑具有浓厚的兴趣。他年轻时,由玩到用功的转折点,就是在燕京大学研究院期间开始专心编著《中国画论研究》一书。此后几十年,大凡有机会,他都情不自禁地要在这一钟爱的领域下功夫。也许是用情太深,要求太高,因此除了散篇画论见诸报刊,他的《中国画论研究》一书尘封半个多世纪后才在今年问世,而公元 1959 年编写成册的《雕刻集影》则至今未刊。与他在家具、髹漆、竹刻诸领域内的累累硕果相比,他在书画与雕塑领域的耕耘似有"有心栽花花不发"之憾！

1. 书 画

尽管如此,人们仍然不可轻视他在书画研究领域所做的贡献。因为王世襄往往能通过发自内心的热情,以其扎实的学术功底和熟练驾驭古代典籍的能力,以小见大,从独特的视角,对书画作品产生细腻而深刻的感受,从而取得人们意想不到的成就。公元 20 世纪40 年代初,他从燕京大学研究生院毕业后暂时闲居在东城芳嘉园老宅。他一面奋笔疾书,完成《中国画论研究》一书的后半部分；一面利用空隙摹绘明代嘉靖年间的善本《高松竹谱》,以慰书画情缘。据考证,画竹有谱,肇始于元代李息斋的《竹谱详录》。明代嘉靖年间高松（号遁山）的竹谱尽管首尾俱缺,仅有一册,亦为画界珍品。公元 1942 年夏天,王世襄在听雨斋观赏此谱后,"为之神往,不能自已"。他回忆道："原谱分墨竹、勾勒二种。勾勒无论矣。墨竹以勾填为之,臃肿自所不免,必用双勾之法,神采庶可略存。设仅有

一〇二　王世襄3岁开始练字。看，他端坐桌旁，目光炯炯，
　　　　执笔而书，真像一位读书郎。

双勾，而废勾填，又与原本殊观，是以不得不二者兼备。而双勾之
竹干枝叶，交亚穿插，往往以意定其前后，恐与作者之本意未必尽
合，斯又无从避免者。摹抄之难，盖如是也。溽暑伏案，挥汗如雨，
日以继夜，凡一阅月而藏事。腕底目中，无非劲节清风，甫一交睫，
修影即来，心爱好之，未尝以为苦。"正是在这种双眼一闭、"修影
即来"的良好状态下，他用郭觯斋精制瓷谱纸，将版心纵、横均一
尺有余的明刊本《高松竹谱》一丝不苟地描摹下来，达到了保存善
本、"以广其传"的目的。这次摹绘竹谱，可谓王世襄早年在书画上
较为成功的实践（图一〇三）。随后，他又将摹绘的《高松竹谱》衬
以乾隆素笺，分订两大册，盛以锦函，卷首有邵章《明高遁山竹谱》
题尚，卷末有徐宗浩、郭则沄、张尔田、黄宾虹、傅增湘、吴湖帆、

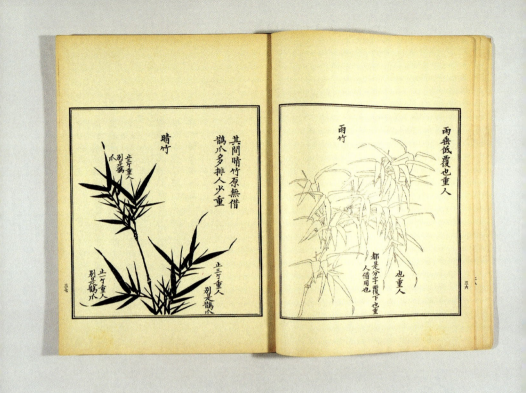

其間晴竹原無借
鵲爪多排人少重

晴竹

止三竹重人
別其鵲爪

止三竹重人
別其鵲爪

止一竹重人
別其鵲爪

三七

雨蚕低覆也重人

雨竹

也重人

都是分字覆下也重
人借用也

三六

一〇三　王世襄公元 1942 年临摹
　　　　的明代《高松竹谱》，从
　　　　中可见其绘画天赋。

一〇四　公元 1988 年出版的
　　　　《遁山竹谱》

Chinese Ink Bamboo Paintings

Wang Shih-hsiang

Curator, Department of Antiquities, National Palace Museum of Peiping

AMONG CHINESE ARTISTS there are some who have devoted their entire artistic energy to the painting of bamboo. Many others have delighted to introduce the bending stems and graceful, pointed leaves of this beautiful tree into their compositions. The place that the bamboo holds in the mind of the Chinese artist, writer or poet has already been brought to the attention of western readers in the books of Arthur Waley and Oswald Sirén.[1] Wang Hui-chih, son of the great Sixth Century calligrapher, Wang Hsi-chih, held the bamboo in such respect that he could not presume to call it by name but must refer to it as "this gentleman." Chinese poetry bears witness to the admiration the bamboo enjoyed in the brilliant years of the T'ang Dynasty and Po Chü-i has celebrated it in verse.[2]

It is the purpose of this brief article to outline in the most general way the development of bamboo painting as a special subject in pictures and to bring to attention those artists most celebrated in Chinese tradition from early times through the Yüan Dynasty.

Two different technical manners have been employed to depict bamboo. The earlier manner was to draw the leaves and stems in outline and frequently, but not always, add colour to the outlined areas. Such pictures are called *kou lê* bamboo. The second method is to paint stems, branches and leaves in ink only without outline. This is known simply as *mo chu*, or ink bamboo. The two methods are very seldom combined.

Li K'an, the celebrated bamboo painter of the late Thirteenth and early Fourteenth Century, gives the generally accepted history of the origins of bamboo painting in his great book, the *Chu P'u Hsiang Lu*, written at the end of the Thirteenth Century[3]. According to Li K'an: "From the T'ang Dynasty on there are but a few painters noted for their pictures of bamboo.

There were artists like Wang Yo-ch'êng,[4] Hsiao Hsieh-lu,[5] the monk Mêng Hsiu,[6] and Li P'o of Southern T'ang;[7] then there was Huang Ch'uan, father and sons,[8] Ts'ui Po and his brother,[9] and Wu Yüan-yü of Sung.[10] Very few of Yu-ch'êng's (Wang Wei) marvelous pictures have come down to us (meaning really none at all); although there are works by Hsieh-lü, they are in a dark and dilapidated condition and little can be recognized in them. The manner of Mêng Hsiu is careless and he follows his own whims without discipline — but then he was a monk. Huang, father and sons, obtained the spirit but neglected the likeness; Ts'ui and Wu (Ts'ui Po and Wu Yüan-yü) obtained the likeness but neglected the spirit. Only Li P'o obtained both of these qualities to the full. He was master of the methods and the regulations (rules of the craft) and may be called the norm above all others, the one who has shown the way for future ages. (The foregoing relates only to bamboo paintings in outline.) The painting of bamboo in ink also started in T'ang times, although its origin is none too clear. According

49

一〇五　公元 1948～1949 年，王世襄在美国考察期间发表的一篇有关墨竹画的文章。

启功、邓以蛰、林志钧、吴诗初、叶恭绰、夏承焘十二位名公的题跋，使这件手摹明刊本的价值大增，本身就成为一件文化瑰宝。公元 1958 年，人民美术出版社曾影印出版了王世襄的摹本《高松竹谱》，但限于当时的政治环境，摹者署名被改为王畅安，名家题跋也

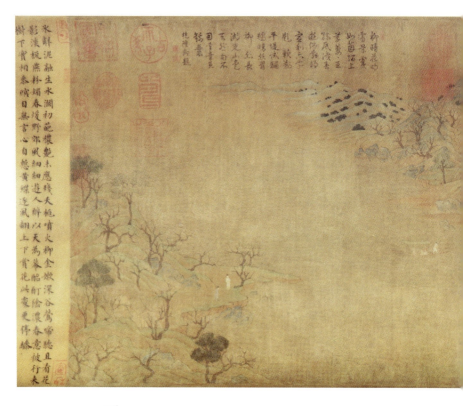

被全部删去。三十年以后，公元 1988 年，香港大业公司又以《遁山竹谱》之名重新影印了王世襄的摹本，并将署名更改为王世襄，名家题跋得与世人相见（图一〇四）。公元 1996 年，这段半个多世纪的书画情缘终于有了一个美好的结局：王世襄将这件凝结了自己和许多名家心血的文化瑰宝捐赠给了国家图书馆善本部。他以自己对书画的热爱在几十年间成就了一桩文化盛事。

　　正是凭借这种书画情趣，他在抗战期间辗转来到四川宜宾李庄以后，除了白天与营造学社的同事从事古建的测量与研究，还利用夜晚在小油灯下用毛笔正楷抄写母亲的画鱼专著《濠梁知乐集》。他特地函请当时在重庆的沈尹默先生为此书题签，还在极其艰苦的环境下将此书油印出来，在倾注对母亲的热爱之情中为画界提供了一部极有价值的工具书。抗战胜利后，他在赴美考察之际又情不自禁地侧重于美国公私博物馆收藏的中国古代绘画精品，带回了十分丰

一〇六　隋代展子虔《游春图》

富的考察日记和当时国内难已见到的这些绘画的几百幅照片。其间，
他还在当时出版的《美国中国美术学会会刊》发表了一篇关于墨竹
画的文章（图一〇五）。归国后，他在《文物参考资料》1950 年第
11 期发表了《游美读画记》一文，其中对许多精品的评介，至今仍
是人们了解美国所藏中国古代绘画作品的指南。就是他身处逆境的
时候，仍然没有忘记书画领域内的探索。公元 1957 年，他对中国古
代书画史上的两件经典性作品，即故宫所藏的现存最早的传世名作
《平复帖》和《游春图》作了深入的剖析（图一〇六），并将其研究
成果发表在当年第 1 期的《文物参考资料》和《中国画》杂志上面。
公元 1959 年，王世襄自费油印了《画学汇编》一书，收录、校对、
评点和注释了明、清时一些鲜为人知的论画名著。其中有明中期邹
德中编著的阐述民间绘画诸技法的《绘事指蒙》、明末钦抑专讲画论
的《画解》、清嘉庆周济谈山水的《折肱录》和洪朴所辑画牡丹的

《胭脂录》等。尽管此书未曾公开出版，但是经过整理汇编，仍然使这批珍贵的绘画史料得以在一定范围内流传开来。公元1963年，当元代所建的永乐宫从山西永济顺利搬迁到芮城后，他对殿内的元代壁画表现出浓厚的兴趣，并热情洋溢地撰文加以介绍……

不了的书画情，使王世襄在古代书画的研究领域厚积薄发，耕耘不止。令人欣慰的是，作为他献身文博事业起点的《中国画论研究》一书，在尘封了将近六十年后，据悉已在2001年夏天交给广西师范大学出版社，即将在2002年内用当年的手抄本影印成书，与广大读者见面。学术界对此翘望已久。许多人渴望得知书中精彩的内容和深邃的评论，分享王世襄在这个令他忘情投入的领域内最早取得而又迟迟未曾公布的学术研究成果。对于此书，王世襄在自述诗中有过简练的描述："行年近而立，放心收维艰，择题涉文艺，画论始探研。上起谢六法，下逮董画禅。诸子明以降，显晦两不捐。楷法既详述，理论亦试诠。所恨无卓见，终是饾饤篇。何以藏吾拙，覆瓿年复年。"从诗中，人们可以了解到此书的大概。尽管王世襄将它比喻为"无卓见"的"饾饤篇"，尽管他在《〈中国画论研究〉出版记》一文中又郑重声明："此乃早年之作，欠缺甚多，因未能改写，故久久不敢问世……垂暮之年，竟能侥幸出版，实出望外，吾将坦诚接受一切批评、批判，视为对我之关爱"，尽管受历史与个人经历的局限而未能将公元20世纪下半叶中国画论的学术研究成果吸纳入书中，但是从全书的谋篇布局、编著重点和大约七十万字的总体规模，人们仍然有理由相信此书是公元20世纪上半叶撰写的有关中国古代画论研究的一部极有分量的学术著作。如果把这本书比喻为一杯陈年老酒，那么，它无疑是王世襄在新世纪之初对中国学术界最好的奉献，同时也是对他在书画研究领域几十年探索最好的回报。

2. 雕　塑

王世襄在雕塑领域的研究水平，他的夫人袁荃猷女士有过十分中肯的评价："世襄十分喜爱小型雕塑，包括藏传及亚洲各地的鎏金铜佛像。可惜过去这是一个罕有人敢问津的禁区，所以缺少可请教的老师和可供学习的材料。改革开放后，情况有很大的改变，但年老体衰，有力不从心之憾。他对佛像艺术始终认为是一门喜爱而又尚未入门的学问。""喜爱而又尚未入门"的评价，既中肯，也有替夫君自谦之意。其实，王世襄在这个领域也有过多次努力，做了一些工作，也有一些设想。只是由于主客观条件的阴差阳错，才使他在这个领域浅尝辄止，迈入门槛而未能深入开拓。

王世襄的母亲信佛，家中设有佛堂，供有佛像。儿时，从母亲那里受到的熏陶，使他对佛教造像有一种十分自然的亲和力。当然，中西兼备的王世襄，对佛教艺术的热爱更具有理性的色彩。他主要是为了欣赏雕刻艺术之美，而不是朝夕上香膜拜。抗战胜利后，王世襄回到北京，闲暇时就对各类小型雕塑颇有兴趣。公元 1951 年前后，他听说东直门内住着一位老居士，家里供奉有各种类型的佛像，便去登门拜访。他看到北房明间大条案上的大小佛龛里供有佛像数十尊之多。其中有的颇古老，有的却很新；有的比较优美，有的又很俗气。众像之中，他最喜欢一尊铜鎏金雪山大士像，头特别大，形象夸张古拙，时代不晚于明。谈话间，他得知这尊铜佛是老居士布施某寺院香火资若干而得以请回家中的。于是，他向老居士请求以加倍的香火资把雪山大士像请回先慈的佛堂供养。他在表示出足够的虔诚以后，终于获准把这尊铜像请回了家。在类似的事例中，王世襄虔诚的收藏已经超越宗教的信仰而进入到审美的境界。面对这一尊尊铜佛，他感触良多，思绪万端，品评独特。例如，他对这尊高 20.5 厘米的明代铜鎏金雪山大士像，就曾有过一段精彩的评论："铜像方面长耳，头很大，超过了和身体的比例，眉毛高出，在眉心与鼻准连在一起。颧骨隆突，偏下偏右，离开了一般的位置。唇上无髭，在口角之外却又蟠结成卷。相貌奇古，却含蓄浑成，所以趣味隽永，耐人晤对。此像面相不以传统的形式为依据，更不是传真写照，而是作者发挥了他的想像力，用一种夸张而近乎浪漫的手法来塑造的。"由此可见，王世襄在欣赏雕塑中，既客观而又超脱，有着独特的审美角度（图一〇七）。

为了将这些时常迸发出来的智慧的火花凝聚在一起，王世襄在

一〇七　明代铜鎏金雪山大士像

公元 1959 年 5 月将近年见到的部分古代雕刻作品的照片粘贴成册，并将评价文字油印成《雕刻集影》一书。时隔三十六年后，他又在公元 1995 年夏天对此书专门作了修改和补充，使人们能够对他在编著雕刻图录方面的尝试有一个大致的了解。他在这本主要用来"翻阅自娱"的自选集中，以艺术价值的高低为取舍标准，收录了当时自己收藏和所能见到的唐代至今的汉族地区的佛像三十三尊、藏族地区的佛像十九尊、邻近国家的佛像八尊、动物雕塑四尊，客观上反映出我国唐代以来古代雕塑发展的大致趋势。阅读《雕刻集影》的前言，人们情不自禁地会为王世襄的评论所折服："论者或以为我国雕刻自中唐进入衰退时期。此后各朝，每况愈下。倘从宏观着眼，凿窟建寺，规模后不如前，故此论可以成立。惟宋元直至明清，范金削木，琢石抟泥，造像之风，始终不替。至今尚有较多实物传世，可以为证。"说到此，他话锋一转，鲜明地提出了自己评价古代雕塑优劣的标准："尝以为古代雕刻不论其年代早晚、身躯大小，只要有它自己的精神风采，予人美的感受，就是有艺术价值的作品。有的以真实人物为题材，如曾相识，呼之欲出。有的道释造像，突破典型仪轨，摆脱固定程式，而从现实生活获得灵感和生命。这些都耐人欣赏，值得研究，应予重视。"他对书中所录的六十四件作品逐一点评，文字虽简，视野却相当开阔，评价准确而生动。现择其几则，以飨读者：

他在品评一尊高8厘米的唐代石雕佛头时写道："这是一尊胁像（可能是迦叶）的头。刀法简练，许多重要的部位，如眉毛、额上皱褶、口唇等都刻得快利遒劲，似一凿而成；看得出作者有高度的自信心和极为准确的双手。他的概括能力强，通过这个年老佛弟子的形象，能毫不费力地将一种悲天悯人的内心表达出来。"简短数语，刀法、形神和作者的心态都被揭示出来（图一〇八）。他在欣赏上海博物馆所藏的另一尊高11厘米的唐代铜思惟菩萨坐像时感叹道："这完全是攫捉人间日常生活的一刹那，用作素材来塑造思惟菩萨的一件精美动人的雕刻。名曰'思惟菩萨'，是因为佛像中一手支颐，仿佛进入沉思是常见的题材。而此像以膝承肘，手指去面颊尚有一段距离，俯首含胸，两足随意交搭，全身松弛，大有倦意。因此与其称之为思惟菩萨，倒不如说她是一个工作劳累，睡眼惺忪，不由得想再打个盹儿的少女。"对作品的体验，细致入微，入情入理。他在观察又一尊高31厘米的明代铜太监立像时产生了特定的联想：

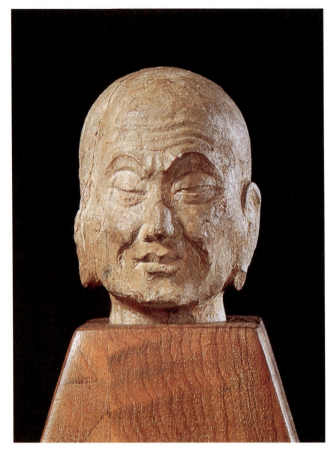

一〇八　唐代石雕佛头像

"据服饰，这是一件有权有势的太监像。冠两侧原上翘如双翼，断折后磨成今状。像之得神在抚带右手食指微翘，左袖飘然回曳，显得潇洒悠闲。看容貌更是一个养尊处优、四体不勤的人物。明代宦官之祸甚烈，见此像不由得使人对当时宫廷的腐败黑暗产生许多联想。"从一尊铜像上，看到了一段历史。王世襄向人们展示了雕塑所蕴含的更为深邃的文化和历史的意味（图一〇九）。也许，人们可以从这里看到王世襄喜爱雕塑的初衷和欣赏雕塑的视角。

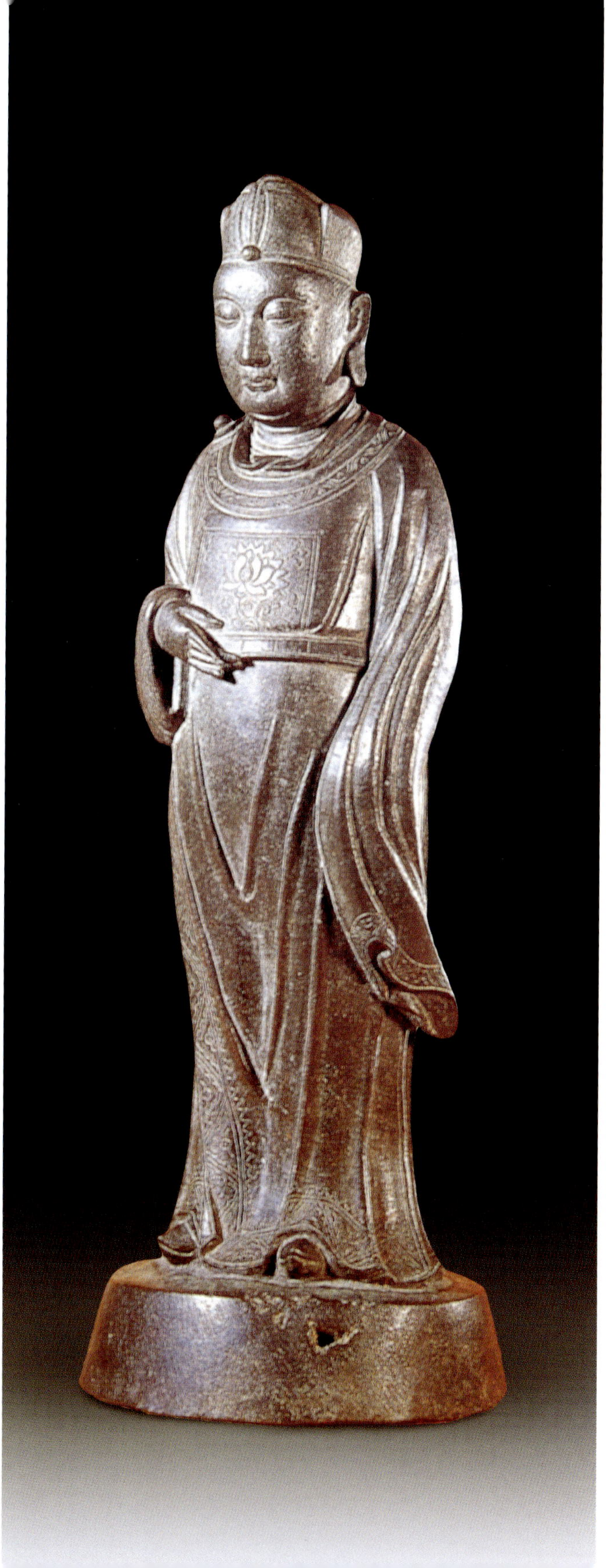

一〇九　明代铜塑太监像

（五）玩出来的"世纪绝学"

从小到大、玩兴十足的王世襄，除了京城一般人喜好的听戏、养鸟，京城的其他玩意儿几乎无不涉猎。其中有养鸽子、斗蛐蛐、怀鸣虫、范匏器、绘葫芦、架大鹰、训獾狗以及品尝美味佳肴……如果仅此而已，算一位"玩家"也就罢了，他却以穷究奥秘的执著劲儿，通过与众多玩家交游，耳濡目染，以小见大，搜集素材，结合文献，整理评述，使市井的"雕虫小技"登上了"大雅之堂"，于不经意间玩出了前无先辈系统之论、后无来者可以继承的"世纪绝学"。王世襄曾这样袒露过心声："我写与民俗有关的事情，包括过去玩的东西。我不喜欢一小段一小段地写，要写我要深入其境才写，才有意思。我有生活。"

1. 养鸽子

养鸽放飞，是王世襄发自心底的一种爱好（图一一〇）。他在公元 1996 年所作的自传体诗《大树图歌》中，曾经绘声绘色地自嘲道："髫年不可教，学业荒于嬉。竹栏巢鹁鸽，调弄无已时。挟竿跨屋脊，挥舞如举麾，为爱铃声永，那惜飞奴疲。"他的老伴也不无深情地说："世襄从小就喜欢养鸽子，直到现在还未能忘情。他常以住宅变成了大杂院，不复有养鸽子的条件而深感遗憾。"

以养鸽子而言，王世襄最快乐的时光是在公元 20 世纪上半叶。据他回忆："我上小学时开始养鸽，就读燕京大学，鸽舍随我移至成府园中，最后遣散鸽群，老友王老根（人称王四，早年曾在庆王府为鸽佣）亦溘然离去则在五十年代初。其间三养三辍，前后历时约三十载，但搜求鸽哨则未尝中断……"其间，因养鸽而起的趣闻逸事不少。例如，前文已谈到他读小学时，一连数周的英文作文，篇篇言鸽，遭到老师呵责。读大学时，讲授文选的刘盼遂先生要求学生模仿词赋，王世襄又以《鸽铃赋》为题，引经据典，挥洒成章。好在恩师的眼光与小学老师不同，交卷后不仅未受呵责，反而得到了孺子可教的赞许。读书时忘不了养鸽，谈情说爱就更离不开鸽子

一一〇　王世襄在书房试听"祥"字葫芦鸽哨。吹一吹，听听
　　　　熟悉的声音。

了。老伴所刻的《大树图》上就站着一对鸽子，袁荃猷女士还亲自
写了一段话："这是四十年代我们家养的一对鸽子，以当年我的速写
稿为蓝本。那只公点子名叫'小点儿大胖子'，它尾巴上带着一把葫
芦鸽哨。"一人养鸽放飞，一人绘画速写，两人的情感与生活就是如
此和谐地交融在一起的。

　　公元 20 世纪 50 年代以后，由于环境的改变，更主要是坎坷的
经历，使他再也没有了养鸽放飞的闲情逸致，只是偶尔与制哨名家
周春泉、陶佐文、吴子通和"哨痴"王熙咸有交往。公元 1963 年，
王世襄怀着童年的美好回忆，在英文的《中国建设》第 11 期发表了

一一一　铁翅乌（雄鸽，系"文"字葫芦鸽哨）

一一二　铁翅乌（雌鸽，系"鸿"字九星鸽哨）

一一三　王世襄收藏的"祥"字紫漆鸽哨成堂
　　　　两匣

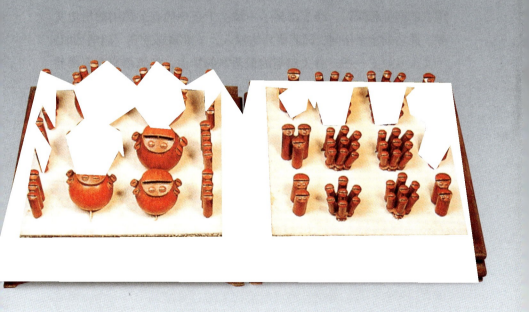

《鸽哨带来的空中音乐》一文，引起了海外许多玩家对北京鸽哨的关注。进入公元 20 世纪 80 年代，洗雪了冤屈的王世襄，心情如同蓝天白云般晴朗起来，昔日养鸽的欢乐情景时常萦绕于脑海，浮现在眼前。不过，年龄不饶人，加上居住环境所限，养鸽放飞已不太方便。他只好为深藏心底的爱好，寻找另一种表达的方式。为此，他开始利用有关学术研究的空隙，盘点自己珍藏的鸽哨，整理旧友的文稿，查找相关的史料，收集前人的研究成果。经过一番努力，他弄清楚了目前所见的有关鸽哨的资料始于北宋，明、清时已有专门的《鸽经》、《鸽谱》和对鸽哨较为详细的描述。比较系统的专著有公元 1928 年晨报铅印出版的由花鸟画家于非闇撰写的《都门豢鸽记》一书，还有美国人胡斯于公元 1938 年印行的小册子《北京的鸽子与鸽哨》。当然，言之更详的重要文献应推王熙咸先生于公元 1976 年完成的《鸽哨话旧》一稿。正是在前辈研究的基础上，他分辨优劣，形成了《北京鸽哨》一书的编著构想。

　　这无疑是一次非常成功的学术接力。他的老朋友王熙咸用文言文写成《鸽哨话旧》后，将此稿交由王世襄代为增订和整理。经过两人的商榷和探讨，终于得到了一篇七千余字的有关鸽哨的历史文献。此后的十余年间，随着研究的深入，王世襄感觉到《鸽哨话旧》一文太专业了一些。有关鸽哨的最基本的知识，如鸽哨究竟有哪些品种，用什么材料制成，如何佩系，此文都略而未谈，好像大家都已经知道。其实，经过"文化大革命"，老北京的许多玩意儿，人们大都茫然无知了。要让普通人了解这门玩意儿，就应该从最基本的东西讲起。另外，鸽哨的品种、名家哨口的特点、署名的款识，都必须通过实物与图片才能见其真、辨其伪、看明白、说清楚。这又需要把各类鸽哨绘制成墨线图，同时进行实物的拍摄。为此，王世襄埋头写作，准备相关的线图和照片。尤其是公元 1986 年王熙咸谢世后，为纪念这位挚友，他更加速了此书的编撰进度。公元 1989 年，以老友的《鸽哨话旧》为篇首，分前言、简史、品种、佩系与配音、制哨名家、制哨材料、余论构成的《北京鸽哨》一书，由北京三联书店正式出版。他终于将年轻时的爱好变成了可以传承相袭的学术成果。

王世襄在《北京鸽哨》一书中，首先以深厚的文史功底，追溯了鸽哨演变的源流。他明确指出："鹁鸽是一种容易被人驯化的鸟类，成为家禽的年代可能不会比鸡晚多少。'鸽'字在甲骨文中虽有待发现，但已见于东汉许慎的《说文解字》。做鸽哨的主要材料是匏和竹，都在古代'八音'之列，而且用它们来做吹奏乐器已有很长的历史。因此如果有朝一日在汉代或更早的遗址中发现鸽哨，我们将不会感到诧异。"他从宋人的诗词，如北宋梅尧臣《野鸽》中"谁借风铃响，朝朝声不休"一句，查到了有关鸽哨早期的文字记录。至于比较详细的记载，他谈到了清光绪年间富察敦崇的《燕京岁时记》。此书中讲道："凡放鸽之时，必以竹哨缀之于尾上，谓之壶卢，又谓之哨子。壶卢有大小之分，哨子有三联、五联、十三星、十一眼、双筒、截口、众星捧月之别。盘旋之际，响彻云霄，五音皆备，真可以悦性陶情。"接着，他尝试着对北京鸽哨的品种做了归纳与分类。他认为："北京鸽哨，品种颇繁，过去从未有人加以归纳分类。今据其造型试分四大类。即：一、葫芦类，以圆形葫芦为主体的鸽哨。二、联筒类，用管状哨制成的鸽哨。三、星排类，以托板为底座的鸽哨。四、星眼类，扁圆葫芦和管状哨相结合的鸽哨。每类各有若干种，经统计，共得三十有五。"在谈到鸽哨的佩系与配音时，他根据年轻时养鸽放飞的经验，十分简洁地描述道："鸽哨的佩系方法极为巧妙，也十分简单。鸽子的尾翎一般是十二根（十三根者是少数）。在正中四根距臀尖约 1 厘米半处，用针引线，平穿而过，然后打结系牢……佩系时，哨口朝前，将哨鼻插入四根尾翎正中缝隙中。这时哨鼻上的小孔恰好在尾翎之下露出，用长约 5 厘米的铝丝穿过小孔，弯成圆圈，两端交搭，以防张开。至此，鸽哨便已佩系完成。"（图一一一、一一二）养鸽家藏有佳哨，必然要知季节、审天气、了解鸽子的健康情况，才能佩系放飞。他在具体介绍养鸽放飞时，主要讲了两种情景：一种叫"走趟子"，就是选择当年或一、二龄的壮鸽，取其血气方刚，喜欢远游，让它晨飞午归。这类鸽子因远征直飞，哨音平直而不会产生婉转回荡的韵味，故用不着什么

一一四　王世襄（左二）、吴子通（左一）、陶佐文（左三）和
王熙咸（左四）的合影

配音。另一种叫"飞盘"，就是鸽群起飞后，围绕所居，一再盘旋，上下飞翔，有时可以三起三落，历一二小时才收盘归巢。飞盘的鸽群，最宜选哨配音，欣赏其来自空中的美妙音乐。王世襄在《北京鸽哨》一书的最后着重介绍了入清以后出现的八位制作精良、音响绝妙、声名烜赫的制哨名家，即以哨上所刻之字命名的"惠"、"永"（老永）、"鸣"、"兴"、"永"（小永）、"祥"（图一一三）、"文"、"鸿"字八人。他在对这八位名家详加评述后，深情地写道："我与周（"祥"字周春泉）、陶（"文"字陶佐文）、吴（"鸿"字吴子通）三先生相识数十年，深知其为人皆诚实正直。哨不苟作，工必精良，成品定活，悉依价收值，从不多取，可谓公平交易、童叟无欺。"

一一五　王世襄编著的《北京鸽哨》
一一六　王世襄编著的《明代鸽经清宫鸽谱》

一一七　年迈的王世襄，欣喜地捧着观赏名鸽"紫点子"，似乎
又回到了养鸽放飞的青少年时代……

（图一一四）

养鸽、藏哨、撰文、著书……王世襄与蓝天上飞翔的鸽子结下
了不解的情缘。时至公元 2000 年，辽宁教育出版社又以他十年前出
版的小册子为基础，推出了彩版精印、中英双语本的《北京鸽哨》
（图一一五）。他还特意把明代文字记录的《鸽经》与清代宫廷彩绘
的鸽谱整理成《明代鸽经清宫鸽谱》一书，交由河北教育出版社正
式出版，使养鸽的玩家们又有了一本鉴古知今、文图并茂的工具书

（图一一六）。同年 10 月，王世襄年事已高，行动不便，却兴致勃勃地亲临郑州，参加当地朋友特意为他举办的"越秀杯观赏鸽评比会"。当他看到久别的观赏名鸽"紫点子"时，发自内心的喜悦溢于言表（图一一七）。当他发现北京早已绝迹的观赏名鸽"铁牛"时，更是喜形于色，不禁欣然题诗："多年谓已无踪影，今日携归喜欲狂！"王世襄与鸽子的关系，正如他在《北京鸽哨》一书的自序中所说："今年逾古稀，又撰此稿，信是终身痼疾，无可救药矣！不觉自

一一八　公元 2000 年 10 月，王世襄在天津天穆村欣赏名鸽
　　　　"短嘴拃灰"。

叹，还复自笑也。"（图一一八）

2. 斗蛐蛐

蛐蛐，是北京的俗称，学名应该叫蟋蟀。它是生长于秋天，供人们收、养、斗的一种可以鸣叫的虫子。养蟋蟀之风古已有之，历代不衰。至于如何鉴别优劣、三秋喂养及对局的技艺，更有众多的古谱和近代玩家的专著加以叙述。王世襄玩蛐蛐始于公元20世纪30年代。当时，他青春年少，无忧无虑，快活自在，家庭也殷实而温暖。正如他在《大树图歌》中所述："梧桐飘落叶，秋虫情更痴。背笠翻瓜蔓，提灯蹑豆篱。连朝猫扑鼠，为求好斗丝。子玉澄浆罐，梅峰彩窑池。三秋勇无敌，我乐不可支。"

年少时玩蛐蛐的种种经历与乐趣，深深地印在了王世襄的脑海里，使他在经历半个多世纪的岁月沧桑以后，仍然难以忘怀。他在公元1993年8月由上海文艺出版社正式出版的《蟋蟀谱集成》一书的引言中坦率地说："我不能脱离所生的时代和地区，不愿去谈超越我的时代和地区的人和事。因而所讲的只能是三十年代北京玩蛐蛐的一些情况。蛐蛐只不过是微细的虫豸，而是人，号称'万物之灵'的人，为了它无端生事，增添了多种多样的活动，耗费了日日夜夜的精力，显示出形形色色的世态，并从中滋生出不少喜怒哀乐。那么我所讲的自然不仅是微细的蛐蛐。如果我的回忆能为北京风俗民情的这一小小侧面留下个缩影，也就算我没有浪费时间和笔墨了。"他的老伴评述道："养蛐蛐是世襄的幼年爱好。1993年出版的《蟋蟀谱集成》，他采用了整理编校古籍的方法，把玩好当学问来做。附在书末的《秋虫六忆》被黄裳先生称为'近来少见的一篇出色散文，值得再读三读而不厌的名篇'。也有人认为这是迄今为止对北京蛐蛐罐讲得最详细的一篇文章。"所谓"整理编校古籍的方法"，就是从全国各地图书馆及藏书家那里搜集到三十多种蟋蟀谱，去掉重复和内容贫乏的，选出十七种交付影印，并为每种写出提要、断句、改讹、勘误，最后编成一部堪称"大全"的蟋蟀谱丛书（图一一九）。

细读《秋虫六忆》，人们在王世襄娓娓而谈的忆捉、忆买、忆养、忆斗、忆器、忆友的"六忆"中，会真切地感受到他六十年前

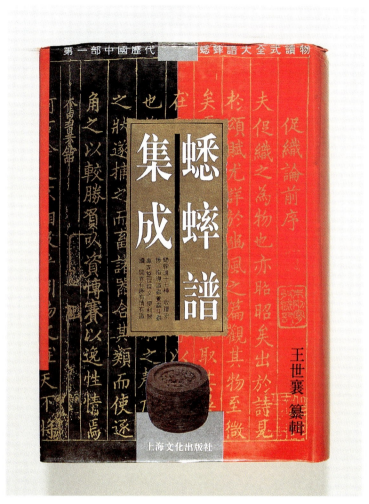

一一九　王世襄编著的《蟋蟀谱集成》

玩秋虫的喜怒哀乐，并在这种昔日情怀的淡淡氛围内获得心灵的慰藉和共鸣。王世襄在"忆捉"一节曾有一段十分细腻而动情的描写："只要稍稍透露一丝秋意——野草抽出将要结子的穗子，庭树飘下尚未金黄的落叶，都会使人想起一别经年的蛐蛐来。瞿瞿一叫，秋天已到，更使我若有所失，不可终日，除非看见它，无法按捺下激动的心情。有一根无形的线，一头系在蛐蛐翅膀上，一头拴在我心上，那边叫一声，我这里跳一跳。"就是怀着这种别样的情趣，学生时代

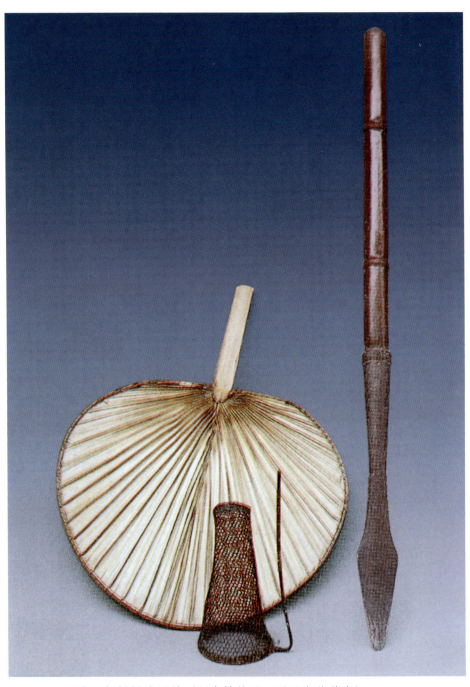

一二〇 捉蛐蛐的用具（阿虎枪签子、罩子和芭蕉扇）

的王世襄，每到秋天，总要穿起破裤褂、洒鞋、戴着阿虎枪签子、铜丝罩子、蒙着布的席篓、芭蕉扇、帆布袋、水壶、草帽和几个山罐（图一二〇），兴致勃勃地到东直门外的李家菜园、西坝河、东坝河和西北郊的苏家坨等处"逮蛐蛐"。据王世襄回忆，有一次，在苏家坨，"三天两夜，小的和三尾不算，逮回五条蛐蛐。这时我曾想，如果用这三天买蛐蛐，应当不止五条。明知不合算，但此后每年还要逮两三次，因为有它的特殊乐趣。"在"忆买"一节中，王世襄坦率地承认："逮蛐蛐很累，但刺激性强，非常好玩。能逮到好的，特别兴奋，也格外钟爱。朋友来看，或上局去斗，总是指出这是自己逮的，赢了也分外高兴。不过每年蛐蛐的主要来源还是花钱买的。"买蛐蛐的地点和卖主，随着年岁的增长而变换。王世襄十二三岁时，是从孩子们手里买蛐蛐。十六七岁时，他转向比较专业的常摊。当时，城内四处都有蛐蛐摊，尤以朝阳门、东华门、鼓楼湾、西单、西四、菜市口、琉璃厂、天桥等处为多。十九、二十岁时，他就特意到宣武门外一家客栈的蛐蛐店去买来自山东宁阳、长清、泰安、肥城、乐陵等地的山蛐蛐。这是当时最高级的蛐蛐市场，也是虫友相会之处。与王世襄打过交道的北京、天津和易县的众多卖主中，当推出身蛐蛐世家的赵子臣为魁首。他每年都要带两三个伙计去山东，连捉带收，分批运回，陆续上市，并由此娶妻置业。他还精于虫具的鉴定和收藏，对圈内的行情心中都有一本账。公元1950年，王世襄就从他手中买到了赵子玉的精品"乐在其中"五号小罐及钟杨家散出的各式真赵子玉过笼。"忆养"一节，王世襄谈到了一个玩家的正当目标和最高境界：怡情养性。他说："逮蛐蛐非常劳累，但一年去不了两三趟，有事还可以不去。养蛐蛐可不行，每天必须喂它，照管它，缺一天也不行。今天如此，明天如此，天天如此，如果不是真正的爱好者，早就烦了。"从早秋开始，王世襄就对好蛐蛐一盆一盆地品题与欣赏，观察其动作，体会其秉性（图一二一）。中秋以后，养蛐蛐更可以养性。天渐渐冷了，蛐蛐需要"搭晒"，王世襄就在清晨的阳光下，放好桌子，支上帘子，抱膝坐在旁边，侧耳聆听桌上蛐蛐罐内的动静。王世襄描述道："一个开始叫了，声音慢

一二一 携带蛐蛐罐的提笼

而涩，寒气尚未离开它的翅膀。另一罐也叫了，响亮一些了。渐渐都叫了，节奏也加快了。一会儿又变了韵调，换成了求爱之曲。从叫声，知道罐子的温度，撤掉虾须帘，换了一块较密的帘子遮上。这时我也感到血脉流畅，浑身都是舒适的。"说到斗蛐蛐，王世襄在"忆斗"一节中写道："北京斗蛐蛐，白露开盆。早虫立秋脱壳，至此已有一个月，可以小试其材了。"（图一二二）具体的过程是双方将分量相等的蛐蛐放入斗盆，各自只许用粘有鼠须的撩子撩逗自己的蛐蛐，使知有敌来犯。当两虫牙钳相接，监局立即报出"搭牙"，算是战斗已经打响，从此有胜有负，各不反悔。不论交锋时间长短、回合多少，最后以占下风的蛐蛐遇见占上风的便贴着盆腔掉头逃走

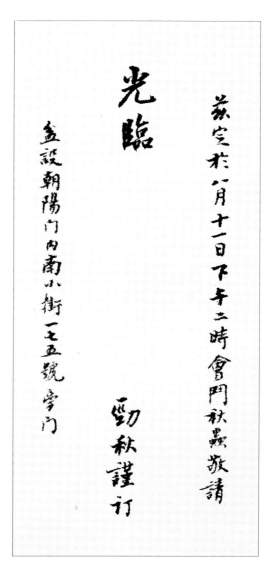

一二二 王世襄手书的
斗蛐蛐的请帖

为止。如此两次，便是输了。胜负既分，监局就在胜者的条子上写
个"上"字，在负者的条子上写个"下"字。胜者便据此可以到账
房去领奖了。王世襄在这里着重强调："使撚子是一种高超的技艺。
除非虫主是这方面的高手，总要请专家代为掌撚。运用这几根老鼠
胡子有很大的学问。"在"忆器"一节，王世襄追根溯源，从宋代开
始，考证了近千年间蛐蛐罐的变迁和形制，并在南、北盆罐两大系

列中重点谈了北京盆罐中的"万礼张"与"赵子玉"的制品（图一二三），使现今的许多玩家有了一面可资参照的历史的镜子。最后，在"忆友"一节中，王世襄满怀真情地写道："七十年来由于养蛐蛐而认识的人实在太多了，结交成契友的也不少，而最令人怀念的是曾向我传授虫经的几位老先生。"这里有王世襄父亲的老友赵李卿、家住朝阳门内北小街路东的私塾老师白老先生、家住宣武门外西草场内山西街的陶家三兄弟以及家住前门外西河沿 191 号的好友李桐华先生。正是这些来自不同社会阶层的挚友，既教会了他相虫，也教会了他做人。每当提及他们，王世襄总是充满了崇敬之情。他在

一二三　明"万礼张"罐、"万礼张"五福捧寿过笼和朱砂鱼水槽

一二四　王世襄的
　　　　老友李桐
　　　　华先生

《秋虫六忆》的结尾，这样写道："编辑《蟋蟀谱集成》，更使我怀念
桐华先生。他如果健在，《集成》一定可以编得更好一些，《六忆》
也可以写得更充实一些，生动一些。"（图一二四）

3. 怀鸣虫

冬怀鸣虫，与秋斗蛐蛐一样，是老北京的又一种民间习俗。冬
日的鸣虫，有蝈蝈、札嘴、油壶鲁、蛐蛐、梆儿头、金钟六种。这
六种鸣虫又可分为两类：蝈蝈、札嘴生长于草丛枝柯之间，故称为
"缘枝类"；油壶鲁、蛐蛐、梆儿头、金钟脱皮藏身于土穴石隙之中，
又称为"穴居类"。冬日的鸣虫，一般购自人工饲养的罐家，只有蝈
蝈有取自野生的。王世襄冬怀鸣虫的嗜好始于儿时，其兴趣经久不
衰（图一二五）。他在《大树图歌》中写道："燕都擅巧术，能使节
令移，瓦盆植虫种，天寒乃蕃滋，大地冬寂寂，清响出帘帷。匏笼
堪贮畜，促织与螽斯。象齿铃作扣，玳瑁镂蟠螭。火绘燕针颖，物

象咸可施。怀之入茶肆，炫彼养虫儿。"

对小小的昆虫，为什么会有如此的兴趣，王世襄用"不冤不乐"这句北京俗话作了精彩的回答。他深有体会地解释道："吾之捉虫养虫固冤，铁鞋踏破，走遍鬼市冷摊，搜求葫芦，乃至削木制模，开畦手植则更冤。以望八之年，骑两轮车，出入图书馆及师友之门，查阅图书，求教问字，乞借实物，拍摄照片，归则夜以继日，草写此稿，衬纸复写，力透四层，头为之眩，目为之昏，指为之痛，岂不冤之又冤。但驱吾使然而终不悔者，实因无往而不有乐在。"正是基于这种通透与明达的心态，公元 1993 年 8 月，王世襄在香港壹出版社推出了中英双语本的《说葫芦》一书，同时在此书下卷结合自身体验，引经据典，归纳整理，发表了系统探讨冬怀鸣虫这一民间习俗的《冬虫篇》。

他在此文第一节"鸣虫种类与所用葫芦"中仔细考证道：蝈蝈，亦写作蛞蛞、聒聒或蛞蛞，字书称之曰络纬，或捉于西山，或人工孵育。他引明代刘侗《帝京景物略》所载："有虫，便腹青色，以股跃，以短翼鸣，其声聒聒，夏虫也，络纬是也。昼而曝，斯鸣矣；夕而热，斯鸣矣。秸笼悬之，饵以瓜之瓤，以其声名之，曰蛞蛞儿。"明代潘荣陛《帝京岁时纪胜》对饲养方法有更详尽的讲述："以雕作葫芦，银镶牙嵌，贮而怀之，食以嫩黄豆芽、鲜红萝卜，偶于稠人广座之中，清韵自胸前突出，非同四壁虫声助人叹息，而悠悠然自得之甚。"（图一二六）札嘴，似蝈蝈而小，翼较长，耸而尖，南方称"札儿"，产于山东德州南部，亦有人工孵育（图一二七）。油壶鲁，有油乎卢、油胡卢等多种写法，似蛐蛐而大。明代刘侗《帝京景物略》有载："促织之别种三，肥大倍焉，色泽如油，其声呦、呦、呦，曰油胡芦。"（图一二八）蛐蛐，即蟋蟀，亦名促织。田野天生的蛐蛐，秋捉冬老，只为能斗；人工孵育的蛐蛐，能过冬日，身孱牙软，只为能鸣（图一二九）。梆儿头，似蛐蛐而略小，头部宽阔或三角形，向前突出，故南方称"棺材头"，性野善跃，其声短促，无悠扬之致（图一三〇）。金钟，明人刘侗解释道："有虫黑色，锐前而丰后，须尾皆歧，以跃飞，以翼鸣，其声蹬棱棱，秋虫

一二五　王世襄正在观察呆在葫芦上的蝈蝈

一二六　蝈蝈

一二七　札嘴

一二八　油壶鲁

一二九 蛐蛐

一三〇 梆儿头

一三一 金钟

也。暗即鸣，鸣竟刻，明即止，瓶以琉璃，饲以青蒿，状其声名，曰金钟儿。"（图一三一）根据六种鸣虫的生长习性，王世襄推断：缘枝类的蝈蝈、札嘴，"高离地面，依其习性，容具宜有绰裕空间，故葫芦腰多偏上，且任其中空，不垫土底。正因其中空，故口上只安体质极轻之有孔瓢盖，不加框子及蒙心，以免头重脚轻，容易倾仄"。穴居类的油壶鲁、蛐蛐、梆儿头和金钟，"终其身不离土壤，为适其习性，所用葫芦皆垫土底。腰多偏下，俾可与底之斜坡相接，否则有碍发音。垫底葫芦，重心在下，故口上可以安框子及蒙心"。所有鸣虫，一器只畜一雄，喜群居者，仅金钟一种。

《冬虫篇》中还记有王世襄秋捉蝈蝈、冬怀鸣虫的几桩十分有趣的往事。这里不妨摘要如下，以展其童心未泯的风貌：其一，蝈蝈闹课堂。此事发生在公元 20 世纪 30 年代。当时，他在燕京大学读书。据他讲："邓文如先生在穆楼授《中国通史》，某日椅近前排，室暖而日暄，怀中蝈蝈声大作，屡触之不止。先生怒，叱曰：'你给我出去！是听我讲课，还是听你蝈蝈叫！'只得赧然退出。同学皆掩口而笑。此后谒先生，未再受呵责。两年后季终命题《论贰臣传》，呈卷竟予满分。盖先生未尝以学生之不恭而以为终不可恕也。"其二，声似琴音。公元 1955 年，王世襄与著名古琴演奏家管平湖先生一道供职于中国音乐研究所。某夜，王世襄正在听管先生弹奏古琴名曲《广陵散》。忽然，他在西山灰峪捉到的大草白蝈蝈从怀中发出聒聒的叫声，与悠扬的琴声交织在一起。管先生连声说："好！好！好！"并顺手拨了一下琴弦后说道："你听，好蝈蝈跟唐琴一弦散音一个味儿。"雅与俗在这里交融得如此的和谐。其三，西山"拉练"。他在《冬虫篇》中回忆道："养虫家绝少自捉自养，捉蝈蝈之劳累不亚于'拉练'急行军，而余独好之，不以为苦……'十年浩劫'中，除非禁锢在'牛棚'，秋分、霜降间，晴朗之日，常在山中。生逢乱世，竟至国不成国，家不成家，无亲可认，无友可谈，无书可读，无事可做，能使忘忧者，惟有此耳。惜西山近处，由于污染，蝈蝈已稀少，且无佳者，不得不远往安子沟或牛蹄岭。当时，每月领生活费二十五元，实无余资乘长途汽车，只有骑车跋涉。半夜起程，

一三二　袁荃猷的速写《世襄听秋图》

抵沟嘴或山麓，日初升，待入沟或越岭，已上三竿，而蝈蝈方振翅。午后三时即返回，入城已昏黑多时。骑车往返百数十里，入沟登山，往往手足并用，亦不下二三十里，迨至家门，臀腿早已麻木，几不知如何下车。巷口与邻翁相值，见我衣衫零落，狼狈不堪，笑谓：'你真跟打败了的兵一样。'此语诚对我绝好之写照。私念得入山林，可暂不与面目狰狞、心术险恶之辈相见，岂不大佳。"其四，侧耳听秋。这件事还得从王世襄的老伴在公元1984年除夕所画的一幅速写说起。图中的王世襄坐在一个圆笼旁，双手捧着一个长长的纸筒，正侧耳听着什么……画面右上角题有"世襄听秋图"五字。何谓

"听秋"，王世襄为老伴的这幅速写作了如下的解说："养虫家多备圆笼、汤壶、毡棉裹之，周匝安放葫芦及山罐（有釉小陶罐，薄铁为盖，底垫土，可养油壶鲁、蛐蛐等四种鸣虫），每日晨昏或一昼夜换沸汤一次。此为'蹲虫'之具。'蹲'者谓暂置于此，俟其振翅发声，再选其佳者入怀。初蜕虫不能鸣，旬日后方振翅，半响一二声，名曰'拉膀'。又旬日，连续而渐长，曰'连膀儿'，选虫斯其时。顾一二十虫在一笼，鸣声此歇彼起，不知入选者究在何许。予每坐圆笼旁，卷长纸筒凑近葫芦，侧耳寻之。老妻笑我嬉戏如顽童而静肃又若老衲，拈笔速写如图，并以'听秋'名之。"（图一三二）以虫为媒，夫唱妻随，真是其乐融融。

4．范匏与火绘葫芦

与冬怀鸣虫有关，王世襄还有两种爱好值得一提。这就是范匏与火绘葫芦。

范匏，又名匏器、葫芦器，俗称"模子葫芦"。范匏的具体做法是当葫芦幼小时，将它放入有阴文花纹的模具，秋天长成后取出，不仅形态悉如人意，花纹亦隆起宛若浮雕。它无疑是我国独有的一项巧夺天工的传统工艺。据考证，范匏起源甚早。从商承祚先生于公元1939年所写的《长沙古物见闻记》中的"楚匏"一则来看，可能在战国时已施范于葫芦上面了。明、清以来，范匏这一民间技艺日臻成熟，并传入宫廷。故宫所藏的清康熙、乾隆时期的匏器蔚为大观，有数十种、一二百件之多，可分为盘碗、笔筒、鼻烟壶、案头陈设、畜虫用具等，均造型典雅，花纹工整，范制精美，色泽莹润。清末，"模子葫芦"的种植集中于徐水、天津两地，所制的匏器又仅限于畜虫用具。

公元1938年，王世襄就读燕京大学期间，曾在校园东门外的自家园子里试种葫芦。他精心旋了一个六瓣木模，其上摹绘张和庵《百花诗笺谱》中的一枝月季花，左下有"又筠制"三字小印，并将模具上的图文镂成浮雕花纹后，再送到东郊六里屯盆窑翻制成内壁有阴文花纹的瓦范。可惜，这一年蚜虫为虐，放入瓦范内的葫芦仅有两三个成器（图一三三、一三四），且胎薄欠坚实。公元1939年

一三三 王世襄范制
的"又筠制"
款月季纹蝈
蝈葫芦

一三四 王世襄范
制月季纹
蝈蝈葫芦
上的"又
筠制"款

一三五　范匏绝艺重获新生。王世襄（左二）、张金通（左一）
　　　　站在葫芦架下，笑得如此开心。

以后，王世襄因母亲逝世而埋头学业，不再种植匏器。说来也巧，
他亲手制作的匏范却没有被闲置，而是由虫贩子赵子臣借给天津的
陈某范种，所成之器则流往香港。许多年后，王世襄在香港的古玩
市场上看到这些署有"又筠制"款识的匏器已被好事者当作清乾隆
之物出售时，不禁哑然失笑。年少的玩器，原来还是如此的"金贵"
啊！公元20世纪50年代，由于社会的急剧变革，徐水、天津已无
人再种模子葫芦，范匏技艺濒临绝灭。公元1960年，王世襄有鉴于
这一传统技艺的消亡，曾写过一篇《谈匏器》的文章向社会呼吁，
但终因有玩物丧志之嫌而没有被有关刊物采纳。公元1979年，沐浴
改革、开放的春风，压在箱底近二十年的《谈匏器》一文在《故宫
博物院院刊》发表，即刻引起了有志者的反响。经过十余年的努力，
京、津郊区的一些农民，例如，北京南郊的张金通、天津的王强等

都突破了制范、雕木、翻瓦等方面的技术难关，在种植的各个环节上进行了成功的探索，获得了一批又一批范匏佳作（图一三五）。面对这项具有悠久历史的技艺绝处逢生，王世襄尤感欣慰！他特意撰写了《范匏绝艺庆重生》一文，发表在《燕都》1992 年第 5 期。庆贺之余，他还提出了值得改进的五点忠告。公元 1993 年，为了让范匏这一传统的绝艺在海内外更加广为人知，他在香港壹出版社用中、

一三六　公元 1989 年，画家黄永玉为祝贺王世襄《说葫芦》定
　　　　稿而绘制的《葫芦图》。

英文出版了《说葫芦》一书（图一三六、一三七）。此书分上、下
卷，翔实具体而又图文并茂地叙述了天然、人工雕饰的葫芦以及贮
养鸣虫的葫芦，使这一濒临湮灭的传统技艺绝处逢生后又登上了可
以传承相袭的学术殿堂。王世襄在谈到自己在范匏上的种种努力时，
曾经胸怀坦荡地说道："凡此虽得诋之为玩物丧志，亦喜其可冶性陶
情。毁誉纵殊，终不失为我国独有之民间习俗。鉴于明、清以来，
鲜有形诸笔墨，故不辞琐屑，缕缕述之。知我罪我，皆非所计也。"

　　一三七　王世襄编著的《说葫芦》（中、英文本）和《中国葫
　　　　　　芦》（中文本）

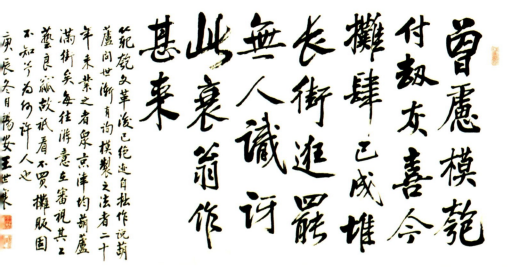

曾应模范

付觌友喜会

摊肆已成堆

长衔逛罢

无人识诗

屿衰翁作

甚来

范匏文革后已绝迹自拟作说葫
芦问世渐有询模製之法者二十
年来紫之者泉京津均䔧芦
满街矣每往涉意至审视其工
艺良微敬祇看不买摊贩固
不知苎为幻许人也
庚辰冬月畅安王世襄

　　一三八　公元 2000 年，王世襄面对范匏工艺绝处逢生，甚感欣
　　　　　　慰，特挥毫泼墨，赋诗自娱。

（图一三八）

　　火绘葫芦，又称火画葫芦，为火绘烫花技艺的一种。它用火画
的方法，烧炙葫芦表面，借焦黄的烙痕，呈现各类丰富的图文。从
生长规律而言，葫芦初收，皮色白皙，三五年后转黄，年愈久愈深，
直至红紫。火画只宜施之于色浅者，如已深黄，烙痕与皮色就很难
分辨了。火画葫芦始于何时，有待考证。据今所知，北京可以追溯
到的最早的名家，当推清朝咸丰、同治年间的旗人白二。他在隆福
寺以售葫芦为业，旋口框，雕蒙心，烫葫芦，无所不精。其子文三，
继承父业，名声渐著，雕工、火画更加严谨而细致。清末以后的火
画名家有李润三、溥佣、管平等。他们都各怀绝技。

　　王世襄学习火画葫芦是在公元 20 世纪 30 年代初。据他回忆：
"予年十七八，王珍赠我铁针二，粗香一束，学火画葫芦自兹始。王

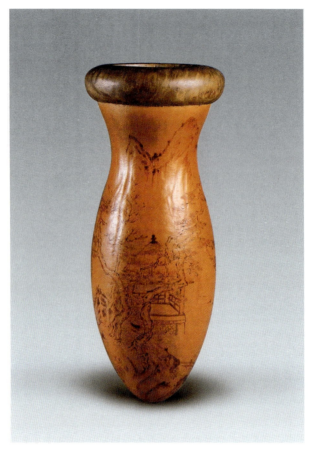

一三九　王世襄火绘北宗山水蝈蝈葫芦

珍世居隆福寺孙家坑，自其祖始即设葫芦摊，粗知火绘，烫所谓'行活'在东西庙（隆福寺、护国寺）出售。予改其针形而自制多枚，大小、形状各异，所画不止畜虫葫芦，并烫鸽哨等，直至大学卒业后始知读书，弃不复作。七八年间，所画不下二百器。当年为虫友索去者已不可踪迹，所剩无几。"王世襄自己还珍藏的火绘葫芦，有畜虫的葫芦（图一三九），也有用作鸽哨的葫芦，所烫图案大都取自历代名家的山水、花鸟之作，亦有自己即兴而成的小品，展示了他在中国古代书画方面的深厚功力（图一四〇～一四二）。时隔几十年，他的老伴在《大树图》中还专门刻上了两件火画作品，并

一四〇 王世襄火绘菊花"祥"字截口葫芦

一四一 王世襄火绘双钩竹"祥"字众星捧月葫芦

津津有味地回忆道:"世襄工火绘葫芦。当年他父亲买了一个大匏,对世襄说:'如烫画得好,就给你了。'他以一夜之力把金代武元直的赤壁图缩摹于上。图中所示即此大匏(图一四三)。另外一对红木小圆盒,盒盖镶火绘葫芦,内盛红豆,是世襄1945年从重庆归来后

一四二　王世襄火绘残帖"祥"字葫芦

赠我的定情之物。"对自己曾经有过的这手"绝活",王世襄到晚年仍不能忘怀。他在公元1993年出版的《说葫芦》一书中曾专门提到火画葫芦,循其源流,详陈做法,以利后辈传承。

5. 架大鹰

架鹰逐兔,与养鸽放飞、秋斗蛐蛐、冬怀鸣虫、范匏绘葫一样,曾经是王世襄年轻时的又一种爱好。有人问他:为何爱鹰?他引用晋代高僧支遁的一句妙语作答:"赏其神俊!"(图一四四)当然,除了欣赏大鹰的神采,另外还有实际的用途。他在《大树图歌》中这样描述道:"大鹰尚正青,葡萄点白嗉。紫韝蓝丝绦,铜旋龙回互。昼夜禁睫交,拂晓俟飐吐。兼旬野性除,车马已不怖。伸臂呼即来,一日三五度。驯成解絷维,荒郊逐狡兔。"

王世襄玩鹰大约有七八年,主要是在高中和大学期间。据他回忆:"我在高中读书时,鹰始终没有放痛快过。家住城里,好容易盼到一个星期天,清早出城,下地已过中午,掌灯后才回来,时间大半耗费在路上。待上燕京大学,却有了特殊的放鹰条件。我住在东门外一个二十多亩的园子中,出门就放鹰,周末不用说,周间下午

一四三　王世襄抱着自己早年火绘的金代武元直赤壁图大匏，
对求学时已擅长的这手"绝活"，仍难以忘怀。

没有课也可以去。加上逃学旷课，每周都可以去上两三次，真是得
其所哉！得其所哉！"正是这种神仙般的日子，在王世襄的脑海里留
下了深刻的印象。他考入燕京大学研究生院以后，不再玩鹰，此后
也没有了这个时间和这份雅兴。可是，玩有所得，玩有所思，玩有
所写。王世襄读研究生的第二年曾提笔写过一些捕鹰、驯鹰、放鹰
的纪实性文章，并连续发表在当时北平的《华光》杂志 1939 年第一
卷 4 期、6 期和 1940 年第二卷 1 期。时隔半个多世纪后，王世襄重
读学生时代所写的养鹰的纪实性文章，仍然感觉到昔日的欢乐时光
就好像发生在昨天，心情久久难以平静。他在增加文字描述和补充
彩图后，将改写稿以《大鹰篇》为题发表在公元 1994 年 8 月出版的
《中国文化》杂志。

　　《大鹰篇》是纪实忆旧的散文。尽管它描述的是民国年间老北京

一四四　元代雪界、张师夔《古桧苍鹰图》

的一种娱乐癖好，正如王世襄所说"本篇只讲我亲身驯养过的大鹰，分为打鹰、相鹰、驯鹰、放鹰、笼鹰五节"，可是人们至今读来，仍觉活灵活现，感同身受。同时，它也为今天的玩家和研究北京民俗的学者提供了一份记录翔实、不可多得的宝贵资料。王世襄在此文中首先界定了"鹰"的含义："鹰，其广义被用作猛禽的总称，包括体型最大的雕（别名曰鹫）类；体型次大的鹰（即所谓"大鹰"）和鹯（北京称兔虎，乃兔鹯一音之转）；体型最小的隼类（鹞子、细雄、伯雄、松子等皆属之）。狭义的'鹰'把雕和鹯排除在外，只包括捉兔、雉的'大鹰'、捉较大鸟雀的'鹞子'和捉小鸟的隼。"接着，他向人们绘声绘色地讲述了亲身经历的打鹰、相鹰、驯鹰、放

一四五　大鹰（左为豆黄儿鹰子，右为已有三四年的老鹰）

鹰的种种往事……谈到打鹰，他讲述了公元 1938 年秋天去西山看打
大鹰的一次有趣的经历。当时，他为了买鹰而去西郊青龙桥西北镶
红旗北门的赵四家。因赵四已在山上，故索性上山而看到了依势布
网、设油子（即诱惑大鹰的鸽子和胡伯喇）、置看雀、捕大鹰的全过
程。说到相鹰，他则从辞赋歌诀、论说笔记、养家口诀中发现千余
年来相鹰的方法竟绝大部分吻合一致。其主要环节有四项：（一）雌
雄。鹰类与一般禽鸟相反，雌大于雄。（二）年龄。大鹰自幼到老，
每年换羽毛一次，每次换羽毛纹理都有变化。大鹰出生第一年，胸
部每根羽毛上都有上细下粗的长点（即所谓纵理）。次年换羽毛，长
点变成横道（即所谓横理）。养家据此可以判断鹰的年龄（图一四
五）。（三）颜色。唐人段成式《西阳杂俎·肉攫部》就记有黄麻色、
青麻色、白兔鹰、散花白、赤色、白唐（唐即黑色）、黄色、青斑、
赤斑唐、青斑唐、土黄、黑皂骊、白皂骊等颜色的鹰，并认为青不

一四六　训鹰叫溜子之一（鹰从举者手臂飞起）

一四七　训鹰叫溜子之二（鹰飞至途中）

一四八　训鹰叫溜子之三（鹰已飞到叫鹰者的套袖上）

一四九　宋代赵子厚《花卉禽兽图》极为形象地
　　　　描绘出大鹰捉兔的精彩瞬间，令人过目
　　　　难忘。

青、黄不黄的青麻色为下品。（四）形相。隋人魏澹《鹰赋》中的一段可作参考："若乃貌非一种，相乃多途。指重十字，尾贵合卢。立如植木，望似愁胡。嘴同剑利，脚若荆枯。亦有白如散花，赤如点血，大文若锦，细斑似缬。眼类明珠，毛犹霜雪。身重若金，爪刚如铁。或复顶平似削，头圆如卵。臆阔颈长，筋粗胫短。翅厚羽劲，髀宽肉缓。求之群羽，俱为绝伴。"讲到驯鹰，王世襄深有体会："养了七八年鹰，使我感到为了驯鹰，熬夜遛远，只要豁得出去，并不难。难在调节食水，控制体重，掌握分寸，恰到好处，使鹰不致因火候欠缺而背人飞去，又不致因火候过头，体弱身孱而无力捉兔。"（图一四六～一四八）纵论放鹰，王世襄更是眉飞色舞，滔滔不绝："我还记得有一次在清华园北大石桥靠近圆明园放鹰，那一带有不少菜园子，地势不好，猫（北京称兔曰"猫"）却不少。顺着河边一大片棉花地，我们五个人，勉强排过来，每人相隔三丈，东西两边距地头还有好几丈远。兔子真鬼，擦着东边往北溜了出去。鹰看见了，我却连影儿也不知道……兔子影子在豁口一晃，鹰和我都看见了，一挺身，鹰飞过了围脖。往东追下去，有间草房，兔子在前，紧追是鹰，随后是我，走马灯似的围着草房转……眨眼来到场院尽头篱笆转角处，兔子使足了劲，想要蹿越而过。好鹰，它好像知道兔子要干什么，不再粘着它而忽地翻身入空，起来一两丈高，两翅一抿，尾巴朝天，闪电般地俯冲下来。兔子往上跳，鹰向下落，两个碰个正着，滚作了一团。我慌忙赶到，气喘不过来，一手把住兔子后腿，一屁股坐在地上，连边上有位摘棉花的老太太都没有看到，差一点坐在人家的三寸金莲上。上面说的正是所谓桃尖尾鹰'犯哨'的逮法。'兔起鹘落'，刹那间即使有照相机在手也很难将它拍下来。好在有一幅古画可以作为插图，那就是宋赵子厚的《花卉禽兽图》。"最后，王世襄提到了笼鹰："中秋以后到隆冬，是放鹰的季节，最晚可放到来年早春。此后须将鹰放进一具大笼子，在人工饲养下，脱换羽毛，长出新生的钩嘴和利爪，秋天又可以下地猎兔。"在《大鹰篇》的结尾，王世襄意犹未尽地感叹道："我爱鹰，举着它已觉得英俊飒爽，奕奕有神，更不用说下地捉兔了。"（图一

四九）

6. 训獾狗

　　训狗猎獾，也是王世襄青少年时期热衷的众多玩意儿的一项。他在《大树图歌》中绘声绘色地说："相狗经未刊，口传却有谱。上选可搏獾，壮硕猛如虎。客出孟尝门，善相复善捕。为觅谱中獒，日巡千万户。一旦搏之来，剪耳入行伍。完此摘帽仪，易名事新主。昼扃蓄其锐，夜遛弭其怒，蹲坐久愈佳，侦守神乃注。结伴赴郊坰，迹獾来古墓，冢上洞穴多，深邃不胜数。猎獾如用兵，狗力慎部署。中宵返巢穴，狗噬人亦助。微熹已奏功，舆獾在归路。"他的老伴也感叹道："养狗养鹰使世襄结识了三教九流、不同阶层的许多朋友。真玩，就得吃苦受累，不料却锻炼了他的身体，至今受益。"

　　"獾"，似狗而矮，利齿锐爪，依洞穴居，昼伏夜出，食农作物，是一种害兽（图一五〇）。经过训练，用以猎獾的狗曰"獾狗"（图一五一）。养狗猎獾，又称"逛獾"，是清代京城八旗子弟中摔跤习武之辈的一种癖好，也可以说是一项玩乐享受的运动。它作为老北京的一种玩意儿，一直延续到公元 20 世纪 30 年代末才逐渐绝迹（图一五二～一五四）。王世襄十七八岁时，为了学摔跤，专门拜原清朝善扑营头等扑护瑞五爷、乌二衮为师。受他们的影响，他开始训獾狗，并结识了不少有名的养狗家，如小崇、亮王、王老根、大

一五〇　獾

一五一　黑花獾狗

一五二　遛狗用绊示
　　　　意图

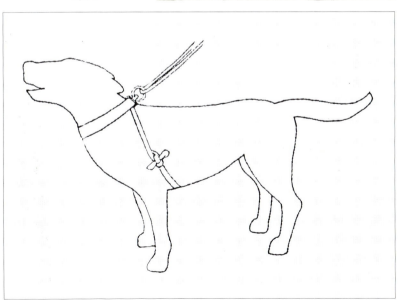

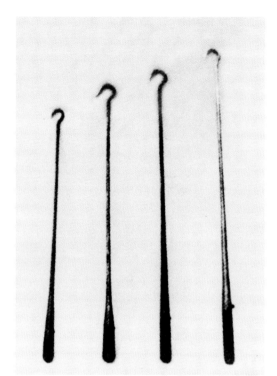

一五三　逛獾用的钩子

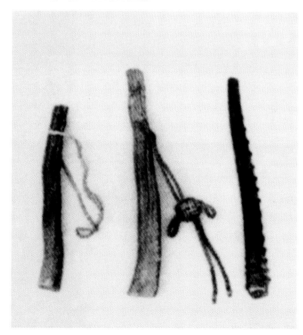

一五四　逛獾用
　　　的棒子

马把、聋李四、菜胡、白把等，其中跟荣三交往甚密。王世襄养狗有七八年时间，除了训狗、逛獾，还特意把养狗家口中代代相传的《獾狗谱》笔录下来。事过境迁，王世襄不再养狗，他手录的《獾狗谱》也被束之高阁。半个世纪过后，他在整理旧稿时意外地发现历经浩劫后此稿还在。他不无感慨地说："暌违一甲子，见此蠹余，恍如隔世。一时兴起，拈笔重抄。"据此而起，就有了王世襄发表在《中国文化》1994年第9期的《獾狗篇》。

王世襄在介绍此文时写道："本篇包括两个内容：甲章，獾狗谱；乙章，训狗与逛獾。参阅二者，可对绝迹已逾半个世纪的北京这一习俗癖好，有一个基本了解。"甲章的《獾狗谱》不长，产生的经过，王世襄也讲得很明白："为了学习相狗，请荣三口授，把《獾狗谱》笔录下来。后又请其他几位老行家背诵，把荣三口授所无的及字句有出入的记了下来。合在一起，在分段上稍作整理。"正是有了王世襄在五十余年前的这番"良苦用心"，才使得今天的人们能够如此完整地看到这份十分珍贵的反映老北京民俗的口头文学：

"獾狗有谱自古传，撩儿不去惹人嫌。先相狗神后相形，行动坐卧看分明。毛里毛糙缺心眼（儿），稳中有巧智多星。春秋争槽时机好，一招一式看得清。掐架不能占魁首，日后咬獾也无能。头号狗长三尺六，二号狗长三尺三，三号狗小别小看，长得筋豆也咬獾。选狗选头最要紧，好比相面看五官。筒子头长似柳罐，牛头舒展脑门宽。又长又宽除非画，百里挑一难上难！细腰吊肚大前胸，尾巴摇摆一条鞭。赶上砸腰螺丝转，抖开骨节也冲天。要命就怕压根（儿）压，没辙难倒活神仙。两眼掉坑筷子戳，眼角瘀肉似血鲜。泡子眼珠耽误事，嘴滑不咬夵（读 sóng）又奸。耳根要硬不要软，硬根摘帽不碍难。毛糙抹拭（读 mā sè）能挡手，皮松骨头一身圆。馒头爪儿高桩样，腿似硬弓绷上弦。黑花舌子性猛烈，拉出一遛显不凡。虎牙第一要完整，缺了咬獾合不严。颏下长须有说词，要一去二还留三。还有一点不用讲，要是四眼全玩（儿）完。黑狗准，青狗狠，狸狗机灵黄狗稳。黑有几种黑，闪红彤毛黑，闪灰是曹黑，白爪送炭黑，白胸瞎子黑，白腿黑点豹花黑。青有几种青，闪黑叫铁青，闪白叫狼青，闪红叫火青，上青下黄马粪青。白青本名希里哈（满语，即精选之意），燕蝙蝠（读 yàn bó hǔ）在脑门挂。铁背苍狼真不赖，自古人称乌云盖。青狗难得白脸狼，獾子见了准遭殃。青狗最怕黑乌嘴，摆忙只会瞎汪汪。狸狗又叫虎皮豆（儿），道儿要真色要透。狸有几种狸，闪黄叫火狸，闪青叫青狸，道儿不真叫浑狸，十年不遇是白狸。黄有几种黄，浅黄为草黄，深黄为酽黄，不深不浅是正黄，黄狗白脸金不换，初八晾狗人争看。三块黄，四块黑，豹花碎点满身飞。青花狸花真少有，遇见谁都不撒手。眼镜、偏儿、抓髻花。谱上有名人争夸。诧（读 chà）色还有一身紫，老爷赤兔想如此。难得紧毛一堂（儿）灰，灰鼠皮袄反转披。要说盖盖（儿）数白狗，各色皮毛它居首。鼻子顶个屎蚵螂，白狗黑鼻真叫棒。紫鼻、红鼻太可惜，不算白狗不为奇。只要古谱背得熟，好狗牵来不用愁。春秋两季（儿）把獾咬，挂在茶馆齐叫好。里外三层人围观，人更精神狗也欢！"

7. 品美食

孟子曰："食、色，性也。"老百姓说："民以食为天。"说来也怪，大家每天都在吃，可要吃好，做出名堂，讲出道道却不易。王世襄家境殷实，久居京华，曾品尝过许多美味佳肴。他在几十年大起大落的人生旅程中，又到过海内外的许多地方。由于他喜好交游，善于观察，刨根问底，故而在厨艺上形成了"善吃、善做、善品评"的特点，在京城文化圈内享有盛誉。王世襄在这方面的逸闻趣事甚多，下面择其少许，以窥其貌：

善吃，就是吃得津津有味，吃出名堂。王世襄对京城餐饮业特别熟悉，尤其是对山东菜、清真菜和宫廷菜组成的"京味菜肴"见多识广，对传统而正宗的吃法具有真切而细腻的感受。他在谈到民国年间北京有名的饭馆酒楼"八大居"（广和居、同和居、和顺居、泰丰居、万福居、阳春居、恩承居、福兴居）和"八大楼"（东兴楼、安福楼、致美楼、正阳楼、新丰楼、泰丰楼、鸿兴楼、春华楼）时，对东兴楼的菜肴情有独钟。他兴奋地回忆道："山海奇珍，我当年吃到的次数不多，但若干品色，如酱爆鸡丁、芙蓉鸡片、烩两鸡丝、烩乌鱼蛋割雒、扒三白、糟溜鱼片、糟煨冬笋、芫爆肚仁、醋椒鱼等，都是'保留节目'，几乎每席必点，百吃不厌。至今忆及，齿颊尚有余芬。"除了一般的菜肴，他还对一些菜肴有特殊的偏好，并享受过非同寻常的吃法。例如，吃螃蟹。他在燕京大学读书时，校东门外常三小馆的老板请他吃饭。时届深秋，老板知道他不爱吃团脐，所以端上桌来的只只都是白膏盈壳的雄蟹。吃鲍鱼。公元20世纪40年代，他随前辈去吃谭家菜。那时，谭琭青先生健在，席间欣然请他们尝烧紫鲍这道名菜。只见大盘中的鲍鱼只只有如鹅蛋大，堆起如隆丘，色泽红亮，汤汁不多，入口软而不烂，火候恰到好处。除了色、香、味"三绝"，还具备一个"质"字，真是妙不可言。因为养鸽，王世襄与东兴楼少东家小安子相识。一次聚餐，他们吃到了东兴楼的名菜龙须菜扒鲍鱼。这道菜里，龙须菜来自美国，有拇指般大的鲍鱼来自日本，用地道的山东奶汤扒法，汤汁晶莹，洁白悦目，令人玩味无穷。吃萨其马。王世襄最喜欢到当年开设在东四八条口外的瑞芳斋去购买萨其马。他最爱吃的萨其马是用奶油和面制成的。这种奶油产自内蒙古，装在牛肚子内运来北京，经过一番发酵，已成为一种干酪，具有特殊的风味。除了以上所述，王世襄还对蘑菇、山鸡、豆苗、辣菜等的吃法颇有心得。他在谈到吃辣菜的感受时津津有味地写道："记得当年北京隆冬季节，天寒地冻，朔风凛冽，却从胡同里传来卖辣菜的吆喝声……花一两毛钱（童时只须花两个铜板），盛上一碗，加些酱油、醋、白糖，滴儿滴香油，吃起来别有风味，只觉得冷袭齿牙，辛辣之气，钻鼻而上，直冲脑髓，不禁流出了眼泪。说也奇怪，辣过之后，竟有一种说不出的舒适轻松感。尤其在大啖鱼肉厚味之后，吃上一些，爽口通窍，大有祛腥消腻之功。"他在谈到另一种素菜豆苗时，又忘情地说道："我生长在北京，从小就爱吃豆苗……抗战期间，来到四川才吃上炒豆苗。记得很清楚，农历正月，田埂上的豌豆秧已长到一尺多高，掐尖炒着吃，真是肥腴而又爽口，味浓而又清香，乡镇路旁卖豆花饭的小摊，都可以吃到。坐下来要一碗'帽儿头米饭'和一盘'炒豆尖儿'，真是美哉！美哉！"

一五五　公元 1980 年某日，王世襄正兴致勃勃地在出版家
范用的厨房"借勺"烹饪，以菜会友。

善做，就是因地制宜，以巧取胜，乐此不疲。王世襄从年轻时开始，就对烹饪极有兴趣。游历各地，宴饮雅聚，他都尽可能抓机会向掌勺的大师傅请教，尽可能到厨房观摩，有时还亲自上灶"操练"一番。到亲朋好友家里，他也总喜欢亲自下厨，露几手"绝活"（图一五五）。当然，王世襄毕竟不是专职的大师傅，也不可能去做满汉全席般的华美盛宴。他往往是以文人的睿智，就地取材，以巧制胜，创作出一些饱含情趣、独具风味的精致菜肴。早年，他在燕京大学读研究生时，就住在校外，自己开伙。有时候，他兴致来了，想吃暴火的菜，如爆肚仁，就自备此菜的原料，到校东门外的常三小馆，利用与老板的"特殊"关系，亲自下厨，用他的话讲就是"借勺颠两下"。这样做的好处，一来是原料地道，对胃口，饱了口福；二来是自己动手，既增加了厨艺，又过了一把做菜的瘾。这个习惯，伴随他家内家外，走东闯西，至今未变。令王世襄不曾忘怀的比较特殊的下厨经历有那么几次：一次是公元 1948 年秋天，王世襄在美国纽约考察时为老舍先生做菜。他在后来所写的《老舍先生吃过我做的菜》一文中回忆道："当时在那里旅居的燕京学长有瞿同祖、赵曾玖夫妇。我是走到哪里都想找地方做菜的，他们两位又欢迎我去，所以不用事先约好，早晨买到东西便提包进了瞿家的厨房。我和老舍先生第一次见面是在瞿家。就在那天中午老舍先生吃到了我做的菜。"王世襄就地取材，灵机一动，顺手做了面包虾和鸡片炒龙须菜。面包虾，又叫虾仁吐司，公元 20 世纪上半叶在上海一直很流行。它的具体做法是把切成薄片的无糖白面包，切掉四边，改成四小块，然后堆上虾泥（虾可用小包的冻虾仁，化冻后斩成泥，调入打好的鸡蛋清和玉米粉，加入葱、姜末及作料就行了），再往上撒些洋火腿末和粘一片外国香菜叶，最后用提炼过的棉花籽油油炸而成。鸡片炒龙须菜，则用商店买的鸡脯肉切薄上浆过油，另用鸡骨架煮成高汤备用，再把又肥又白的龙须菜去根部后斜刀切片。烹饪后，龙须菜微苦略脆，茎尖呈浅绿色。整道菜白绿相间，味鲜色美。一次是公元 1959 年左右，王世襄在北京请老友张珩吃蘑菇。张珩是一位著名的书画鉴定家，也是一位美食家。他向王世襄几次提到上海红房子西餐馆的黄油煎蘑菇如何隽美，而他请王世襄在北京东安市场吉士林吃这个菜时又大失所望。为此，王世襄两次买来鲜蘑，一次是鸡腿蘑，一次是人工种的鲜蘑，精心做好，请他品尝。其结果使张珩大快朵颐，连声说好。王世襄选料烹饪的手艺可见一斑。又一次是公元1973年春夏之间，王世襄在湖北咸宁五七干校苦中做乐而成的"鳜鱼宴"。他追忆道："一次饯别宴会，去窑嘴买了十四条约两斤重的鳜鱼，一律选公的，亦中亦西，做了七个菜：炒咖喱鱼片、干烧鳜鱼、炸鳜鱼排（用西式炸猪排法）、糖醋鳜鱼、清蒸鳜鱼、清汤鱼丸和上面讲到的鱼白溜蒲菜，一时被称为'鳜鱼宴'。"其中最令王世襄得意的是"糟溜鳜鱼白加蒲菜"这道香糟菜。据王世襄讲：由于干校紧靠湖滨，得天独厚，故"鳜鱼一律选公的，就是为了要鱼白，十四条凑起来有大半碗。从湖里割来一大捆茭白草，剥出嫩心就成为蒲菜，每根二寸来长，比济南大明湖产的毫无逊色。香糟酒是我从北京带去的。三者合一，做成后鱼白柔软鲜美，腴而不腻，蒲菜脆嫩清香，恍如青玉簪，加上香糟，其妙无比，妙在把糟溜鱼片和糟煨茭白两个菜的妙处汇合到一个菜之中，吃得与会者眉飞色舞。"还有一次是公元20世纪80年代初，王世襄为一位美国朋友做冷碟。这件事还要追溯到三十多年前王世襄与这位朋友在美国的"君子协定"，即有朝一日请他到北京来品尝中国的冷碟，以辨中西冷碟的优劣。三十多年过去了，一天早晨忽然接到这位朋友的电话，说中午要到王世襄家吃饭。他非常狼狈地用熟菜和罐头待客，完全没有了"烹饪大师"的面子。为了争口气，他请这位朋友再来时一定要事先告知，以便有所准备。隔了一年，这位朋友果然来了，并在一周前有信相告。当时已届冬令，王世襄做了南味的酥鱼和羊羔、福州的炸油菜松和冬菇冒笋、北京的炒素菜丝和仿虾米居的野兔脯、浙江的糟鸡、南北都有的糖醋辣白菜墩及酱瓜炒山鸡丁等。这回朋友服了，承认中国冷碟有荤有素，原料用得宽，色、香、味变化大。尤其是素菜不仅特别好吃，还合乎卫生要求。王世襄用自己的厨艺为中国菜肴争回了荣誉。

善品评，就是对所吃、所做能够追根溯源，引经据典，分析原

一五六　北京市改革、开放后创办的第一家私营餐馆——悦宾
　　　　饭馆

因，说出究竟。王世襄在这方面的工作主要体现在为饭馆题联、亲
自参加烹饪鉴定会、为菜谱写序、整理有关烹饪的古文献和他人的
旧著等方面。王世襄一生大起大落，经历坎坷，为饭馆题写的对联
不多，基本上集中在他读大学时和公元 20 世纪 80 年代以后。这些

对联引经据典，巧思妙语，特色鲜明，读后令人余味无穷。时间较早的有前文已经提到的他在燕大读书时为常三小馆题写的两幅对联。公元 1980 年左右，沐浴改革、开放的春风，王世襄摆脱了长期的压抑。他重新题笔为北京第一家私营饭馆"悦宾"题写了一幅藏头联："悦我皆因风味好，宾归端赖色颜和。"（图一五六）后来，他还为悦宾的分馆题写了"举杯皆喜悦，到此即神仙"的对联。公元 1986 年，他为天津古文化街上的苏州得月楼题联："听钟犹忆寒山寺，品馔今夸得月楼。"同年春节，他又为祝贺同和居新楼开业特别题赠："同味齐称甘旨，和羹善用盐梅。"公元 1993 年 10 月，王世襄偕夫人访问台湾，途经香港，柳和青、王丹凤夫妇特邀在他们开设的餐馆品尝素食，因对玉蜀黍须烹制的冷碟印象深刻，故赠上一联，以示幽默："不上梧枝栖翠柳，巧烹黍穗作银丝。"此联征得王女士同意后曾在报刊上发表。"文化大革命"结束后，王世襄的社会地位有了极大的提高，他在美食方面不同凡响的鉴赏能力也引起了餐饮业同

一五七　王世襄应邀于公元 1983 年 11 月参加全国烹饪名师技术表演鉴定会的请帖。

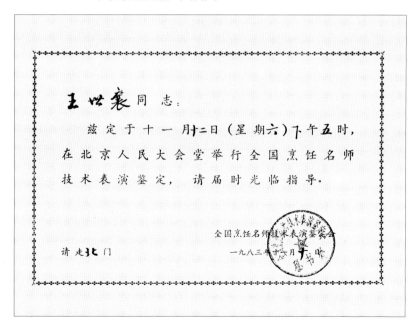

仁的重视。公元 1983 年 11 月中旬，王世襄以特邀顾问的身份参加了在北京人民大会堂举行的全国烹饪名师技术表演鉴定会（图一五七）。在这次历时八天的高水平的厨艺大会上，王世襄与众多名家交流、探讨，感受颇深。他在《中国烹饪》1984 年第 2 期撰文记载此次大会的盛况，并精辟地指出："我国菜肴，讲究色、香、味、形、器，五者都很重要，但其间仍有主次。最重要的还是味……总之，菜肴供人食用，是舌根鼻观美的享受，故自应以味当先。"他正是从这种"以味当先"的美食理念出发，针砭了当时社会上流行的徒有形色、精雕细刻、索然无味的许多"花活"，阐明了自己的美食思想。公元 1988 年，他受邀为中国财经出版社出版的《中国名菜谱》北京风味卷、福建风味卷撰写了两篇序言。其中将"北京菜"明确地界定为"由适合北京人口味的山东菜、以牛羊肉为主的清真菜和从明清皇家又回到民间的宫廷菜组合而成"的菜肴。公元 1989 年，经王世襄的特别推荐，文物出版社出版了金琪先生撰写的《饾饤琐忆》。此书共四十篇，记载了公元 20 世纪前期北京的各种小吃。书首刊有王世襄专门题写的四首七绝，体现了一位美食家思古喻今、笑迎盛世的情怀：（一）不谱丰肴供御筵，寻常百姓食为天。《饾饤琐忆》何谦甚？鸿制堪称《睂味篇》！（二）京华知味旧王孙，巷贩街摊仔细论。我亦频年萦苦忆，今朝展读梦重温。（三）萨其马硬能伤颚，名锡桃酥竟不酥。寄语诸公齐着力，莫教今昔太悬殊！（四）见说名珍萃国都，国都风味又何如？会看色色皆精美，盛世文明旷古无！

结　　语

　　王世襄从历经沧桑的公元 20 世纪走来，昂首迈进了新世纪的门槛（图一五八）。

　　他在公元 20 世纪走过的人生道路，可谓大喜大悲，祸福交加，令人回肠荡气；他在公元 20 世纪扬起的学术风帆，亦可谓大俗大雅，别开生面，令人叹为观止。

　　他的人生是充实的。岁月悠悠，童心未泯，玩即学，学亦玩，感受生活，品味人生（图一五九）。顺境时，他吃、喝、玩、乐一样不落（读 là），却能达到富贵不能淫的境界；逆境时，他身居漏室，书、画、读、写一样不少，亦能恪守贫贱不能移的气节。面对变化莫测的人生，他在近期将要出版的《自珍集》序言中说出了几十年的处世之道："我则与荃猷相濡以沫，共同决定坚守自珍。自珍者，更加严于律己，规规矩矩、堂堂正正做人。"

　　他的学问也是独特的。从年少求学开始，他的兴趣就五花八门，做学问也常出偏门左道，但却孜孜以求，勤奋耕耘，最终成果硕然。大的学问，诸如明式家具、髹漆、竹刻、古建、书画、雕塑等，均有著述，颇见功力；小玩意儿，则从一般人不太经意的养鸽子、斗蛐蛐、怀鸣虫、范匏器、绘葫芦、架大鹰、训獾狗、品美食等民俗杂艺中，独辟蹊径，成就一家之言。

　　从他的兴趣爱好与传奇经历中，人们可以看到公元 20 世纪老北京的风土人情和沧桑变化；从他的一串串丰硕的学术成果里，人们可以触摸到公元 20 世纪中国文物研究从无到有、曲折起伏的发展脉搏……

　　记录王世襄，研究王世襄，笔者的目的只有一个，就是让人们了解一个真实的王世襄。让普通的人感受他的大喜大悲，在心灵的共鸣中得到慰藉，获得人生的勇气；让有志于做学问的人斟酌他与众不同的治学道路与方法，在科学探索中找准自己的研究方向；让

一五八　历经沧桑的王世襄以坦然自若的心态，笑迎新世纪。

一五九　王世襄年逾高龄却童心未泯，
　　　　无时不在追寻生活之美。他
　　　　身旁的小盆景就是用卜萝卜
　　　　种麦苗而成，构思奇巧，自
　　　　然天成，颇具美感。

一六〇　王世襄近年迁入日坛公园附近的迪阳公寓。他在新居
　　　　的花梨大案上仍然笔耕不止，新作不断……

后来的人明白他究竟做了些什么，昨天的北京是怎样的，在走向明天时应该做些什么。

王世襄是博学的，王世襄是多彩的，王世襄是勤奋的，王世襄也是普通的。他就生活在京城的普通百姓中间。年事已高的王世襄，近些年还提着一个菜篮子，骑着单车，走在北京的大街小巷。也许，他与您擦肩而过，您都不会特别留意，只会认为这是一位和蔼可亲、京腔儿十足、穿着不太讲究的老大爷。有句老话说得好："真人不露相。"王世襄就是这样一位令笔者在此书结尾时仍觉意犹未尽、令海内外文博界的学者与熟悉他的人刮目相看的"真人"（图一六〇）。

附　　录

（一）《自珍集》序

编者按：此文为王世襄先生 2002 年初撰写，其中谈到了他坦然面对人生的准则和做人的信念，是洞悉他悲喜交加的内心世界的一把钥匙。征得王世襄先生的同意，特附录于此，以飨读者。

人或称我收藏家，必起立正襟而对曰："实不敢当！实不敢当！"古代名家，姑置勿论。近现代允称收藏家者，如朱翼庵先生之于碑帖，朱桂辛先生之于丝绣，张伯驹先生之于书画，周叔弢先生之于古籍，学识之外，更雄于资财。以我之家庭背景、个人经历，实不具备收藏家条件。此集所录，除舅父、先慈所作书画及师友赐赠翰墨文物外，大都掇拾于摊肆，访寻于旧家，人舍我取，微不足道，自难有重器巨迹。在收藏家心目中，不过敝帚耳。而我珍之，岂不正合"敝帚自珍"一语。此吾集题名"自珍"缘由之一。

敝帚可喻物，亦可喻人。自公元 1945 年日寇投降后，奔走调查，收回被劫夺重要文物、善本图书两三千件，其中不乏国之重宝，由故宫博物院等机构派员接收保管，当属我一生中最重要工作之一。不意公元 1949 年 8 月自美归来，竟被视同敝帚长达三十年。至于"三反"冤狱、故宫除名、五七年扣帽，不仅敝帚之不如而直弃同敝屣矣。大凡受极不公正待遇者，可能自寻短见，可能铤而走险，罪名同为"自绝于人民"，故万万不可。我则与荃猷相濡以沫，共同决定坚守自珍。自珍者，更加严于律己，规规矩矩，堂堂正正做人。惟仅此虽可独善其身，却无补于世，终将虚度此生。故更当平心静气，不亢不卑，对一己作客观之剖析，以期发现有何对国家、对人民有益之工作而尚能胜任者，全力以赴，不辞十倍之艰苦、辛劳，达到妥善完成之目的。自信行之十年、二十年、三十年，当可得到世人公正、正确之理解与承认。惟立志如此，却难如人愿，而一再遭受打击、摧残与延误。

如公元 1958 年《髹饰录解说》脱稿，开始搜集清代匠作则例。蒙朱桂辛先生亲笔致函文物局古建所，将前营造学社所藏抄本则例多种借出，益以北京图书馆、北京大学等处所藏，共七十多种。公元 1960 年开始汇编工作，至公元 1962 年已将漆作、油作、泥金作、佛作、门神作、石作、装修作、铁作、画作、铜作、镟作之条款，从多种则例中辑录出来，准备进一步将各作之名词、术语提出，一一试作诠释，并以佛作、门神作为试点，但仅写成两作概述而"文化大革命"开始。则例汇编工作为我带来无数大字报批判及大小会斗争。后果如何，不问可知矣。

又如公元 1969 年肺病（"三反"中在牢狱遭感染）复发，且有空洞。医嘱卧床休养，而军宣队勒令必须下咸宁干校。劳动中见畦边菜花倒地，犹昂首作花。受其激励，顽强生活，壮志弥坚，竟得康复，幸免葬身云梦之泽。有诗为证："风雨摧园蔬，根出茎半死，昂首犹作花，誓结丰硕子！"

再如干校后期，生活大有改善。但坐视岁月蹉跎，光阴流逝，不免忧心如焚。亦有诗为证："春搴兰草秋芝草，朝啖团鱼暮鳜鱼。日日逍遥无一事，咸宁虽好却愁予！"

立志不渝，长期奋斗，北风当有转南之日。公元 1979 年有伟人出，力挽狂澜，制定"拨乱反正，改革开放"新国策，对我等实恩同再造。从此多年来写成之稿件、积累之资料，得陆续以本人姓名正式出版。其鼓励鞭策之力，何止万钧！使我等更加废寝忘食，刻苦工作。今日回顾，又何等幸运！自公元 1973 年干校返京后，已争取到近三十个春秋，得以出版、再版中文、外文著作约三十种，其中有线图数百幅者，均经荃猷绘制，始得成书。荃猷退休后，亦完成《中国音乐文物大系·北京卷》及刻纸作业《游刃集》，诚不幸之大幸！

自年前整理去而复还之身外之物，编成此集，不禁又有感焉。其中有曾用以说明传统工艺之制作，有曾用以辨正文物之名称，有曾对坐琴案、随手抚弄以赏其妙音，有曾偶出把玩、藉得片刻之清娱。盖皆多年来伴我二人律己自珍者。又因浩劫中目睹辇载而去，当时坦然处之，未尝有动于中。但顿悟人生价值，不在据有事物，而在观察赏析，有所发现，有所会心，使上升成为知识，有助文化研究与发展。此岂不正是多年来坚守自珍，孜孜以求者。吾集题名"自珍"，此为又一缘由。

我年八十，左目失明。去年春夏之交，一病几殆。今已届白香山新乐府新丰折臂翁之年，距证实自然规律之日，为期不远。人生至此，其言也善。愚夫妇衷心祝愿，国家富强，人民幸福。真理彻底战胜荒谬，明智永远消灭愚蠢。人人奋发图强，充分发挥所长。中华文明，发扬光大，卓立于世界之林。

（二）生平简表

1914年　王世襄，字畅安，生于北京东城芳嘉园王家刚购买不久的四合院。父亲王继曾，留学法国，供职于清末民初的外交界。母亲金章，留学英国，善画鱼藻，编撰有画鱼专著《濠梁知乐集》（四卷）。

1920年　王继曾受命出使墨西哥。全家离京赴任之前，二哥王世容不幸夭折，王世襄又患猩红热初愈而不宜远行。为此，送走父亲以后，母亲带着6岁的王世襄留居上海。

1924年　王世襄10岁时，随同全家重新回到出生地北京。同年秋天，他进入北京干面胡同美国人为他们子弟办的学校读书。他从三年级开始，一直到高中毕业，学得一口流利的英语。

1934年　秋天，年逾20岁的王世襄考入燕京大学。他开始时遵从父命，进修医预科，因不感兴趣而成绩不佳，只好转入国文系继续学习。

1938年　6月，王世襄大学毕业，考入燕京大学研究院，成为一名三年制的研究生。

1939年　这是王世襄人生的极为重要的转折点。同年春天，慈母逝世。这犹如晴天霹雳，使生活得无忧无虑的王世襄猛然"顿悟"，感到了身上的责任。他开始摒弃一切玩好，埋头苦读，并以《中国画论研究》为题，发愤著述。

1940 年　王世襄结识比他低几级、小 6 岁的袁荃猷同学。当时，袁荃猷正在燕京大学教育系读书，经过系主任的介绍，请王世襄做导师，指导她编写一部中国绘画的教材来作为毕业论文。相同的志趣，使他们相识、相知……

1941 年　6 月，王世襄从燕京大学研究院毕业，并以《中国画论研究》（先秦至宋代）的论文获得文学硕士的学位。

1943 年　夏秋之间，王世襄在家用近两年的时间写完《中国画论研究》（元、明、清），最终完成此书全稿，并楷书、线装成册。11月，他告别父亲，离开北平，穿过日寇的封锁线，前往四川，去寻找自己的事业。12 月，他在重庆求见马衡、傅斯年先生，最后接受梁思成先生的邀请，决定到中国营造学社工作。

1944 年　1 月，王世襄跟随梁思成先生到达距离四川宜宾城不远的李庄，开始在营造学社从事学习与研究。

1945 年　9 月，王世襄在马衡、梁思成先生的推荐下，担任清理战时文物损失委员会平津区的助理代表。10 月，他回到阔别正好两年的北平，重新见到家人与朋友。12 月，他与袁荃猷喜结良缘，成为终生伴侣。与此同时，追寻国宝的工作正式展开。

1946 年　7 月，王世襄兼任故宫博物院古物馆科长。11 月，王世襄完成平津区助理代表的使命，因熟悉英语、懂得文物，被派往中国

驻日本代表团文化教育组工作，开始另一
段追寻国宝的历程。

1947 年　3 月，王世襄结束在日本的使命，回到北
平，以正式职员的身份，全身心地投入到
故宫博物院的工作中。

1948 年　5 月，美国洛克菲勒基金会提供故宫一个
去美国及加拿大考察博物馆一年的名额。
王世襄因年富力强，熟悉业务，英语流利，
被选派前往。夏天，他踏上赴美国的行程。

1949 年　8 月，王世襄在考察美国和加拿大的众多
博物馆，尤其是馆藏的中国古代书画以后，
谢绝一些博物馆的聘用和有的大学请他任
助理教授的邀请，转道香港，毫不犹豫地
回到已经解放的北平，迎接新中国的诞生。

1950 年　面对新中国的蓬勃生机，人到中年、学贯
中西、胸怀大志的王世襄，以忘我的热情
投入到故宫博物院的各项事务中。11 月，
他在《文物参考资料》杂志发表了建国后
的第一篇文章《游美读画记》。

1952 年　国家各机关开展大规模的反贪污、反盗窃、
反浪费的"三反"运动。王世襄由于有抗
战胜利后担任清损会平津区助理代表的
"特殊经历"，在当时的环境下便自然成为
故宫的重点审查对象。

1953 年　经过前后一年多的审查与关押，他最终被
证明是清白无辜的。尽管如此，在当时特
定的氛围里，他竟被原单位开除公职，自
谋出路。

1954 年　王世襄在关押期间患了肺病，病好些后，
接受李元庆、杨荫浏两位所长的邀请，到

中央音乐学院民族音乐研究所工作，并开始编辑《中国古代音乐史参考图片》，设计、布置中国古代音乐史陈列等。

1957年　王世襄在大鸣、大放中响应党的号召，诚心诚意地就"三反"对自己的错误处理提意见，又被戴上"右派"帽子。

1958年　王世襄埋头著述，一些经过多年努力的学术专著开始问世。他研究古代名曲后写成的《广陵散》单行本，由人民音乐出版社出版；他年轻时临摹、整理的《高松竹谱》一书，由人民美术出版社出版；他接受朱启钤先生重托，历时九载而成的《髹饰录解说》（初稿）也自费刻印问世。

1959年　王世襄自费刻印《画学汇编》、《雕刻集影》两书。

1961年　王世襄编著的《中国古代音乐书目》一书，由人民音乐出版社出版。

1962年　王世襄被摘掉"右派"帽子，调回文物部门工作。他被安排到国家文物局直属的文物博物馆研究所。

1963年　王世襄制订《清代匠作则例汇编》的编纂计划，拟将全书汇编成十册，并自费刻印其中的《清代匠作则例汇编》（佛作、门神作）一书。

1966年　"文化大革命"运动开始，王世襄遭受冲击。为了保存自己收藏的文物和书稿，他"自我革命"，主动请国家文物局的红卫兵前来"破四旧"，使它们集中到妥善的地点封存，十余年后大部分藏品又重新回到家中。

1969 年　王世襄与国家文物局系统的一部分干部和职工一道，被下放到湖北咸宁的"五七"干校，参加劳动锻炼。

1973 年　夏天，王世襄回到北京，与老伴重新团聚。

1978 年　党的十一届三中全会以后，沐浴改革和开放的春风，王世襄的命运与国家的命运一样，有了历史性的转折。让他长期抬不起头的不白之冤得到昭雪。随后的二十余年，他成为国家文物局恢复职称评定后的第一批研究员，并连续被推举为第六届、第七届全国政协委员和全国文史馆馆员，赢得了很高的社会地位。自此以后，他勤奋耕耘，老树开新花，学术成果蔚为大观。

1980 年　王世襄编著的《竹刻艺术》一书，由人民美术出版社出版。

1983 年　体现王世襄学术研究风格的《髹饰录解说》一书，在自费刻印二十五年后，经过不断修订和补充，由文物出版社出版。同年，他与美籍华人翁万戈先生合编的《中国竹刻图录》英文本，由美国纽约华美协进社出版。

1985 年　王世襄为明式家具这一学科奠定基础，并广受海内外欢迎的大型图录《明式家具珍赏》，由香港三联书店和文物出版社合作出版。同年，他参与编著的大型图录《故宫博物院藏雕漆》，由文物出版社出版。12月，他获得文化部颁发的"全国文物博物馆系统先进个人"的光荣称号。

1986 年　《明式家具珍赏》英文本和法文本在英国、法国、美国、泰国和中国香港相继推出。

1987 年　王世襄编著的大型图录《中国古代漆器》，
　　　　由文物出版社正式出版。此书的英文本，
　　　　由外文出版社出版。同年，他和朱家溍先
　　　　生合编的大型图录《中国美术全集·竹木牙
　　　　角器》，由文物出版社出版。

1988 年　王世襄年轻时临摹、整理，由众多文化名
　　　　人题款的《遁山竹谱》（又名《高松竹
　　　　谱》），由香港大业公司出版增补本。

1989 年　王世襄编著的《明式家具珍赏》德文本出
　　　　版。同年，他编著的大型图集《明式家具
　　　　研究》，由香港三联书店与台湾南天书局合
　　　　作出版。他与朱家溍先生合编的大型图录
　　　　《中国美术全集·漆器》，由文物出版社出
　　　　版。他编著的《北京鸽哨》一书，由北京
　　　　三联书店出版。

1990 年　王世襄编著的《明式家具研究》英文本，
　　　　由香港三联书店与美国 Art Media Resources
　　　　合作出版。

1992 年　王世襄编著的《竹刻》一书，由人民美术
　　　　出版社出版。同年，他参加编著的《中国
　　　　鼻烟壶珍赏》一书，由香港三联书店出版。

1993 年　王世襄编著的《说葫芦》一书，由香港壹
　　　　出版社出版。同年，他编著的《蟋蟀谱集
　　　　成》一书，由上海文艺出版社出版。

1995 年　王世襄与美国 Curtis Evarts 合编的《美国加
　　　　州中国古典家具博物馆选集》，由 Chinese
　　　　Art Foundation 出版。

1996 年　王世襄编著的《竹刻鉴赏》一书，由台湾
　　　　先智出版公司出版。

1997 年　王世襄编著的《明式家具萃珍》，由美国中

华艺文基金会出版。

1998 年　王世襄重新修订的《髹饰录解说》一书，由文物出版社再版。

1999 年　王世襄的自选集《锦灰堆》（全三卷），由北京三联书店出版，获得广泛好评，一年多时间重印五次。

2000 年　王世襄主编的《清代匠作则例汇编》（各处藏本影印丛书），由河南大象出版社推出全部八卷中的两卷。同年，他主编的《明代鸽经清宫鸽谱》一书，由河北教育出版社出版。

2002 年　王世襄编著的《清代匠作则例汇编》（佛作、门神作）一书，在 1963 年油印本的基础上，由北京古籍出版社出版。他年轻时撰写的《中国画论研究》一书，在尘封近六十年后，由广西师范大学出版社根据当年的手抄本影印出版。

　　据悉，他在近期编著完成的《自珍集》，将由新世界出版社出版。他正在编著的《锦灰二堆》，也将由北京三联书店出版。

后记

　　笔者知道王世襄先生已有二十余年，但真正结识却是在公元1987年前后。当时，我还是一位年轻的编辑，涉足文物图书领域没有几年。为了完成《中国美术全集·漆器》一书的前期策划，我到东城芳嘉园登门拜访了他。王先生尽管是这本书的主编，知识渊博，学贯中西，却虚怀若谷，很好相处。我们在一起讨论了此书的框架和编撰提纲，后来又一道去外地出差，编选文物，收集材料……先生的言谈举止，使我明白了怎样去做学问，怎样才叫真才实学而不是徒有虚名。他住东城芳嘉园，我住东四九条，相距不算太远。有时候，他骑着车，挎着菜篮子，通过那条南北向的小街，早早地就到我住的那座四合院来找我。我也时常到他家去求教，与袁师母也熟悉起来。王先生成了我内心深处极为佩服的学术楷模。

　　随后数年，我主要是在编辑古代建筑方面的图书，与王先生在编辑业务上的交往不多。不过，王先生来社里买书和路过沙滩北大红楼时却总来看我，出版了新书也总是赠给我阅读。我有时去看望他，他总要把刚写完的书稿给我看，偶尔还绘声绘色地为我朗读几段。我对王先生的为人和经历有了更多的了解，对他的学术成果也更加留意。逐渐地，我萌生了想向世人介绍这位大俗大雅的长辈学者的想法。可是，面对近些年海内外媒体对他的众多评述，面对王先生著作等身的学术成果，又有千头万绪一时不知从何说起的感觉……当然，在读到那些仅仅把先生当作"玩家"来猎奇的各类文字，又觉得有话要说，应该让世人了解一个真实的王世襄。

　　也许是久有所思，行必有验吧？当我策划《中国文博名家画传》

丛书时，立即就想到了王世襄先生，想到了他走过的跌宕起伏的人生道路以及由此折射出来的公元 20 世纪中国文博事业的发展轨迹。从人物到文物，从文物到文明……自然天成的构想似乎已经呼之欲出。2001 年初，我把这个想法告诉了王先生。开始时，先生有些推辞，认为自己不值得多写，所做的一切也都是志趣使然，没有什么。经过我的再三恳求，先生最终欣然应允，令我十分感激。原来我想王先生可能有自传，稍加修改，再配一些生平及相关的文物图片就行了。不料，王先生并没有完整的传记，加之年近九旬已不太方便再来埋头撰写，于是他十分信任地把为他写传的任务交给了我。尽管为先生写传有难度，我也感到有些力不从心，但想到先生对我的教诲和帮助，想到我的职责，论公论私都责无旁贷，因而只好硬着头皮接下来。好在编著的过程中，得到了王先生的鼎力支持。他提供了相关的生平材料和书籍，多次为我回顾了许多鲜为人知的人生与治学经历，亲自审阅了编著提纲，文稿写成后又对其中的史料做了订正，并在年事已高、身体不适的情况下为此书尽可能地寻找他的生平照片，还亲自前往我社摄影室指导摄影师孙之常、郑华拍他的书影。正是由于有了王先生的如此关怀和悉心指导，我才能够利用数月的业余时间撰成此稿，同时也才有信心将它奉献给广大关心和热爱王世襄先生的读者。

掩卷静思，我觉得尽管努力再三，限于篇幅、体例和自身的学识水平及写作能力，这本画传尚未把我心中的王世襄完整而丰富地勾勒出来。它好像是一幅素描的轮廓，还需要仔细地刻画。我想在未来的岁月里，如果有机会，还应该收集与发掘出更多的材料，写一本更为翔实的《王世襄传》。因为记录王世襄、阅读王世襄，就好像让人回到了刚刚过去的那个激动人心的世纪，就好像中国文博界近百年来发生的许多令人难以忘怀的往事又重现眼前……正是如此，这本书的出版并不是一个结束，而是一个开始，是研究王世襄的一个新的起点。

2002 年 1 月 3 日于北京春秀路寒舍

封面设计　张希广

图版摄影　孙之常

　　　　　郑　华

责任印制　陆　联

责任编辑　周　成

图书在版编目（CIP）数据

王世襄/晨舟著 .—北京：文物出版社，2002（2005 重印）

（中国文博名家画传）

ISBN 7-5010-1322-5

Ⅰ . 王…　Ⅱ . 晨…　Ⅲ . 王世襄-生平事迹-画册

Ⅳ .K825.81-64

中国版本图书馆 CIP 数据核字（2002）第 004342 号

中 国 文 博 名 家 画 传

王　世　襄

晨 舟　著

＊

文 物 出 版 社 出 版 发 行

北京五四大街 29 号

http：//www. wenwu. com

E-mail：web@wenwu. com

北京市达利天成印刷有限责任公司印刷

新 华 书 店 经 销

965×1270　1/32　印张：7.5

2002 年 5 月第一版　2005 年 4 月第二次印刷

ISBN 7-5010-1322-5/K·571　定价：60.00元